金诚同达 30 周年——创始合伙人寄语

乘风奋楫，笃志超越！——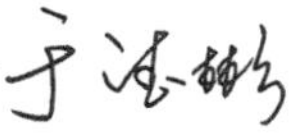

1992 年邓小平南方谈话开启了“春天的故事”，那年我们创办律所。30 年，须臾之间，我们也将成为律所发展史中的过客。然而，留下的“金诚同达”（JT&N）律所名称、制度、文化，将伴随律所“做久、做强、做大、做出品牌”，直到永远……

——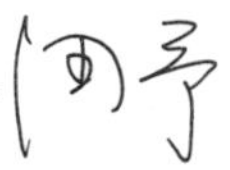

我一直坚信，人有双手，可取亦可予。从孤独前行到浩浩荡荡，从筚路蓝缕到广大海内，30 载朝乾夕惕，半甲子参赞化育，成就了今天的金诚同达。我们在这里奋斗、奉献，也在这里收获、成长。愿以我们这 30 年的梯山航海，化作一代代金诚同达人英特迈往的灯火航标。最后我想对金诚同达说：浮世三千，吾爱有三，日月与卿，日为朝，月为暮，卿为朝朝暮暮……

——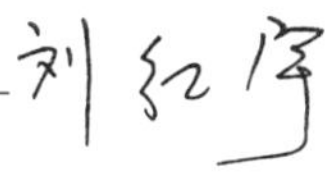

祝贺文集出版！感谢改革开放，给了法律人凭心做事、实现自我并且服务社会的机会。30 年，很开心与各位金诚同达人相伴同行。祝福金诚同达！

——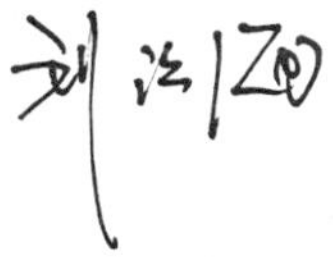

祝贺金诚同达 30 年！百尺竿头更进一步！——

11 位创始合伙人 30 年不离不弃的坚守，铸就了金诚同达今日的辉煌，也成就了律师业界一段传奇佳话。感恩 30 年风雨同舟的同仁，感恩改革开放的伟大时代，感恩30年一路同行、共同成长的“衣食父母”！祝愿金诚同达明天会更好！

——[illegible]

30年前，11位创始合伙人中的大部分人是大学老师；在邓小平南方谈话精神的鼓舞下，大家认为法律的更大价值在于实施，中国未来不缺大学教授，缺的是优秀律师，从而投身于律师行业。30年来，身为法律人，我们一只手擎着客户的信任委托，为维护客户权益和增进客户利益殚精竭虑，另一只手托着宪法法律，为法治中国建设不遗余力。未来日子里，希望金诚同达人仍然保持谦逊谨慎、不骄不躁的优良传统，尊崇“进取、合作、诚信、包容、创新”的核心价值观，永远有担当，永远去争先，永远都靠谱！

——庞正忠

30年前，我们顺应时代召唤，放弃“铁饭碗”投身律师行业，以钻木取火之心寻安身立命之处。30年弹指一挥间，得益于众同仁拾柴添薪，得益于志同道合，当年的星星之火已呈燎原之势。希冀30年后，金诚同达能成为更多法律人愿意“以身相许”，共同砥砺前行的一座永不熄灭的灯塔。

——郑斌

30年恍如瞬间，但它是我们最好的青春创业的30年。有赖于不离不弃的11位创始合伙人和诸位同仁戮力工作，金诚同达持续发展壮大；看到年轻同仁的专业著述、重大案例不断涌现，倍感欣慰。祝愿金诚同达行稳致远！

——解锟

三十年过往，如歌，未忘……

卅年后启程，既往，奋扬！

——梁明

JT&N is not only 30 years old, we are also 30 years stronger, better!

We will be even better and stronger in the next 30 years!

——Lan Lan

JT&N 金诚同达

金诚同达30周年文集

小物业 大并购

物业服务企业收并购法律尽调实务指南

贺国良◎著

M&A DUE DILIGENCE OF
PROPERTY MANAGEMENT COMPANIES

法律出版社 LAW PRESS · CHINA | 北京

图书在版编目(CIP)数据

小物业,大并购:物业服务企业收并购法律尽调实务指南/贺国良著. -- 北京:法律出版社,2023
ISBN 978-7-5197-7723-4

Ⅰ.①小… Ⅱ.①贺… Ⅲ.①物业管理企业—企业兼并—经济法—中国—指南 Ⅳ.①D922.291.92-62

中国国家版本馆 CIP 数据核字(2023)第 050948 号

小物业,大并购
——物业服务企业收并购法律尽调实务指南
XIAOWUYE,DABINGGOU
—WUYE FUWU QIYE SHOUBINGGOU FALÜ JINDIAO SHIWU ZHINAN

贺国良 著

策划编辑 周 洁 林 蕊
责任编辑 周 洁 林 蕊
装帧设计 汪奇峰

出版发行 法律出版社
编辑统筹 司法实务出版分社
责任校对 王 丰
责任印制 胡晓雅
经　　销 新华书店

开本 710 毫米×1000 毫米 1/16
印张 29.25 **字数** 434 千
版本 2023 年 6 月第 1 版
印次 2023 年 6 月第 1 次印刷
印刷 三河市兴达印务有限公司

地址:北京市丰台区莲花池西里 7 号(100073)
网址:www.lawpress.com.cn
投稿邮箱:info@lawpress.com.cn
举报盗版邮箱:jbwq@lawpress.com.cn

销售电话:010-83938349
客服电话:010-83938350
咨询电话:010-63939796

书号:ISBN 978-7-5197-7723-4
定价:112.00 元
凡购买本社图书,如有印装错误,我社负责退换。电话:010-83938349

作者简介

贺国良，北京金诚同达（上海）律师事务所高级合伙人。贺国良律师专注于投融资及收并购，为上市公司、大中型民企、跨国企业等提供全程深度、优质高效的法律服务，涉及的行业包括房地产、先进制造、生物医药、TMT、新能源、物业服务等现代服务业。贺国良律师具有国际化的视野，始终保持开放心态，积极关注并提供新兴的ESG法律服务。

贺国良律师连续多年入选钱伯斯（Chambers）、法律500强（The Legal 500）、法律名人录（WWL）等国际知名法律评级机构榜单，被评为中国房地产领域、公司/商事领域的领先律师或者推荐律师之一。

贺国良律师先后获得上海大学法学院法学硕士学位、中欧国际工商学院EMBA。其重视实践与理论相结合，曾在《中国律师》发表多篇专业文章。

贺国良律师热心公益，兼任上海市创业指导专家志愿团副理事长，澳门科技大学法学院、上海大学法学院校外导师等社会职务。

1992-2022
JT&N 30th ANNIVERSARY

制度为舟，文化扬帆

——30周年文集代序

2022年，金诚同达成立30周年！

金诚同达过往30年的发展可分三个阶段来概括：第一个10年谋生存，第二个10年求发展，第三个10年上台阶。这三个阶段也是中国社会经济发展脉络的真实写照。1992年，邓小平南方谈话，迎着改革大潮，金诚同达正式创立。进入21世纪，中国加入世界贸易组织，成功举办奥运会，社会经济进入高速发展期，包括金诚同达在内的诸多中国律所也进入快速发展轨道，在和世界的接触与碰撞中，不断突破自我。进入第三个10年，我国继续强化国内法治与涉外法治建设，中国律师行业亦加速变革以适应社会变化带来的机遇和挑战。在这10年间，金诚同达脚步坚实，锐意进取，不仅迈入千人大所行列，也不断夯实律所制度与文化建设，取得越来越多的成绩。

在这30年里，未曾改变的是，金诚同达一直在坚持不懈地修炼内功，其中最关键的有两件事情——一是建设完善我们的制度，二是总结弘扬我们的文化。

金诚同达的制度体系有“四梁八柱”，涵盖了合伙人会议以及管理机构批准通过的100多项规章制度。我们在制度建设和完善的过程中，始终把制度执行放在一个非常重要的位置，也就是一切以制度为准绳，没有人和事可以超越制度。

制度是硬件，文化是软件，两者相辅相成，主要调整和丰富三方面的关系：一是合伙人之间的关系；二是合伙人和律师、职能人员的关系；三是律所和社会的关系。

金诚同达最值得骄傲的事情之一，就是建所30周年了，11名创始合伙人都还在所里，没有一人离开。据我了解，这在有30年历史的综合性中国律所中，可能是唯一的一例。“人和”是合伙文化的基础，深深根植在我们的基因里。“人和”的文化也是靠制度保障的，我们有一套合理的退休制度，其中3名创始合伙人已经在事务所正式退休了。

我们在2019年做管理体制改革时，制度上明确了合伙人参与事务所管理和决策的权力主要通过合伙人会议行使，在律所日常运营中，合伙人也是律所的全职员工，要服从律所的管理，所以合伙人个体与员工个体之间不是老板和雇员的关系，合伙人、律师和职能人员，都是律所的平等一员。基于这个理念，我们倡导并特别注重建设律所平等的工作氛围，并有计划地促进员工之间的互动交流。比如，我们打造一个品牌活动——“文化周”，新冠肺炎疫情爆发前已经举办了两届。在“文化周”期间，我们会密集组织全国同仁进行专业探讨，也会举办多场文体和公益活动，得到了很多员工以及家属的热烈欢迎。我们的培训活动也是全方位、多层次的，针对初、中、高不同年级的律师，有“金石计划”“金鹰计划”“金牌律师计划”，此外还有专门针对合伙人和职能部门的培训。金诚同达研究院在近5年时间里，举办了200多场培训，还有很多线上课程。更重要的是，我们的培训会从拓展活动开始，然后再进行专业领域的互动交流，大家都非常喜欢。

作为一家在社会颇有影响力的品牌律所，我们也很注重加强律所和社会的互动交流，这也是我们文化建设的重要组成部分。比如，我们和上海辅读学校进行结对共建后，律所宣传画用了很多辅读学校孩子们的画。我们还把他们的画在律所相关活动中进行义卖，使孩子们能够感受到自己作品的价值。今年我们还和中国非物质文化遗产保护协会、敦煌研究院签署了公益法律服务合作协议，作为我们30周年庆祝活动的重要组成部分，所以今年律所的宣传画、节日海报等均以非遗文化作品作为背景进行创作。金诚同达参与的其他公益活动还有许多，我们希望金诚同达发展到30周年之际，除了在律所内部继续完善制度、弘扬文化之外，还能够更多地与社会形成互动，更多地展现一家30年律师事务所的社会责任和担当。

物有甘苦，尝之者识；道有夷险，履之者知。当前全球化与逆全球化激烈交锋、国际局势变幻莫测，中国正面临百年未有之大变局。“坚持统筹推进国内法治和涉外法治”是习近平法治思想“十一个坚持”的重要组成部分。中国在向世界展示深化改革开放、积极参与全球多边经贸治理、构建更高水平的制度型开放体系的信心和决心，中国律师行业也正加速改革以适应变化带来的机遇和挑战，沿着专业化、品牌化、规模化、国际化的方向快速推进。

历史长河中，30年转瞬即逝，生命岁月的30年也是骐骥过隙，但对于一家全国领先的综合性律所而言，三十而立，风华正茂，在磨砺中闪耀，在奋斗中升华。

金诚同达将继续遵循“进取、合作、诚信、包容、创新”的核心价值观，加快业务布局、加大人才引进，为持续高质量发展积聚能量，力求“做久、做强、做大、做出品牌”。

金诚同达也将继续坚持“行稳致远”的发展理念，以制度为舟，文化扬帆，乘风奋楫，笃志超越！

金诚同达律师事务所主任 杨晨

二〇二二年八月十五日

金诚同达 30 周年文集序言

一元复始，万象更新，凡是过往，皆为序章。

守望三十载，诗文会今朝
玉筵鸿鹄至，仙音凤凰调
乘风蹈墨海，奋楫动文潮
长歌九万里，月引和青霄

2022 年，金诚同达成立 30 周年。历史长河的 30 年转瞬即逝，生命岁月的 30 年也是骐骥过隙。金诚同达，三十而立，经历了中国合伙制律师事务所求生存、谋发展、上台阶的整个历程，从蹒跚学步到意气风发，凝聚着一代人的奋斗与担当。在过去的 30 年里，金诚同达铸就了自己的文化和底蕴；在未来，文化和底蕴将滋养和成就金诚同达。

金诚同达律师素来重视专业研究和业务探讨，不少律师出版过专著、案例集、文集。为了三十周年所庆，所内专门征集了一批近期完成的新作，统一出版，作为律所知识管理的重头戏——金诚同达 30 周年文集。

金诚同达在业内有一个故事：创所初期的 11 位创始合伙人，自 1992 年至今没有一位离开，其中除了 3 位已经从所内退休，其他 8 位还在业务一线。这样一代一代的言传身教，潜移默化地吸引、影响金诚同达人。“进取、合作、诚信、包容、创新”的核心价值观，在金诚同达的文化和制度的相互支持与促进中，得到坚守、传承。

“争做法律服务行业的领航者。”这是金诚同达人的使命。在“守信金诚，励志同达”理念的坚持下，金诚同达必定会在法律服务市场上不断突破创新、稳健向前。

30 周年，是金诚同达的全新开始。

金诚同达三十周年筹备委员会
2022 年 7 月 6 日

序　一

对于物业服务企业收购而言，个人认为，首先要思考的是企业收并购的作用和价值到底是什么？因为每个企业特性、发展优势并不相同。如绿城服务，自2000年以来就开始走独立的市场化道路，在物业管理规模的扩张上，更依赖的是其优质的服务品质及强劲的内生增长能力。因此，在收并购方面，绿城服务更多倾向于能力互补的定位上，而收并购对象则更多聚焦于生活门类项下的教育、零售、资产等。在基础物业的板块，收购则相对审慎些，做得会比较少，在收购标的上也会更多选择跟自身业态互补、区域互补的标的。

不过，归根结底，收并购无论规模还是能力互补，个人认为最终要实现的是跟公司产品/服务的融合、协同，要体现在客户的满意度提升、员工敬业度提升及企业经营效益的提升上，这应该是收购终极追求的目标。众多物业企业的收并购需求，在近几年越来越多，而这跟行业发展态势、并购所带来的优势等是息息相关的。

1. 行业缘起

在我国，物业管理发展源于香港，后自1981年深圳设立第一家物业公司起，物业管理行业开始逐渐为社会所周知并认可，并在现代生活中起着越来越重要的作用。物业公司属性从“管理”向“服务”转变，行业也经历着从无序到有形，从有边界到无边界的发展过程，并越发受到重视，其发展态势甚至直接影响着居民的基本生活水平。而随着行业发展环境的变化，众多物业企业从原先的房产公司附庸纷纷寻求独立，追求更高的社会价值、资本价值。物业服务的准公共服务属性，更被倾向性认为是一个民生导向的行业，政府相关部门多项政策频出，并将其纳入社会基层治理的重要环节之一，发展前景可观。

2. 发展趋势

特别是2014年6月彩生活在港股上市，更是直接拉开了物业行业资本化道路的序幕。截至2022年9月，国内物业企业于A股及港股上市的多达58家，行业竞争态势愈演愈烈。上市企业及百强企业充沛的资金，为其持续向存量市场发力提供了助力，大规模的物业企业并购浪潮席卷而来，物业行业强者恒强态势凸显，中小型物业企业也越来越难以进行弯道超车。根据中指研究院《2022中国物业服务百强企业研究报告》显示，2021年物业百强企业市占率超50%，其中TOP10管理面积均值是百强企业均值的6.2倍，行业集中度不断提升，头部效应愈加明显。在经历了高速、野蛮增长的阶段之后，物业行业正向“高速增长+高质量增长”的“双高增长”阶段迈进，企业规模增长、并购回归理性，优质并购标的显现，而物业企业估值理性回归，性价比有所提升，通过并购来获得扩展的模式引来战略机遇期。

3. 并购优势

不可否认的是，管理面积是物业服务企业经营的起手式，管理规模更是物业企业实现经济效益的基本前提之一。目前物业行业格局的形成基本上靠的是量的快速扩张，而并购模式是物业企业快速拓展增量市场的重要方式之一，优质的并购标的，不仅可以带来业务区域的互补、拓展业态的互补及资源优势的共享，还能带来经营能力的互补，实现1+1>2的效益。而并购标的的优质性，则很大程度取决于并购前尽职调查的深入及全面性。

4. 本书特色

囿于物业行业准入门槛低、发展历程短、区域发展不平衡等特点，物业企业在业务经营及法律关系上又存在一定的特殊性，使得其并购前的尽职调查中需要关注的重点事项不同于其他行业。本书从并购标的法律尽职调查实务出发，结合物业服务企业经营特性及其物业服务项目运营特性，以每个章节尽调缘由/背景为出发点，从重点核查内容、可能造成后果以及对应处理建议角度，不仅给出尽调指引，还提供了相应比较实用的解决方案，同时附有相关案例，实操性较强。同时，还从物业企业经营角度出发，从物业项目合同开始，穿透项目获取、承接、经营、管理等整个周期，不仅让人易理解并掌握法律尽调中的重要核查事项，而且揭示了物业服务企业本身运营全流程法律风险。

5. 寄语

全面的法律尽职调查，有助于发现并购标的经营优劣、潜在风险，并及时予以解决或防范，更是能够加快促进并购之后的标的企业与收购者本身的融合，因而所能够带来的协同，我认为才应当是收购的重要价值所在。也希望读者们能通过本书的指引，在物业并购中少走弯路，掌握风险防范及解决的能力，助力企业的发展。

我始终认为物业行业是个宝藏行业，而行业现在又正处在最好的发展时期：政策扶持力度大、社会认可程度高、行业发展速度快，可以说，我们碰上了一个美好时代又走进一个高速增长的时代。作为行业的从业者来说，企业的发展途径有很多，如何在快速发展的时代抓住机遇，须结合企业特性选择，无论通过收购来实现规模的扩展还是能力的互补，最终我们都需要有强大的战略定力和品质的定力，来迎接这个行业更为美好的发展愿景。

绿城服务集团执行董事、行政总裁　金科丽

序　二

物业虽不大，并购亦不小

我与贺律师团队相识于地产并购最为鼎盛的时期，那是一个地产并购的黄金时代。作为集团法务与知识产权中心的战略级合作伙伴，贺律师、戴律师二位律师的尽调团队在该项业务领域始终居于短清单的榜首，最难最复杂的并购尽调交给他们去承接，让我们的心里有了更多的底气，因为他们总能从并购对象中寻找出最为关键但可能特别隐秘的要素，那也是并购交易中必须解决的重要问题。

与二位律师在物业并购的尽调合作，始于我职业生涯最有挑战的一年。2020 年，在嘉宝股份上市后，我荣幸地担任首席法务官一职，基于当时的市值管理和投资人逻辑，嘉宝在并购市场大展拳脚，一年时间成功并购超过 17 单，并购的合约管理面积超过 3000 万平方米。业内人士都清楚，这些成功并购数据的背后，意味着多少个并购案件的跟进、尽调的跟进、协议的跟进，才能最终企及交割的终点。然而这个终点之后，还要经过履约过程的重重验证，方能证明这一单并购交易的成功与失败，当然也包括验证并购尽调的全面性、合规性与适当性。

那一年，是我们没日没夜的一年。当我们发现，物业的轻资产并购与地产的重资产并购有着截然的区别，轻资产的收购在于经营逻辑及利润的延续性与稳定性，而围绕它的一切信息，都是并购尽调需要考察的维度和对象。通过一段时间的积累，我们逐渐确定，物业并购尽调的标准化是完全有迹可循的。于是，我们与两位律师共同探讨标准化之路，试图让每一单尽调都能包括到影响这一结果的 5% 的因素，将它们纳入标准化范围之内。

这也许，是这一本书的“因”。我非常敬佩贺律师带领的专业团队，将一个初心，践行、完善、推广，进而成为行业的指引。这或许就是“果”。我想，这是对一份初心最大的认同与尊重。

最后，这本书，将“目标公司”与“在管项目”独立成篇又相互印证，是实操经验的宝贵总结，堪称物业并购的指导书，可以为任何一项物业并购提供完善的尽调指引，为您想要的物业并购、物业风控保驾护航。可能有人要说“保驾护航”这个词太过老套，但只有深入业务领域的公司法务才知道它的难能可贵，因为所有前端收购埋下的祸端，都会成为企业经营的负重与法务团队的眼泪。

曾任蓝光嘉宝股份有限公司（联交所上市公司）
首席法务官、公司监事　李　茹
2022 年 10 月 8 日于锦苑

目　录

·上篇　目标公司篇·

·下篇　在管项目篇·

上篇

目标公司篇

第一章　历史沿革

一、概述

历史沿革，是指目标公司设立至今的合法存续情况。核查目标公司历史沿革是展开法律尽职调查（又称尽调）工作的第一步，尽调成果通常是法律尽职调查报告的第一部分。根据我们的收并购实操经验，物业服务企业历史沿革的法律风险具有点多、面广、风险值较高等特点，因此，对目标公司历史沿革进行尽调，有助于收购方重点了解目标公司是否“依法设立，合法存续”，以保障交易能够顺利进行。

核查目标公司历史沿革，应避免流于形式，建议根据物业服务企业的特点着重核查以下方面。

1. 股权情况

物业服务企业收并购是典型的股权并购模式，其目的是通过收购目标公司股权而获得其所签订的物业服务合同权益。因此，目标公司股东所持股权的完整性、合法性、与股东的关联性、是否存在权利限制、是否存在重大权属争议等，是法律尽调的重点。应指出的是，由于合规意识不强等原因，目标公司可能存在较多的股权代持情况，如以股权代持方式来实施员工股权激励，或者显名股东代持某些项目资源人士的股权等情形。

2. 注册资本

实践中，某些物业服务项目，特别是城市服务项目招标方对于投标方有较高金额实缴注册资本的要求，故目标公司须实缴注册资本以满足投标条件。但物业服务行业的轻资产特点，使得目标公司往往先实缴注册资本再以各种名目转出公司。还有的目标公司认缴较高的注册资本，以体现潜在的资本实力。收并购中，目标公司及收购范围内的子公司往往较多，其注册资本累加金额是极其可观的。因此，核查目标公司及其收购范围内的子公司的注册资本有助于收购方识别涉及注册资本的风险，并在交易协议中对是否要求目标公司夯实注册资本或减资或缴足注册资本等予以充分考虑。

3. 分支机构

与其他行业相比较，物业服务企业的特点之一是子公司、分公司多，这与其承担物业服务项目数量多、分布地域广、服务内容丰富、服务场景复杂等因素密切相关。并且，目标公司分支机构通常是实质提供在管项目物业服务的第一线主体。除非目标公司分支机构的主营业务不是物业服务及其配套服务，否则其分支机构和在管项目绝大多数在收购范围内。因此，收并购中，核查目标公司分支机构具有特别重要的意义，其与物业在管项目、物业服务合同、物业服务人员、物业服务收入等直接相关。应当在并购实操中将目标公司分支机构及其对应的在管项目等以思维导图的方式予以展示，使收购方对于收购标的有一个整体的认识。

4. 改制转制

实践中，具有地方资源的目标公司在获得当地物业服务项目方面有一定优势。而这些企业比较多的是原国有或集体物业服务企业、房管办等改制而来，或者房地局、房管办等行政事业单位的干部职工等下海创立而来。上述目标公司由于其特殊历史渊源，以及股东管理层的经营能力、经营优势等，改制后的目标公司大多继续使用具有国企（集企）特征的字号，在当地物业服务市场具有一定的口碑。因此，核查目标公司是否依法合规改制转制，有助于收购方寻找合适的并购标的。

5. 特殊股东

物业服务企业特殊股东主要是国有企业股东（含集体企业股东）和外资股东，核查目标公司的特殊股东，有助于在交易协议中进行特殊的交易安排。

国有目标公司通常是优质标的，其服务对象大多是关联方的公建项目或者是医院、机场、产业园区等细分赛道。但国有企业股东向收购方转让股权应当进场交易，收购方在锁定交易标的、确定交易价格、商定交易条件等方面均面临不确定性的风险，如国资监管部门通常不接受业绩对赌等交易条件。

而外资股东，特别是返程投资的外资股东，在我们收并购实操中，返程投资的外资股东在设立境外企业或者将资金转到境外时大多没有进行外汇登记手续，而补登又几乎没有可能性，造成合规窘境。

6. 引战及对外收并购

由于近年物业服务企业在资本市场上的瞩目表现，一些未上市的物业服务企业也开始吸引大量战略投资者的投资，并将所得融资用于对外收并购，以扩大管理规模。收并购实操中，若目标公司已经引进战投股东，通常目标公司、实际控制人及各股东、战投之间会签订“一揽子”协议，主要内容包括公司治理、业绩对赌、上市要求、一票否定权、拖售权、随售权、优先清算权等，并且在目标公司章程中对上述权利也予以规定。而目标公司对外收并购时，亦会模仿上述战投入股协议，与被收购方等签订相关协议。因此，核查目标公司引战及对外收并购情况，有助于收购方在交易协议中统筹处理引战等问题，以免因引战及对外投资等造成连锁纠纷。

二、核查要点

1. 基本情况方面。主要通过对目标公司证照、工商档案、公司章程等资料的审核，核查目标公司是否合法设立、合法变更、合法存续等，并对目标公司的注册信息、出资情况、经营资质、股权结构、股权状况、组织架构、现任董监高（董事、监事、高级管理人员）情况、历次股权转让程序、分支机构情况等的连续性、完整性进行核查。

2. 公司治理方面。重点核查目标公司近三年治理情况，包括章程的制定与修改、三会（股东大会、股东会、董事会）议事情况（如适用）、实际控制人、董监高变化情况。

3. 若目标公司历史上涉及国有股权转让、国资增资，或者国有产权交易，或者目标公司目前为国有企业，则重点核查一系列的国资决策审批文件、交易文件，如产权交易合同、国有资产评估报告、交割确认文件、交易付款凭证等。

4. 若目标公司历史上存在集体所有制改制，则参考当地关于集体企业改制的规定，重点核查改制合规性。

5. 若目标公司为外商投资企业，核查商务主管部门关于公司设立、历次注册资本变更、股权变更等事项的批复，以及人民政府颁发的外商投资企业批准证书。涉及返程投资的，则重点核查境外股东历次出资的资金来源、是否办理外汇登记手续、是否享受外商投资企业税收优惠等待遇、是否存在被追缴的法律风险等。

6. 核查股权转让方所持股权的，应重点核查历次股权变动及目前所持股权是否存在纠纷或潜在纠纷，如股权转让方是否适格、转让方获取目标公司股权是否合规、是否支付相应的股权转让价款、股权转让行为是否涉及第三方股东的优先认购权、转让行为是否需要通过特定程序或经有关部门批准等，以及股权限制等文件，如股权质押协议及主合同、股权代持协议及相关文件、股权查封裁定以及相关诉讼或者仲裁全部文件。

7. 涉及战投以及对外收并购的，则核查目标公司与战略投资者、目标公司与被收购方签署的投资协议、对赌协议等文件。

三、风险提示

若目标公司历史沿革存在重大瑕疵，且无法及时解决，则可能导致交易难以推进或者失败。

四、处理建议及参考条款

1. 若目标公司历史沿革存在重大瑕疵但可解决，则建议在交易协议中约定将解决相关问题作为交易先决条件等。

2. 建议在交易协议“陈述与保证”条款中明确约定历史沿革问题，参考条款节选如下。

> 转让方就本次交易作出如下保证与承诺：
>
> （1）目标公司的股权不存在任何代持或类似安排，亦不存在质押、抵押等担保权益或任何种类的权利负担或任何其他第三方权利或权益，不

存在被司法机关查封、冻结等情形，不存在任何影响或限制标的股权交割的情形。前述转让方所持目标公司股权具有完全和排他的所有权和处分权，转让方具有依法转让其各自所持股权的权利，并确保本次交易完成后，受让方受让持有的目标公司【　】股权以及目标公司对外投资的权益拥有合法、有效、完全和排他的所有权且不存在任何权利受限情形。

（2）本次交易项下标的股权无权利瑕疵，未设定权利负担。不存在任何对标的股权的索赔，也不存在任何可能引起股权索赔的事件，也不存在任何影响或限制标的股权交割的情形。

（3）转让方及目标公司于本协议所披露履行的出资义务真实、无遗漏，并承诺目标公司均依照中国法律合法成立和有效存续，注册资本已根据中国法律及章程或其他组织性文件的约定依法按时足额缴纳。

转让方特别陈述与保证：基于协议及附件披露之目标公司及其在管项目情况，发生任何民事责任、行政责任，均由转让方据实承担或据实补偿至目标公司，包括但不限于：

（1）目标公司未依法履行出资义务或抽逃注册资本导致的责任或费用承担；

（2）目标公司因历史改制不合规导致目标公司承担的责任及费用由转让方承担。

五、相关规定

目标公司历史沿革相关法律尽职调查所涉及的相关法律法规等规定较多，本书将在相关案例中展现或者节选部分规定。

六、实务要点及典型案例

1. 物业服务企业受托管理改制企业及资产不是物业服务合同关系

【典型案例】再审法院经审查认为，双方签订的《吉纸住宅物业专项维修委托管理合同》及《关于吉纸住宅公产房屋委托吉纸物业管理的协议》系国有企业造纸公司在企业拟进行改制的特殊时期为修护、管理国有资产，将其所有的建筑、设施委托给吉纸物业进行管理，其中包括收取房费、更名费以及代为处置房屋产权变更等相关事宜，该行为非真正意义上的物业服务合同关系，应认定为委托管理关系。对此，原审认定并无不当。①

2. 国企主辅分离成立的物业服务企业有权向业主收取物业服务费

【典型案例】法院认为……2018年3月26日，中国石油锦西石油化工有限公司与哈尔滨中润房产经营物业管理有限公司签订职工家属区物业管理分离移交协议，中国石油锦西石油化工有限公司将职工家属区物业管理范围、物业管理相关资产、物业服务业务、物业管理相关档案资料移交哈尔滨中润房产经营物业管理有限公司，哈尔滨中润房产经营物业管理有限公司接收后，将接收的资产评估入股与其他四家公司合资成立宝石花物业管理有限公司，宝石花物业管理有限公司下发宝物业［2018］2号文件，成立宝石花物业管理有限公司葫芦岛分公司接管中国石油锦西石油化工有限公司职工家属区物业管理和资产。宝石花物业管理有限公司葫芦岛分公司按管后，对职工家属区物业实际管理并提供物业服务。李某作为业主接受服务后，应向物业服务企业交纳物业费。②

3. 须综合判断认定股东资格

【典型案例】本案上诉人的股东资格源于其与被上诉人李某全于2017年1月25日签订的《股权转让协议》，即上诉人能否依据该股权转让协议取得公司股东资格。虽然上诉人刘某杰依据该转让协议已经办理了股权的工商登记等事项，但根据本案二审中双方当事人的陈述，双方均认可李某全与刘某杰之间的股权转让协议，不是李某全本人签名。刘某杰亦认可取得股权过程中并未支付任何对价。其虽辩称未支付股权转让对价的原因在于受让股权时公司负债，是承担债务取得的股权，但并无任何证据予以佐证。同时无证据

① 参见吉林市吉纸物业服务有限公司与吉林造纸（集团）有限公司物业服务合同纠纷再审审查民事裁定书，吉林省高级人民法院（2021）吉民申3922号。

② 参见李某与宝石花物业管理有限公司葫芦岛分公司物业服务合同纠纷二审民事判决书，辽宁省葫芦岛市中级人民法院（2022）辽14民终348号。

证明刘某杰在取得股权后参与公司的实际经营或行使股东权利，其提交的交易对手打印单也不能证明宏发物业向其分红的事实，且其主张分红的事实也与其负债情况下受让股权的陈述彼此矛盾。综合以上因素，依本案现有证据，不足以认定上诉人刘某杰完成了依据前述法律规定应负担的享有股权的证明责任，一审法院认定刘某杰不符合《公司法》关于股东资格的认定，不具有股东资格并无不当。①

4. 物业服务企业可受托代持另一家物业服务企业的股权

【典型案例】经审理查明，2020 年 11 月 6 日，程某欣（甲方、委托方）与丰池公司（乙方、受托方）签订了《委托持股协议书》，约定，甲方将自己持有的成都西部丽池物业发展有限公司 120 万元股权（占标的公司注册资本的 40%）委托乙方代甲方持有并完善相关工商变更登记手续……

法院认为，程某欣与丰池公司签订的《委托持股协议书》系双方真实意思表示，未违反法律、行政法规的强制性规定，成立有效。现丰池公司按约履行了代持义务，向程某欣交付了公章，程某欣应向丰池公司支付当年代持费用 3000 元。②

5. 确认实际出资人股东身份的要件

【典型案例】法院认为，建陵物业公司以最高人民法院《关于适用〈中华人民共和国公司法〉若干问题的规定（三）》第 24 条第 3 款的规定为由，认为实际出资人未经公司其他股东半数以上同意，不符合变更登记要求。法院认为，该司法解释中设置“经公司其他股东半数以上同意”的条件，是针对有限责任公司其他股东并不知道实际出资人的存在，其所认同的合作伙伴是名义出资人的情形，若有限责任公司其他股东在公司成立之初即明知其合作伙伴包括实际出资人在内，只是为便于公司注册或某一事项的办理，且达成的协议，只要未对实际出资人变更登记为公司股东的条件进行限制，即使

① 参见刘某杰与沈阳宏发经龙物业服务有限公司股权转让纠纷二审民事判决书，辽宁省沈阳市中级人民法院（2020）辽 01 民终 8961 号。

② 参见成都丰池物业服务有限公司与程某欣委托合同纠纷一审民事判决书，四川省成都高新技术产业开发区人民法院（2021）川 0191 民初 11225 号。

公司其他股东之后明确表示不同意实际出资人成为公司股东，亦不影响实际出资人股东身份的确认。实际出资人主张确认其股东身份，并由公司为其办理相应工商登记，依法应予支持。本案中，丁某已经以吴某贺的名义向建陵物业公司完成了出资义务，并在协议中约定，以隐名股东的身份参与建陵物业公司的财务管理，且建陵物业公司登记的显名股东为吴某贺和王某芳系夫妻关系，应当明知丁某是隐名股东的事实，故一审判决并无不当。综上，建陵物业公司的上诉理由不能成立，上诉请求不予支持。①

6. 股东应在其抽逃出资的范围内承担法律责任

【典型案例】法院认为，景德镇市某某物业服务有限公司作为企业法人，财产不足以清偿生效法律文书确定的债务，公司股东童某某、童某存在完成验资后将公司注册资金转入他人账户的抽逃出资行为，申请执行人请求追加被执行人景德镇市某某物业服务有限公司的股东童某某、童某为被执行人并在注册资金范围内承担对高某某的侵权赔偿责任，于法有据，法院予以支持。②

7. 外商投资物业服务企业有权在经营范围内提供物业服务

【典型案例】法院认为，本案的争议焦点在于钟某洋是否应向锦秋物业公司缴纳物业管理费。虽出于客观原因，锦秋物业公司与小区业委会在合同到期后未续签合同，但锦秋物业公司仍持续为小区业主提供物业服务，系争合同处于事实履行的状态。钟某洋作为小区业主，在享受物业服务的同时，理应承担支付物业管理费的义务。钟某洋现主张锦秋物业公司属于外商投资企业，不能提供物业管理服务，案涉物业服务合同无效。然锦秋物业公司系经工商部门核准登记的公司，其经营范围包括从事物业管理及相关咨询服务，故钟某洋的主张，缺乏事实与法律依据，法院不予采纳。③

---

① 参见铜陵建陵物业服务有限责任公司与丁某股东资格确认纠纷二审民事判决书，安徽省铜陵市中级人民法院（2019）皖07民终587号。

② 参见高某某与景德镇市某某物业服务有限公司侵权责任纠纷执行裁定书，江西省景德镇市昌江区人民法院（2019）赣0202执异4号。

③ 参见钟某洋与锦秋物业管理（上海）有限公司物业服务合同纠纷二审民事判决书，上海市第二中级人民法院（2021）沪02民终10913号。

8. 物业服务企业领取营业执照的分支机构具有诉讼主体资格

【典型案例】 根据查明的事实，《三水恒达花园物业管理服务合同》签订后，彩生活公司佛山分公司一直履行物业管理服务合同义务，得到所在居委会认可，且林某雄在租赁期间亦将物业管理费用交纳给彩生活公司佛山分公司，陆某霞作为商铺所有权人理应知情，故彩生活公司佛山分公司有权代替彩生活公司向陆某霞主张涉案的物业管理费。此外，最高人民法院《关于适用〈中华人民共和国民事诉讼法〉的解释》第52条规定，依法设立并领取营业执照的法人分支机构可以作为民事诉讼的当事人。彩生活公司佛山分公司是依法设立并领取相应营业执照的法人分支机构，依法具有诉讼主体资格。综上，彩生活佛山分公司作为原告诉讼主体适格。①

七、物业服务企业上市案例文书部分示例

1. 南都物业服务股份有限公司首次公开发行股票申请文件反馈意见

> 12. 请保荐机构、发行人律师核查涉及集体资产量化、国有资产的处置行为所履行的法律程序，说明资产处置行为是否符合当时生效的法律法规的规定、目前是否存在纠纷或潜在纠纷。涉及集体企业或国有企业改制的，请核查说明职工安置、债权债务处理、土地处置等是否符合法律规定、是否存在纠纷，发行人是否取得有关部门的确认文件。请保荐机构、发行人律师核查说明发行人历次出资、增资及股权转让的资金来源、合法合规性、是否存在虚假出资或出资不实的情况；补充披露增资及股权转让的原因、价格、定价依据，说明定价的公允性；说明新增股东（包括法人股东和自然人股东）的详细情况等，就新增股东与发行人的实际控制人、董监高、本次发行的中介机构及其签字人员之间是否存在亲属关系、

① 参见深圳市彩生活物业管理有限公司佛山分公司与陆某霞物业服务合同纠纷一审民事判决书，广东省佛山市三水区人民法院（2021）粤0607民初1358号。

关联关系、委托持股、信托持股或其他利益输送安排，是否在公司任职等发表明确核查意见；请核查说明是否存在不符合上市公司股东资格要求的情况，是否存在代持或委托持股的情况，是否按照锁定有关要求进行承诺。

2. 证监会对万物云空间科技服务股份有限公司的反馈意见

境外上市书面反馈意见公示（4 月 18 日 ~4 月 22 日）

二、请说明你公司搭建多层持股平台的原因，各员工持股平台成立的时间、原因及必要性，各平台内部及各平台之间是否存在利益冲突，并说明你公司员工持股平台的运作情况、出资结构、股权激励设置安排、各出资人（员工）在公司包括但不限于子公司的任职情况，是否存在外部人员。请律师核查并出具明确法律意见。

三、根据申请材料，你公司附属公司深圳誉鹰和伯恩物业存在仍在审理的股权纠纷，请详细说明该纠纷可能对经营产生的不利影响，是否可能使你公司股权结构发生重大变化，是否影响本次发行等。请律师核查并出具明确法律意见。

四、请详细说明你公司股东人数穿透计算的标准及人数，并说明你公司及其控股股东、实际控制人、重要控股子公司的股东是否超过 200 人，是否符合《非上市公众公司监管指引第 4 号——股东人数超过 200 人的未上市股份有限公司申请行政许可有关问题的审核指引》（中国证券监督管理委员会公告〔2013〕54 号，以下简称《非上市公众公司监管指引第 4 号》）等有关法律法规的规定。请律师核查并出具明确法律意见。

……

六、请补充说明你公司股份是否存在被质押、被冻结、有争议等情形。请律师核查并出具明确法律意见。

七、根据申请材料，你公司提交申请前 12 个月内发生多次增资及股权转让行为，请说明新股东基本情况、入股原因、股权转让或增资的价格及定价依据，新股东与你公司其他股东、董事、监事、高级管理人员、本次发行中介机构及其负责人、高级管理人员是否存在亲属关系、关联关系、委托持股、信托持股或其他利益输送安排，是否存在法律法规规定禁止持股主体直接或间接持有你公司股份的情形。新股东增资款项是否缴纳完毕，你公司及下属公司是否对新股东入股提供了财务资助。请律师核查并出具明确法律意见。

3. 深圳证券交易所《关于上海益中亘泰（集团）股份有限公司首次公开发行股票并在创业板上市申请文件的第一轮审核问询函》

6. 请发行人进一步说明：(1) 历史上发行人设立及存续期间是否存在不规范事项，如有则请补充披露具体内容、后续处理方式，以及是否受到过行政处罚或存在被处罚风险，是否构成重大违法行为及本次发行的法律障碍，是否存在纠纷或潜在纠纷。(2) 历次出资、增资及股权转让的资金来源、合法性，是否存在出资不实、抽逃资本等情况。(3) 披露历次增资及股权转让的原因，增资或股权转让价格，定价依据、公允性和合理性；股权转让是否真实，有关股权变动是否为双方真实意思表示，是否存在争议或潜在纠纷，是否存在委托持股、利益输送或其他利益安排。(4) 2017 年 11 月发行人原股东、发起人俞某转让股权的背景、原因，转让价格和定价依据、公允性和合理性，是否为双方真实意思表示，是否存在代持情形，是否存在纠纷或潜在纠纷，是否存在利益输送或其他安排。(5) 2014 年实控人朱某堂借款增资，后又向发行人借款归还此前借款，此后分期归还发行人。朱某堂借款出资的背景，是否存在纠纷，是否存在股份代持、委托持股或其他利益安排的情形；上述行为是否构成虚假出资、出资不实、抽逃资本等情况，未向发行人支付利息是否损害发行人利益，是否合法合规，是否存在被处罚的风险。(6) 2016 年，实控人再次向发行人借款增资，此后分期归还。借款增资的原因，是否构成虚假出资、出资不实、抽逃资本等情况，向发行人支付利息计算是否公允，是否损害发行人利益，是否合法合规，是否存在被处罚的风险。(7) 2017 年

7月，股权转让的原因，定价依据和公允性，定价不一致的原因和合理性等，是否存在纠纷或潜在纠纷。（8）发行人直接和间接股东与发行人其他股东、董事、监事、高级管理人员、本次发行中介机构及其负责人、高级管理人员、经办人员是否存在亲属关系、关联关系、委托持股、信托持股或其他利益输送安排，是否具备法律、法规规定的股东资格。（9）公司历次股权变动是否履行公司决策和相应的审批、评估、备案手续。（10）结合《非上市公众公司监管指引第4号》的相关规定，说明是否存在股东超过200人的情形。请保荐机构、发行人律师核查并发表意见。请保荐人、发行人律师、申报会计师发表明确意见。

4. 广东碧桂园物业服务股份有限公司首次公开发行股票申请文件反馈意见

一、规范性问题

1. 根据招股说明书披露，发行人控股股东设立在国际避税地区且持股层次复杂。请保荐机构、发行人律师结合已经披露的组织结构图，逐层次对设置及保留此类架构的原因及合理性进行说明并披露，对各层级股东持股的真实性、是否存在委托、信托持股、是否有各种影响控股权的约定、股东的出资来源等进行核查并披露明确意见，说明核查手段和范围；补充说明实际控制人取得香港居民身份的时间，披露发行人各层级控股股东以及 Genesis Capital Global Limited（BVI）、Golden Value Investments Limited（BVI）、必胜有限公司（BVI）、康相投资（BVI）的历史沿革情况、财务状况、主营业务演变情况、历史上重大资产重组的详细情况（背景、对价公允性、对手方基本情况），近三年发行人实际控制人是否发生变更，并就发行人是否符合《首次公开发行股票并上市管理办法》第12条的规定发表明确意见并披露理由；简要披露碧桂园控股有限公司（开曼）持股27.918%其他股东的情况，与发行人实际控制人、董监高及其近亲属、发行人客户、供应商是否存在关联关系。

5. 上海上房物业服务股份有限公司首次公开发行股票申请文件反馈意见

> 一、规范性问题
>
> 1. 请发行人补充披露：(1) 历次股权转让或增资价格的定价依据及公允性，作价存在差异的原因，是否存在利益输送，是否存在纠纷或潜在纠纷，是否存在委托持股、信托持股情况或其他利益安排，公司目前股权结构是否真实、清晰，是否存在争议或潜在纠纷；(2) 发行人引入的外部股东的基本情况，是否与发行人签订对赌协议，是否符合《首发业务若干问题解答》之问题5的要求；(3) 请发行人、中介机构对照《监管规则适用指引——关于申请首发上市企业股东信息披露》《监管规则适用指引——发行类第2号》进行披露、核查，涉及离职人员入股的，请说明穿透后持有发行人股份的数量。请保荐机构及发行人律师对上述问题核查并发表明确意见。
>
> ……
>
> 11. 根据招股说明书，发行人在报告期内注销了13家分公司。请发行人补充说明：注销分公司的原因及合理性，注销后人员、资产、业务的去向和处置安排，注销是否真实，是否存在由关联方承接相关业务的情况，13家分公司报告期内是否存在重大违法行为，是否存在被吊销营业执照的情况。请保荐机构及发行人律师核查并发表意见。

6. 重庆新大正物业集团股份有限公司首次公开发行股票申请文件反馈意见

> 一、规范性问题
>
> 1. 请发行人补充披露：……(5) 发行人是否已完整披露各股东间的关联关系及一致行动关系；发行人自设立以来历次分红情况；历次分红、股权转让、股东分红增资以及整体变更过程中，各股东纳税义务的履行情况；发行人历史上数次转让未办理工商登记的股权的合法合规性，个人所

得税缴纳情况，是否涉及应缴纳未缴纳情形，是否涉及行政处罚；是否涉及私募投资基金，若有，是否按规定履行备案程序；是否涉及国有股转持或故意规避股东人数不得超过200人规定的情形；发行人股东中是否存在信托计划、资管计划、契约型基金类股东持股的情形；发行人控股股东、实际控制人及其近亲属，发行人董事、监事、高管人员及其近亲属是否均已合法合规安排股份锁定事项；请发行人控股股东、实际控制人的近亲属参照其本人进行股份锁定，请发行人董事、监事、高管人员的近亲属参照其本人进行股份锁定。

请保荐机构、发行人律师核查上述问题并发表明确意见。

7. 浙江开元物业管理股份有限公司创业板首次公开发行股票申请文件反馈意见

3. 关于发行人的历史沿革。请发行人：（1）说明历次股权变动的背景，价格、定价依据、对应的公司估值情况，交易价格的公允性，资金来源及合法合规性；（2）以列表形式，穿透至国有股东、集体组织、自然人，说明开元房产集团、君健晨阳、宁波铸英投资、宁波江州利异投资—宁波汀和投资的股权结构（其中开元房产集团历史沿革中历次的股权结构请穿透至国有股东、集体组织、自然人），说明与发行人控股股东、实际控制人、董监高及其亲属，本次发行的中介机构及签字人员的关系；机构股东是否投资与发行人业务相同或相似的公司，与发行人主要客户、供应商及主要股东往来情况，是否存在为发行人代垫成本费代扣代缴情况，是否存在违反税收法律法规等规范性文件的情况，是否构成重大违法行为……（7）发行人历次股权变动是否存在委托持股、信托持股利益输送或其他利益安排，历次股权变动及目前所持股份是否存在纠纷或潜在纠纷；（8）按照创业板公司招股说明书28号准则第36条的规定，披露最近一年新增股东情况。请保荐机构、发行人律师核查上述问题、说明核查过程并发表明确意见。

第二章 主营业务

一、概述

主营业务，是指目标公司为完成其经营目标而从事的主要生产经营活动，是企业收入的主要来源，通常可根据企业营业执照登记的经营范围及实际经营情况予以确定。物业服务企业主营业务是物业服务，但其主营业务的边界与内涵正在重塑，服务内容从基础物业服务扩大到各类增值服务，服务边界从小区、社区走向园区、街区、城区。因此，核查目标公司主营业务，有助于收购方综合判断目标公司主营业务及各业务板块占比，从而判断目标公司的估值及交易对价，判断在管项目的稳定性、持续性。

核查目标公司主营业务，应注意以下事项。

1. 根据服务的物业形态不同，物业服务企业主营业务可分为四类。

一是住宅物业服务，如住宅小区、单体住宅楼、公寓、别墅等。二是商办物业服务，如商场、超市、办公楼、写字楼等。三是工业物业服务，如厂区、工业园区、产业园区等。四是公建类物业服务，如政府办公楼、学校、医院、科研中心、体育场馆、央国企后勤、军队、广场、公园、机场及附属功能配楼、会展场馆、车站、码头、高速公路、桥梁、隧道、轨道交通等各类大型公建项目。

目前，住宅物业服务是物业服务企业主要布局业态，而商办、工业、公建类物业服务等多个细分业务类型是物业服务企业的拓展方向。因此，以住宅物业服务为主的头部企业将收并购上述物业服务业态作为其补强业态、抓住细分市场机会、持续扩大市场份额，以及提升管理密度的重要手段。

2. 根据服务内容不同，物业服务可以分为狭义的物业服务和广义的物业服务两类。

（1）狭义的物业服务，又称基础物业服务，就是指《民法典》《物业管理条例》等法律法规规定的物业服务或者物业管理，即建设单位、业主等通过选聘物业服务企业，由物业服务企业按照物业服务合同约定，对房屋及配套的设施设备和相关场地进行维修、养护、管理，维护物业管理区域内的环境卫生和相关秩序的活动，行业统称为“四保一服”，是物业服务基础内容。

（2）广义的物业服务是指包括狭义的基础物业服务在内，物业服务企业提供的其他所有的服务，比较典型的是生活服务、城市服务。生活服务又可称增值服务或者多种经营，服务对象包括业主及其所在社区和非业主，服务内容主要是住房和城乡建设部等十部委联合印发的《关于加强和改进住宅物业管理工作的通知》文件中所指的养老、托幼、家政、文化、健康、房屋经纪、快递收发等服务领域。城市服务主要包括城市物业基础服务、市政基础设施管理、园林养护、道路秩序管理、市容环卫管理、突发事件管理、城市特色功能服务、特色小镇服务、老旧小区改造等多领域的业务。城市服务是众多物业服务企业追逐的风口之一，通过拓展、收并购、合作等方面介入城市服务领域，使其服务半径从社区扩张到城市。

（3）从现有数据来看，基础物业服务依然是物业服务企业的主营业务，生活服务、城市服务等营收占比有望进一步提高。实践中，一些知名品牌物业服务企业还输出轻资产管理模式，如向业主或者其他物业服务企业提供物业咨询顾问服务，咨询内容包括物业服务方案、物业服务标准、物业管理体系等。顾问服务不需要签订物业服务合同，亦不提供物业服务。

综上所述，收并购中，核查目标公司主营业务具有特别重要的意义，因为主营业务决定了其服务物业形态是住宅为主还是公建等为主、服务内容是“四保一服”为主还是专项服务为主等，决定了其服务对象是自然人业主为主还是企事业单位等为主，决定了其项目获取方式、项目服务资质以及项目物业费计算方式、单价高低、收缴率等法律风险。因此，实操中，我们首先会根据目标公司主营业务确定法律尽职调查重点，其次提供通用性兼具个性化的法律尽职调查清单及补充清单。

二、核查要点

1. 通过访谈、审阅物业服务合同等方式，核查目标公司主营业务，重点关注物业名称、物业类型、委托单位等重要信息，对于公建项目等专业性业务类型，要单独制作项目清单，注明合同期限、合同金额、其他重要条款及上述要素。

2. 若收购方拟通过收购目标公司等方式扩大规模并有上市计划，或者收购方为已上市公司并拟将目标公司并表，则注意核查目标公司是否存在和收购方主营业务不一致或相冲突的业务。

若目标公司主营业务或者部分业务为公建项目、城市服务项目等，则重点核查相关服务合同中是否存在禁止目标公司股东转让股权等特殊约定。比如约定，目标公司任何股权配置应通知物业服务委托方，未经委托方书面批准，任何占有支配地位的股权转让都将视为目标公司转让项目的行为。又如目标公司破产清算、重组及兼并等事实发生，或被接管经营，委托方不必通知目标公司即可终止合同等。

三、风险提示

1. 通用风险。根据我们的实操经验，尽管目标公司涉及不同的主营业务，但交易中需注意的通用风险是项目的真实性、合法性、持续性、稳定性，对交易对价的影响，在管项目的续约等风险点。

2. 交易风险。物业服务企业收并购是为了获取目标公司所签订的物业服务合同权益，而这一并购目的只能通过股权收购而非资产收购来实现。因此，若目标公司签订的物业服务合同禁止其股东变更，则可能存在交易风险。

四、处理建议及参考条款

1. 建议在交易协议的“鉴于”条款中，对目标公司的主营业务进行描述或者约定，参考条款节选如下。

> 鉴于：
>
> 目标公司为依法设立且有效存续的有限责任公司。截至本协议签署之日，目标公司持有对外投资【　】家子公司、【　】家孙公司、【　】家分公司，并通过前述子孙分公司为【　】个项目提供物业管理/服务。目标公司持有的前述子孙分公司的投资权益及享有的物业项目管理/服务权均系真实、合法的。

2. 建议在交易协议的“词语释义”条款中，对主营业务内容进行明确约定，参考条款节选如下。

> 1. 全委托管理项目：指权利主体（包括但不限于建设单位、业主、业主大会或业主委员会等）与目标公司签订的物业服务合同，约定目标公司对住宅、商业、综合体或写字楼项目进行全面物业管理（包括提供秩序、保洁、绿化等全面服务）的项目。
>
> 2. 公建项目/专项委托项目：指权利主体（包括但不限于建设单位、业主、业主大会或业主委员会等）与目标公司签订物业服务合同或专项服务合同，约定目标公司对住宅、商业、综合体、写字楼提供专项服务（指秩序、保洁、绿化等服务中的某项或部分项服务），或对除住宅、商业、综合体、写字楼以外的市政、学校、医院、工厂等提供全面物业管理或专项服务的项目。

3. 建议在交易协议的“陈述与保证”条款中，对目标公司主营业务情况进行明确约定，参考条款节选如下。

> 根据转让方陈述及确认，目标公司及其在管项目基本情况如下：
>
> 1. 截至本协议签署日，目标公司包括目标公司对外投资的物业管理公司、停车场管理公司、设备维护公司、生态建设公司、消防设施检测公司、小贷公司、村镇银行等；其对外投资的持股比例包括100%持股、51%以上控股、51%以下的参股；目标公司对外投资情况详细见本协议附

件【A】目标公司对外投资明细。

2. 截至【 】年【 】月【 】日，目标公司通过其对外投资的子公司、孙公司、分公司共计签署【 】个物业管理/服务合同，详细见本协议附件【B】。

4. 若公建项目、城市服务项目的服务合同中约定限制股权转让，则建议在交易协议中将交易对方获得委托方同意股权转让的书面文件作为交易的先决条件；或者根据具体情况，判断是否可以通过间接收购方式收购目标公司的股权。

5. 若目标公司有与收购方的主营业务无关或相冲突的业务，建议在交易结构中设计相关业务剥离路径。

6. 其他通用风险，我们将在此后的章节中逐一分析。

五、相关规定

《民法典》

第九百四十二条　物业服务人应当按照约定和物业的使用性质，妥善维修、养护、清洁、绿化和经营管理物业服务区域内的业主共有部分，维护物业服务区域内的基本秩序，采取合理措施保护业主的人身、财产安全。

对物业服务区域内违反有关治安、环保、消防等法律法规的行为，物业服务人应当及时采取合理措施制止、向有关行政主管部门报告并协助处理。

《物业管理条例》(2018 年修订)

第二条　本条例所称物业管理，是指业主通过选聘物业服务企业，由业主和物业服务企业按照物业服务合同约定，对房屋及配套的设施设备和相关场地进行维修、养护、管理，维护物业管理区域内的环境卫生和相关秩序的活动。

住房和城乡建设部办公厅《关于国家标准〈物业管理术语（征求意见稿）〉公开征求意见的通知》

2. 5. 1　物业管理 property management

业主通过选聘物业服务企业，由业主和物业服务企业按照物业服务合同约定，对房屋及配套的设施设备和相关场地进行维修、养护、管理，维护相关区域内的环境卫生和秩序的活动。

2.5.2　物业服务 property service

物业服务企业为业主或物业使用人提供的专业性劳务活动。

2.5.8　专项委托管理 subcontracting

将物业管理区域内的房屋及设施设备管理、秩序维护管理、保洁管理和绿化管理等其中的某一项，或将秩序维护管理、保洁管理和绿化管理中的任意两项或三项工作委托给专业企业负责的管理模式。

注：专项委托管理模式中仅包括某一单项专业管理内容之外，还可以是除房屋及设施设备管理以外的其他任何两项或两项以上专业管理内容组合。

2.5.9　物业管理项目 the project of property management

实施物业管理的一个特定物业管理区域。

2.5.17　基础服务 basic services

物业服务企业按照物业服务合同约定，在物业管理区域内提供的对房屋及配套的设施设备和相关场地进行维修、养护、管理，维护相关区域内的环境卫生和秩序的活动。

2.5.18　专项服务 specialized services

物业服务企业按照物业服务合同约定，在提供公共/基础服务的基础上，为满足特定业主的需求而提供的服务。

六、实务要点及典型案例

1. 应根据生活常识界定物业服务内容

【典型案例】本案中，华雨贸易公司作为拉美步行街小区××××××房屋产权的所有权人，与该小区的物业服务单位枫林物业公司之间已形成物业服务关系。华雨贸易公司所有的地下停车场作为小区建筑物不可分割的一部分，在枫林物业公司的物业服务范围内。华雨贸易公司虽主张其接管涉案地下停车场后，聘请专人对该停车场进行日常维护，枫林物业公司未参与任何管理和维护，但根据生活常识，物业服务并非仅限于建筑室内，华雨贸易公司亦接受了诸如对共用设施设备进行日常管理、巡查和维修养护、垃圾收集、清运、共用雨水、污水管道疏通、小区巡查、公共秩序维护等公共区域的物业服务。因此，华雨贸易公司以枫林物业公司未对其所有的地下停车场进行日常维护管理而拒付物业费的理由不能成立，其应当向枫林物业公司支付物业服务费。①

2. 物业服务企业提供城市服务的相关重大法律争议点

【典型案例】一审法院查明：2016 年 11 月，经发公司作为招标人，对石家庄市深泽县改善农村人居环境建设项目“三清一拆，垃圾治理”进行公开招标……招标内容：深泽县 125 个行政村所有街道、村与村之间道路及 7 条省级和县级道路（不含县城内街道）的清扫保洁、垃圾收集、分类、转运、统一运至填埋场等内容。合同期限 10 年，合同期内每年年度考核评分在 80 分以上且未出现连续 3 个月作业服务考核在 80 分以下者可继续履行合同，否则合同终止重新进行招标……

2016 年 12 月 6 日，经发公司向启迪公司发出中标通知书，中标总价为 129 500 869. 40 元（其中：设备租赁费 12 950 086. 94 元，项目运营费 116 550 782. 46元），合同年限 10 年。项目实施地点：深泽县 125 个行政村以及 7 条省级和县级道路，质量标准达到“作业服务考核标准”要求及标准。同时中标通知书中还要求启迪公司按招标文件要求及投标文件承诺在 2017 年 1 月 6 日前与经发公司签订合同，但此后双方未签订书面合同。

2016 年 12 月 19 日，启迪公司投资设立深泽县桑德环卫工程有限公司，作为其在深泽县的项目公司。2017 年 1 月 1 日，启迪公司正式安排人员、车辆和设备进场，按约定提供清扫保洁、垃圾收集、分类、转运、统一运至填埋场等服务……2017 年 5 月 19 日，深泽县农工委向启迪公司发出整改通知……2017 年 12 月 26 日，经发公司向启迪公司发出通知……经乡镇多次综合考评为不合格，现经县有关会议决定，拟于 2017 年 12 月 31 日前解除双方合作关系……

---

① 参见襄阳华雨贸易有限公司与湖北枫林物业服务有限公司物业服务合同纠纷再审审查与审判监督民事裁定书，湖北省高级人民法院（2020）鄂民申 3714 号。

关于经发公司应支付运营费用期间问题。综合启迪公司一审、二审中提交的项目公司职工2018年11月前的薪资明细表、付款申请单、银行业务凭证、微信工作群截屏、银行代发工资明细表等证据，可以证明项目公司2018年11月底前一直正常发放项目公司职工工资，并提供运营服务……项目公司按照招投标文件提供了运营服务，经发公司理应支付相应运营费用。启迪公司请求经发公司支付项目公司2018年11月底之前的运营费用，应予支持。

关于启迪公司是否存在违约行为，是否应扣减相应的运营费问题。在实际履行过程中，启迪公司虽未实际接受深泽镇18个城中村和7条省县级道路，但经发公司未提交充分证据证明应归责于启迪公司……经发公司关于启迪公司存在违约行为的主张不能成立，法院不予支持……

综上，项目公司实际提供服务期间为2017年1月1日至2018年11月，共计23个月……经发公司应向启迪公司支付项目运营费用共计21 137 775元……关于经发公司是否应承担违约责任及违约金数额问题……经发公司不仅未支付运营费，还存在未按照中标通知签订书面合同的违约行为，给启迪公司造成的损失不仅包括逾期利息损失，还使启迪公司失去了招投标文件约定的10年履行期。因此，以年运营费12 950 086. 94元的5%计算违约金，符合招投标文件约定，也不属于损失的重复计算。[①]

3. 物业服务企业应对其输出物业服务管理模式相关义务承担责任

【典型案例】关于万科物业公司在小区安全工作中负有何种义务。首先，《服务协议》约定万科物业公司的主要服务内容为睿服务管理模式，侧重于对小区物业服务模式的整体管理，人员聘用由金泰卓越公司审核并最终确定；其次，《安全协议》约定金泰卓越公司全面负责安全工作；同时结合万科物业公司派往金泰丽湾小区的人员情况及包括中控人员在内的具体工作人员系与金泰卓越公司办理用工手续等情况，法院认定万科物业公司不负责具体的安全工作。但是结合双方协议约定及万科物业公司自认其服务内容包括对金泰丽湾项目负有安全培训的义务的情况，万科物业公司仍负

① 参见启迪环境科技发展股份有限公司与深泽县经发乡村建设开发有限公司物业服务合同纠纷二审民事判决书，河北省高级人民法院（2020）冀民终557号。

有对安全工作人员进行培训、遇紧急情况迅速启动应急预案、及时报警处理、防止损失扩大等义务。

关于万科物业公司是否对“7·7火灾”的发生存在过错……根据法院认定的上述事实，万科物业公司负有对安全工作人员进行培训、遇紧急情况迅速启动应急预案、及时报警处理、防止损失扩大等义务，而结合消防卷宗材料，北京市门头沟区公安消防支队所查明的隐患问题包括“未对中控人员进行消防培训，中控人员‘一、三分钟’应急处置流程不掌握”“火灾发生后，中控人员未拨打‘119’报警”等内容，可以体现万科物业公司未尽到相应的培训职责，在紧急情况、安全事故发生时未能有效启动应急预案并防止损失的扩大，对“7·7火灾”的发生存在一定的过错。①

4. 物业服务企业未履行物业服务合同约定的免费服务构成违约

【典型案例】二审法院认为，《［云锦·金瓯广场］前期物业管理服务合同》第25条约定：其他乙方（金时代物业）向业主和物业使用人提供的服务项目和收费标准约定如下：“1. 免费服务系列：代收、代缴水电气费、代订、代送各种报纸杂志等……”因此，金时代物业应当承担无偿为业主提供代收代缴水电气费的服务义务，且金时代物业仅是代收代缴，并非供应水电气的主体，其以业主未及时缴纳物业管理费为由拒绝业主缴纳水电气费的要求不符合合同约定，属违约行为……停水停电势必影响家庭正常生活，这是不争的常识，本案中，徐某喜、田某艳举证住宿费发票证明停水停电造成的实际损失，金时代物业对住宿费发票持异议，但未举证证明其异议成立，故法院对住宿费发票予以采信，一审法院判决金时代物业赔偿徐某喜、田某艳损失1000元正确。②

5. 物业服务企业可就其提供的非物业服务向业主收取服务费

【典型案例】再审法院经审查认为，德佳物业公司与王某鹭于2011年9

① 参见北京万科物业服务有限公司与北京金泰卓越物业管理有限公司服务合同纠纷一审民事判决书，北京市门头沟区人民法院（2020）京0109民初4698号。

② 参见攀枝花市金时代物业管理有限公司与徐某喜、田某艳物业服务合同纠纷二审民事判决书，四川省攀枝花市中级人民法院（2016）川04民终618号。

月21日签订《北京市居民供热采暖合同》，系双方真实意思表示，不违背法律法规的禁止性规定，合法有效。合同约定："合同有效期届满，如双方未订立新合同的，本合同自动延续。"现德佳物业公司为王某鹭居住的房屋提供了2017年11月15日至2020年3月15日的供暖服务，王某鹭应当缴纳供暖费。王某鹭称德佳物业公司已被终止提供物业服务事宜，因物业服务合同与供用热力合同系两个独立的合同，不属同一法律关系，王某鹭以此为由不同意缴纳供暖费，缺乏依据。①

6. 物业服务企业有权收取案场物业服务费

【典型案例】2018年4月25日，作为甲方的被告绿地奉瑞公司与作为乙方的原告碧桂园分公司签订了《凤鸣美谷（04－01）项目案场物业服务合同》，约定由碧桂园分公司为绿地奉瑞公司的"凤鸣美谷"项目的案场提供物业服务……

故原告虽无法提供审批单原件，但结合其提交的微信群聊天记录、发票、原始打卡数据、考勤照片、现场考勤机照片等证据，已经形成了完整的证据链，高度盖然地证明了原告已履行价值1 155 289.35元的物业服务义务。因此，法院对原告的诉请予以支持。原、被告之间签订的物业服务合同合法有效，对双方当事人均具有法律约束力，双方当事人应当按照约定履行自己的义务。现原告已依约履行了物业服务义务，而被告在接受原告服务后，至今欠付服务费，显属违约，理应继续履行付款义务。②

7. 业主无须为实际属于物业服务内容的服务另行支付服务费

【典型案例】美裕公司申请再审主张，依照法律规定及合同约定，何某梅、徐某钰应向其支付房屋代管费。经查明，根据《补充协议》第26条之约定，如买受人未能在规定时间内办理交接手续，自通知的交房期限届满后第30日起，则视为买受人对商品房及一切所属设施均无异议并同意接收该房

---

① 参见王某鹭与北京德佳物业管理有限公司供用热力合同纠纷再审审查与审判监督民事裁定书，北京市高级人民法院（2022）京民申2227号。

② 参见碧桂园生活服务集团股份有限公司上海奉贤分公司与上海绿地奉瑞置业有限公司物业服务合同纠纷一审民事判决书，上海市奉贤区人民法院（2022）沪0120民初1711号。

产，商品房的风险和费用自动转移由买受人承担（该套房屋的保修期限从通知交房之日起计算），并应自逾期办理交接手续之日起按总房款的每日0.01%向出卖人支付商品房的代管费，若买受人自通知交房期限届满后超过90日仍不办理交接手续，出卖人可自通知的交房期限届满后第30日起，按日向买受人收取商品房总价款的0.01%的代管费，直至商品房交接手续办理完毕之日止。出卖人的代管内容仅指对该物业公共部分及庭院的打扫，不包括保管和维修。同时，根据《商品房买卖合同》的附件四《前期物业服务合同》第4条、第10条的约定，业主应于美裕公司通知办理交房手续期限届满之日起交纳物业服务费用，泉州市亿龙物业管理有限公司在物业服务区域内提供综合管理、清洁卫生、秩序维持、绿化日常养护等服务。根据上述约定，美裕公司的代管内容，即对该物业公共部分及庭院的打扫，而该代管义务内容实际上属于物业公司提供物业服务内容的范围，在物业公司根据《前期物业服务合同》约定收取物业服务费用的同时，美裕公司又主张何某梅、徐某钰应支付房屋代管费，依据不足，原审判决未予支持，亦无不当。①

七、物业服务企业上市案例文书部分示例

1. 南都物业服务股份有限公司首次公开发行股票申请文件反馈意见

> 一、规范性问题
>
> 17. 公司正在积极打造悦嘉家云平台以开展社区O2O业务；请结合现有业务的发展情况核查说明公司开展社区O2O业务的优势、发展规划、对公司业务的影响，是否造成主营业务的重大变化。并结合该情况说明公司募投项目的合理性、可行性。

① 参见泉州美裕置业有限公司与何某梅商品房预售合同纠纷再审民事判决书，福建省高级人民法院（2020）闽民再2号。

2. 深圳证券交易所《关于上海益中亘泰（集团）股份有限公司首次公开发行股票并在创业板上市申请文件的第二轮审核问询函》（审核函〔2021〕010047 号）

> 1. 关于业务与技术。审核问询回复显示，根据中国证监会《上市公司行业分类指引（2012 修订）》，从发行人的业务性质来看，公司属于“Q83 卫生”
>
> 根据《国民经济行业分类标准》（GB/T 47542011），公司所处行业名称为“Q84 卫生”之“Q8499 其他未列明卫生服务”。发行人在运送管理服务和创新增值产品等服务中引入“滴滴抢单”和“共享模式”等互联网思维模式，实现了将新技术与传统后勤服务相结合，提高了医院后勤工作效率。
>
> 请发行人：
>
> （1）结合报告期内各项业务的收入构成情况以及发行人的业务实质，补充披露所属《国民经济行业分类标准》中“Q84 卫生”的具体依据，并说明发行人业务与“081 其他服务业”之间的差异；请充分论证发行人业务是否属于《深圳证券交易所创业板企业发行上市申报及推荐暂行规定》第四条（十二）“居民服务、修理和其他服务业”，是否属于创业板负面清单，发行人是否符合创业板定位；
>
> （2）补充说明目前发行人主要从事医院后勤服务管理，将行业定位为“Q84 卫生”，假如未来开拓学校等其他单位后勤服务管理业务，行业定位是否会相应变更为“教育”等……

3. 上海上房物业服务股份有限公司首次公开发行股票申请文件反馈意见

> 8. 根据招股说明书，发行人所处行业为《国民经济行业分类标准》“K70 房地产业”中的“K7020 物业管理”。发行人及部分子公司经营范围包含房地产中介、经纪、咨询，出租商业用房、办公用房、房屋出租等

业务。请发行人补充披露：发行人母公司、各子公司、分公司开展房产中介、经纪、咨询、房屋出租业务的具体情况，报告期内对外出租房屋数量，是否接受客户委托开展房屋出租业务，是否符合国家房地产调控政策要求，是否符合国家产业政策，是否构成本次发行障碍。请保荐机构及发行人律师核查并发表意见。

15. 根据保荐工作报告，发行人实际控制人曾存在不得从事住宅物业的竞业禁止承诺；招股书也未将住宅物业公司列为同行业公司。请发行人：……（2）招股书未将住宅物业公司列为同行业公司的原因，结合商业物业与住宅物业是否具有重大差异、是否需要改变工商登记的营业范围等，谨慎判断合理性。（3）综合物业管理服务主要分为医疗机构支援服务、商业地产物业服务、教育机构支援服务等业务类别，请说明上述“支援”有何具体含义，是否特意与物业服务进行区分，有何意义，是否产生误导。请保荐机构认真履职尽责，督促发行人充分、准确、完整地进行信息披露。

4. 浙江开元物业管理股份有限公司创业板首次公开发行股票申请文件反馈意见

6. 关于发行人的业务。申报材料显示，公司物业服务按服务内容不同，可分为物业管理服务、案场服务（为房地产公司项目销售中心、样板房等提供礼仪服务、保洁服务）和顾问服务（为房地产公司提供房地产项目前期规划咨询等服务，为中小型物业公司提供物业管理经验及培训等服务）。发行人的物业品牌“棋服务”产品中包含置业顾问、康复理疗、生活照料、养生餐饮等产品。发行人收入主要来源于物业服务、物业相关配套业务（智能化弱电工程设备收入、剧院经营收入）、养老服务的收入。发行人的业务主要集中在浙江地区。按照服务物业类型来看，发行人物业管理收入60%以上来源于住宅物业。

请发行人：（1）说明报告期内各类业务细分的服务具体内容、规模

（如签约项目及面积）以及对应的收入、占比情况，主要客户及供应商类别及采购的内容、提供的服务，各类业务的区别与联系，说明发行人是否主要从事一种业务……请保荐机构、发行人律师核查上述问题、说明核查过程并发表明确意见。

5. 西藏新城悦物业服务股份有限公司创业板首次公开发行股票申请文件反馈意见

14. 根据招股说明书披露，公司营业收入主要来自物业服务，协销服务、增值业务、工程业务等……

请在招股说明书中：……（6）补充披露公司增值业务收入的具体构成、来源、变动情况及原因，新橙社 App 线上成交订单数量、交易金额、单位订单交易金额情况及变动原因……（3）补充说明公司增值业务具体构成及收入具体来源，中介机构针对性核查工作开展情况……

6. 重庆新大正物业集团股份有限公司首次公开发行股票申请文件反馈意见

20. 招股说明书披露……（5）补充披露餐饮服务的具体业务内容，涉及的物业项目，同时经营物业管理和餐饮服务时是否影响各自定价公允，披露餐饮服务的具体收入来源及会计处理方式，结合按食堂的用餐人次数和次均消费金额等数据，分析餐饮服务收入的变动原因，详细说明收款流程及内部控制，说明是否存在内控缺陷……

第三章　业务资质

一、概述

业务资质，是指目标公司在从事某种业务经营中，根据法律法规的规定，应当具有相应的资格，并取得相应资格证书，如资质证、资格证、许可证等。物业服务企业因其业务场景的多元化、多样化，导致其所涉业务资质较多。若目标公司未取得所从事业务的必要资质、资质失效、超越资质等开展业务，则其主营业务经营存在合规性问题，其经营收入、利润、持续盈利能力等可能丧失合法性基础。因此，收并购中，针对目标公司业务资质的核查，是法律尽调的工作重点，有助于收购方识别和防范目标公司经营的合规性、可持续性等风险。

核查目标公司业务资质，须注意以下事项。

1. 物业服务企业资质历史沿革

物业服务企业资质最早可追溯至原建设部于1999年颁布的《物业管理企业资质管理试行办法》（建住房〔1999〕261号，已失效），将物业服务企业资质等级由高到低分为一、二、三级和临时资质，并规定了资质认定条件、经营范围、资质管理等。2004年5月1日原建设部颁布的《物业管理企业资质管理办法》（建设部令第125号，已失效）中取消了临时资质。2015年修正后的《物业服务企业资质管理办法》取消物业服务企业注册资本限制、物业管理师职业资格等。2016年，《物业管理条例》（国务院令第666号）取消了物业管理人员从业资格限制。2017年1月12日，国务院发布《关于第三批取消中央指定地方实施行政许可事项的决定》（国发〔2017〕7号），其中包括取消物业服务企业二级及以下资质认定（第12项）。2017年9月6日，国务院常务会议决定取消物业一级资质核定。2018 年 3 月 8 日，住房城乡建设部（以下简称住建部）作出《关于废止〈物业服务企业资质管理办法〉的决定》（建设部令第 39 号）。在取消“资质”审核之后，各地政府或物业行业协会开始探索构建以“信用”为核心的事中事后新型监管体系，使其物业服务企业的发展更符合市场竞争和优胜劣汰的规律。

2. 物业服务业务资质发展趋势

物业服务企业除了提供传统“四保一服”基础物业服务，越来越多的物业服务企业成为“物业 +”的实践者，成为新技术、新服务的引进者和推动者。2020 年 12 月，住建部等六部门联合印发《关于推动物业服务企业加快发展线上线下生活服务的意见》（建房〔2020〕99 号），使物业服务场景成为新技术的试验田。2020 年 12 月，住建部等十部门联合印发《关于加强和改进住宅物业管理工作的通知》（建房规〔2020〕10 号），鼓励有条件的物业服务企业向养老、托幼、家政、文化、健康、房屋经纪、快递收发等领域延伸，探索“物业服务 + 生活服务”模式。随着新型城镇化到城市精细化管理落地，从“乡村振兴”到城中村管理，使得物业服务企业向“城市服务”延展。因此，虽然物业服务企业不必申请物业服务企业资质，但是根据自身经营范围、具体服务内容需要申请相应的专项资质。

二、核查要点

1. 保修、保安、保洁、保绿及消防等资质核查

（1）若提供电梯维修服务，应核查其是否具备在有效期内的特种设备安装改造维修许可证；

（2）若提供消防工程维修保养服务，应核查其是否具备在有效期内的消防技术服务机构资质证书；

（3）若提供保安服务，应核查是否具备自行招用保安员单位备案证明或者保安服务许可证，其相关员工是否持有保安员证；

（4）若提供建筑物外立面清洁养护施工服务，则应核查是否具备建筑物清洁养护施工企业资质证书等；

（5）若提供园林绿化工程施工服务，虽然住建部取消了城市园林绿化资质，但可核查其在园林绿化市场信用信息系统中的市场主体信用记录。

2. 多种经营项目资质核查

（1）若提供停车场经营业务，则应核查服务主体是否具备停车场经营许可及收费备案；

（2）若提供游泳池经营管理业务，则应核查其是否具备高危险性体育项目经营活动许可证、卫生许可证；

（3）若提供房屋中介服务，则应核查其是否办理房地产经纪机构备案证；

（4）若提供食堂承包业务或者餐饮服务，则应核查其是否取得餐饮服务许可证、卫生许可证；

（5）若提供食品零售，则应核查其是否具备卫生许可证、食品经营许可证；

（6）若经营酒店、旅馆，则应核查其是否具备特种行业许可证、消防合格证、卫生许可证等。

3. 网络及 App 等资质核查

（1）物业服务涉及线上经营等创新服务的，如网站、App 等，则应核查服务主体是否在公安机关指定的受理机关办理 App、ICP 等备案手续及文件。

（2）线上业务涉及行政许可或备案的，如互联网购物、消费金融、各类信息推送等，还须核查相应的增值电信业务经营许可证、广播电视节目制作经营许可证等行政许可或文件。

4. 危险、涉密等服务项目的资质核查

（1）若为医院医疗机构等提供服务，如为医院隔离区和非隔离区等提供病毒消杀、卫生保洁等服务，应核查其是否具备危险废物经营许可证以及提供类似医疗机构服务的业绩。

（2）若为国防涉密单位提供服务，则应核查其是否获得国防科工局颁发的“军工涉密业务咨询服务安全保密条件备案”资质。若为部队营房等非涉密区域提供物业服务，则不需要上述资质。

（3）若提供市政公建项目服务，则可能需要核查其是否具备道路养护、管网维护等资质。

5. 过往资质及信用状况核查

（1）实践中，虽然住建部取消了物业服务企业资质，但过往资质的核查并非毫无意义，该核查可反映目标公司过往业绩及在管项目增减对比情况，以判断其是否持续合规经营等。

（2）各地政府或物业行业协会开始探索构建以信用为核心的事中事后新型监管体系，如中国物业管理协会已启动物业服务企业信用等级评定工作，正在拟定《物业服务企业信用评价管理办法》和《物业服务企业信用评价指标体系》，而北京、浙江、四川、天津、江西等省市已建立物业服务企业信用信息公示平台，因此，建议检索地方政策，核查目标公司及其分支机构在当地的信用信息。

三、风险提示

物业服务企业提供的“生活服务”、“城市服务”以及其他创新服务不少关系到国计民生、健康安全等，因此，目标公司经营活动须获得相应的资质或者许可，否则行政主体将对其处以警告、罚款、停业整顿、停止违法行为、没收违法所得等行政处罚，情节严重的，可能涉嫌构成非法经营罪、重大责任事故罪或者其他犯罪。在收并购中，核查物业服务企业相关业务资质、经营许可，可以识别标的企业是否合规经营，是否存在停业整顿、责令关闭、刑事犯罪等重大法律风险。

四、处理建议及参考条款

1. 在交易协议中的“陈述与保证”条款中明确约定目标公司业务资质情况，参考条款节选如下。

> 转让方承诺，目标公司正常经营所需业务资质均齐备且合法、有效存续，并确保业绩承诺期内仍符合前述约定情形。业绩承诺期内，受让方有权组织对目标公司业务资质情况进行监督检查，如经临检发现目标公司的

业务资质到期未续展或者缺失，受让方有权提出整改建议，直至符合前述要求，所产生的费用由目标公司自行承担。

截至本协议签署日，本次收购目标公司在管项目特别披露事项：

目标公司部分项目缺少重要经营资质，如食品经营资质、游泳池经营资质、消防维保资质、道路运输资质、高空作业证、特殊工种人员资质。

2. 建议在交易协议中明确约定目标公司业务资质相关法律责任，参考条款节选如下。

出于管理权交接之前原因发生的与资质或者许可等有关的一切问题导致的目标公司法律责任（包括但不限于承担罚款等）、法律义务或风险，虽可能在管理权交接之日后发生或发现，应由交易对方承担责任。若导致受让方受到任何损失，由转让方进行赔偿。

转让方特别陈述与保证：基于转让方所披露之目标公司及其在管项目情况，发生任何民事责任、行政责任，均由转让方据实承担或据实补偿至目标公司，包括但不限于：

目标公司因股权交割日前部分项目经营资质不合规可能需承担的民事或行政责任。

3. 建议收购方在最终交易文件中将目标公司取得或者延续相关资质或者许可等事项作为先决条件或者交割后履行事项，以及规定相应的违约责任。

五、相关规定

1. 电梯维保资质

《特种设备安全监察条例》（2009 年修订）

第三十一条第一款　电梯的日常维护保养必须由依照本条例取得许可的安装、改造、维修单位或者电梯制造单位进行。

第七十七条　未经许可，擅自从事……电梯……的维修或者日常维护保养的，由特种设备安全监督管理部门予以取缔，处1万元以上5万元以下罚款；有违法所得的，没收违法所得；触犯刑律的，对负有责任的主管人员和其他直接责任人员依照刑法关于非法经营罪、重大责任事故罪或者其他罪的规定，依法追究刑事责任。

2. 消防维保资质

《消防法》（2021年修正）

第十八条第二款　住宅区的物业服务企业应当对管理区域内的共用消防设施进行维护管理，提供消防安全防范服务。

第三十四条　消防设施维护保养检测、消防安全评估等消防技术服务机构应当符合从业条件，执业人员应当依法获得相应的资格；依照法律、行政法规、国家标准、行业标准和执业准则，接受委托提供消防技术服务，并对服务质量负责。

《高层民用建筑消防安全管理规定》

第三十二条第一款　不具备自主维护保养检测能力的高层民用建筑业主、使用人或者物业服务企业应当聘请具备从业条件的消防技术服务机构或者消防设施施工安装企业对建筑消防设施进行维护保养和检测；存在故障、缺损的，应当立即组织维修、更换，确保完好有效。

《社会消防技术服务管理规定》（2016年修正）

第四条　国家对消防技术服务机构实行资质许可制度。消防技术服务机构应当取得相应消防技术服务机构资质证书（以下简称资质证书），并在资质证书确定的业务范围内从事消防技术服务活动。

第四十六条　消防技术服务机构违反本规定，有下列情形之一的，责令改正，处二万元以上三万元以下罚款：

（一）未取得资质，擅自从事社会消防技术服务活动的……

（三）冒用其他社会消防技术服务机构名义从事社会消防技术服务活动的。

3. 食品经营资质

《食品安全法》（2021年修正）

第三十五条第一款　国家对食品生产经营实行许可制度。从事食品生产、食品销售、餐饮服务，应当依法取得许可。但是，销售食用农产品和仅销售预包装食品的，不需要取得许可。仅销售预包装食品的，应当报所在地县级以上地方人民政府食品安全监督管理部门备案。

第一百二十二条　违反本法规定，未取得食品生产经营许可从事食品生产经营活动……由县级以上人民政府食品安全监督管理部门没收违法所得和违法生产经营的食品、食品添加剂以及用于违法生产经营的工具、设备、原料等物品；违法生产经营的食品、食品添加剂货值金额不足一万元的，并处五万元以上十万元以下罚款；货值金额一万元以上的，并处货值金额十倍以上二十倍以下罚款。

明知从事前款规定的违法行为，仍为其提供生产经营场所或者其他条件的，由县级以上人民政府食品安全监督管理部门责令停止违法行为，没收违法所得，并处五万元以上十万元以下罚款；使消费者的合法权益受到损害的，应当与食品、食品添加剂生产经营者承担连带责任。

《食品安全法实施条例》（2019 年修订）

第二十八条　学校、托幼机构、养老机构、建筑工地等集中用餐单位的食堂应当执行原料控制、餐具饮具清洗消毒、食品留样等制度，并依照食品安全法第四十七条的规定定期开展食堂食品安全自查。

承包经营集中用餐单位食堂的，应当依法取得食品经营许可，并对食堂的食品安全负责。集中用餐单位应当督促承包方落实食品安全管理制度，承担管理责任。

4. 游泳池经营资质

《经营高危险性体育项目许可管理办法》（2016 年修改）

第三条　经营高危险性体育项目实施行政许可。

第七条　企业、个体工商户经营高危险性体育项目的，应当在工商行政管理部门依法办理相关登记手续后，向县级以上地方人民政府体育主管部门申请行政许可。

第二十六条　未经县级以上地方人民政府体育主管部门批准，擅自经营高危险性体育项目的，由县级以上地方人民政府体育主管部门按照管理权限责令改正；有违法所得的，没收违法所得；违法所得不足3万元或者没有违法所得的，并处3万元以上10万元以下的罚款；违法所得3万元以上的，并处违法所得2倍以上5倍以下的罚款。

《公共场所卫生管理条例》（2019年修订）

第二条 本条例适用于下列公共场所：

……

（四）体育场（馆）、游泳场（馆）、公园；

……

第四条 国家对公共场所实行“卫生许可证”制度。

第七条 公共场所直接为顾客服务的人员，持有“健康合格证”方能从事本职工作……

第八条 除公园、体育场（馆）、公共交通工具外的公共场所，经营单位应当及时向卫生行政部门申请办理“卫生许可证”。“卫生许可证”两年复核一次。

第十四条第一款 凡有下列行为之一的单位或者个人，卫生防疫机构可以根据情节轻重，给予警告、罚款、停业整顿、吊销“卫生许可证”的行政处罚：

（一）卫生质量不符合国家卫生标准和要求，而继续营业的；

（二）未获得“健康合格证”，而从事直接为顾客服务的；

（三）拒绝卫生监督的；

（四）未取得“卫生许可证”，擅自营业的。

5. 幕墙清洗资质

上海市安全生产监督管理局《关于开展特种作业人员持证上岗专项检查通知》（沪安监管法规〔2010〕79号）

一、专项监督检查的范围

（七）登高架设作业（①建筑脚手架搭拆维修②塔式类起重机搭拆维修③建筑用电梯搭拆维修④施工井架搭拆维修⑤高处悬挂作业⑥电力、通信登高架设维修）；

《青岛市建筑物高处悬挂作业安全生产管理规定》

第二十七条　物业服务企业等委托单位不得将高处悬挂作业委托给未取得高处悬挂作业登记备案证的单位。

国土资源和房屋管理部门应当将物业服务企业违法委托高处悬挂作业的行为记入该企业不良行为记录，并载入企业诚信档案。

第二十八条　物业服务企业等委托单位在委托高处悬挂作业项目时，应当与生产经营单位签订安全生产管理协议，督促生产经营单位落实安全生产措施，并为生产经营单位提供必要的安全作业条件。

第二十九条　物业服务企业等委托单位应当会同生产经营单位对高处悬挂作业施工环境进行安全评估，协助生产经营单位制定悬吊吊具、设备的固定措施。

第三十条　物业服务企业等委托单位发现生产经营单位存在安全问题或安全隐患时，应当立即责令停止施工，并及时向所在区（市）建设行政主管部门报告。

6. 秩序维护资质

《保安服务管理条例》（2022 年修订）

第二条　本条例所称保安服务是指：

（一）保安服务公司根据保安服务合同，派出保安员为客户单位提供的门卫、巡逻、守护、押运、随身护卫、安全检查以及安全技术防范、安全风险评估等服务；

（二）机关、团体、企业、事业单位招用人员从事的本单位门卫、巡逻、守护等安全防范工作；

（三）物业服务企业招用人员在物业管理区域内开展的门卫、巡逻、秩序维护等服务。

前款第（二）项、第（三）项中的机关、团体、企业、事业单位和物业服务企业，统称自行招用保安员的单位。

第十四条　自行招用保安员的单位，应当自开始保安服务之日起30日内向所在地设区的市级人民政府公安机关备案……

第四十一条　任何组织或者个人未经许可，擅自从事保安服务的，依法给予治安管理处罚，并没收违法所得；构成犯罪的，依法追究刑事责任。

第四十二条　保安从业单位有下列情形之一的，责令限期改正，给予警告；情节严重的，并处1万元以上5万元以下的罚款；有违法所得的，没收违法所得……

7. 公共停车场资质

《上海市停车场（库）管理办法》（2021年修正）

第十四条　（经营登记备案）公共停车场（库）经营者应当依法办理工商、税务登记手续，并在工商登记后15日内，持有关材料向交通行政主管部门或者《上海市道路运输管理条例》规定的道路运输管理机构办理备案手续。

公共停车场（库）经营者变更登记事项或者歇业的，应当按照规定向市场监管、税务部门办理相关手续，并自变更、歇业之日起15日内向原备案部门办理备案手续。公共停车场（库）歇业的，经营者应当提前5日向社会公告。

第三十三条第一款第（一）项　（行政处罚）市、区交通行政主管部门对违反本办法的行为，按照下列规定予以处罚：

（一）公共停车场（库）经营者违反本办法第十四条规定，未履行备案义务的，责令限期改正。逾期不改正的，处以200元以上2000元以下的罚款。

《北京市机动车停车条例》（2021年修正）（北京市人民代表大会常务委员会公告〔15届〕第61号）

第二十一条　经营性停车设施经营单位应当依法办理工商登记，并在经营前十五日内到区停车管理部门办理备案，备案材料应当真实准确。具体备案材料由市交通主管部门规定。

实行政府定价的收费停车设施，经营单位或者管理单位应当到区发展改革部门进行价格核定及明码标价牌编号。

违反第一款规定，未如实报送停车设施设置情况的，由城市管理综合执法部门责令限期改正；逾期未改正的，处一万元罚款。违反第二款规定，未按照规定进行价格核定及明码标价牌编号的，由价格管理部门责令限期改正；逾期未改正的，处一万元罚款。

《杭州市物业管理服务收费实施细则（试行）》（杭房局〔1996〕第278号）

第五条　物业公司应按规定经资格审批申请注册登记、领取营业执照并向市物价局申领收费许可证，方可从事物业管理经营活动。

《宁波市停车场规划建设和管理条例》（2011年修订）

第二十三条　从事公共停车场经营应当办理工商和税务登记手续，并在领取营业执照之日起十五日内报城市管理部门备案。

第二十五条　经营性公共停车场的收费，应当区分不同情况，分别实行政府定价、政府指导价和市场调节价的定价形式。

……公共停车场经营者应当向价格主管部门办理相应的收费标准审批手续。

《中山市停车场条例》（中山市第十五届人民代表大会常务委员会公告〔15届〕第21号）

第二十四条第一款　公共停车场、专用停车场、临时停车场的经营者或者管理者应当在取得营业执照后二十个工作日内向市公安机关交通管理部门办理备案手续。办理停车场备案手续应当提交停车场经营者或者管理者的营业执照、经营地址、平面示意图和方位图以及停车位类型、数量等资料。

六、实务要点及典型案例

1. 物业服务主管机关可对上位法相关资质规定进行解释和细化规定

【典型案例】原上海市房屋土地资源管理局作为物业服务企业资质的主管机关，根据上位法规定制定新设立物业资质通知，对原《物业服务企业资质管理办法》中专职人员的认定标准进行了解释和细化规定，与《行政许可法》《物业管理条例》等法律、法规的规定不相冲突，制定主体、制定目的、制定过程符合规范，并无明显违法情形。结合该通知第1条的规定和相关证据，苏华公司聘用的相关专业人员社保缴纳记录仅持续一个月，显然不符合物业服务企业中专业人员的专职性要求，进而不符合专职人员的人数要求。据此，法院判决驳回苏华公司的诉讼请求。苏华公司不服上诉，二审驳回上诉，维持原判。①

（备注：上述资质均已取消，但涉及行政许可相关法律仍可适用。）

2. 物业服务企业不得将游泳池发包给无相应资质的公司承包经营

【典型案例】被告泰祥公司安全管理不到位，在被告天鸟公司未取得相关证照、不具备相应资质的情况下，允许其从事经营活动，并认定该事故为安全生产责任事故。因此，被告天鸟公司和被告泰祥公司在该事故中均有过错，依法应对原告因龙某乙触电死亡造成的损害各自承担相应的赔偿责任。根据本案的实际情况，法院确定对原告因龙某乙触电死亡造成的损害，由被告泰祥公司承担60%的责任，被告天鸟公司承担40%的责任。②

3. 相关行政处罚案例

（1）电梯相关行政处罚案例见表3－1。

表3－1　电梯相关行政处罚案例

序号	公司名称	处罚决定书	处罚事由	处罚机关	处罚结果
1	港力物业管理（上海）有限公司	沪市监静处〔2022〕062021002688号	电梯超期未检	上海市静安区市场监督管理局	罚款人民币30 000元

① 参见2018年最高人民法院发布行政诉讼附带审查规范性文件典型案例之六：上海苏华物业管理有限公司与上海市住房和城乡建设管理委员会物业服务资质纠纷二审行政判决书，上海市第三中级人民法院（2016）沪03行终231号。

② 参见龙某、苏某英与重庆泰祥物业管理有限公司、重庆天鸟游泳池管理有限公司等生命权、健康权、身体权纠纷一审民事判决书，重庆市铜梁区人民法院（原重庆市铜梁县人民法院）（2013）铜法民初字第03743号。

续表

序号	公司名称	处罚决定书	处罚事由	处罚机关	处罚结果
2	合肥锦庭物业管理有限公司	合市监包芜罚〔2022〕2号	使用存在故障隐患的电梯	合肥市市场监督管理局	罚款人民币120 000元
3	山东泷泽物业管理有限公司	（济）市监处罚〔2021〕0425号	未按规定办理使用登记、未经定期检验电梯	济南市市场监督管理局	罚款人民币150 000元

（2）消防相关行政处罚案例见表3－2。

表3－2　消防相关行政处罚案例

序号	公司名称	处罚决定书	处罚事由	处罚机关	处罚结果
1	湖南中建物业服务有限公司	岳消行罚决字〔2022〕第0047号	消防设施未保持完好有效、安排不具备相应条件的人员在消防控制室值班	岳麓区消防救援大队	罚款人民币19 000元
2	湖南豪布斯卡物业管理股份有限公司岳麓分公司	岳消行罚决字〔2022〕第0021号	消防设施未保持完好有效	岳麓区消防救援大队	罚款人民币31 000元
3	广东中奥物业管理有限公司镇江分公司	镇京消行罚决字〔2022〕第0009号	消火栓无水、火灾报警按钮无法正常触发报警、火灾报警主机故障	镇江市京口区消防救援大队	罚款人民币15 000元

（3）食堂经营相关行政处罚案例见表3－3。

表3－3　食堂经营相关行政处罚案例

序号	公司名称	处罚决定书	处罚事由	处罚机关	处罚结果
1	天津市嘉越物业管理有限公司	津市监东综支罚〔2021〕374号	未取得许可从事单位食堂餐饮服务	天津市河东区市场监督管理局	罚款人民币80 000元

续表

序号	公司名称	处罚决定书	处罚事由	处罚机关	处罚结果
2	昆明银海物业服务有限公司	—	食堂食品经营许可证有效期已过，但食堂仍为员工提供餐饮服务	昆明市市场监督管理局	罚款人民币50 000元
3	江苏某物业管理有限公司	—	提供外包食堂经营服务未办理食品经营许可证	连云区市场监督管理局	罚款人民币426 253元

（4）游泳池相关行政处罚案例见表3－4。

表3－4 游泳池相关行政处罚案例

序号	公司名称	处罚决定书	处罚事由	处罚机关	处罚结果
1	海南万宁嘉园物业管理服务有限公司	万综执决字〔2022〕188号	未经许可擅自开展游泳池服务	万宁市综合行政执法局	罚款人民币3500元
2	广州市黄埔区城市建设物业有限公司	埔文罚字〔2021〕第003号	经营期间配备低于规定数量的救助人员，被发现责令限期改正，但逾期未改正	广州市黄埔区文化广电旅游局	罚款人民币5000元

七、物业服务企业上市案例文书部分示例

1. 证监会对万物云空间科技服务股份有限公司的反馈意见

境外上市书面反馈意见公示（4月18日~4月22日）

一、根据申请材料，你公司及下属公司经营范围包括电信增值业务。请详细说明你公司及下属公司电信增值业务经营情况及你公司目前外资持股情况，本次发行前后是否符合《外商投资准入特别管理措施（负面清单）》（2021年版）要求，是否取得相关行业主管部门的监管意见等。请律师核查并出具明确法律意见。

2. 深圳证券交易所《关于上海益中亘泰（集团）股份有限公司首次公开发行股票并在创业板上市申请文件的第二轮审核问询函》（审核函〔2021〕010047 号）

> 5. 关于资质。审核问询回复显示，报告期内存在未办理备案而开展相关业务的情况。部分资质或备案存在中断续期情况。
>
> 请发行人补充披露：
>
> （1）未办理备案开展相关业务取得有关部门的无违法违规证明情况，包括取得日期、证明出具的依据、主要内容；未办理备案开展业务是否会受到处罚，是否对发行人经营产生重大不利影响；
>
> （2）资质或备案中断的原因及合理性，中断期间发行人是否从事生产经营，是否符合相关规定。
>
> 请保荐人、发行人律师发表明确意见。

3. 广东碧桂园物业服务股份有限公司首次公开发行股票申请文件反馈意见

> 二、信息披露问题
>
> 3. 请保荐机构、发行人律师在招股说明书“业务与技术”一节中补充说明并披露发行人及其分子公司是否已取得从事相关经营应获得的全部相应资质许可，如资质许可方面存在瑕疵，请补充披露对发行人生产经营的影响及是否可能面临行政处罚并发表明确意见。

4. 上海上房物业服务股份有限公司首次公开发行股票申请文件反馈意见

> 5. 发行人存在为医疗机构提供物业服务的情况，医疗机构服务业务占主营业务的比例分别为 28.58%、31.15%、34.39%，报告期前五大客户包括上海市第一人民医院、上海儿童医学中心等，提供服务的内容包括医疗垃圾处理、消毒隔离、病员送检、标本传递等。请发行人说明并补充

披露：(1) 发行人拥有业务许可资质的情况，是否存在超越资质范围进行生产经营的情况，报告期内是否持续具备生产经营必备全部资质，相关资质是否在有效期，是否存在期满后无法续期的风险，是否对发行人的生产经营造成不利影响，相关资质的取得是否合法合规……请保荐机构及发行人律师核查并发表明确意见。

5. 西藏新城悦物业服务股份有限公司创业板首次公开发行股票申请文件反馈意见

28. 请发行人补充披露生产经营各个环节所需获得的审批、认证等事项；发行人及其子公司是否具备生产经营所必要的业务资质，说明相应的审批主体、资质或证书名称及有效期。

请保荐机构、发行人律师核查上述问题并发表明确意见。

6. 重庆新大正物业集团股份有限公司首次公开发行股票申请文件反馈意见

31. 请发行人补充披露生产经营各个环节所需获得的审批、认证等事项；发行人及其子公司是否具备生产经营所必要的业务资质，说明相应的审批主体、资质或证书名称及有效期。

请保荐机构、发行人律师核查上述问题并发表明确意见。

7. 浙江开元物业管理股份有限公司创业板首次公开发行股票申请文件反馈意见

23. 关于发行人的资质。请发行人披露是否具备生产经营所需的全部资质、认证、许可，取得过程是否合法化合规；说明相关资质、认证、许可的有效期及是否覆盖报告期。请保荐机构、发行人律师核查上述问题、说明核查过程并发表核查意见。

第四章　固定资产

一、概述

固定资产，是指目标公司为生产产品、提供劳务、出租或者经营管理而持有的、使用时间超过12个月的，价值达到一定标准的非货币性资产。固定资产包括房屋、建筑物、机器、机械、运输工具以及其他与生产经营活动有关的设备、器具、工具等。收并购中，固定资产与目标公司的估值密切相关，也是收并购双方议价重点。物业服务企业具有轻资产的特点，但在某些领域又出现重资产的趋势，因此，核查目标公司固定资产情况，有助于收购方判断目标公司固定资产等主要资产是否存在重大权属纠纷，判断目标公司的真实价值，并就剥离与主营业务无关的固定资产设计交易结构。

核查目标公司的固定资产，须注意以下事项。

1. 充分理解固定资产在目标公司的商业意义

从商业模式看，根据固定资产占总资产比重的大小，可以分为重资产模式和轻资产模式。重资产模式下，固定资产在企业资产总额中一般都占较大的比例，固定资产的安全、完整对企业的生产经营、收并购估值等影响较大。绝大多数物业服务企业采用轻资产的方式来进行运营，自身并不持有大量的厂房、设备等固定资产，亦不需要过多固定资产来进行持续运营。因此，物业服务企业是比较典型的轻资产行业。

对于物业服务企业来说，最有价值资产就是物业服务合同和物业服务体系，物业服务体系主要包括各种智能化服务平台、产品服务平台、人力资源体系等。因此，物业服务企业轻资产的特点非常适合大型物业服务企业通过收并购方式获得目标公司的物业服务合同权益，并在并购整合中导入自己的物业服务体系，从而实现快速扩大规模、降低整合成本的目的，这也成为近年来物业服务企业收并购迅猛发展的直接原因。

2. 充分理解对目标公司固定资产尽调的原因

收并购法律尽调中，尽管目标公司大多数是轻资产，但核查固定资产仍不可或缺，主要原因如下。

（1）从交易目的看，物业服务企业轻资产运营模式决定其收并购主要是获得目标公司持有的物业服务合同权益，而非固定资产等。因此，通过核查固定资产，有利于确定纳入交易范围的固定资产，以及须剥离的固定资产。

（2）从商业模式发展动态看，物业服务企业轻资产是相对而言的，并在某些服务领域出现了一定程度的重资产趋势。如在物业城市服务、园区服务中，物业服务企业则须通过购买、租赁、融资租赁等方式，获得一定数量的清扫车、洒水车、垃圾运输车、清洁机器人、路面铣刨机、升降机、药物喷洒车、割草机、吸尘器、电焊机等固定资产，以满足招标投标或者选聘条件、为客户提供相应物业服务之需。

（3）从物业费的相关规定看，目标公司固定资产折旧影响其物业服务定价成本。根据国家发展改革委、原建设部《物业服务定价成本监审办法（试行）》的规定，在政府价格主管部门制定或者调整实行政府指导价的物业服务收费项目中，物业服务定价成本包括固定资产折旧。《物业服务定价成本监审办法（试行）》还对物业服务固定资产作出定义，是指在物业服务小区内由物业服务企业拥有的、与物业服务直接相关的、使用年限在一年以上的资产。

二、核查要点

1. 法律尽调团队对固定资产的核查主要是进行定性判断，即固定资产权属是否明确、是否存在他项权利或者其他权利限制。对于固定资产的盘点、评估等有赖于会计师或评估师的专业判断。

2. 根据目标公司提供的固定资产台账、资产权属证书、大额资产采购合同等资料，结合政府产权（动产及不动产）登记部门的查询信息，重点核查以下几个方面。

（1）核查房屋、土地、车辆等固定资产产权证明文件是否真实合法有效。

（2）核查固定资产权属是否清晰，所有权是否归属目标公司所有。

（3）结合产权证明文件以及租赁合同、融资租赁合同等，核查固定资产是否为租赁物。

（4）结合诉讼仲裁执行等纠纷争议的核查情况，核查固定资产是否存在抵押、查封等权利限制。

3. 考虑到篇幅及重要性，我们未对目标公司主要资产核查另行单独撰写章节，建议结合固定资产、重大债权债务等章节予以综合判断。目标公司主要资产有关事项，有以下几方面的提示。

（1）实收资本方面。结合目标公司历史沿革核查情况，综合银行回单、验资报告、会计凭证等，验证目标公司股东是否已经适当履行了出资义务。

（2）银行账户方面。结合目标公司历史沿革核查情况，根据目标公司提供的已开立银行账户清单（基本户打印）等，核查目标公司银行账户是否完整、独立，账面记载是否完整、独立，是否存在个人卡、小金库等。

（3）无形资产方面。结合知识产权等核查情况，核查无形资产的权属证书原件、非专利技术的持有和保密状况等；确定无形资产是否存在，并由目标公司拥有或控制。

（4）对外投资方面。结合目标公司历史沿革等核查情况，重点核查主营业务为物业服务的，或者为物业服务上下游产业链的企业。

三、风险提示

由于物业服务企业的收并购的目的是获取目标公司所签订的物业服务合同权益，收购方通常希望将目标公司非经营管理所必需的固定资产剥离出交易范围，以降低交易对价。剥离固定资产的主要方式是目标公司向原股东或者其指定的第三方进行转让。但剥离固定资产涉及剥离价值的公允性、剥离的税费成本、时间成本等风险，进而影响交易后续交割的时间以及成本。

四、处理建议及参考条款

1. 建议在交易协议中明确约定目标公司固定资产状况，参考条款节选如下。

> （1）各方确认，目标公司的全部资产归属目标公司所有，转让方按照本协议第【 】条约定，向受让方移交目标公司资产。转让方确保目标公司拥有权属和在使用的资产均合法记载于目标公司名下，不存在任何权利瑕疵、权利负担，如因此导致目标公司承担损失的，由转让方承担。

2. 对于拟剥离的固定资产，建议在交易前做好相关税费和流程的测算，并在交易协议中明确约定相关交易税费的责任承担原则。参考条款节选如下。

> 经转让方、受让方确认的需于本次交易前予以剥离处置（剥离指将该项固定资产转让至转让方指定的主体名下）的固定资产明细清单详细见附件【 】。各方确认，该等需剥离处置的固定资产存续于目标公司名下以及剥离处置过程中所产生的一切税费、成本由转让方承担。转让方、目标公司确保前述附件【 】拟予以剥离处置的固定资产，在完成剥离处置后仍将为目标公司融资债务继续提供抵押担保。
>
> 各方确认，目标公司的资产处置原则如下：
>
> （1）归属目标公司以及目标公司现行使用的全部经营性资产均留存于目标公司。
>
> （2）经转让方、受让方确认的需于本次交易前予以剥离处置（剥离指将该项固定资产转让至转让方指定的主体名下）的固定资产明细清单详细见附件【 】。各方确认，该等需剥离处置的固定资产存续于目标公司名下以及剥离处置过程中所产生的一切税费、成本由转让方承担。
>
> 对于目标公司名下的车牌号为【 】的【 】汽车一辆，在转让方

【 】向目标公司按【 】年【 】月【 】日时点的账面净值作价支付完成后，目标公司于管理权移交完成日前过户给转让方【 】，过户登记产生的税费由转让方【 】自行承担。

3. 建议在交易协议中明确约定现金存款等其他主要资产的处理，参考条款节选如下。

转让方确保管理权移交完成之日目标公司账面现金不低于【 】万元。如目标公司账面留存货币资金不足，转让方同意受让方自应付转让方股权转让款中划扣同等金额至目标公司，受让方完成划扣后，视同向转让方支付同等金额的股权转让款。如股权转让款不足扣减，不足部分由转让方于股权交割日前以现金方式补足。

转让方承诺按本协议第【 】条以及附件【 】目标公司资产及债权债务处理方式完成目标公司资产及债权、债务的处理，并保证股权交割日在目标公司账户留足应留存货币资金（以下简称应留存货币资金）。前述应留存货币资金暂不低于人民币【 】万元（以下简称暂留存货币资金），最终以第三方审计机构对目标公司在股权交割日作为基准进行审计，并按照附件【 】目标公司资产及债权债务处理方式计算得出的金额为准。经审计发现目标公司应留存货币资金与暂留存货币资金不一致的，则多退少补。如需转让方补留存资金，受让方有权将对应金额的股权转让款支付至目标公司用以补留存资金，受让方向目标公司支付后视为向转让方支付同等金额的股权转让款。如因留存资金不足导致受让方多支付股权转让价款（包括受让方分次多支付部分的股权转让价款），由转让方于审计报告出具后10个工作日内向受让方退还多支付的股权转让价款，否则每逾期一日需按应退未退股权转让价款总额的日万分之三向受让方支付违约金；逾期超过30日，需按应退未退股权转让价款总额的日万分之五向受让方支付违约金。

五、实务要点及典型案例

1. 物业服务企业可主张员工用职务侵占款所购房产的所有权

【典型案例】法院认为，公民、法人的合法权益受法律保护。被告在担任原告的法定代表人职务期间，动用原告单位的钱款以自己的名义购买了系争房屋，其行为侵害了原告的权益。审理中被告对原告提出系争房屋的产权归原告所有的诉请无异议，故本院对原告的诉讼请求，予以支持。考虑到被告提出的经济原因，本案受理费由原告负担。据此，依照原《民法通则》第5条之规定。判决如下：被告吴某名下的上海市杨浦区河间路某号店铺产权归原告上海某物业有限公司所有。①

2. 竞拍人自愿竞得安放小区公共设施的房产的风险

【典型案例】法院认为，2004年4月6日，高某春以拍卖形式取得争议房产所有权。2006年8月29日又取得了被告所占用的使用面积152.51平方米房屋所有权证书，依法享有该房屋的占有、使用、收益、处分的权利。但高某春以拍卖形式取得坐落于哈尔滨市南岗区建设街某处房产所有权时，该楼的供水设备、消防设备、供暖系统、供气系统、配电设备等公用设施既已在该房产范围之内并为整栋楼房广大居民服务多年，且高某春参加哈尔滨市南岗区建设街某处房产竞买时，对此房产实际状况及瑕疵已经了解并认可在该楼建成时建设单位已将公用设施用房设置在哈尔滨市南岗区建设街某处房产。《物业管理条例》第30条规定，“建设单位应当按照规定在物业管理区域内配置必要的物业管理用房”，该小区将物业管理用房设置在该争议之房不违反法律规定，是合理和必要的。现原告请求被告将供水设备、消防设备、供暖系统、供气系统、配电设备等公共设施从其房产中迁出，因被告无处安置上述公用设施，如果强制迁出，势必影响整个楼房的使用功能和广大居民的正常生活，故其不具备迁让条件。对原告要求被告从诉争之房中迁出的诉请，法院不予支持。从公平角度考虑，在高某春取得诉争之房的所有权证后，

① 参见某物业有限公司与被告吴某财产权属纠纷一审民事判决书，上海市杨浦区人民法院（2007）杨民三（民）初字第1915号。

被告不应再收取该房的物业费，诉争之房的供热费等费用应由全体业主负担，原告不再负担。①

3. 物业服务企业受托管理房屋不能阻却执行措施

【典型案例】关于顺义达公司是否应当交付三雄大厦11层北E房屋的问题。顺义达公司向法院提交的《委托管理合同书》表明，三雄公司实际是委托顺义达公司对三雄大厦进行物业管理，该合同中并不涉及11层北E房屋的使用和归属问题，顺义达公司每年向三雄公司交纳的30万元托管费也并非房屋租赁费用。根据顺义达公司自述，该房屋实际为三雄公司为便于顺义达公司开展工作而提供的办公室，并非顺义达公司向三雄公司租赁的房屋。顺义达公司认为根据“买卖不破租赁原则”，其有权继续使用该房屋的主张没有事实和法律依据。依照《民事诉讼法》第249条的规定，顺义达公司作为法律文书指定交付财物的持有人，应当根据人民法院的协助执行通知书转交该房屋。因此，法院要求顺义达公司交付三雄大厦11层北E房屋并无不妥。②

六、物业服务企业上市案例文书部分示例

1. 西藏新城悦物业服务股份有限公司创业板首次公开发行股票申请文件反馈意见

9. 根据招股说明书，报告期内发行人共计向第三方承租了29处合计建筑面积为3545.1平方米的房屋。

请发行人补充披露：

(1) 发行人向第三方租赁29处房屋的背景、必要性、用途；出租房与发行人及其控股股东、实际控制人、董事、监事、高管是否存在关联关系，与发行人主要客户、其他供应商之间是否存在业务往来或关联关系；

① 参见李某与哈尔滨富生物业供热管理有限责任公司所有权确认纠纷一审民事判决书，黑龙江省哈尔滨市南岗区人民法院（2012）南民二初字第360号。

② 参见乌鲁木齐市顺义达物业服务有限公司与乌鲁木齐国有资产经营（集团）有限公司、乌鲁木齐三雄实业有限责任公司权属、侵权执行审查类执行裁定书，乌鲁木齐铁路运输中级人民法院（2020）新71执异15号。

对比当地一般房屋租赁价格，说明租赁价格的公允性；上述租赁房产占发行人总房产比例，是否主要经营场地，是否存在因无法续租对发行人正常生产经营造成影响的情形。

（2）发行人所有房产及土地使用权的面积、权属情况，获取方式，获取对价、交易对手方情况；取得方式是否合法合规，并取得完整有效的权属证明文件；发行人募集项目用地是否均已合法合规获取有效权属证明文件；是否存在可能被强制执行、拍卖抵债或其他导致权属瑕疵的情形，若有，详细披露上述情形，并说明是否属于发行人主要生产经营场所，对发行人正常生产经营及独立经营构成实质性不利影响，是否对本次发行上市构成法律障碍；是否存在纠纷或潜在法律风险。

请保荐机构、发行人律师核查上述问题并发表意见。

2. 浙江开元物业管理股份有限公司创业板首次公开发行股票申请文件反馈意见

13. 关于发行人、子公司、分公司房屋、土地情况。请发行人说明：（1）发行人及子公司、分公司租赁房屋的面积、用途，占发行人全部房屋面积的比例，出租方与发行人、实际控制人、董监高是否存在关联关系，比照市场价格说明租赁价格是否公允；出租方是否有权出租相关房产、房产权属是否存在争议；相关租赁房产权属证书的办理情况，是否影响发行人及子公司使用前述租赁房产；是否存在搬迁风险，如存在搬迁风险，说明具体的搬迁计划并测算相关费用。前述情况对发行人的生产经营是否存在重大不利影响。（2）发行人及子公司、分公司自有用地及募投项目用地的土地使用权的取得方式、相关土地出让金的支付情况以及相关产权登记手续的办理情况。说明发行人土地使用、土地使用权的取得方式、取得程序、登记手续、募投项目用地是否合法合规。请保荐机构、发行人律师核查上述问题、说明核查过程并发表核查意见。

29. 关于固定资产、长期待摊费用：（1）请发行人结合报告期内固定资产投入情况说明是否满足业务的发展需求，说明固定资产金额占总资产比重较低是否符合行业惯例，说明通用设备、专用设备、其他设备的主要内容，说明是否进行保管，是否存在项目退出时无法收回或重新使用的情况，说明是否存在减值风险、减值准则计提是否充分；（2）请发行人列示长期待摊费用的明细，说明摊销期限及合理性，是否存在减值风险。请保荐机构、申报会计师对上述问题进行核查并发表意见。

3. 南都物业服务股份有限公司首次公开发行股票申请文件反馈意见

一、规范性问题

16. 请补充披露公司自有房屋的情况；有纠纷的房屋的纠纷进展情况、对发行人经营的影响、是否影响发行人的资产完整性。请补充核查说明部分租赁房屋是否备案或提供相关权属证明，分析对发行人生产经营的影响。请保荐机构和律师对发行人募集资金投资项目用地是否合法合规发表明确意见。

二、信息披露问题

5. 关于固定资产。请发行人补充说明对固定资产减值测试的情况及结果，说明有关房屋建筑物在抵押、查封状态及未办妥产权证书的情况下对资产减值测试的影响。请保荐机构、会计师说明核查过程和结论，并发表明确意见。

4. 重庆新大正物业集团股份有限公司首次公开发行股票申请文件反馈意见

7. 请发行人补充披露：发行人14项不动产权的获取方式，获取对价、交易对手方情况；取得方式是否合法合规，并取得完整有效的权属证明文件；发行人募集项目是否涉及用地，若涉及，是否均已合法合规获取有效权属证明文件；14项不动产权是否存在可能被强制执行、拍卖抵债或其他导致权属瑕疵的情形，若有，详细披露上述情形，并说明是否属于发行人主要生产经营场所，是否对发行人正常生产经营及独立经营构成实质性不利影响，是否对本次发行上市构成法律障碍；是否存在纠纷或潜在法律风险。

请保荐机构、发行人律师核查上述问题并发表意见。

37. 关于非流动资产……（2）说明主要固定资产明细情况，说明与公司的经营活动规模是否匹配；（3）说明非流动资产的账龄、期后结转情况，预付重庆渝中总部经济建设投资有限公司购买办公楼的具体情况及进展……

5. 广东碧桂园物业服务股份有限公司首次公开发行股票申请文件反馈意见

二、信息披露问题

4. 请保荐人和发行人律师结合瑕疵租赁物业相应生产单位的收入、利润指标占比情况对瑕疵租赁给公司经营带来的风险发表意见。

7. 招股说明书披露，2014 年 12 月，发行人收购海南赛菜柏瑞。请保荐机构、发行人律师补充说明股权转让过程中扣除不予转让碧桂园物业有限的固定资产、无形资产的原因及合理性，前述情况是否影响海南赛菜柏瑞资产完整性和业务独立性，相关扣除资产的处置情况……

20. 报告期内各期末，公司的固定资产包括机器设备、运输设备和电子设备等。请发行人补充说明：（1）各报告期机器设备、运输设备、电子设备的具体内容、各期增加、减少原因及与各期固定资产变化的匹配关系；（2）各期机器设备的种类及构成明细，各类设备在发行人物业管理中的主要作用，请与同行业上市公司固定资产构成结构进行对比分析；（3）各期机器设备的增减变动情况，与业务量变动的匹配关系，年折旧额及单位产量年折旧额，折旧年限是否合理及与同行业可比公司的比较情况。请保荐机构、申报会计师对上述问题发表核查意见。

第五章　债 权 债 务

一、概述

物业服务企业收并购方式是股权收购而非资产收购，而股权并购方式决定了收购方无法实现目标公司与其债务的切割，并购完成后目标公司仍须对外承担债务清偿责任。因此，收并购中，核查目标公司债权债务特别是重大债权债务是收购方的关注重点，如何处理目标公司债权债务是收并购各方在交易协议中的谈判重点，决定着风险承担、交易对价以及能否顺利推进交易进程。

核查目标公司重大债权债务，建议注意以下事项。

1. 注意法律尽调重点。实践中，重大债权债务的核查主要是通过重大合同、融资及担保、重大争议等进行核查，在法律尽调报告中的重大债权债务部分主要体现为对融资及担保的核查过程、核查结果及处理建议等。我们在实操中发现，很多目标公司都表示不需要对外融资或者融资金额较低。但是，若目标公司存在大额融资或者对外担保，往往实际融资人均为目标公司母公司或其他关联房地产开发企业。因此，核查重大债权债务应注意与本书中的重大合同、关联交易、物业费资产证券化等章节结合起来综合判断。

2. 注意法律尽调与财务尽调的关系。从会计角度来看，债权主要包括应收账款、应收票据、应收股利、应收利息、其他应收款、预付账款等。债务主要包括短期借款、长期借款、应付票据、应付账款、应付职工薪酬、应付利息、应付税费、应付债券、其他应付款、预收账款等。与法律角度的核查相比较，会计角度的债权债务核查更为完整，并购方更加依赖于会计师的判断。但律师认识会计核查的重要性、理解会计尽调成果等，对律师开展尽职调查、防范风险、协议谈判等工作同样具有重要意义。

二、核查要点

实操中，目标公司重大债权债务尽调以会所数据为准，但法律尽调除通过结合中国人民银行征信报告，核查贷款合同、授信合同以及相关的担保合同之外，还应注意核查以下事项。

1. 应收账款方面。结合物业费减免等情况，重点核查应收物业费；结合关联交易等核查情况，重点核查目标公司与关联方房地产开发企业等的应收账款是否存在（真假），能否收回（坏账风险）。

2. 预付账款方面。根据目标公司提供的与预付账款有关的合同及期后业务执行单据等资料，重点核查是否是公建项目等预付保证金、是否存在目标公司资金被关联方变相占用等情况。

3. 其他应收款方面。重点关注其他应收款的科目余额及发生额，对应其他应收款明细及科目余额表等材料，核查其他应收款发生的原因及相关文件资料等，重点核查是否存在应收关联方借款；对存在大额、高频报销的往来方重点核查，是否存在体外单独核算资金的情况（小金库）。

4. 其他应付款方面。重点关注其他应付款的科目余额及发生额，对应其他应付款明细及科目余额表等材料，核查其他应付款发生的原因及相关文件资料等，核实其他应付款科目中是否存在应付的行政性罚款、滞纳金、违约金、企业间借款等。

5. 或有事项方面。或有事项是指过去的交易或者事项形成的，其结果须由某些未来事项的发生或不发生才能决定的不确定事项。或有事项一般有未决诉讼或仲裁、债务担保、产品质量保证（含产品安全保证）、承诺、亏损合同、重组义务、环境污染整治等。针对或有事项的核查，应当重点关注报表附注中的或有事项，并结合重大合同审查、股东及高管访谈、第三方函证、相关政府及裁判文书网、执行信息公开网查询等手段，综合评估目标公司偿债能力、合规管理及该等事项对交易估值的影响等。

6. 由于目标公司股东（转让方）对外负债可能引发其股权被冻结或被强制执行法律风险，因此，有必要核查目标公司股东（包括核查控股股东、实际控制人）对外负债情况，主要核查方式如下。

（1）对股东进行访谈，取得其出具的书面确认文件，查阅股东对外负债相关的合同、借款及还款凭证，核查股东对外负债的形成过程、到期时间及偿还情况；

（2）取得并查阅中国人民银行征信中心出具的信用报告及股东出具的书面确认，并通过中国裁判文书网、中国执行信息公开网、信用中国等网站进行网络检索，核查股东资信状况，核查其是否存在失信记录、重大诉讼或仲裁，所持公司股份是否存在诉讼或司法冻结等情形；

（3）对股东进行访谈，了解其对外负债的后续偿还资金安排及还款资金来源，核查其是否具备清偿能力；

（4）查阅目标公司工商档案，通过国家企业信用信息公示系统等网站进行网络检索，核查股东股权质押的具体情况；

（5）查阅股东出具的调查表及股权确认函，对股东进行访谈，了解股东股权质押的原因及背景。

三、风险提示

目标公司的债权债务特别是或有债务影响目标公司被收购后的经营风险、法律风险。

四、处理建议及参考条款

1. 建议在交易协议“陈述与保证”条款中明确约定目标公司债权债务情况，参考条款节选如下。

> 转让方承诺，转让方对目标公司包括但不限于资产情况、债权债务、项目管理等进行了完整、充分、如实的披露，其向受让方及受让方委托的第三方机构（律师事务所、会计师事务所、其他专业顾问单位等）就股权转让事宜所移交或提供的所有资料均为真实的、完整的、合法的、有效的；其向受让方及受让方委托的第三方机构（律师事务所、会计师事务

所、其他专业顾问单位等）披露的信息均为真实的、准确的、充分的、完整的。否则，转让方将无条件地承担及补偿受让方因本协议规定的陈述与保证不真实或不准确而遭受的任何损失和费用。

2. 建议收购方根据不同情形在交易协议中约定债权债务等处理方式，参考条款节选如下。

1. 转让方在此陈述，截至审计基准日目标公司资产及债权债务情况如下：

1.1 目标公司之公司账面资产及财务报表，详见附件【A】目标公司资产负债表。

1.2 目标公司之公司各项债权金额详见本协议附件【B】目标公司债权明细表。

1.3 目标公司之公司各项负债金额详见本协议附件【C】目标公司债务明细表。

1.4 归属目标公司以及由目标公司实际承担成本在使用的全部经营性资产均留存于目标公司。

2. 各方确认，除本协议另有约定外，目标公司债权债务按如下方式处理：

2.1 审计基准日前产生的目标公司的债务（包括或有债务，统称审计基准日前债务）由转让方承担，但经受让方确认由目标公司继续承担的债务（详细见附件【D】）除外。

2.2 审计基准日前的或有债务（以实际发生金额为准），由转让方承担，具体承担方式如下：

（1）附件【D】中载明的或有债务，按照载明的方式承担；

（2）附件【D】中未载明的或有债务（如有发生），属于经营性债务（指业务合作类、采购类等日常性物业管理业务发生的债务）的，自本协议签订之日起3年内由转让方承担，3年之后由目标公司承担；

（3）附件【D】中未载明的或有债务（如有发生），属于侵占业主权益类的债务，自本协议签订之日起5年内由转让方承担，5年之后由目标公司承担；

（4）附件【D】中未载明的或有债务（如有发生），属于融资类、担保类、税收类（本金、滞纳金、罚金），由转让方承担；

（5）除以上约定情形外，附件【D】中未载明的属于审计基准日前的或有债务由转让方承担。

2.3　发生审计基准日前债务且非属于附件【D】已经列明由目标公司承担的债务，受让方有权从应付转让方款项中暂扣，直至转让方妥善解决或承担相关债务后再行支付至共管账户或转让方指定账户。如目标公司因审计基准日前债务先行承担费用或出于审计基准日前原因给目标公司造成的损失（非属于附件【D】已经列明由目标公司承担的债务），经转让方与受让方一致确认后，由转让方在接到目标公司书面通知后10个工作日内向目标公司全额承担，但如转让方不确认，不应影响转让方应承担的责任和受让方享有的权利救济。如转让方在接到目标公司书面通知后30日内仍未妥善解决债务或履行赔偿义务，转让方同意受让方自应付转让方股权转让款中划扣同等金额至目标公司，受让方完成划扣后，视同向转让方支付同等金额的股权转让款。

2.4　目标公司审计基准日前的债权按附件【D】的约定由目标公司继续享有，附件【D】中未载明的债权由转让方享有，转让方有权向债务人主张债权。目标公司及受让方在知道或应当知道审计基准日前存在或产生附件【D】以外的债权时及时通知转让方，如目标公司已经收取该项债权，扣除成本（包括但不限于开票、支付转让方款项所产生的税费、成本）后支付给转让方。

2.5　各方同意，审计基准日开始目标公司债权债务归属目标公司，由转让方、受让方按股权比例享有及承担，但另有约定的，从其约定。

五、实务要点及典型案例

1. 物业服务企业可因生产经营所需进行临时性资金拆借

【典型案例】二审法院认为，广厦公司与佳德物业公司签订的《借款协议》是双方真实意思表示，且符合原《合同法》第196条规定的借款合同的形式要件，其效力问题应按照原《合同法》的相关规定予以认定。原《合同法》第52条第5项规定违反法律、行政法规的强制性规定的合同无效，最高人民法院《关于适用〈中华人民共和国合同法〉若干问题的解释（一）》（已失效）对该条中的“法律、行政法规”解释为“全国人大及其常委会制定的法律和国务院制定的行政法规”。广厦公司、毋某梅没有提出关于企业之间不得借款的法律、行政法规的强制性规定，其主张缺乏法律依据。最高人民法院《关于对企业借贷合同借款方逾期不归还借款的应如何处理的批复》认定“企业借贷合同违反有关金融法规，属无效合同”，乃针对企业之间经常性的资金融通行为可能扰乱金融秩序的情形，一审法院认定双方之间发生的实质上是一种为生产经营所进行的临时性资金拆借行为，不属于违反国家金融管制的强制性规定的情形，《借款协议》有效的认定并无不当，二审法院亦予以确认。基于此，广厦公司、毋某梅关于主合同无效，从合同亦无效的上诉理由亦不能成立。关于利息及手续费、逾期付款违约金的计算方式，一审判决明确不得超过中国人民银行公布的同期同类贷款基准利率的四倍，不存在广厦公司、毋某梅上诉所称相当于同期银行贷款利息八倍的利息的情形。①

2. 未经股东会或股东大会决议，物业服务企业为股东提供担保的无效

【典型案例】二审法院认为，关于宝蓝物业公司担保行为的效力问题，本案系宝蓝物业公司为其大股东凡某兵的债务提供担保，《公司法》第16条第2款规定，“公司为公司股东或实际控制人提供担保的，必须经股东会或者

① 参见郑州广厦置业有限公司、毋某梅与被上诉人郑州佳德物业服务有限公司、李某州借款担保合同纠纷二审民事判决书，最高人民法院（2014）民一终字第39号。

股东大会决议”，根据查明事实，宝蓝物业公司出具欠款及担保确认函及承诺函时均未经公司股东会决议，宝蓝物业公司亦明确表示不予追认，故宝蓝物业公司为凡某兵担保不符合《公司法》前述规定。虽然陆某娥二审提交了凡某兵及邱某、腾信公司与宝蓝物业公司相互担保的证据，但恰恰进一步证明凡某兵利用其系宝蓝物业公司大股东、法定代表人的身份，为了自身利益绕开公司股东会和其他股东进行相互担保，损害公司及其他股东利益，与《公司法》第16条的规定及防止公司股东、实际控制人利用控制地位，损害公司及其他股东利益的立法目的相悖。根据宝蓝物业公司2016年12月21日公司章程记载，凡某兵股权比例为47.8912%，展蓝派克合伙企业股权比例为24.6462%。宝蓝物业公司于2017年6月30日出具的承诺函上盖有宝蓝物业公司公章，未见持股超过2/3表决权的股东签章。故陆某娥关于宝蓝物业公司应当对凡某兵、邱某的全部债务承担连带清偿责任的上诉理由没有事实和法律依据，二审法院不予支持。①

3. 物业服务企业对担保合同无效存在过错的，须承担补偿赔偿责任

【典型案例】本案二审争议的焦点为：《最高额抵押合同》是否为安桐物业的真实意思表示，是否合法有效，上诉人安桐物业对吉瑞公司案涉债务应否承担抵押担保责任？

关于《最高额抵押合同》的签订是否为法定代表人的有权代表行为。从《最高额抵押合同》订立过程来看，案涉《最高额抵押合同》仅加盖了安桐物业印章以及法定代表人陈某红个人印章，并无法定代表人签字。债权人上饶银行吉安分行亦认可未和法定代表人陈某红当面签合同……

关于《最高额抵押合同》的签订是否为股东肖某付的有权代理行为。肖某付虽为公司股东、监事，但并非法定代表人，在其签订抵押合同过程中亦未出具公司授权相关材料，肖某付并非有权代表公司对外签订合同的主体，

---

① 参见宝蓝物业服务股份有限公司等与北京腾信科技孵化器有限公司等借款合同纠纷二审民事判决书，北京市高级人民法院（2020）京民终209号。

其行为属于无权代理行为……债权人签订合同时明知陈某红并未在公司，肖某付并非法定代表人，肖某付和陈某红也并非夫妻关系，在公司章程存在形式和内容瑕疵的情况下，仍未要求肖某付出具公司或法定代表人或股东会决议授权其对外签订合同的相关材料，其主张为善意相对人，有理由相信肖某付有权代表公司对外签订合同的抗辩理由不能成立。

……法院认为，虽然案涉抵押物办理了抵押登记，但不动产抵押登记手续办理在后，签订抵押合同在前，不动产登记部门对抵押登记的审查不能作为免除债权人在签订合同时审慎审查义务的理由和依据……

综上，债权人上饶银行吉安分行在《最高额抵押合同》订立过程中并未尽到必要的注意义务和审查义务，其与安桐物业签订的《最高额抵押合同》……应认定为无效。对于担保合同无效，安桐物业认可《最高额抵押合同》公司公章、法定代表人个人印章的真实性，说明其在公章管理上存在不当，对合同无效亦存在过错……担保人安桐物业应对吉瑞公司案涉债务其不能清偿部分承担50%的补充赔偿责任。①

4. 债权人或可在物的担保未受偿的情况下请求保证人承担保证责任

【典型案例】关于新长江物业公司、特海公司、弘瀚公司、魏某、周某锄的担保问题。上述各方与建行钟楼支行签订的《保证合同》《自然人保证合同》均约定为案涉《借款合同》项下的债务提供连带责任保证，且明确约定无论债务人是否提供其他担保，建行钟楼支行均有权直接要求其在保证范围内承担保证责任，故建行钟楼支行要求上述保证人对案涉债务承担连带清偿责任有事实和法律依据，应予支持。②

5. 债权人在债权加速到期的情况下可要求保证人承担保证责任

【典型案例】关于本案的担保如何认定的问题。根据原《担保法》第18

---

① 参见吉安市吉州区安桐物业服务有限公司与上饶银行股份有限公司吉安分行金融借款合同纠纷二审民事判决书，江西省高级人民法院（2020）赣民终755号。

② 参见中国建设银行股份有限公司合肥钟楼支行与安徽新长江投资股份有限公司、安徽新长江物业服务有限责任公司金融借款合同纠纷一审民事判决书，安徽省高级人民法院（2019）皖民初17号。

条第2款规定："连带责任保证的债务人在主合同规定的债务履行期届满没有履行债务的，债权人可以要求债务人履行债务，也可以要求保证人在其保证范围内承担保证责任。"据此，北京银行在借款合同加速到期的情形下，且债务人汇众恒泰公司没有履行债务时，即有权要求保证人佳泰公司、华美蓝天公司、恒润天成公司、靳某国、刘某云承担连带保证责任。佳泰公司、华美蓝天公司、恒润天成公司、靳某国、刘某云在承担保证责任后，有权向汇众恒泰公司追偿。①

六、物业服务企业上市案例文书部分示例

1. 南都物业服务股份有限公司首次公开发行股票申请文件反馈意见

4. 招股说明书披露了发行人与关联方的关联交易情况……（3）说明是否存在未披露的……关联担保事项……

2. 上海上房物业服务股份有限公司首次公开发行股票申请文件反馈意见

4. 请发行人补充披露：……（5）报告期内是否存在关联方资金拆借，是否违反《贷款通则》等法律法规和规范性文件的规定。请保荐机构及发行人律师……

24. 发行人报告期内应收款项余额较大。请发行人……（2）说明报告期是否存在无真实交易背景的票据行为、转贷等其他财务内控不规范的情形，如有请充分披露……

① 参见石家庄旭冉现代经贸有限公司、北京恒润天成物业服务有限公司、北京华美蓝天物业服务有限公司等与北京银行股份有限公司商务中心区支行金融借款合同纠纷二审民事判决书，北京市高级人民法院（2021）京民终673号。

3. 重庆新大正物业集团股份有限公司首次公开发行股票申请文件反馈意见

> 26. 请在招股说明书“同业竞争与关联交易”章节补充分析并披露：（1）报告期发行人是否存在违法违规资金占用、违规担保等情况；如存在，则需进一步核查公司采取的具体解决措施，并说明相关措施的有效性。（2）说明大正有限累计向王某提供参与司法竞拍的3000万元借款履行的内部决策程序是否符合大正有限公司章程，说明公司是否已建立相关内部控制制度保证公司利益不受侵害。（3）是否存在其他未披露的关联方资金往来。
>
> 请保荐机构、律师对上述问题补充核查并发表意见。

第六章　重大合同

一、概述

重大合同，是指在尽调核查期内对目标公司持续经营有重要影响的合同，包括已履行完毕和正在履行的合同。重大合同是目标公司主营业务、经营状况、或有风险等相关内容的具体体现，贯穿于目标公司经营管理的全过程。物业服务企业收并购的目的就是获取目标公司所持有的物业服务合同权益，物业服务合同是重大合同的主要组成部分。因此，核查重大合同不仅有助于收购方判断其是否可实现收并购目标公司的目的，而且有助于收购方全面了解和判断目标公司签约对象、履约情况、履约风险等。核查重大合同是法律尽调中特别重要的工作内容。

核查目标公司重大合同，应注意以下问题。

1. 注意目标公司重大合同分类及范围。

物业服务企业收并购中，可以从合同类型、合同金额两方面来界定重大合同的“重大”。

（1）实操中，从合同类型看，经营类合同，如物业服务合同、专项服务合同、外包合同、采购合同、公共区域经营合同等属于重大合同。

（2）从合同金额看，对于非经营性合同，如投资类、理财类、借贷类合同，一般金额在50万元以上的均视为重大合同。

2. 法律尽调中，注意重大合同与目标公司其他事项的相互印证。

（1）在重大合同与目标公司持续经营的关系中，如物业服务合同拟到期、已到期情况、续签情况、事实管理情况等，与目标公司持续经营能力的关系。

（2）在重大合同与目标公司的资质许可的关系中，如专项服务合同对目标公司取得资质许可的要求、资质许可等与合同解除、终止的关系。

3. 在重大合同与主要资产的关系中，如注意大宗生产设备采购合同与主要资产的对应性。

4. 在重大合同与目标公司合规管理关系中，如通过对重大合同招投标、合同签署、履约情况等核查，可以发现目标公司合同管理是否有效，相关内部控制是否健全。

5. 注意重大合同中的业务、法律、财务勾稽匹配关系。重大合同既与目标公司相关权利义务、纠纷争议等密切相关，又是目标公司业务与财务数据相连接的桥梁。因此，物业服务企业上市案例中，法律尽调时至少需要将前五大供应商/客户、前十大项目等重要合同进行详细分析。律师团队须注意与财务尽调等专业中介机构进行沟通，重视重大合同与业务、法律、财务的勾稽匹配关系，重视重大合同涉及的时点信息及合理性。

二、核查要点

1. 经营类重大合同的核查

对于经营类重大合同的核查，如物业服务合同、专项服务合同、外包合同、采购合同、公共区域经营合同等核查，将在本书各对应章节进行详述，本章不再赘述。笔者在此对物业服务合同的核查作整体阐述。

2. 物业服务合同的核查

（1）物业服务合同的分类

物业服务合同可以根据不同标准进行分类，若以选聘主体分类，则其分为前期物业服务合同、普通物业服务合同。若以服务内容分类，则可分为全委物业服务合同、单项物业服务合同。若以期限分类，则可分为定期物业服务合同和不定期物业服务合同。

（2）物业服务合同要点展示

实操中，在尽调报告附件中，通常以表格形式对物业服务合同要点情况进行汇总描述，以便收购方对目标公司在管项目及其物业服务合同有整体了解，主要内容包括签约主体、签订对象、项目名称、物业类型、项目地址、合同期限、到期后的约定、合同金额、交付日期、收费面积、房屋户数、住宅户数、商业户数、车位数、物业费标准、备案情况、业委会成立情况、交付情况、经营收入的约定、空置房收费、服务人员的数量要求、其他特殊约定等。

3. **物业服务合同核查要点**

关于物业服务合同核查要点、核查方式、风险提示、处理建议等将在本书“在管项目篇”相应章节中详细分析，本章概述如下。

（1）物业服务项目取得方面，核查是否采取公开招投标方式、协议方式或政府采购等方式。

（2）物业服务合同类型方面，核查其是前期物业服务合同还是普通物业服务合同，是全委物业服务合同还是单项物业服务合同，是定期物业服务合同还是不定期物业服务合同。

（3）物业服务合同签署及备案方面，核查是否已向物业服务行业政府主管部门备案、是否存在未签物业服务合同但实际已提供物业服务已收费等情形。

（4）物业服务内容方面，核查目标公司具体提供哪些服务，处理哪些事务等。

（5）物业服务标准方面，各地行业主管部门或者协会不时发布物业服务标准规范性文件。实践中，合同双方会将在管项目的具体物业服务标准作为合同附件等。

（6）物业服务收费方面，核查收费标准、收费方式（为包干制还是酬金制）、是否政府定价、是否存在物业费预收及减免等、收费范围（如物业服务费、停车服务费、电梯运行费、二次供水费、水电公摊费、水电损耗费）。

（7）业主委员会筹建或换届方面，应特别关注在管项目是否已成立或正在筹备业主委员会、业主委员会的换届期限、业主委员会签约或者续签的意愿，评估是否存在项目丢失的风险。

（8）公共部位经营收益方面，核查物业服务合同中公区经营条款，公共部位经营性合同，公区经营是否经过相关业主、业主大会同意，公区收益的用途与去向等。

（9）物业服务合同履行情况，核实了解目标公司在管项目物业费收缴率以及通过诉讼方式催缴等情况。

（10）退管项目物业服务合同核查。对于最近3年终止履行的物业服务合同，重点核查目标公司是否合规退出及退出手续是否完善等事项。

4. 非经营性重大合同的核查

实操中，对正在履行的一定金额（通常为50万元）以上的非经营性重大合同，如投资类、理财类、借贷类合同及单项合同金额在50万元以上的其他非经营性重大合同进行核查。

（1）重点核查合同基本情况，包括合同签订背景、签订主体、合同标的、合同价款、合同期限、履行情况、是否需要审批、是否存在关联交易、是否存在履行争议或者潜在纠纷。

（2）重点关注合同特殊条款，如特殊违约条款、特殊解除条款等。例如，提前还款是否构成违约，股权转让等是否需要获得债权人、金融机构等事先书面同意等。

（3）借贷类合同，须结合目标公司的企业信用报告进行核查，同时通过访谈、结合财务核查结果等方式，确认目标公司是否存在民间借贷、账外借款等，是否存在对外担保等情况。

三、风险提示

目标公司重大合同对其运营、项目管理有着重大影响。若目标公司重大合同签订及履行存在重大法律风险，不仅可能影响目标公司的正常运营，也可能后续引发重大法律争议。

四、处理建议及参考条款

1. 建议在交易协议中要求转让方就重大合同作出陈述与保证，参考条款节选如下。

根据转让方的陈述及确认，目标公司及其在管项目基本情况如下：

(1) 截至【 】年【 】月【 】日，目标公司通过其对外投资的子公司、孙公司、分公司共计签署【 】个物业管理/服务合同，详细见本协议附件【 】。

(2) 截至【 】年【 】月【 】日，除本协议附件【 】所披露已经到期的项目情况外，目标公司已签订的前期物业服务合同、物业服务合同、单项委托以及其他重大业务合同均正常履行。

2. 建议在交易协议中明确约定重大合同履行相关债权债务，参考条款节选如下。

转让方、受让方同意，目标公司的应收账款全部留存于目标公司，即全部归目标公司所有。各方同意，在审计基准日对目标公司的应收账款数额进行审计，经转让方、受让方同意后作为下述计算依据：以审计基准日为基础时点，距离审计基准日账龄为2年及2年以上时间的应收账款，转让方确保在【 】年【 】月【 】日之前全额收回，不足部分由转让方于【 】年【 】月【 】日之前以现金予以补足；距离审计基准日账龄为1年时间且不超过2年的应收账款，转让方确保在【 】年【 】月【 】日之前全额收回，不足部分由转让方于【 】年【 】月【 】日之前以现金予以补足；距离审计基准日账龄不足1年时间的应收账款，转让方确保在【 】年【 】月【 】日之前全额收回，不足部分由转让方于【 】年【 】月【 】日之前以现金予以补足。前述约定由转让方确保全额收回的应收账款在计算转让方补足金额时不包含已经实际催收回款的金额。

3. 建议在交易协议中明确约定目标公司融资担保情况，参考条款节选如下。

转让方就本次交易作出如下保证与承诺：

(1) 除已向受让方书面披露的融资担保情况外，目标公司不存在为任何第三方（包括任何单位、个人或组织等）以及自己股东或关联方的债务、权益等提供过任何形式的担保、保证或者作出过任何形式的利益承诺。否则，发生该等债务及或有债务给目标公司及受让方造成的损失全部由转让方承担。

（2）股权交割日前，转让方及目标公司维持公司正常经营现状，并确保维持目标公司的正常经营；除为正常经营所需外，不向任何第三方担保或借贷。

4. 其他涉及物业服务合同、专项服务合同、外包合同等事项的处理建议，详见本书相应章节内容。

五、实务要点及典型案例

经营性重大合同的相关案例将在本书相应章节予以载明。考虑到近年物业服务企业收并购项目大都进入整合及投后管理阶段，并购中的法律风险开始显现，并可能发生并购合同重大争议。而并购合同争议的发生及裁判结果又与法律尽调质量、交易协议等密切相关。因此，笔者选取了以下并购合同争议案例，以提示并购各方应高度重视法律尽职调查。

1. 股权转让对价构成是物业服务企业收并购合同的核心要件

【典型案例】法院认为，首先，许某华、许某敏主张世欧物业公司返还案涉保证金类款项并不符合合同约定和法律规定，理由如下：首先，根据案涉《股权转让协议》第4.4条的约定，“若在本协议签订之日起2年内业主未向目标公司主张退还，则甲乙丙三方应于前述条件成立后一个月内就该款项签署补充协议认定具体结算金额，丙方应在该补充协议签订之日起15日内将补充协议确定的金额支付给甲乙双方”，表明案涉保证金类款项的性质是信德公司作为物业公司向业主收取的各类保证金，而非许某华、许某敏个人向业主收取……其在未退还业主之前，应属于信德公司的资产，而非信德公司股东的资产。

其次，根据《股权转让协议》第3.2.1条的约定，“股权转让价款是指丙方因依照本协议受让甲乙双方所持有的目标公司100%股权而需向甲乙双方支付的对价，丙方因受让甲乙双方所持有的目标公司的100%股权而需向甲乙双方支付股权转让价款总计人民币450万元”……结合前述对案涉保证金类款项性质的分析，应予认定案涉保证金类款项与股权转让价款属于不同性质的款项，二者虽约定于同一份《股权转让协议》，但分属不同的法律关系，因此，许某华、许某敏主张案涉保证金类款项属于股权转让价款的组成部分，合同和法律依据均不足，不能成立。

最后，退一步讲，即便许某华、许某敏与世欧物业公司对公司资产的处分约定有效，但许某华、许某敏与世欧物业公司约定的退还条件除“本协议签订之日起2年内业主未向目标公司主张退还的”外，还需要“甲乙丙三方应于前述条件成立后一个月内就该款项签署补充协议认定具体结算金额”，但根据已查明的事实，双方至今并未签订补充协议认定具体结算金额，况且业主要求信德公司退还保证金并无明确的时间限制，世欧物业公司未予结算具体金额并不违反常理，不能视为其阻却条件成就。[①]

2. 物业服务企业收并购合同应约定物业项目交接与对价支付关系

【典型案例】本案中，一审认定宇辰公司、钰诚公司的全部股权已经变更登记至盖亚公司或盖亚公司指定人员名下，各方当事人对此均无异议，二审法院予以确认。双方在履行上述协议书过程中，对于所涉及的11个物业项目交接事宜，双方均认可没有形成书面的交接清单等材料。二审中，盖亚公司主张北石桥村和生建重工2个物业项目未做交接，针对盖亚公司持有异议的上述2个物业项目孙某启提交了《合同终止协议书》、银行转账凭证、物业服务费发票等相应证据予以证实已完成交接，且对于11个物业项目的交接事宜向法院做了陈述，考虑到双方在交接物业项目中均未形成书面材料，盖亚公司的工作人员张某在《协议书》签订前参与了生建重工物业项目的相关工作，盖亚公司的时任法定代表人刘某春在《协议书》签订后参与了北石桥

① 参见许某敏、许某华与融信世欧物业服务集团有限公司股权转让纠纷二审民事判决书，福建省漳州市中级人民法院（2020）闽06民终707号。

村物业项目的相关工作，在盖亚公司认可案涉《协议书》中其他9个物业项目已作相应交接的情况下，若孙某启未交接其他2个物业项目，则盖亚公司在依约支付第一笔股权转让款前及在本案一审诉讼中对此均未提出异议，其在二审中单独就其中的2个物业项目未做交接提出异议，此举明显不合常理，对于盖亚公司的该上诉主张，二审法院不予采信。①

3. 物业服务企业收购合同应约定股权转让对价支付或者冲抵方式

【典型案例】法院认为，华夏物业公司对其欠付尚格控股公司股权转让款40万元的事实没有异议，但认为该股权转让款应与尚格控股公司关联公司拖欠华夏物业公司关联公司的物业费相抵销。根据华夏物业提供的证据，相关公司就物业费抵销股权转让款的事宜曾进行协商，但最终未达成一致意见，鉴于各公司均有独立的主体资格，在双方协商一致之前，各方均有权主张各自的权利。尚格控股公司主张股权转让款40万元符合合同约定，法院予以支持。②

4. 物业服务企业收购方有权代扣代缴转让方应承担的个人所得税

【典型案例】本案中，二原告与首万公司于2016年9月12日签订《股权转让协议》，该协议约定二原告各自应得的股权转让价格为647万元，其中第13.3条亦约定了首万公司作为扣缴义务人的代扣代缴义务。根据在案证据显示，首万公司在上述协议签订后依法依约向税务机关报税，二原告在2016年10月依法缴纳了个人所得税。关于二原告主张《股权转让协议》中约定分期付款，故首万公司应当分期申报纳税的问题，其不应当按照“合同额”向税务机关申报“收入额”的问题。上述《个人所得税法》第12条第2款中规定“按次”计算，是指股权转让的次数，并非付款的次数。根据怀柔国税的回函可以认定，税务机关系根据合同协议价确定收入额。因此，二原告关于分期申报交纳股权转让个人所得税的主张并无法律依据，二原告关于首

① 参见山东盖亚物业服务集团有限公司与孙某启等股权转让纠纷二审民事判决书，山东省淄博市中级人民法院（2022）鲁03民终2362号。

② 参见尚格控股有限公司与浙江华夏物业管理有限公司等股权转让纠纷一审民事判决书，浙江省金华市婺城区人民法院（2022）浙0702民初3216号。

万公司履行代扣代缴义务时损害其合法权益的主张不能成立。此外，根据《关于〈股权转让协议〉的尾款结算补充协议书》的约定可以认定，二原告实际收到的股权转让款发生变化系此前经营债务抵扣所导致，虽然双方后续又再次签订《关于〈股权转让协议〉的尾款结算补充协议书的补充协议》变更了股权转价款，但根据怀柔国税的回函可知，上述股权转让款变更并不符合退税的条件。因此，首万公司在履行二原告股权转让个人所得税代扣代缴义务的过程中，并无损害二原告合法权益的行为及过错，二原告的诉讼请求无事实依据，法院不予支持。①

5. 国有物业服务企业股权转让合同须经国资部门审批后生效

【典型案例】本案所涉的《股权转让协议》依法属于应当办理批准手续才生效的合同，且该协议中明确约定本协议自双方签字盖章并取得被申请人上级主管部门批准后生效，由此可见，本案双方当事人对本案所涉股权的转让合同需要经过审批均是明知的。本案中，威国资办发〔2016〕396 号文件批准的对象是股权“出售”行为，即股权转让行为，并非对涉案合同的批准，未经批准的股权转让合同属于未生效合同。故原审认定双方当事人签订的股权转让协议为不生效合同并驳回再审申请人的诉讼请求，事实认定清楚，适用法律准确。②

6. 物业服务企业收并购合同解除后，可能出现不能股权回转的情形

【典型案例】关于高某桥、高某上诉提出要求将沈阳浅草绿阁物业管理有限公司、沈阳廊桥溪语物业管理有限公司、沈阳枫庭物业服务有限公司全部股权予以回转的问题。沈阳浅草绿阁物业管理有限公司的股权现登记在隋某玲（占股 80%）、田某涛（占股 20%）名下，沈阳廊桥溪语物业管理有限

---

① 参见赵某等与首万誉业（上海）物业服务有限公司股权转让纠纷一审民事判决书，北京市朝阳区人民法院（2021）京 0105 民初 30804 号。

② 参见威海金森物业服务有限公司、威海市城源资产投资管理有限公司股权转让纠纷再审审查与审判监督民事裁定书，山东省威海市中级人民法院（2019）鲁 10 民申 121 号。

公司、沈阳枫庭物业服务有限公司的剩余10%股权现分别登记在田某涛、田某臣名下……本案中，现无法判令由股权转让协议的相对方乔某璐对上述股权予以回转，故对高某桥、高某该项主张，法院无法支持。①

六、物业服务企业上市案例文书部分示例

1. 南都物业服务股份有限公司首次公开发行股票申请文件反馈意见

> 4. 关于其他流动资产。(1) 请发行人补充披露各项理财或信托产品的管理人、产品投资范围、期限、预期收益率（如适用）、与流动性相关的主要条款；(2) 补充披露发行人投资优先级合伙企业财产份额的投资意图、性质及相关合同安排；(3) 说明对以上理财或信托产品、优先级合伙企业财产份额的会计核算情况，说明按照其他流动资产列示的依据，说明资产减值测试的情况、结果及依据。请保荐机构、会计师说明核查过程和结论，并发表明确意见。

2. 浙江开元物业管理股份有限公司创业板首次公开发行股票申请文件反馈意见

> 35. 请发行人说明申报期内存在转贷、票据融资、银行借款受托支付、非经营性资金往来、关联方或第三方代收货款等情形（如有），包括不限于相关交易形成时间、原因、资金流向和使用用途、利息、违反有关法律法规具体情况及后果、后续可能影响的承担机制、整改措施、相关内控建立及运行情况。请保荐机构、申报会计师进行核查，就发行人的财务内控是否能够持续符合规范性要求，不存在影响发行条件的情形发表明确意见。

① 参见高某桥与高某等股权转让纠纷二审民事判决书，辽宁省沈阳市中级人民法院（2021）辽01民终14796号。

3. 重庆新大正物业集团股份有限公司首次公开发行股票申请文件反馈意见

> 35. 关于发行人的资金使用……（3）说明公司选择重庆市瀚华小额贷款有限责任公司和重庆市江北区聚兴小额贷款股份有限公司进行委托贷款的背景，委托贷款借款人的资金用途，资金使用是否符合监管机构的有关规定，借款人、受托贷款人与发行人或其关联方是否存在关联关系。

4. 上海上房物业服务股份有限公司首次公开发行股票申请文件反馈意见

> 31. 请发行人说明：……（2）报告期内购买理财产品的具体情况，包括但不限于投资品种、期限、利率等，是否存在潜在风险。

第七章 知识产权

一、概述

知识产权，是指权利人依法就作品、发明、实用新型、外观设计、商标、商业秘密等客体享有的专有的权利。物业服务企业收并购主要目的是获取目标公司所签订的物业服务合同权益，这与科技类项目收并购是为了获得目标公司的技术、知识产权及研发团队等有着显著区别。但随着物业服务企业收并购对象由中小型企业为主开始扩展到具有品牌影响力的中大型甚至上市物业服务企业，承载品牌的商标、商号、商誉，以及承载运营能力的管理体系、软件系统等知识产权，对于轻资产、重品牌的物业服务企业而言亦具有核心价值，进而成为物业服务企业收并购中不可或缺的尽调重点之一。

实操中，核查目标公司知识产权，应注意物业服务企业知识产权的以下特点。

1. 知识产权分类。知识产权主要分为三类，一是形象方面的知识产权，如商标、商号、商品包装等。二是知识创造方面的知识产权，包括发明、实用新型、外观设计、著作权、集成电路布图设计、动植物新品种权、商业秘密等。三是如域名这一类的其他知识产权。物业服务企业一般不拥有集成电路布图设计、动植物新品种权等知识产权。

2. 从上至下。实践中，在商标权领域，大量的物业服务企业是房地产开发企业的下属子公司，而母公司房地产开发商通常是商标注册人，子公司物业服务企业是商标使用被许可人。通常情况下，母公司与子公司物业服务企业不会签订商标使用许可合同，也未支付相关许可费。物业服务企业一般直接使用其母公司的注册商标，体现了从上至下的特点。

3. 从无到有、从有到全。实践中，随着物业服务企业对品牌建设的重视，业务领域的拓宽，如越来越多物业服务企业开发微信小程序、App 等管理系统以提高管理效率，开发运营城市服务所需的数字化、无人化、智能化等服务系统及设施设备等提高服务能力。因此，物业服务企业的知识产权开始由最初的商标、商号、软件著作权（如物业服务系统、人力资源管理系统、收费系统、智能车管系统、智能门禁系统等）、域名、商业秘密等，拓展到发明、外观设计、实用新型等（如垃圾处理系统、垃圾分类装置等），体现了从无到有、从有到全的特点。

二、核查要点

1. 核查目标公司知识产权清单，结合物业服务行业特点，重点如下。

（1）目标公司商标清单及相应文件，内容应包括注册类别、商标号、商标样式、申请日期、授权日期、续展情况、核准注册的商品或服务内容、转让情况、许可情况等。

（2）目标公司享有著作权的作品清单及相应文件，内容应包括证书编号、作品类型、作者、权利来源、权利归属、权利限制等。

（3）目标公司专利清单及相应文件，内容应包括专利及专利申请的类型、名称、申请号、申请日期、公开（告）号、公开（告）日期、授权日期、有效期限、法律状态、转让情况、许可情况等。

（4）注意核查上述知识产权是否存在侵害他人合法在先权利的风险。

2. 若目标公司使用的是其母公司或者关联公司的注册商标，则重点核查商标权属证明、目标公司与母公司、关联公司之间是否签订许可使用协议、许可使用费支付凭证、被许可使用的权利范围及限制、被许可的类型及使用期限剩余期限、许可使用合同备案登记证明、商标共同使用情况等。

3. 若目标公司自行或委托第三方开发各类物业服务软件系统，则重点核查目标公司是否办理著作权登记以及是否获得相关证书，结合国家版权登记中心网站进行核实，并通过访谈等方式对其著作权权属情况进行印证。若目标公司未办理但声称对作品享有著作权，则需核查相关协议（如著作权委托协议、合作协议、权利归属协议、职务作品归属协议、著作权转让协议、著作权许可协议等）、作品创作底稿、软件代码及相关证明文件等。

4. 结合对目标公司劳动人事的尽调，核查目标公司知识产权相关管理制度、管理人员及组织结构，以及目标公司核心研发、创作人员（若有）的工作简历及与其原单位之间的劳动合同、保密协议、竞业限制协议约定的内容以及竞业限制补偿金的发放情况。

5. 结合对目标公司诉讼、仲裁等尽调情况，核查目标公司相关知识产权诉讼、仲裁与行政处罚，及专利无效、商标复审、异议核查等。

三、风险提示

随着物业服务的品牌化、科技化的发展，物业服务企业知识产权越来越重要。对于知识产权的保护不当，不仅可能导致金额较大的争议纠纷，也可能因无法使用相关知识产权而对目标公司的运营服务等造成重大影响。

四、处理建议及参考条款

1. 建议在交易协议“陈述与保证条款”中，对相关知识产权作出约定，参考条款节选如下。

> 转让方就本次交易作出如下保证与承诺：
>
> 目标公司现有及在使用之商标、著作权、企业商号、专利（如有）均已合法注册并取得或已取得合法授权，不存在侵害任何第三人权利之情形，并保证目标公司可持续使用前述商标、著作权、企业商号及专利。若因目标公司知识产权侵权遭受的法律责任及损失，均由转让方予以补偿。未经受让方同意，转让方及其关联方不得使用受让方商标、商号、专利等知识产权，否则产生利益归属受让方所有。

2. 目标公司使用母公司或者关联方的注册商标的，建议在交易协议中明确约定该注册商标的归属或者许可使用问题，如约定目标公司与关联方协商在一定期限内将专用于物业服务业务的商标登记在目标公司名下。出于客观原因无法登记在目标公司名下的，则约定目标公司在一定期限内与关联方签订经收购方认可的商标许可使用协议，及时办理相关商标许可备案手续。并且，在交易协议中约定解决注册商标的归属或者许可使用等问题是收购方支付对价进度款的前提条件。

3. 若在尽调中发现目标公司存在尚未结案或者潜在的知识产权纠纷，则建议考虑要求转让方及目标公司在一定期限内通过购买、受让知识产权来消除相关法律风险。若无法消除相关法律风险，则收购方需考虑相关法律风险对目标公司业务造成的损失以及参考同类案件的赔偿计算方式，估算未来发生争议时可能涉及的赔偿金额，在交易对价中予以充分考虑。

五、相关规定

物业服务企业知识产权所涉法律法规较多，故将在相关案例中展现部分规定。考虑到物业服务企业为众多商品交易市场提供物业服务，而商品交易市场又往往是知识产权侵权高发区域，因此，笔者选取了相关典型规定如下。

浙江省高级人民法院民三庭《关于印发〈市场开办者知识产权侵权责任的纪要〉的通知》（浙高法民三〔2016〕4号）

7. 对于仅为市场提供物业服务，没有证据表明其有义务承担其他经营管理职责的主体，不属于本纪要所称的市场开办者，不需要承担知识产权管理义务。

六、实务要点及典型案例

1. 物业服务企业须重视商标权等知识产权

【典型案例】关于益中亘泰公司使用被诉侵权标识的行为是否构成商标侵权。

（1）关于护理护工服务。二审法院认定护工服务与第×××××××号商标核定使用的“医疗护理”构成类似服务。一审法院的相关认定有误，二审法院予以纠正。

（2）关于电梯服务。医疗辅助等具有医疗性质的服务处于同一类似群，而电梯服务的服务内容不具有医疗属性，可归入物业服务或后勤保障服务，故以相关公众的一般认知判断，两者既不相同亦不相类似，一审法院的相关认定并无不当。

关于被诉侵权标识与涉案两商标是否近似。

（1）关于相关公众的认定。《商标法》所称相关公众是指与商标所标识的某类商品或者服务有关的消费者和与前述商品或者服务的营销有密切关系的其他经营者……故一审法院将相关公众界定为医院，并认定医院选择服务主体时会施以较高注意义务的认定并无不当，二审法院对嘉福公司的相关上诉理由不予采纳。

（2）关于涉案两商标的显著性和知名度。一审法院关于本案不足以认定嘉福公司的涉案两商标已经在市场上具有较高的显著性和知名度的认定，并无不当，嘉福公司的相关上诉理由不能成立，二审法院不予支持。

（3）关于益中亘泰公司使用被诉侵权标识的主观意图、该标识的使用情况和知名度。一审法院根据益中亘泰公司开始使用的时间、使用方式及所获荣誉等，认定益中亘泰公司在其“医管家”商标核定使用服务之外的服务项目上使用标识，并不具有攀附涉案两商标商誉的意图，且该标识已形成稳定市场格局和较高的市场声誉，并无不当。

关于益中亘泰公司以“医管家”为微信公众号名称是否构成商标侵权和不正当竞争。

一审法院根据《反不正当竞争法》的相关规定，认定益中亘泰公司的行为符合法律及商业道德，未损害嘉福公司的合法权益，不构成不正当竞争，亦无不当。嘉福公司的相关上诉意见二审法院均不予采纳。①

2. 物业服务企业不得擅自以他人的企业名称从事商业活动

【典型案例】菏泽戴德梁行原法定代表人在公司成立前，曾申请注册“北京戴德梁行物业管理有限公司菏泽分公司”，并参与国色天香小区物业服务项目投标。在取得该小区物业服务后，又以菏泽戴德梁行名义签订物业服

① 参见河北嘉福物业服务有限公司与上海益中亘泰（集团）股份有限公司侵害商标权纠纷二审民事判决书，上海知识产权法院（2020）沪 73 民终 487 号。

务合同。此外，菏泽戴德梁行在网络上使用北京戴德梁行相关信息宣传，提供物业服务过程以带有“北京戴德梁行”字样的公司名称参与行业评比。原审法院由此认定，菏泽戴德梁行作为同行业物业服务提供者，在知悉北京戴德梁行企业知名度与信誉度的情况下，未经许可擅自登记带有“戴德梁行”字号的企业名称，还以“戴德梁行”字样从事商业活动，构成对北京戴德梁行企业名称权的侵犯，具有充分的事实依据和法律依据。①

3. 企业名称权与注册商标权发生冲突时，通常保护在先的权利

【典型案例】被告的经营范围包括物业管理、房屋租赁、建筑工程施工等内容，与原告的“佳兆业”注册商标核定的使用商品、服务项目构成类似，而且根据山东省淄博市鲁中公证处作出的（2017）淄鲁中证民字第11053号、第12570号公证书的记载，被告在其微信公众号及天乙花苑小区内的单元门、标识牌上突出使用了“山东佳兆业”“佳兆业物业”字样，能够造成国内物业行业的从业人员误以为天乙花苑的物业服务系原告提供，足以造成相关公众的误认，因此被告使用“佳兆业”作为自己的企业字号，主观上有明显的“搭便车”的故意，客观上借用了原告的声誉，符合上述司法解释规定的侵权行为的构成要件，构成对原告注册商标专用权的侵害……

关于原告佳兆业集团（深圳）有限公司主张被告山东佳兆业物业服务有限公司构成不正当竞争问题。本案原告经多年运营，在地产开发、物业管理等方面取得较高的资质等级，具有一定的品牌价值，为行业公众所知悉，具有一定的市场知名度。被告山东佳兆业物业服务有限公司的企业名称虽然是依法注册登记，但其作为物业管理企业，对于同行业的其他知名企业的字号应当知悉，其注册登记时擅自使用知名企业名称中的字号，主观上具有攀附的故意，客观上也造成了相关公众的误认，构成《反不正当竞争法》（1993年）第6条第4项规定的不正当竞争行为。因此，原告诉求被告停止在企业

---

① 参见菏泽鑫凤物业服务有限公司（原菏泽戴德梁行物业服务有限公司）与北京戴德梁行物业管理有限公司商业贿赂不正当竞争纠纷再审审查与审判监督民事裁定书，最高人民法院（2019）最高法民申6410号。

名称中使用“佳兆业”文字，法院予以支持。①

4. 如何认定诉争商标与引证商标构成近似商标

【典型案例】法院认为：本案中，诉争商标“合达联行”与引证商标“合纵联行”均为纯文字商标，在表现形式上均为普通印刷字体。二者仅第二个汉字不同，在文字构成、读音、字形等方面均相近。法院认为，若允许上述商标注册在同一种或类似服务之上，会使相关公众在施以一般注意力的情况下，认为诉争商标与引证商标标注的服务源于同一主体，或商品提供者之间存在某种关联关系，从而导致混淆误认。因此，诉争商标与引证商标已构成使用在同一种或类似服务上的近似商标，违反了《商标法》第 30 条的规定。被诉决定对此认定正确，法院予以支持。②

5. 如何判断侵权行为人的主观恶意

【典型案例】关于远睿创公司的行为是否侵犯远洋公司商标权；若侵犯，远睿创公司应承担的法律责任问题。本案中，远洋公司名下的涉案两商标为“远洋”“远洋资本”，其商标显著体现在“远洋”二字上。然远睿创公司在对外招聘及宣传中使用的“远洋”“远洋资本”“远洋控股”完整地包含了远洋公司名下“远洋”注册商标，因此与远洋公司名下的涉案商标构成相同或类似商标。另外，远睿创公司从事的不动产管理等服务与远洋公司涉案商标核定使用的不动产管理、不动产代理等服务在服务对象、功能等方面近似，构成近似服务，同时考虑到涉案商标“远洋”具有一定的知名度，因此远睿创公司的上述行为构成在近似服务上使用与远洋公司的注册商标相同或类似的商标，该行为极易使相关公众对服务来源产生混淆，或误认远睿创公司与远洋公司之间存在关联关系，故远睿创公司的上述行为侵犯了远洋公司享有的注册商标专用权，应承担停止侵权、消除影响及赔偿损失的法律责任。

关于远睿创公司与谢某辉的行为是否构成不正当竞争的问题；若构成，

---

① 参见佳兆业集团（深圳）有限公司与山东佳兆业物业服务有限公司侵害商标权纠纷一审民事判决书，山东省淄博市中级人民法院（2017）鲁 03 民初 266 号。

② 参见成都合达联行物业服务有限公司与国家工商行政管理总局商标评审委员会一审行政判决书，北京知识产权法院（2017）京 73 行初 5992 号。

远睿创公司、谢某辉应承担的法律责任问题。本案中，首先就谢某辉与远洋公司的关系而言，根据一审法院查明事实，谢某辉本人曾在远洋公司的关联公司远祥公司任职综合管理类职务，此种情况下，谢某辉明知“远洋”标识的知名度，却在离职后的当月即发起成立包含“远洋”二字的远睿创公司，后又成立香港远洋公司，其主观上难谓善意；其次从谢某辉上述一系列设立公司行为来看，其主观上具有明显的傍靠他人知名度的故意，混淆与远洋公司的关系，构成不正当竞争；最后在上述一系列不正当竞争行为中，谢某辉、远睿创公司、香港远洋公司主观上具有共同意思联络，客观上共同造成了不正当竞争行为的后果，应当就其不正当竞争行为承担连带法律责任。①

6. 如何认定物业服务企业员工构成不正当竞争行为及其赔偿额

【典型案例】本案中，杨某妹冒用深圳保利公司的名义与淮安润天公司订立确立合作协议书，称南京公元公司与淮安保利公司均为深圳保利公司的关联公司，并在任职深圳保利南京分公司期间参与淮安润天公司“叶语·香澜”项目的投标，不仅违反了公司员工的诚实信用义务，也使得淮安润天公司基于误认，先后与南京公元公司、淮安保利公司签订了招投标协议，并向南京公元公司支付了前期案场物业管理费，客观上将深圳保利公司本可能获得的商业利益转为南京公元公司等所有，影响了深圳保利公司正常商业活动的开展，损害其合法利益，且杨某妹实施上述行为的主观目的亦是冒用深圳保利公司的名称、攫取深圳保利公司的商业利益构成不正当竞争行为。

法院认为，正是由于杨某妹、南京公元公司采取不正当手段共同实施了上述侵权行为，淮安润天公司产生误认，并在此前提下获得上述物业管理费。因此，该笔费用不能视为其合法所得，应当作为确定深圳保利公司损失赔偿的客观依据。故法院综合考虑侵权人的侵权情节、主观恶意程度以及因侵权所获收入状况等因素，酌定杨某妹、南京公元公司连带赔偿深圳保利公司损失 30 万元。②

---

① 参见谢某辉等与北京智联三珂人才服务有限公司等侵害商标权纠纷二审民事判决书，北京知识产权法院（2020）京 73 民终 2935 号。

② 参见深圳市保利物业管理集团有限公司与牟某甫、杨某妹等侵害企业名称（商号）权纠纷二审民事判决书，江苏省高级人民法院（2014）苏知民终字第 00259 号。

7. 物业服务企业不得擅自利用权利人享有著作权的卡通形象营销

【典型案例】关于远洋城公司、五联公司、起源公司是否构成侵权以及相应侵权责任的承担。各方当事人对于2015年12月1日至2016年1月3日远洋城公司在唐山远洋城展出20只小羊肖恩卡通形象、通过“腾讯房产唐山站”等微信公众号进行宣传、五联公司参与涉案促销活动、起源公司提供涉案小羊肖恩卡通道具等事实均予认可，并无异议；且都认可上述行为并未取得相关授权许可，擅自展出进行商业营销宣传。远洋城公司未经权利人许可，展出涉案小羊肖恩系列模型，在微信公众号上发布有关文章予以宣传；五联公司参与了涉案促销活动，二公司侵害了小羊肖恩卡通形象作品的复制权、展览权以及信息网络传播权。起源公司与远洋城公司签订设备租赁合同，起源公司系涉案小羊肖恩卡通道具的提供方，所提供的涉案道具在唐山远洋城南广场进行展出，这种行为具有明显的商业目的，构成对涉案侵权行为的帮助侵权，一审判令其承担相应的侵权责任并无不当。远洋城公司、五联公司、起源公司依法应承担停止侵害、赔偿损失等民事责任。①

七、物业服务企业上市案例文书部分示例

1. 南都物业服务股份有限公司首次公开发行股票申请文件反馈意见

> 一、合格性问题
>
> 15. 请在招股说明书中披露许可商标方的基本情况、许可使用的期限、重大权利义务条款、商标的详细情况、是否有效及有效期以及对发行人生产经营的重要程度等。如存在专利、商标纠纷，应当披露纠纷的详细情况及对发行人持续经营的影响。请结合公司核心竞争力的核查等，说明公司商标等资产的完整性。

① 参见唐山远洋城购物广场物业服务有限公司与唐山五联百货有限公司著作权权属、侵权纠纷二审民事判决书，河北省高级人民法院（2017）冀民终753号。

二、信息披露问题

9. 请补充披露公司目前所拥有的商标、专利和非专利技术的取得时间和方式，补充说明相关合作开发的原因，与相关合作方的利益分成机制，请保荐机构和发行人律师对公司所使用的上述财产的权属情况进行核查并发表明确意见。

2. 深圳证券交易所《关于上海益中亘泰（集团）股份有限公司首次公开发行股票并在创业板上市申请文件的第二轮审核问询函》（审核函〔2021〕010047 号）

2. 关于诉讼……请发行人：

（1）补充披露与河北嘉福物业服务有限公司关于商标侵权诉讼的进展情况；未计提预计负债的原因及合理性；该诉讼是否会对发行人业务、经营产生重大不利影响，发行人招股说明书相关信息披露是否真实、准确、完整；

（2）补充披露是否存在超出核定服务类别使用“医管家”商标情形，是否属于重大违法违规行为，是否会受到相关主管部门处罚，是否对发行人经营构成重大不利影响。

请保荐人、发行人律师核查并发表明确意见。

3. 广东碧桂园物业服务股份有限公司首次公开发行股票申请文件反馈意见

二、信息披露问题

2. 招股说明书披露，碧桂园物业已向原国家工商行政管理总局商标局提交了62项与公司及其子公司业务相关的商标注册申请。请保荐机构、发行人律师说明并披露发行人正在申请的商标是否存在纠纷或潜在争议，如未能获准注册对发行人经营的影响。

第八章　关 联 交 易

一、概述

关联交易，是指目标公司与关联方之间发生的转移资源或义务的行为，通常包括购买或销售商品、提供或接受服务、提供资金等。物业服务企业关联方较多，关联交易频繁，是物业服务行业普遍存在的现象。因此，核查目标公司关联交易是法律尽职调查的工作重点之一，有助于收购方判断目标公司所签物业服务合同及在管项目是否主要来源于关联方、其是否具有稳定性、持续性，关联交易对经营成本的真实性影响如何等，并有助于设计交易条款及测算交易对价。

实操中，应特别注意目标公司以下关联交易。

1. 物业服务企业的上游关联方主要是从事房地产开发的母公司及各项目公司。房地产开发商通常会成立物业服务企业以承接自己开发的房地产物业服务项目，这类目标公司在获取关联方开发的项目时具有明显优势，又因配合房产销售可能存在物业费打折或者买房赠送物业费等问题。在我们近年的并购实操中，某些目标公司还存在大额资金被母公司以关联方往来等方式占用，或者向关联方购买资产（如车库、酒店等大宗地产）的方式支付大额对价，或者为关联方提供高额担保等情形。不仅如此，在母公司遇到流动性危机时，往往会将其持有的物业服务企业股权质押给银行等以换取流动资金。可见，物业服务企业与关联房企之间的关联交易既是物业服务企业实现规模、利润快速增长的重要保障，又反映了其对关联方存在较高的业务依赖度，进而可能影响其独立性和持续盈利能力。

2. 物业服务企业的下游关联方可能是控股股东或实际控制人及其近亲属

投资的物业服务配套企业。实操中，某些目标公司不乏将专项服务外包给下游关联方企业，如电梯维修服务企业、保洁企业、绿化企业等。有些下游关联方提供相关服务的报价与当地市场同类服务价格趋同，不存在畸高或畸低。但有些则明显价格不合理，存在利益输送等情形。应指出的是，大部分目标公司对上述关联交易都未根据公司章程等规定作出决议。

3. 物业服务企业的关联交易不仅是收并购中关注重点，也是IPO的审核重点。A股对关联交易的比例有严格的限制，而港股从多方面评估上市申请人是否满足经营独立性的要求，包括来自独立第三方的销售收入及利润是否单独满足上市要求。从已上市物业服务企业关联交易披露规则的角度来看，关联交易需要披露的主要内容包括关联双方的交易关系描述、交易相关的对价和具体协议条款、关联方在交易中所占利益等情况。

综上所述，核查目标公司的关联交易，有助于收购方识别目标公司的项目来源、经营独立性、在管项目稳定性，还有助于判断目标公司外包服务、供应商选择等是否合规。

二、核查方式

1. 核查关联关系。除核查目标公司控股股东或实际控制人控制下的企业外，还应当推及其近亲属所投资的企业，特别关注是否有电梯维保、保洁绿化等物业服务配套企业。

2. 核查关联交易制度。特别是目标公司的章程、公司规章制度中是否有规定关联交易等，相关关联交易是否履行了相关合规程序，关联交易的决策和表决程序是否有瑕疵等。

3. 核查关联交易。重点核查关联交易发生的原因、真实性及必要性，关联交易的公允性，是否存在利益输送，是否对关联方存在重大依赖，未来关联交易是否可持续，是否有减少和规范关联交易的具体安排等。

（1）结合本书物业费减免章节，重点核查以下情形的相关交易，如目标公司与关联方资金无偿拆借实现资金周转；关联方向购房者承诺物业费补贴或优惠情况；目标公司免除开发商空置房物业费；开发商将自有资产的租赁收益权让渡目标公司以补贴物业费；开发商与目标公司签订物业增值咨询服务合同等。

（2）结合本书物业服务外包章节，重点核查目标公司与关联方签订的专项外包合同，如电梯维保、保洁、保绿以及保安等合同，相关合同约定是否符合市场公允标准，目标公司是否存在向关联方输送利益等情况。

4. 结合财务尽调的成果，核查关联交易的金额及占比情况。

5. 核查是否存在关联交易非关联化的问题，特别注意隐性关联交易，如借助中间方、借助隐性控制、借助内部处理等来规避关联交易活动。

6. 法律尽调团队应高度重视访谈，以及目标公司提供尽调资料的相关线索材料，充分进行交叉核查，避免遗漏重大事项。

三、风险提示

1. 丢盘风险。若目标公司在管项目大多来自关联方，则在收购交易完成后的最大风险就是丢盘，如作为转让方的控股股东/实际控制人的开发商因主动调整或者被动破产、重整等导致项目开发主体发生变更，新的开发商则可能更换物业服务企业。

2. 经济风险。对于已竣工且尚未出售或者尚未交付给业主的物业服务项目，一般由关联方房地产开发商负责向目标公司支付物业服务费，但实践中开发商往往付款不足或者未付款。若目标公司对关联方应收账款过大，则存在应收账款信用风险较大；若最终无法收回，则会形成坏账等经济风险。

四、处理建议及参考条款

1. 建议在交易协议的定义条款中对“关联方”作出约定，相关参考条款如下。

> 关联方：指中国财政部制定的《企业会计准则》或中国证监会及沪深证券交易所、香港联合交易所制定的相关文件、指引中所定义的关联方，以及通过持有表决权、合约或通过亲属关系或其他方式，直接或间接地拥有对该主体的管理和决策作出指示或责成他人作出指示的权利或事实上构成实际控制的其他关联方。

2. 建议在交易协议的“陈述与保证”条款中对关联交易情况作出约定，相关参考条款节选如下。

> 除已经披露的情况外，目标公司与其股东、实际控制人及其控制的其他主体不存在关联交易。
>
> 除已向受让方书面披露的融资担保情况外，目标公司不存在为任何第三方（包括任何单位、个人或组织等）以及自己股东或关联方的债务、权益等提供过任何形式的担保、保证或者作出过任何形式的利益承诺。否则，发生该等债务及或有债务给目标公司及受让方造成的损失全部由转让方承担。

3. 在交易协议中对关联方往来或者应收关联方物业费等进行约定，参考条款节选如下。

> 首笔股权转让款的支付
>
> 在以下【　】至【　】条件全部满足后，受让方按第【　】条约定的程序向转让方支付首笔股权转让款共计人民币【　】万元（首笔股权转让款不作代扣代缴，支付明细见附件【　】）：
>
> 目标公司应收【A公司】关联往来款【　】元，应收【B公司】关联往来款【　】元，应收【C公司】关联往来款【　】元，应收【D先生】关联往来款【　】元，前述债权合计【　】元。转让方于本协议签订后5日内负责将前述欠款归还目标公司，并完成经受让方确认的相关财务文件等手续……
>
> 若转让方未在上述约定的期限内清理完毕关联往来款，则受让方有权以交易对价的部分金额可用来冲抵。冲抵完毕后，视为受让方已经支付该部分交易对价。

4. 结合业绩补偿条款等，在交易协议中对前期物业服务项目进行特别约定，如要求作为交易对方的控股股东、实际控制人的开发商不得解除其与目标公司签订的前期物业服务合同。

5. 若目标公司对在管项目承诺一定期限内减免物业费而其关联公司又无法补偿给目标公司，则建议将该在管项目剥离出交易范围，或者通过合规方式将应付股权转让对价与应收物业服务费进行冲抵。

6. 结合交易协议的交割条款，约定重新刻制公章、证照交接、章程及董监高变更等方式加强管理，避免目标公司关联方继续控制目标公司。

五、相关规定

《公司法》（2018 年修正）

第二百一十六条第四项　本法下列用语的含义：

（四）关联关系，是指公司控股股东、实际控制人、董事、监事、高级管理人员与其直接或者间接控制的企业之间的关系，以及可能导致公司利益转移的其他关系。但是，国家控股的企业之间不仅因为同受国家控股而具有关联关系。

《企业会计准则第 36 号——关联方披露》（财会〔2006〕3 号）

第三条　一方控制、共同控制另一方或对另一方施加重大影响，以及两方或两方以上同受一方控制、共同控制或重大影响的，构成关联方。

控制，是指有权决定一个企业的财务和经营政策，并能据以从该企业的经营活动中获取利益。

共同控制，是指按照合同约定对某项经济活动所共有的控制，仅在与该项经济活动相关的重要财务和经营决策需要分享控制权的投资方一致同意时存在。

重大影响，是指对一个企业的财务和经营政策有参与决策的权力，但并不能够控制或者与其他方一起共同控制这些政策的制定。

第四条　下列各方构成企业的关联方：

（一）该企业的母公司。

（二）该企业的子公司。

（三）与该企业受同一母公司控制的其他企业。

（四）对该企业实施共同控制的投资方。

（五）对该企业施加重大影响的投资方。

（六）该企业的合营企业。

（七）该企业的联营企业。

（八）该企业的主要投资者个人及与其关系密切的家庭成员。主要投资者个人，是指能够控制、共同控制一个企业或者对一个企业施加重大影响的个人投资者。

（九）该企业或其母公司的关键管理人员及与其关系密切的家庭成员。关键管理人员，是指有权力并负责计划、指挥和控制企业活动的人员。与主要投资者个人或关键管理人员关系密切的家庭成员，是指在处理与企业的交易时可能影响该个人或受该个人影响的家庭成员。

（十）该企业主要投资者个人、关键管理人员或与其关系密切的家庭成员控制、共同控制或施加重大影响的其他企业。

六、实务要点及典型案例

1. 开发商与物业服务企业存在关联关系不是认定恶意串通的证据

【典型案例】一审法院认为，丽园物业公司也对丽园商业广场提供了物业管理服务。同时生效的第155号判决亦确认涉案商铺的所有权属于广发行开平支行，故广发行开平支行作为涉案商铺的业主应按照丽园房地产公司与丽园物业公司签订的《物业管理委托合同》约定向其交纳涉案物业的物业管理费。对于广发行开平支行认为丽园物业公司与丽园房地产公司存在恶意串通，所签订的物业管理委托合同是进行关联交易的抗辩意见，因第199号判决中对物业管理委托合同进行了确认，根据最高人民法院《关于民事诉讼证据的若干规定》第9条第4项的规定，广发行开平支行在未能提供相反证据足以推翻上述生效判决所确认的事实情况下，该院对广发行开平支行的上述抗辩意见不予采纳。维持广东省佛山市中级人民法院（2011）佛中法民一终字第1245号民事判决。①

① 参见佛山市丽园物业管理有限公司与广发银行股份有限公司开平支行、佛山市丽园房地产开发有限公司物业服务合同纠纷申诉、申请民事判决书，最高人民法院（2014）民提字第183号。

2. 关联交易并不必然导致相关董事、高管的赔偿责任及交易无效

【典型案例】二审法院认为，2010年6月，倪某琪系浩铭公司的控股股东，也是临空科技公司、环基公司、中拜公司、顺润公司等四公司的董事、董事长或高管，浩铭公司与临空科技公司、环基公司、中拜公司、顺润公司等四公司签订《物业委托管理合同》及相应《补充协议》，约定临空科技公司等四公司委托浩铭公司对虹桥国际科技广场进行物业管理，应当构成关联交易。但是根据相关法律规定，关联交易并不必然引发相关董事、高管的赔偿责任，而是必须以前述关联交易行为给公司造成损失为前提。然而临空科技公司等四公司作为虹桥国际科技广场的所有权方，委托物业管理企业对其所有的物业进行管理和维护，实属正常，所花费的物业费用，亦属合理的经营管理支出，从此角度而言，临空科技公司等四公司与浩铭公司签订物业服务合同，委托浩铭公司对虹桥国际科技广场进行物业管理，属于正常的商事行为，且垭哲公司、环基公司、中拜公司未能举证证明涉案物业服务合同的订立造成了垭哲公司、环基公司、中拜公司实际损失，故一审法院认定垭哲公司、环基公司、中拜公司不存在因为关联交易而造成损失，浩铭公司、倪某琪、谭某均不应承担赔偿责任，从而判决驳回垭哲公司、环基公司、中拜公司的诉讼请求，并无不当。①

3. 物业服务企业实际控制人不得利用关联关系损害公司利益

【典型案例】法院认为，根据当事人的诉辩理由，本案双方争议的焦点是江油长钢、四川长钢是否形成对鸿源公司、鸿源物业公司的实际控制？从江油长钢给鸿源公司发不再续签合同、停止转供能源的通知和长钢领导在鸿源公司员工会上讲话中提出由长钢派员参与鸿源公司的经营管理到鸿源公司依江油长钢的推荐，聘陈某为总经理、李某银为财务总监、马某为董事、吴某为监事，再到恢复业务及能源供应，2012年5月10日至本案起诉前鸿源公司的内部管理及生产经营全部由陈某负责的事实看，江油长钢推荐的职员

---

① 参见上海垭哲软件开发有限公司、上海环基数码科技有限公司等与上海浩铭物业管理有限公司、倪某琪等公司关联交易损害责任纠纷二审民事判决书，上海市第二中级人民法院（2016）沪02民终7836号。

担任鸿源公司的高级管理人员后，双方的业务关系即恢复，且由长钢推荐的职员掌握鸿源公司的决策权，江油长钢事实上形成了对鸿源公司的实际控制。在江油长钢对鸿源公司实际控制期间，其支付的环卫绿化费用2012年为97万元，比2011年的309.5万元降低了212.5万元，降幅为68.66%，且之后亦是按97万元/年、93万元/年支付，同期其向长特四厂劳动服务公司支付的费用分别为2011年303万元、2012年226万元、2013年233万元、2014年233万元、2015年210万元、2016年210万元、2017年204万元、2018年200万元、2019年175.2万元，较上年分别下降25.4%、增长3%、持平、下降9.9%、持平、下降2%、下降2%、下降2%，江油长钢给鸿源公司支付环卫绿化费用的降幅不仅远高于给长特四厂劳动服务公司支付环卫绿化费用的降幅，从陈某向长钢申报的金额看，也远不能满足环卫绿化业务的最低营运成本，从而事实上给鸿源公司造成了损失，依照《公司法》第21条"公司的控股股东、实际控制人、董事、监事、高级管理人员不得利用其关联关系损害公司利益。违反前款规定，给公司造成损失的，应当承担赔偿责任"之规定，实际控制人江油长钢、四川长钢应对此承担赔偿责任；关于损失计算，原审考虑长特四厂劳动服务公司与鸿源公司在提供环卫绿化服务时的用工环境、业务范围等因素，比照长特四厂劳动服务公司的降幅计算损失并无不当，但其仅比照了2012年的降幅，实际至2019年有升有降，应逐年比较，二审法院对此予以纠正，按逐年比较计算，总损失为9 693 256元。[①]

七、物业服务企业上市案例文书部分示例

1. 南都物业服务股份有限公司首次公开发行股票申请文件反馈意见

> 一、规范性问题
>
> 14. 请保荐机构、发行人律师核查说明发行人是否与关联方间存在显

① 参见四川江油长钢鸿源有限责任公司、江油市鸿源物业服务有限责任公司、攀钢集团江油长城特殊钢有限公司等公司关联交易损害责任纠纷二审民事判决书，四川省绵阳市中级人民法院（2020）川07民终240号。

失公允的关联交易；营业收入或净利润是否对关联方或者存在重大不确定性的客户存在重大依赖。

请保荐机构、发行人律师核查发行人是否存在以下情形：

（1）关联交易对发行人独立性有重大不利影响、关联交易价格不公允、严重依赖关联交易且关联方经营情况不佳的。

（2）对于与发行人生产经营紧密相关的关联交易，在发行上市前通过转让等方式进行非关联化处理，且合理性说明不充分的。

（3）利用关联交易、同业竞争等事项规避控股股东、实际控制人或其下属企业存在的违法违规行为可能影响其他发行条件情形的。

（4）报告期供应商、客户等变动异常或存在异常采购或销售，收入确认异常或交易价格的公允性未有充分证据说明，且对发行人经营业绩影响较大的。

（5）发行人与关联方是否存在共同供应商、共同客户、共同技术等情况。如存在上述情况，请在招股说明书中详细披露，并请保荐机构说明上述情况是否影响发行人独立性及持续经营能力。

（6）通过关联交易操纵利润的其他情形。

请补充披露关联交易的程序完备性（包括但不限于章程对关联交易决策程序的规定、已发生关联交易的决策过程是否与章程相符、关联股东或董事在审议相关交易时是否回避、独立董事和监事会成员是否发表不同意见等）、定价公允性（包括但不限于定价依据是否符合市场定价、定价与第三方是否具有可比较性）等。

2. 广东碧桂园物业服务股份有限公司首次公开发行股票申请文件反馈意见

一、规范性问题

9. 截至2016年9月30日，公司的收费管理面积为8590.72万平方米，其中由碧桂园集团开发的物业的收费管理面积为8263.90万平方米，占总收费管理面积的96.20%。招股说明书简要披露了报告期各期间与公司发生关联交易的金额在100万元以上的主要关联方情况。请保荐机构、发行人律师说明发行人就关联方的披露是否符合《公开发行证券的公司信息披露内容与格式准则第1号——招股说明书》第54条的有关规定，采取前述披露方式是否恰当及其原因并发表明确意见。请保荐机构、发行人律师对发行人报告期内各项关联交易价格的公允性、决策程序的合规性发表明确意见，并补充说明认定价格是否公允的详细依据和理由，关联交易为关联方成本或收入主要来源的，说明未将该等关联方纳入上市主体的合理性。请保荐机构、发行人律师核查并披露是否存在未将与发行人实际控制人及其近亲属存在关联关系或其他可能输送利益的关系的主体（如实际控制人及其近亲属的关联企业房地产业务所涉及的客户、供应商、投资方、合作方等）认定为关联方的情形，报告期与前述相关方交易的情况，包括但不限于程序合规性、对价公允性、占收入或成本的比重，请比照关联交易进行披露，并结合以上情况、发行人关联交易情况以及碧桂园集团开发房产确定物业服务提供方的机制分析对发行人独立性的影响，发行人对碧桂园集团是否依赖，是否符合《首次公开发行股票并上市管理办法》的有关规定，是否构成本次发行上市的障碍。

3. 西藏新城悦物业服务股份有限公司创业板首次公开发行股票申请文件反馈意见

3. 根据招股说明书，报告期内发行人向关联房地产开发企业收取的前期物业服务费收入分别为2635.15万元、4253.99万元、4234.84万元；为关联方提供协销服务的收入分别为4626.37万元、7444.25万元和10 619.77万元；为关联方提供工程服务的收入分别为0元、196.59万元和455.75万元，为关联自然人提供物业服务的收入金额分别为22.08万元、21.41万元和28.96万元；报告期内发行人向关联方支付租金共计335.50万元。

> 请发行人补充披露：
>
> （1）区分不同服务类型，分别以列表形式详细披露发行人报告期内前期物业服务、协销服务、工程服务、自然人物业服务关联销售的具体金额、发行人关联销售的总金额、占发行人当期营业收入比例、占该关联方当期采购总额的比例情况；上述关联自然人基本情况、关联机构的股权结构、自设立以来所从事的主营业务、经营状况及报告期内的主要财务数据；发行人对上述关联方交易的原因、必要性、具体内容；对比无关联第三方同类服务定价，说明上述关联交易定价依据及公允性；说明发行人关联销售金额持续上升、占当期营业收入比例持续维持较高水平的原因、合理性；说明上述关联交易对发行人独立性的影响，发行人的经营业绩是否对关联交易构成依赖，是否存在关联方为发行人承担成本费用的情况。
>
> （2）以列表形式详细披露发行人向关联方支付租金的具体金额、占发行人当期成本比例情况，上述关联方的股权结构、主营业务情况；发行人对上述关联方关联租赁的原因、必要性；关联租赁的具体内容、面积、用途、地址情况；对比无关联第三方同类交易定价，说明上述关联租赁定价依据及公允性；报告期内上述关联方与发行人主要客户、供应商之间是否存在业务往来、销售往来、资金往来，是否存在关联关系，是否存在关联方为发行人承担成本费用的情况。
>
> 请保荐机构、发行人律师核查上述问题并发表明确意见。

4. 重庆新大正物业集团股份有限公司首次公开发行股票申请文件反馈意见

> 4. 招股说明书披露，报告期内发行人与重庆玖顺保洁有限公司、重庆勇航保洁有限公司、重庆可立康保洁有限公司、重庆鸿朗保洁有限公司、重庆大正清洁服务有限公司存在关联交易。
>
> 请发行人补充披露：报告期内发行人向前述关联方的采购金额占发行人当期成本的比例、占该关联方当期营业收入的比例情况；上述关联公司

的股权结构、自设立以来所从事的主营业务、经营状况及报告期内的主要财务数据；发行人对上述关联方交易的原因、必要性、具体内容；对比无关联第三方同类服务定价，说明上述关联交易定价依据及公允性；说明发行人关联采购金额2017年度相比2016年度持续上升的原因、合理性；说明上述关联交易对发行人独立性的影响，发行人的经营业绩是否对关联交易构成依赖，是否存在关联方为发行人承担成本费用的情况。

请保荐机构、发行人律师核查上述问题并发表明确意见。

5. 请发行人补充说明王某、李某顺、陈某华、廖某勇及其近亲属控制的或施加重大影响的企业的具体情况，包括成立时间、注册资本、主营业务、股权结构；报告期内，上述企业与发行人间是否存在业务往来或资金往来，与发行人主要客户和供应商之间是否有关联关系或资金往来，其主要客户、供应商是否与发行人重合，是否为发行人承担成本费用；结合《公司法》和《企业会计准则》的相关规定，在招股说明书中完整披露发行人关联方，并补充披露上述关联方控制或施加重大影响的企业的具体情况。

请保荐机构、发行人律师核查上述问题并发表明确意见，同时对关联方披露的完整性进行核查并发表意见。

5. 浙江开元物业管理股份有限公司创业板首次公开发行股票申请文件反馈意见

7. 关于发行人的关联方及关联交易。请发行人：（1）披露各类关联交易的合计金额及占比，说明发行人与控股股东、实际控制人及其控制的企业之间关联交易对应的收入、成本费用或利润总额占发行人相应指标的比例。（2）结合市场价格，说明关联交易的背景、必要性、持续性，比照市场价格说明交易的公允性；发行人分别于2017年4月、2018年8月两次将开元颐养100%转让开元旅业集团，但价格存在较大差异，说明该公司历史沿革，亏损原因，转让的原因，两次股权转让价格不同的原因、定价依据及公允性。（3）发行人是否租赁控股股东、实际控制人及其控制的企业的房屋，如存在，说明租赁的用途，比照市场价格说明价格是否够公允；发行人及子公司、分公司与控股股东、实际控制人及其控制的企业是否存在合署办公、混合经营的情形。（4）严格按照《企业会计准则》《上市公司信息披露管理办法》以及证券交易所发布的业务规则，完整、准确地披露关联方关系及交易。请保荐机构、发行人律师核查上述问题、说明核查过程并发表明确意见。

第九章　同业竞争

一、概述

同业竞争，是指目标公司所从事的业务与其控股股东（包括绝对控股和相对控股）、实际控制人及其控制的其他企业所从事的业务相同或近似，双方构成或可能构成直接或间接的竞争关系，可能对目标公司的业务开展及股东利益产生不利影响。物业服务企业因其进入门槛较低、关联方多、轻资产等特点，同业竞争现象比较普遍。因此，收并购中，核查目标公司同业竞争情况，有助于收购方判断目标公司被收购前的业务独立性、经营合规性，更有助于防止收购后目标公司的在管项目被相关同业竞争方抢盘。

核查目标公司同业竞争情况，应注意以下事项。

1. 同业竞争的危害性

与关联交易问题一样，同业竞争问题也是收并购以及IPO时关注的重点之一。因为同业竞争可能存在公司控股股东、实际控制人及重要股东、高级管理人员等利用职务之便，为了自身或他人的利益使公司丧失原本属于自身的业务，使公司不能有效、独立地开展业务，损害了公司及股东利益，影响了公司的持久、健康发展。而物业服务企业具有轻资产、重人脉等特点，物业服务企业的核心资产是在管项目的物业服务合同权益，相关同业竞争方进行同业竞争更容易获取物业项目，获得直接的经济收益。

2. 同业竞争的形式

实践中，在住建部取消物业服务资质之前，受限于资质问题，物业服务企业的同业竞争往往是用挂靠的方式进行，即目标公司允许关联方以挂靠方式提供物业服务，具体原因可查看本书之“物业服务项目挂靠”一章。在物业服务资质被取消之后，同业竞争的方式更为多样。特别是近年来收并购实操中，我们发现目标公司的股东，董事、监事及高级管理等人员，或者物业项目经理等自行或以其近亲属名义（实际控制人为其本人）设立其他物业服务企业，或者担任其他物业服务企业高管。比较突出的一个案例是，目标公司的三个股东均涉及同业竞争问题，其中，控股股东在目标公司之外控股了四家物业服务企业，并担任其中两家的法定代表人；另一个股东兼法定代表人在目标公司之外控股了一家物业服务企业，并担任另一家物业服务企业高管；还有一个股东控股一家、参股两家物业服务企业。因此，收并购中，收购前的重点是核查同业竞争并解决原有的同业竞争，收购后的重点是防止产生新的同业竞争。

二、核查要点

1. 从主体角度核查，核查范围为目标公司控股股东和实际控制人及其重要亲属，目标公司董事、监事及高级管理人员，持股5%以上的主要股东等。

2. 从业务角度核查，上述主体是否有投资其他物业服务企业或者物业服务上下游企业，是否担任董事、监事及高级管理等高管职位；在管项目拓展方式；在管项目经营情况等。

3. 目标公司和股东、董监高等是否签订竞业禁止协议及履行情况。

4. 与关联交易核查相类似，法律尽调团队应高度重视访谈，以及目标公司提供尽调资料的相关线索材料，充分进行交叉核查，避免遗漏重大事项。

三、风险提示

同业竞争主要风险是可能造成目标公司丢盘。一方面，可能发生主动抢盘情况，即同业竞争方可能会将优质在管项目逐步导入自己控制的物业服务企业。另一方面，即使不与目标公司抢盘，收购后留用的高管人员也会将更多时间精力投入自己的物业服务企业中，导致目标公司在管项目品质下降最终导致被动丢盘等。

四、处理建议及参考条款

1. 若同业竞争方的在管项目较为优质，则可以考虑将同业竞争方纳入收购范围。若项目不符合收购方的标准等而不能纳入收购范围，可以要求交易对方注销相关物业服务企业或者停业，或者改变其经营范围等。

2. 建议在交易协议中约定或者由相关主体出具承诺文件，关联方不以任何方式直接或间接地从事或参与同业竞争业务以及相关责任。

3. 在交易协议中，结合业绩补偿条款，明确约定对赌期的合约面积、管理面积、主营收入、净利润等，防止对赌期间内同业竞争对目标公司造成的实质性负面影响。

4. 在交易协议中明确约定对赌期以及对赌期届满后一定期限内不得同业竞争，参考条款如下。

1. 转让方、转让方直接与间接股东以及其实际控制人承诺，自股权交割日起满5年内，转让方、转让方直接与间接股东以及其实际控制人及其关联方均不会以任何形式包括直接或间接、以自己名义或他方名义在中国境内从事向目标公司及其对外投资主体提供物业服务的项目、未来新拓展的物业项目以及事实在管服务到期的项目发送物业服务邀约邀请、接受邀约邀请、参与竞标或签订物业服务合同等竞争行为。

2. 转让方、转让方直接与间接股东以及其实际控制人承诺，自股权交割日起满5年内，转让方、转让方直接与间接股东以及其实际控制人及其关联方均不得通过新设投资、并购、联营、参与或提供任何帮助、咨询服务等与目标公司及受让方经营业务相同或类似的公司或组织（包括物业服务、保洁、绿化、保安、电梯及消防维修维保等公司或组织）在中国境内从事同业竞争行为；也包括不得作为委托人、代理人、股东、合资合营方、被许可方、许可方、债权人或以其他身份单独或与其他方一起直接或间接从事同业竞争行为。

3. 自股权交割日起3年内，附件【 】所列核心管理人员应在目标公司持续任职和工作，如附件【 】所列核心管理人员与目标公司解除劳动关系，转让方、转让方直接与间接股东以及其实际控制人承诺不得将附件【 】所列的核心管理人员聘用、招揽、借调至其本人或其关联方在中国境内经营第15.2条所列的存在同业竞争关系的公司、组织，转让方、转让方直接与间接股东以及其实际控制人承诺不主动或者协助中国境内第三方聘用、招揽、借调附件【　】所列的核心管理人员。如果因此给目标公司造成损失，由转让方赔偿目标公司损失。

4. 若承诺方违反上述同业竞争条款，所获取收益全部归属于目标公司。如果因此给目标公司造成损失，还应当由转让方赔偿目标公司损失，包括违反相关约定获取目标公司在管或未来管理的物业项目，则该项目所有收入全部归属于目标公司，无法计算收益的由转让方按该项目上一年度收入补偿至目标公司。

五、相关规定

《公司法》（2018年修正）

第一百四十八条　董事、高级管理人员不得有下列行为：

（五）未经股东会或者股东大会同意，利用职务便利为自己或者他人谋取属于公司的商业机会，自营或者为他人经营与所任职公司同类的业务；

……董事、高级管理人员违反前款规定所得的收入应当归公司所有。

《上市公司治理准则》（2018年修订，中国证券监督管理委员会公告〔2018〕29号）

第七十三条　上市公司业务应当独立于控股股东、实际控制人。

控股股东、实际控制人及其控制的其他单位不应从事与上市公司相同或者相近的业务。控股股东、实际控制人应当采取有效措施避免同业竞争。

中国证监会发行监管部《关于发布〈首发业务若干问题解答〉的通知》（2020年6月修订）

问题15、发行上市监管对同业竞争行为作出了限制性规定，发行人及中介机构在核查判断同业竞争事项时，应当主要关注哪些方面？

答：（1）核查范围。中介机构应当针对发行人控股股东（或实际控制人）及其近亲属全资或控股的企业进行核查。

（2）判断原则。同业竞争的“同业”是指竞争方从事与发行人主营业务相同或相似业务。核查认定该相同或相似的业务是否与发行人构成“竞争”时，应按照实质重于形式的原则，结合相关企业历史沿革、资产、人员、主营业务（包括但不限于产品服务的具体特点、技术、商标商号、客户、供应商等）等方面与发行人的关系，以及业务是否有替代性、竞争性、是否有利益冲突、是否在同一市场范围内销售等，论证是否与发行人构成竞争；不能简单以产品销售地域不同、产品的档次不同等认定不构成同业竞争。

对于控股股东、实际控制人控制的与发行人从事相同或相似业务的公司，发行人还应当结合目前自身业务和关联方业务的经营情况、未来发展战略等，在招股说明书中披露未来对于相关资产、业务的安排，以及避免上市后出现同业竞争的措施。

(3) 亲属控制的企业应如何核查认定。如果发行人控股股东或实际控制人是自然人，其夫妻双方直系亲属（包括配偶、父母、子女）控制的企业与发行人存在竞争关系的，应认定为构成同业竞争。

发行人控股股东、实际控制人的其他亲属及其控制的企业与发行人存在竞争关系的，应当充分披露前述相关企业在历史沿革、资产、人员、业务、技术、财务等方面对发行人独立性的影响，报告期内交易或资金往来，销售渠道、主要客户及供应商重叠等情况，以及发行人未来有无收购安排。

六、实务要点及典型案例

1. 收购方不得将目标公司在管项目转移到同业竞争的关联公司

【典型案例】2017年1月10日，原告邓某就股权转让事宜与被告鸿鹄志公司签订了《股权回购协议》，约定：“一、原告将其持有的娄底市兴业物业服务有限责任公司51%的股权作价150万元转让给鸿鹄志公司……”2019年5月13日，娄底市兴业物业服务有限责任公司变更为娄底友邻兴业物业管理有限公司。

2017年5月，被告鸿鹄志公司收购娄底恒昌物业管理有限公司。2017年5月24日，娄底恒昌物业管理有限公司的名称变更为娄底友邻恒昌物业管理有限公司……

法院认为，被告鸿鹄志公司于2017年5月收购娄底恒昌物业管理有限公司，娄底恒昌物业管理有限公司与被告友邻兴业公司存在竞争关系，现有证据证明被告友邻兴业公司的业务单位转移到了友邻恒昌公司，被告友邻兴业公司业绩逐年递减，至2021年实际已经歇业，鸿鹄志公司的行为违反了合同约定损害了股东邓某的权益，被告鸿鹄志公司已构成违约。

被告鸿鹄志公司关于没有利用股东身份损害其他股东的任何权益，公司业务的流失属于正常的商业风险，鸿鹄志公司作为公司股东也蒙受了损失，不存在恶意的情形的抗辩……被告友邻兴业公司的收入在逐年减少，且被告友邻兴业公司连续三年的客户涟源市第二中学在2020年与被告鸿鹄志公司收购的娄底友邻恒昌物业管理有限公司建立了物业服务关系，娄底友邻恒昌物业管理有限公司与被告友邻兴业公司存在明显的同业竞争关系。故被告鸿鹄志公司的行为明显存在违约，故被告鸿鹄志公司的该项抗辩，法院不予支持。①

2. 物业服务企业高管不得擅自担任存在同业竞争关系的其他公司高管

【典型案例】法院认为，王某作为青和公司副总经理，系青和公司高级管理人员，对青和公司负有忠实和勤勉义务，但其在青和公司任职期间，未经青和公司股东会同意，担任与青和公司在同一区域内存在同业竞争关系的中豪公司总经理一职，并领取报酬，违反了高级管理人员对公司负有的忠实和勤勉义务，应当承担相应违信责任。王某主张其在中豪公司任职系基于青和公司的安排，青和公司知晓并同意，但未能提供相应证据，法院对其主张不予采纳。

董事、高级管理人员违反前述法律规定所得的收入应当归公司所有，因此，王某在中豪公司任职期间的收入应当归青和公司所有。关于王某违反竞业禁止义务所得收入数额认定问题。中豪公司离职申请单显示，王某于2014年5月11日入职，于2015年9月30日离职，王某与中豪集团公司签订的

---

① 参见邓某与惠州市鸿鹄志物业管理有限公司等股权转让纠纷一审民事判决书，湖南省娄底市娄星区人民法院（2021）湘1302民初5305号。

《劳动合同补充协议》约定王某年薪 20 万元，王某在（2018）苏 1302 民初 4680 号案件庭审中陈述其在中豪公司担任总经理，报酬为每年 20 万元。上述证据可证明王某在中豪公司工作期间年收入为 20 万元。青和公司主张王某 2014 年 5 月 11 日至 2015 年 9 月 30 日（约 16 个半月）工资收入 27 万元归其所有，有事实和法律依据。①

3. 物业服务企业行使归入权的举证要求

【典型案例】法院认为，证大物业的上诉请求仅针对张某 2016 年 2 月从临客嘉物业获取的 55 万元并要求张某归还。根据生效的（2018）沪 01 民终 12405 号民事判决的事实认定，张某原系证大物业董事长、总经理，自 2016 年 3 月起担任证大物业董事长。作为公司的董事和高级管理人员，张某对公司负有忠实义务和勤勉义务，如果损害公司利益，基于相应违法行为所得收入应当归公司所有，造成损失的还应承担赔偿责任。证大物业在二审庭审中明确，其请求权基础为《公司法》第 147 条和第 148 条第 1 款第 5 项、第 8 项。因此，证大物业应当证明张某在公司任职期间，利用职权获取非法收入、谋取了本属于公司的商业机会，或者自营或为他人经营所任职公司同类业务。首先，证大物业仅证明张某收取过临客嘉物业 55 万元款项，对该款项证大物业自认无法确认其性质，现仅以张某母亲系临客嘉物业的股东且临客嘉物业与证大物业均为物业服务企业，无法必然得出该款项具有非法性质。其次，证大物业自述张某任职期间，未发现与临客嘉物业存在商业竞争关系，既如此则必不存在张某谋取了本属证大物业商业机会的可能性。最后，证大物业未能证明张某任职期间，自营或者为他人经营临客嘉物业的事实。因此，证大物业要求行使归入权的事实依据不充分。②

4. 存在同业竞争关系物业服务企业股东提起股东知情权之诉被驳回

【典型案例】二审法院认为，本案的争议焦点为：范某军经营的公司与

① 参见上诉人王某与被上诉人南京青和物业管理有限公司、原审第三人江苏恒基物业管理有限公司损害公司利益责任纠纷民事判决书，江苏省南京市中级人民法院（2020）苏 01 民终 7172 号。

② 参见上海证大物业管理有限公司与张某等损害公司利益责任纠纷二审民事判决书，上海市第一中级人民法院（2019）沪 01 民终 10137 号。

肥城宏泰物业管理有限公司是否有实质性竞争关系。一审查明，范某军系多家公司的股东和法定代表人，且多家公司经营范围与宏泰公司重合，经营地与宏泰公司同位于肥城。尤其是泰安佳安物业管理有限公司，范某军为公司法定代表人，其妻子为股东，主要的经营范围与被告宏泰公司基本一致，从地域和可替代性来看具有实质性同业竞争的可能。宏泰公司确有理由认为范某军是出于个人不正当利益提起申请，一审法院驳回范某军诉讼请求并无不当。①

七、物业服务企业上市案例文书部分示例

1. **南都物业服务股份有限公司首次公开发行股票申请文件反馈意见**

> 一、规范性问题
>
> 13. 请保荐机构、发行人律师说明是否简单依据经营范围对同业竞争作出判断，是否仅以经营区域、细分产品、细分市场的不同来认定不构成同业竞争。请保荐机构、发行人律师核查控股股东、实际控制人及其配偶的其他亲属是否从事与发行人相同或相似业务，上述企业的历史沿革、资产、人员、业务和技术等方面与发行人的关系，采购销售渠道、客户、供应商等方面是否影响发行人的独立性。是否存在控股股东、实际控制人及其配偶、董事、监事和高级管理人员利用该等其他亲属关系，或者以解除婚姻关系规避监管的情形。

2. **广东碧桂园物业服务股份有限公司首次公开发行股票申请文件反馈意见**

> 二、信息披露问题
>
> 9. 请保荐机构、发行人律师补充说明子公司韩城城市服务小股东韩

① 参见范某军与肥城宏泰物业管理有限公司股东知情权纠纷二审民事判决书，山东省泰安市中级人民法院（2020）鲁09民终4971号。

城市馨诚物业有限责任公司的股权结构，其出资人或实际控制人与发行人实际控制人、董监高是否存在关联关系，是否存在经营相竞争业务的情况。

3. 上海上房物业服务股份有限公司首次公开发行股票申请文件反馈意见

一、规范性问题

3. 请保荐机构及发行人律师核查：(1) 认定不存在同业竞争关系时，是否已经审慎核查并完整地披露发行人控股股东、实际控制人及其直系亲属、其他近亲属直接或间接控制的全部关联企业；(2) 上述企业的实际经营业务，说明是否简单依据经营范围对同业竞争作出判断，是否仅以经营区域、细分产品、细分市场的不同来认定不构成同业竞争；(3) 上述企业的历史沿革、资产、人员、业务和技术等方面与发行人的关系，采购销售渠道、客户、供应商等方面是否影响发行人的独立性；(4) 发行人与实际控制人控制的企业均从事物业服务业务，经营范围也存在重合，均包含房产经济类业务，请说明双方业务开展的具体情况，包括业务收入、客户、在管物业面积、合同履约期限、项目个数、物业服务的主要内容等，目前是否已完成整改，是否构成本次发行障碍。

第十章　劳动用工

一、概述

物业服务企业属于劳动密集型行业，用工成本是其主要经营成本之一，而物业服务企业通常又倾向于在劳动用工方面节省成本以致引发大量纠纷。因此，收并购中，核查目标公司劳动人事是法律尽调重点之一，也是交易协议中确定交易对价以及支付条件的重要考虑因素。核查目标公司劳动人事的意义，对内而言，有助于收购方识别目标公司劳动人事法律风险、成本真实性，判断收购后目标公司可能因规范劳动用工等问题而需要承担的费用；对外而言，有助于收购方识别目标公司是否依据物业服务合同约定配备服务人员、是否因人员问题存在丢盘等风险等。

核查目标公司劳动用工，应重视物业服务企业以下特殊情况。

1. 用工特点及形式。实践中，物业服务企业劳动人事的主要特点是用人用工类型多、员工年龄跨度大、员工待遇差别大、员工流动率高、管理难度高等。物业服务企业的用工形式较多，主要划分为劳动合同用工、劳务派遣、劳务用工（聘用退休人员、协保人员等）以及其他合同用工等四种类型，以及小时工、临时工等特殊用工形式。

2. 人员构成问题。劳务用工以及劳务派遣员工通常是物业服务企业的一线服务人员，从事保洁、保绿等工作，这部分人员占比高、弱势群体居多。目标公司大多还聘用退休人员、征地人员、少数民族、“4050”困难就业人员等。因此，核查员工构成，有助于收购方判断目标公司用工成本、员工素质、服务质量等。

3. 劳动纠纷或者争议。根据案例检索大数据，物业服务企业较多争议之一是劳动合同争议，其中大部分与用工成本有关，如未缴纳或者未足额缴纳社保、不支付加班工资等；如某目标公司因其房地产开发母公司抽调资金导致数月未发工资；如某在管项目因业主方未及时支付服务费导致目标公司拖欠的专项保洁单位近百名工人工资等；如目标公司某在管项目退场导致大量员工被遣散；等等。因此，结合本书目标公司的“诉讼纠纷”一章，核查重大劳动纠纷或争议，有助于收购方识别在管项目丢盘风险，以及群体性、社会性事件风险。

4. 政府补贴问题。实操中，目标公司存在挂靠残疾人员工但其实际不上班等现象，以获取相关政府补贴。因此，该核查有助于收购方判断目标公司的合规收入。

5. 工会组织。应注意的是，有些目标公司虽然成立了工会组织，但是没有按照《工会法》的要求提取工会活动经费。因此，该核查有助于收购方判断目标公司的管理合规性。

6. 教育与培训。随着城市综合体、智能建筑、城市服务、社区服务等大量出现，物业服务企业将员工发展与培训作为工作重点，以提升员工综合素养。因此，核查目标公司对员工的教育培训投入，有利于收购方了解目标公司的服务水平以及可持续发展能力。

二、核查要点

实操中，考虑到核查目标公司劳动用工情况工作量极大，收购方会派出专门的劳动人事团队负责详细、全面核查，法律尽调团队的核查重点是劳动用工的合规性。具体如下。

1. 劳动用工常规核查

（1）核查劳动用工的合规性

根据目标公司不同劳动用工形式，随机分别抽查若干份协议，并结合用工所在地的劳动法规政策进行合规性核实。

（2）核查劳动用工的真实性

建议要求目标公司提供最近一个月员工花名册，员工花名册应包含员工姓名、岗位、合同期限、工资标准、签署次数等，并比对抽查核实劳动合同。

（3）核查劳务派遣的合规性

重点核查目标公司是否符合劳务派遣相关法律法规的“三性”（临时性、辅助性、可替代性）要求、人员占比要求、是否存在劳资纠纷等。

2. 高管人员的劳动合同情况

（1）核查高管人员与目标公司签订的劳动合同、竞业限制合同、股权激励等合同；

（2）核查高管的社保、公积金缴纳凭证；

（3）核查高管近三年变动情况以及稳定性。

3. 社保缴纳问题

社保公积金的缴纳是企业的法定义务，许多目标公司未足额缴纳社保，因此，核算社保合规成本是尽调的重点工作。核查方式如下。

（1）根据目标公司提供的员工花名册以及工资清单，以及目标公司从社保局官网下载最近半年社保缴纳明细表，核查目标公司是否为所有在册员工缴纳了社保，是否按照员工实际工资缴纳了社保；

（2）员工花名册人员数量与社保缴纳凭证数量存在差异的，需要及时与目标公司核实未缴纳社保的人数以及原因；

（3）核查特殊员工的社保合规性，如征地人员、少数民族、“4050”人员等，咨询当地社会保障及人力资源主管部门有关特殊用工缴纳社保政策及相关法律责任；

（4）通过网络核查、政府访谈、公司内部访谈等方式确认目标公司在社保公积金方面是否存在行政处罚的记录，并结合员工诉讼、劳动仲裁等情况确认目标公司社保公积金是否存在争议或潜在的行政处罚。

4. 公积金缴纳问题

很多企业误以为只有社保需要强制缴纳，公积金不需要强制缴纳。但根据《住房公积金管理条例》规定，单位应当向住房公积金管理中心办理住房公积金缴存登记，并为本单位职工办理住房公积金账户设立手续。核查公积金的方式如下。

（1）核查目标公司是否开设住房公积金账户；

（2）核查目标公司从当地公积金主管部门获取的近半年公积金账户缴纳凭证，核查目标公司是否为所有在册员工缴纳了公积金；

（3）若核查目标公司存在未全员缴纳公积金的情况，需与目标公司及时沟通相关原因，咨询当地公积金主管部门相关政策以及相关法律责任。

5. 工伤事故及其他劳动争议

（1）可通过访谈等方式，了解目标公司的工伤事故以及其他劳动争议情况；

（2）结合社保缴纳情况以及有关工伤和劳动争议的所有书面文件，进一步核查目标公司在工伤事故中的法律责任。

6. 残疾人员工情况

（1）通过访谈等方式，了解目标公司聘用残疾员工情况；

（2）核查目标公司与残疾员工是否存在真实劳动关系；

（3）核查目标公司聘用残疾员工的所得的政府补贴情况。

7. 工会设立及运行情况

（1）核查工会法人资格证书、工会经费提取及使用等情况；

（2）通过访谈等方式，核查目标公司与工会在集体合同、集体裁员、重大规章制度等方面是否存在重大分歧。

8. 结合在管项目（特别是对服务人数有特殊要求的项目，如公建项目）物业服务合同约定，核查目标公司聘用员工与实际用工是否一致、是否存在“偷人头”等问题

三、风险提示

1. 劳动争议风险。物业服务企业劳动争议风险不仅体现在个案上，更体现为群体性案件可能对在管项目的正常运营造成重大影响。

2. 行政处罚风险。物业服务企业属于劳动监察的重点对象。但是随着社保办理和费用缴纳的分离，税务机关负责企业的社保缴纳和稽查，物业服务企业不为员工办理社保的问题，极易被税务机关发现和查处，存在较大的行政处罚风险。

四、处理建议及参考条款

1. 建议在交易协议的“陈述与保证”条款中明确约定涉及劳动人事相关法律风险及责任承担，参考条款节选如下。

> 目标公司遵守了一切中国有关劳动方面的法律、法规和规定，并按时支付了一切需要支付的费用、款项、保险费和税款。
>
> 除已经书面明确披露给受让方的情况之外，目标公司与其任何雇员、管理人员或董事之间，不存在任何劳动纠纷或争议。如因上述陈述不实导致受让方损失，由转让方承担连带责任。
>
> 除本协议中已向受让方进行书面披露并取得受让方书面明确豁免责任承担的事宜外，出于股权交割日前原因导致目标公司应承担的民事赔偿、行政责任（含虽然发生在股权交割日后但系股权交割日前原因产生的民事赔偿、行政责任）、费用补缴、处理纠纷产生的所有责任及费用由转让方承担，目标公司因该等事项实际承担的各项费用、支出均由转让方据实补偿目标公司。包括但不限于：
>
> 出于股权交割日前原因产生的任何与劳动合同有关的劳动纠纷或争议等。
>
> 转让方特别陈述与保证：基于本协议所披露之目标公司及其在管项目情况，发生任何民事责任、行政责任，均由转让方据实承担或据实补偿至目标公司，包括但不限于：
>
> 目标公司因劳动用工不合规可能承担的补发工资、赔偿金、经济补偿金、工伤赔偿、补缴社会保险费/公积金/工会费用。

2. 若目标公司收购后，原股东未转让全部股权并且承担业绩补偿义务，收购方需要行使劳动人事权，则建议参考如下约定。

> 如股权交割日后，收购方基于业务经营所需调整现有员工的劳动关系、劳动岗位、工作地点，并因此产生劳动争议及纠纷等由目标公司自行

承担相应法律责任及相关费用，但系审计基准日前原因引起或违反本协议关于人员的安排的，责任和费用由转让方承担。

业绩承诺期内，如果转让方基于目标公司业绩提高所需或业务发展所需，调整附件【　】所列的核心管理层人员应当事先通知转让方。同时受让方承诺转让方有权在考核管理制度下，对不符合考核指标的目标公司附件【　】所列的核心管理层人员，向受让方提出重新选聘或辞退的要求，经受让方同意的前述人员的重新选聘或辞退所发生的相应费用由目标公司承担。

3. 建议收购方在要求目标公司提供劳动和社会保障主管机关出具的无劳动社保违法函等证明或访谈回复的基础上，结合财务尽调团队的意见，在交易协议中约定交易对价中预留部分资金用于补足劳动用工不合规的差额。

五、相关规定

考虑到劳动人事相关法律法规、部门规章、司法解释的内容非常丰富，因此，笔者精选了部分不常见但与物业服务行业密切相关的规定，供实务参考。

《社会保险法》（2018 年修正）

第八十四条　用人单位不办理社会保险登记的，由社会保险行政部门责令限期改正；逾期不改正的，对用人单位处应缴社会保险费数额一倍以上三倍以下的罚款，对其直接负责的主管人员和其他直接责任人员处五百元以上三千元以下的罚款。

第八十六条　用人单位未按时足额缴纳社会保险费的，由社会保险费征收机构责令限期缴纳或者补足，并自欠缴之日起，按日加收万分之五的滞纳金；逾期仍不缴纳的，由有关行政部门处欠缴数额一倍以上三倍以下的罚款。

《社会保险费征缴暂行条例》（2019 年修订）

第二十三条　缴费单位未按照规定办理社会保险登记、变更登记或者注销登记，或者未按照规定申报应缴纳的社会保险费数额的，由劳动保障行政部门责令限期改正；情节严重的，对直接负责的主管人员和其他直接责任人员可以处1000元以上5000元以下的罚款；情节特别严重的，对直接负责的主管人员和其他直接责任人员可以处5000元以上10000元以下的罚款。

《住房公积金管理条例》（2019年修订）

第三十七条　违反本条例的规定，单位不办理住房公积金缴存登记或者不为本单位职工办理住房公积金账户设立手续的，由住房公积金管理中心责令限期办理；逾期不办理的，处1万元以上5万元以下的罚款。

第三十八条　违反本条例的规定，单位逾期不缴或者少缴住房公积金的，由住房公积金管理中心责令限期缴存；逾期仍不缴存的，可以申请人民法院强制执行。

财政部、国家税务总局《关于促进残疾人就业增值税优惠政策的通知》（财税〔2016〕52号）

一、对安置残疾人的单位和个体工商户（以下称纳税人），实行由税务机关按纳税人安置残疾人的人数，限额即征即退增值税的办法。

安置的每位残疾人每月可退还的增值税具体限额，由县级以上税务机关根据纳税人所在区县（含县级市、旗，下同）适用的经省（含自治区、直辖市、计划单列市，下同）人民政府批准的月最低工资标准的4倍确定。

《工会法》（2021年修正）

第四十三条　工会经费的来源：

（一）工会会员缴纳的会费；

（二）建立工会组织的用人单位按每月全部职工工资总额的百分之二向工会拨缴的经费；

（三）工会所属的企业、事业单位上缴的收入；

（四）人民政府的补助；

（五）其他收入。

前款第二项规定的企业、事业单位、社会组织拨缴的经费在税前列支。

工会经费主要用于为职工服务和工会活动。经费使用的具体办法由中华全国总工会制定。

六、实务要点及典型案例

物业服务企业所涉劳动争议案件数量极大、类型极为丰富，因此，我们选取最高人民法院、各地高级人民法院的典型案例以供参考。

1. 物业服务企业聘请残疾人就业的，应该保障残疾人的劳动权利

【典型案例】 孔某系一级智力残疾人，2011年12月孔某与北京某物业管理公司签订劳动合同，合同期限为2年，至2013年11月30日终止。2013年7月，孔某个人在不理解签署的文件性质的情况下签署了离职申请。孔某起诉至人民法院要求北京某物业管理公司支付解除劳动合同经济补偿金。人民法院认为，因孔某不具备对签订劳动合同、签署离职申请等涉及个人重大利益的行为的判断能力和理解能力，且不能预见其行为后果，重大民事行为应由其法定代理人代理或者征得法定代理人的同意。孔某代理人对孔某签署离职申请的行为不予认可，孔某签署离职申请的行为应属无效，双方的劳动合同应继续履行至合同期限终止。北京某物业管理公司应当依照《劳动合同法》对孔某支付终止劳动合同经济补偿金。①

2. 物业服务企业职工见义勇为而受到伤害的，应当视同工伤

【典型案例】 法院生效裁判认为：被告根据第三人罗某均提供的重庆市涪陵区社会管理综合治理委员会《关于表彰罗某均同志见义勇为行为的通报》，认定罗某均在见义勇为中受伤，事实清楚，证据充分。罗某均不顾个人安危与违法犯罪行为作斗争，既保护了他人的个人财产和生命安全，也维护了社会治安秩序，弘扬了社会正气。法律对于见义勇为，应当予以大力提倡和鼓励。②

---

① 参见最高人民法院2016年公布10起残疾人权益保障典型案例之四：孔某与北京某物业管理公司劳动争议二审民事判决书，北京市第二中级人民法院（2014）二中民终字第06219号。

② 参见2018年最高人民法院发布第18批指导性案例之九十四：重庆市涪陵志大物业管理有限公司诉重庆市涪陵区人力资源和社会保障局劳动和社会保障行政确认案。

3. 应收物业费用于发放工资，仍是一般债权，不享有优先受偿权

【典型案例】本案中，福建省福州市鼓楼区人民法院作出的（2010）鼓民初字第4667号民事判决所确认的新兴公司欠付中洲公司的物业费并不属于法律规定的优先债权，即使中洲公司收取的物业费是用于向其雇佣的员工发放工资，也仅属于中洲公司与其员工之间的劳动关系，而不能据此认为该物业费属于新兴公司应承担的职工工资。因此原审认为中洲公司的债权为一般债权，并驳回中洲公司的诉讼请求符合法律规定。中洲公司认为其收取的物业费债权应在执行分配方案中享有优先受偿权的申请理由，缺乏法律依据，法院不予支持。①

4. 劳动者放弃要求用人单位为其缴纳社会保险费的合同无效

【典型案例】依法为劳动者缴纳社会保险费是用人单位的法定义务，用人单位以与劳动者订立了自愿放弃要求用人单位缴纳社会保险费的合同为由不履行该义务，不仅损害了劳动者利益，也损害了社会公共利益，用人单位与劳动者订立的该类合同无效。因此，杨某某以某物业管理公司未依法为其缴纳社会保险费为由解除劳动合同，并要求用人单位支付经济补偿，予以支持。②

5. 劳动合同无效仍可认定双方存在劳动关系

【典型案例】吴某入职时未如实告知自身基本情况，且该问题对某物业管理公司判断是否与吴某建立劳动关系有直接影响，吴某构成欺诈，双方签订的《员工聘用合同》无效。但双方是否存在劳动关系应根据是否符合劳动关系成立要件进行判断。吴某虽被鉴定为三级伤残且完全丧失劳动能力，但其从2016年1月起直至去世前一直在某物业管理公司从事保安工作，某物业管理公司无法证明吴某不能胜任该工作，且我国法律并未禁止残疾人从事与

---

① 参见福州中洲物业管理有限公司与陈某隆再审审查与审判监督民事裁定书，最高人民法院（2018）最高法民申1478号。

② 参见重庆市高级人民法院第七批劳动争议十大典型案例之二：杨某某与某物业管理公司劳动争议纠纷案。

其能力相符的劳动。吴某工作期间，某物业管理公司向吴某支付了劳动报酬，且受某物业管理公司的管理，双方符合建立劳动关系的特征，故对某物业管理公司要求确认双方无劳动关系的请求不予支持。[①]

6. 税务机关有权申请人民法院强制执行物业服务企业欠缴的社保

【典型案例】法院认为：社会保险费实行统一征收。国家税务总局韶关市浈江区税务局查实韶关市信鑫物业服务有限公司未依法缴纳社会保险费，根据《社会保险法》第 86 条的规定对其作出的处罚，事实清楚，适用法律正确，程序合法，当事人应予履行。因韶关市信鑫物业服务有限公司经申请执行人催告履行义务后仍未履行义务。申请执行人国家税务总局韶关市浈江区税务局以被执行人韶关市信鑫物业服务有限公司拒不履行行政处罚决定申请法院执行，符合法律规定。[②]

7. 物业服务企业未按物业服务合同配置人员，须承担违约责任

【典型案例】法院认为，四季华庭人员配备载明"办公室管理人员 7 人，客户服务部 11 人，工程部 5 人，秩序维护部 22 人，环境部 28 人，合计 73 人"。而 2019 年 6 月、7 月，金域物业排班表显示四季华庭工程部人员为 3 人，故实际缺少 2 人。另根据原告发送的关于物业工作人员考勤的公函［业委会函字（2020）002 号］载明内容"2020 年 3 月 9 日考勤名单 67 人，其中 5 人已经离职"，实际为 62 人，缺少 11 人（73 人－62 人）。再根据《绿都·四季华庭小区物业服务合同》约定"按规定足额配置管理人员，核查中，少岗位配置的，乙方应按 1000 元/人·次向甲方支付违约金"，因此，金域城南分公司应支付原告违约金 13 000 元（2 人＋11 人）×1000 元/人/次。[③]

---

① 参见重庆市高级人民法院发布第八批劳动争议十大典型案例之四：某物业管理公司与毛某等确认劳动关系纠纷案。

② 参见国家税务总局韶关市浈江区税务局与韶关市信鑫物业服务有限公司非诉行政行为申请执行审查裁定书，广东省韶关市浈江区人民法院（2019）粤 0204 行审 30 号。

③ 参见萧山区绿都四季华庭业主委员会与杭州金域物业服务有限公司城南分公司等物业服务合同纠纷一审民事判决书，浙江省杭州市萧山区人民法院（2021）浙 0109 民初 12318 号。

七、物业服务企业上市案例文书部分示例

1. 深圳证券交易所《关于上海益中亘泰（集团）股份有限公司首次公开发行股票并在创业板上市申请文件的第二轮审核问询函》（审核函〔2021〕010047 号）

3. 关于员工。

审核问询回复显示，发行人存在劳务外包用工、非全日制用工、退休返聘用工。发行人在报告期内的劳动争议纠纷共有 65 起，其中追索劳动报酬及其他费用纠纷为 33 起。

请发行人：

（1）补充披露报告期内劳务外包用工、非全日制用工、退休返聘用工的酬及占比；上述员工的人均薪酬情况，与其他员工人均薪酬是否存在较大差异；

（2）补充披露劳务外包用工的管理方式及权责划分，是否存在客户限制发行人劳务外包情形；报告期内劳务外包人员用工数量，结合实际情况说明劳务外包人员是否为劳务派遣用工，是否符合相关规定；

（3）补充披露退休返聘人员年龄分布、主要任职岗位；退休返聘人员是否均已签订劳务合同，是否存在劳务纠纷的情况，劳务费用及支付情况；

（4）补充披露除自愿放弃缴纳社会保险、住房公积金员工外，发行人仍未为部分员工缴纳社会保险及住房公积金的原因及合理性，是否符合法律法规规定，是否存在纠纷或潜在纠纷；

（5）补充披露取得各地社会保险、住房公积金主管部门无违法违规证明的具体情况；是否需补缴全部社会保险、住房公积金，是否会受到行政处罚；

（6）补充披露报告期内发行人劳动争议纠纷较多的原因及合理性，说明劳动争议纠纷的形成原因，发行人员工管理是否合规、经营是否稳定；

（7）补充披露劳动关系人身损害纠纷及劳务关系人身损害纠纷具体

情况，报告期内金额较大的原因及合理性，是否属于重大违法违规行为。

请保荐人、发行人律师发表明确意见。

新正大物业

请发行人补充说明：

（1）报告期内发行人未缴纳社会保险和住房公积金员工人数、占总人数比例、未缴金额、占当期净利润比例情况；未缴纳社会保险和住房公积金原因，是否符合法律法规的规定；是否存在需要补缴的情况，需补缴金额、补缴方式，对发行人经营业绩的影响；上述未缴纳社会保险和住房公积金事项是否对发行人本次发行上市构成实质障碍；聘任、辞退员工（包括劳务派遣员工）的程序是否符合劳动法律相关规定，是否按照劳动法律相关规定足额支付补偿金或劳务派遣费用，是否存在薪资拖欠或其他劳务纠纷情况；是否存在关联方为发行人担负劳务费用的情况；上述社保及公积金的未足额缴纳是否构成重大违法违规行为或对本次发行上市的法律障碍。（2）报告期内各期发行人劳务派遣方式的用工制度是否符合国家有关规定。（3）结合发行人尚未了结的劳动争议纠纷的具体情况，对发行人用工制度的合规性发表意见。

2. 广东碧桂园物业服务股份有限公司首次公开发行股票申请文件反馈意见/上海上房物业服务股份有限公司首次公开发行股票申请文件反馈意见

12. 发行人的多名董事、监事、高级管理人员都曾在上海市房产经营公司等同行业公司任职。请发行人补充说明相关公司的基本情况、主营业务、主要产品、存续状态，与发行人主营业务的区别和联系，发行人董监高和核心员工是否与上述企业签署竞业禁止协议，其在发行人任职是否违反了相关竞业禁止协议，是否因竞业禁止、保守商业秘密或者其他事项被曾任职单位主张过权利，是否与曾任职单位有纠纷或潜在纠纷。请保荐机构、律师补充核查并发表明确意见。

3. 重庆新大正物业集团股份有限公司首次公开发行股票申请文件反馈意见

8. 报告期内，2015 年年末、2016 年年末和 2017 年年末，发行人员工总数（含子公司员工）为 11 232 人、12 172 人和 13 751 人。

请发行人补充说明：

（1）报告期各期发行人员工人数增加的原因，与业务规模变化是否一致；报告期内各专业结构人员的薪酬总额、人数、人均薪酬水平，并分析报告期内变化的原因及合理性；以列表形式，说明发行人员工在各物业项目的具体分配情况，包括各类工种人员的总人数情况，以及各类工种人员在各物业项目的分配情况；结合同行业公司以及当地的薪酬水平，比较发行人的人均薪酬情况，说明是否存在压低人工成本或者由第三方代垫人工成本的情形。

（2）报告期内发行人未缴纳社会保险和住房公积金员工人数、占总人数比例、未缴金额、占当期净利润比例情况；未缴纳社会保险和住房公积金原因，是否符合法律法规的规定；是否存在需要补缴的情况，需补缴金额、补缴方式，对发行人经营业绩的影响；上述未缴纳社会保险和住房公积金事项是否对发行人本次发行上市构成实质障碍；聘任、辞退员工（包括劳务派遣员工）的程序是否符合劳动法律相关规定，是否按照劳动法律相关规定足额支付补偿金或劳务派遣费用，是否存在薪资拖欠或其他劳务纠纷情况，是否存在关联方为发行人担负劳务费用的情况；上述社保及公积金的未足额缴纳是否构成重大违法违规行为或对本次发行上市的法律障碍。

（3）报告期内各期发行人劳务派遣方式的用工制度是否符合国家有关规定。

（4）结合发行人尚未了结的劳动争议纠纷的具体情况，对发行人用工制度的合规性发表意见。

请保荐机构、发行人律师核查上述事项，并就发行人社保和住房公积金执行情况对本次发行的影响发表明确意见。

第十一章 税务合规

一、概述

税务合规尽调，主要是核查目标企业的税务合规情况、是否存在重大税务法律风险等。实操中，物业服务企业收购方一般是上市公司或者拟上市公司，收购方式是控股权或全部股权收购，并要求合并财务报表，故若目标公司存在重大税务违规问题，往往是导致交易失败的主要原因之一。因此，核查目标公司税务合规情况，有助于收购方及时识别目标公司潜在的税务法律风险，判断税务合规整改的成本。

我们在收并购实践中发现，目标公司存在税务合规问题的主要原因是财务管理相对薄弱、财务人员素质不高、纳税遵从度不强等。目标公司税务合规问题的主要特点是风险点多、风险值高，主要如下。

1. 账外账、两套账问题。实践中，中小型目标公司很可能存在账外账、两套账的现象。我们曾经在目标公司尽调现场偶遇税务稽查人员进场稽查的情形，更提示收购方须重视该目标公司的税务合规问题。

2. 物业费收入确认不合规。如在税务的申报中，有些目标公司未区分包干制和酬金制的收入确认方式等。

3. 减免物业费未视同销售申报纳税。如关联方开发商给予购房人等减免物业费等优惠时，目标公司通常不会将减免物业费视同销售，而未申报纳税。

4. 收取服务费不开具发票。物业服务相关费用种类多，如物业费、停车费、其他有偿服务费用等，若业主未要求开具发票，很多目标公司都只开具收据而非发票，从而不申报或少申报营业收入。

5. 收取服务费不计入收入。如某些目标公司向业主或其他单位收取的场地使用费、空间使用费、车位服务费等未计入业务收入，少申报应纳税款。

6. 隐匿多经收入。如某些目标公司隐匿公区经营收入、房屋中介代理收入等，将上述费用不入账或少入账，达到不缴或少缴税款的目的。

7. 代收公共事业费用所产生的结余款项及服务费、手续费收入未申报纳税，也不计入企业收入等。

8. 将租金收入归入物业服务收入，如某些物业服务企业将产权属于全体业主共有的房屋或公共配套设施对外出租，将收取的“物业经营收入”归入企业的“物业管理收入”中，仅缴纳增值税，不申报缴纳房产税和土地使用税。

9. 其他应收款、其他应付款多，未结转营业收入，少缴税款。如某些目标公司向开发商收取的“前期物业费”长期挂在“预收账款”科目；向业主收取的“垃圾清运费”挂在“其他应付款”科目，当实际支出时再冲减“其他应付款”等往来科目。

10. 会计核算不规范。如有的目标公司对经营收入采取实际收到物业费才计入收入的“收付实现制”，而对费用的会计核算却往往是采用“权责发生制”来进行记账登记，由此导致目标公司增值税、企业所得税计算不准确，少缴或延迟缴纳税款。

二、核查要点

律师团队的税务尽职调查主要关注目标企业的税务合规情况，而专业的财税尽调团队还要关注税务成本计算、个人所得税水平和对税收优惠政策的依赖程度，匡算风险敞口金额及收并购过程中的税务成本等内容。收购方往往会将财务及法律尽调团队关于税务尽调信息与结论进行交叉印证。法律尽调团队主要是核查以下与法律相关的部分。

1. 检索并核实当地有关物业服务企业税务政策法规，是否存在政策执行差异。

2. 核查目标公司适用的所有税种、税率说明，如增值税、所得税、印花税等。

3. 核查目标公司的纳税证明及是否存在欠税的情况，目标公司是否足额依法纳税，纳税是否有凭证，是否存在欠税或逃税的情况。

4. 核查目标公司所享受的税收优惠、财政补贴是否具有合法依据，包括但不限于政府政策文件、批复、证明等，若仅为地方性政策，是否符合国家法律法规的规定。

5. 核查目标公司过去三年内因税收违法行为被税务机关处以补税、处罚的情况，因涉税犯罪被法院判处承担刑事责任的情况。

6. 核查目标公司正在受到税务机关税务检查、税务稽查的情况，正在接受公安机关侦查、检察院审查起诉或法院审理的税务行政诉讼、涉税刑事诉讼情况。

7. 核查目标公司正在进行税务自查的情况。

三、风险提示

目标公司税务合规风险主要是行政处罚以及刑事处罚。行政处罚包括追缴税款、收取滞纳金和罚款等。而刑事处罚中，若构成逃税罪、虚开增值税专用发票罪、虚开发票罪等，则除追缴税款外，还包括对纳税人、直接负责的主管人员、直接责任人处以拘役、有期徒刑、无期徒刑等主刑以及处以罚金、没收财产等附加刑。

四、处理建议及参考条款

1. 建议在交易协议“陈述与保证”条款中约定税务合规事项，参考条款节选如下。

> 转让方就本次交易作出如下保证与承诺：转让方承诺，目标公司股权交割日前进行的利润分配符合法律及目标公司章程规定，并已缴纳相关税费，否则由此导致的责任及费用由转让方承担。
>
> 除本协议中已向受让方进行书面披露并取得受让方书面明确豁免责任承担的事宜外，因股权交割日前原因导致目标公司应承担的民事赔偿、行政责任（含虽然发生在股权交割日后但系股权交割日前原因产生的民事赔偿、行政责任）、费用补缴、处理纠纷产生的所有责任及费用由转让方

承担，目标公司因该等事项实际承担的各项费用、支出均由转让方据实补偿目标公司。包括但不限于：

股权交割日前，应依法缴纳的税费、规费等，目标公司未依法足额缴纳以上费用导致股权交割后目标公司承担任何民事或行政责任。

2. 对于在尽调中发现的目标公司存在潜在的税务合规法律风险，建议收购方结合财税尽调团队的成果，匡算税务风险敞口金额。若收购方决定继续交易，则建议在交易文件中约定预留部分交易对价以处理税务合规成本。

3. 建议要求转让方及目标公司提供当地税务部门出具的无重大税收违法的说明，并由目标公司实际控制人、转让方等就承担税务违法责任等出具相关承诺。

五、相关规定

物业服务企业税务合规所涉相关法律法规等规定较多，故将在相关案例中展现部分规定。以下为地方性的规定列举。

北京市地方税务局《关于酬金制物业管理服务有关营业税政策问题的公告》

（北京市地方税务局公告2011年第8号）

根据《中华人民共和国营业税暂行条例》的规定，现将物业管理企业以酬金制方式开展物业服务业务有关营业税适用政策公告如下：

一、对物业管理企业开设单独帐户专项存放为业主委员会代管资金的行为，不征收营业税。

二、业主委员会直接与提供劳务的单位或个人签订合同，且该提供劳务的单位或个人直接为业主委员会开具结算发票，对物业管理企业从代管资金帐户代付劳务价款的行为不征收营业税。

特此公告。

二〇一一年六月十三日

六、实务要点及典型案例

1. 物业服务企业承包经营食堂服务属于应税主体

【典型案例】二审法院认为：……上诉人提供服务，以承包方式经营第三人的职工食堂，经营额每月结算属于有偿，自行核算和分配，自负盈亏，自己承担相关法律责任，符合上述法规规定的应税行为，且不属于以发包方为纳税人的情形，上诉人是适格的营业税纳税主体。被诉的行政处罚决定书于2014年6月13日送达上诉人招聘的食堂主管段某某，段某某将决定书转交给了上诉人负责人刘某杰，在食堂日常经营中，相关经营行为也主要是由段某某负责，应认定被诉行政处罚决定书于2014年6月13日送达上诉人。上诉人至2014年11月14日起诉，超过了《行政诉讼法》规定的三个月起诉期限，且上诉人未提出正当理由，其起诉应予驳回。被上诉人作出的（2014）0011号税务行政处罚决定书没有署明日期，属行政文书制作瑕疵，不影响决定书送达的有效性。综上，一审裁定事实清楚，程序合法，法律依据正确，依法应予维持。上诉人的上诉理由不能成立，上诉请求二审法院不予支持。①

2. 税务机关根据实质而非形式判断“物业费”性质

【典型案例】对于上诉人关于被上诉人将物业费作为租金计算房产税错误的意见，因首府商厦既未取得物业管理的相应资质，也未提供收取物业费用的合法有效收费凭证，且南陵如海超市购物中心等相关涉案房产的承租人也证明其物业管理由承租人自行安排，并非由首府商厦提供，因此，被上诉人认为原南陵县琥珀商贸有限公司与南陵如海超市购物中心签订的“补充协议”中约定的物业管理费实际应为租金，并将此作为房产税的计税依据并无不当……②

---

① 参见济宁盛德物业服务有限公司与山东省郓城县地方税务局行政处罚二审行政裁定书，山东省菏泽市中级人民法院（2015）菏行终字第40号。

② 参见南陵首府商厦有限公司与南陵县地方税务局稽查局行政处罚二审行政判决书，安徽省芜湖市中级人民法院（2015）芜中行终字第00107号。

3. 税务机关可申请法院强制执行税务行政处罚决定

【典型案例】经审查查明……根据《税收征收管理法》第 63 条第 1 款之规定，作出罚款 179 610. 1 元的处罚。申请执行人于 2019 年 10 月 14 日向被执行人送达了上述处罚决定书。被执行人未缴纳罚款，也未在法定期限内申请行政复议或者提起行政诉讼。申请执行人于 2020 年 4 月 17 日向被执行人送达了甬税稽二强催〔2020〕15 号催告书，催告被执行人收到催告书后 10 日内履行罚款 179 610. 1 元及加处罚款的义务。被执行人至今仍未履行。申请执行人遂向本院申请强制执行罚款 179 610. 1 元及加处罚款 179 610. 1 元……

裁定如下：对申请执行人国家税务总局宁波市税务局第二稽查局作出的甬税稽二罚〔2019〕459 号行政处罚决定中罚款 179 610. 1 元及加处罚款 179 610. 1元，准予强制执行。[①]

4. 税务机关与物业服务企业可就行政执行达成和解

【典型案例】法院在执行申请执行人国家税务总局盐城市大丰区税务局与盐城市大丰林海物业服务有限公司行政执行一案中，申请执行人国家税务总局盐城市大丰区税务局与盐城市大丰林海物业服务有限公司达成和解协议，约定的履行期限较长。依照《民事诉讼法》第 257 条第 6 项的规定，裁定如下：

终结（2019）苏 0982 执 1210 号案件的执行。

本案终结执行后，被执行人不履行和解协议的，申请执行人可向法院申请恢复执行。[②]

---

① 参见国家税务总局宁波市税务局第二稽查局与宁波江北金森物业服务有限公司非诉执行审查行政裁定书，浙江省宁波市江北区人民法院（2020）浙 0205 行审 57 号。

② 参见国家税务总局盐城市大丰区税务局与盐城市大丰林海物业服务有限公司其他行政执行裁定书，江苏省盐城市大丰区人民法院（原江苏省大丰市人民法院）（2019）苏 0982 执 1210 号之一。

5. **税务行政处罚案例见表11－1**

表11－1　税务行政处罚案例

序号	公司名称	处罚决定书	处罚事由	处罚机关	处罚结果
1	温州龚艾物业管理有限公司	温税二稽罚〔2021〕152号	虚开发票	国家税务总局温州市税务局第二稽查局	罚款450 000.00元
2	汕尾市誉城房地产开发有限公司	汕尾税第一稽罚〔2022〕2号	1. 未按规定代扣代缴个人所得税 2. 未依法设置账簿	国家税务总局汕尾市税务局第一稽查局	1. 应扣未扣个人所得税572 068.80元的行为，处应扣未扣税款0.5倍的罚款286 034.40元。 2. 未按照规定设置、保管账簿或者保管记账凭证和有关资料的行为，处以罚款1000元
3	成都星欣物业管理有限公司	通地税稽处〔2015〕11号	未按规定申报地方个税	四川省通江县地方税务稽查局	补缴地方个税21 146.36元；对未按规定申报的税款21 146.36元从滞纳之日起按日加收滞纳税款0.5%的滞纳金
4	广州市启胜物业管理有限公司	穗天税一所罚〔2021〕224号	逾期申报税款	国家税务总局广州市天河区税务局第一税务所	罚款2000元

七、物业服务企业上市案例文书部分示例

1. **西藏新城悦物业服务股份有限公司创业板首次公开发行股票申请文件反馈意见**

> 30. 请发行人：(1) 补充披露各主体、各业务、各报告期适用的增值税、所得税等税种、税率、优惠依据及有效期，补充提供相关税收优惠的

备案或认定文件。(2) 补充说明各报告期主要税种的计算依据，纳税申报与会计核算是否勾稽。请保荐机构、申报会计师、发行人律师核查并明确发表意见。

31. 请保荐机构和律师核查发行人报告期内税收优惠是否符合国家相关法律规定，请保荐机构和会计师核查发行人报告期内经营成果对税收优惠是否存在依赖。

2. 广东碧桂园物业服务股份有限公司首次公开发行股票申请文件反馈意见

二、信息披露问题

16. 根据招股说明书披露，发行人子公司享有营业税、城市建设维护税和教育费附加全额返还等税收优惠。请发行人补充披露：(1) 母公司及子公司所有业务涉及的税收优惠政策、相应的规章制度、适用税率、报告期各年缴纳的各项税款金额等；(2) 各年税收优惠对生产经营的影响，并在招股说明书中充分提示相关风险。请保荐机构和会计师对发行人税收优惠交易环节进行全面核查，说明核查的过程、证据及结论，并发表明确意见。

17. 2016 年上半年，公司应缴增值税为 1394.72 万元。请发行人披露增值税缴纳额的计算过程，缴纳时间，是否与当年业务匹配。

请保荐机构、会计师核查上述问题，并发表明确意见。

3. 上海上房物业服务股份有限公司首次公开发行股票申请文件反馈意见

27. 针对税费缴纳情况，请发行人：(1) 说明利润总额调整为应纳税所得额涉及的主要纳税调整事项，说明各期所得税费用的计算过程、主要纳税调整项目，说明当期所得税费用与纳税申报表中应纳税额之间的差异，解释差异的原因；（2）说明报告期内应缴税费——增值税的变动情况，包括增值税的进项税额、销项税额、当期应缴增值税和实际缴纳的增值税、进项税转出和出口退税（如有）的金额；（3）说明进项税额与原材料采购，销项税额、出口退税（如有）与销售收入之间的勾稽关系，说明报告期内出口退税（如有）的计算方法及其相关退税的列报情况。请保荐机构、申报会计师对上述事项进行核查，并发表意见。

35. 关于税项情况：(1）请清晰披露各主体、各业务、各报告期适用的税种、税率，请说明税收优惠的依据、备案认定及有效期等情况；(2）请保荐机构、会计师核查报告期发行人主要税种的计算依据是否准确，纳税申报与会计核算相关内容是否勾稽，并发表明确意见。

第十二章 诉讼纠纷

一、概述

诉讼、仲裁和行政处罚等在法律性质、法律程序等方面上各有不同，尽职调查的侧重点也不尽相同，但其最终目的都是核查是否存在对目标公司持续经营的重大不利影响事项。因此，核查目标公司的诉讼、仲裁或行政处罚等情况，有助于收购方识别目标公司是否可能面临重大偿债的风险、相关纠纷争议的不利法律后果是否将减损目标公司的价值、相关纠纷争议风险敞口是否影响收并购交易等，并有助于收购方在交易协议中设计针对性的防范条款。

实操中，物业服务企业所涉纠纷争议等案件主要体现以下特点。

1. 从纠纷争议的性质看，以物业服务企业追讨物业费等服务费的物业服务合同纠纷为主。结合本书“劳动用工”一章，物业服务企业作为劳动用工密集型企业，劳动争议也是物业服务企业较大的纠纷争议来源之一。

2. 从案件数量看，群体性诉讼较多，批量案件数量大。由于一个物业管理区域内只能有一家物业服务企业，而一个物业管理区域的物业服务所涉问题往往具有同质性。以诉讼为例，物业服务企业无论是原告还是被告，对方当事人大都是该区域内的业主。

3. 从案件结果看，物业服务企业胜诉率较高，物业服务企业撤诉结案、和解结案率高。例如，物业服务合同纠纷中，只要物业服务企业证明其存在物业服务合同关系并提供的相应物业服务，法院通常会支持其诉请。即使物业服务企业存在服务质量等问题，法院亦只是酌情裁决减少部分物业费。结合本书“劳动用工”一章，在劳动争议中，物业服务企业败诉率较高。

二、核查要点

1. 核查对象包括目标公司、实际控制人、控股股东、本次交易所涉及的股东等。

2. 核查范围包括但不限于诉讼纠纷的受理案件的部门，案件的当事人和代理人，案由，涉案金额，案件进程，案件主要事实，案件处理结果及相关的法律文书（包括但不限于法院判决书、仲裁裁决书、调解书、执行裁定书、行政处罚决定书等），涉及诉讼、仲裁或行政处罚的重要时间节点等。

3. 核心手段包括但不限于以下几种。

（1）访谈和走访。访谈对象主要是了解目标公司诉讼仲裁等情况的公司高管、员工及关联方等。必要时，应走访当地法院、检察院等司法机关。

（2）网络检索。除裁判文书网、威科先行外，还可在全国法院被执行人信息查询系统、全国法院失信被执行人名单信息查询系统等进行检索。

（3）查阅相关资料。应提示的是，实践中，如果目标公司存在涉诉情况，诉讼费用、律师费的支付可能会在目标公司的银行流水及相关账目上有所体现。

三、处理建议

1. 建议在交易协议中对涉及诉讼、仲裁、行政处罚等纠纷争议事项的定义、重大性及解决方式等做出约定，参考条款节选如下。

> 重大不利变化：指在计价基准日起至股权交割日，发生对目标公司、标的股权以及受让方利益产生重大不利影响的事项，包括但不限于：发生诉讼或纠纷可能导致目标公司被列入失信执行人、影响标的股权过户，或者目标公司股东（实际控制人）、董事、高管涉及刑事案件或者正在被侦查机关立案调查；或目标公司发生重大安全事件、行政处罚、重大负面舆论，或其他情形导致目标公司被列为失信被执行人或其他经营限制类名单；转让方及其指派的目标公司法定代表人发生涉及治安或刑事指控、重

大负面舆论或其他不宜再担任公司法定代表人或代表公司的情形；或其他可能导致目标公司业务暂停、中断、终止或影响目标公司正常存续经营的变化以及无法支付到期债务（含税款及员工工资）；或可能影响本协议合法性、有效性、约束力、持续有效性；或影响本协议最终目的按预期达成；或其他对目标公司、标的股权以及转让方利益产生重大不利影响的情形。

如目标公司出现重大不利变化情形，受让方有权选择单方解除本协议，受让方也有权选择等待重大不利变化情形消失。如果受让方选择等待重大不利变化情形消失，受让方有权采取暂扣重大不利变化可能导致目标公司或转让方产生损失的金额，直至重大不利变化情形消失之日。暂扣相应款项后，受让方应当按照协议约定将其他应付股权转让价款正常支付给转让方。如重大不利变化情形持续时间超过30日转让方仍未解决，或者重大不利变化情形持续时间虽未超过30日但确已经无法挽回或是已经对受让方利益、目标公司股东权益或目标公司经营造成实际损失，受让方可自暂扣转让方款项中扣减转让方应承担的损失金额，暂扣金额不足以支付的，受让方可自应付转让方股权转让价款中予以扣除。扣除后，各方继续履行本协议。

2. 建议在交易协议中就转让方对诉讼、仲裁、行政处罚等纠纷争议事项的陈述与保证作出明确约定，参考条款节选如下。

除本协议中已向受让方进行书面披露并取得受让方书面明确豁免责任承担的事宜外，出于股权交割日前原因导致目标公司应承担的民事赔偿、行政责任（含虽然发生在股权交割日后但系股权交割日前原因产生的民事赔偿、行政责任）、费用补缴、处理纠纷产生的所有责任及费用由转让方承担，目标公司因该等事项实际承担的各项费用、支出均由转让方据实补偿目标公司。包括但不限于：

（1）股权交割日前原因产生的民事责任、行政责任、刑事责任、劳动合同责任等；

（2）其他股权交割日前原因产生的各项损失、费用，包括诉讼费、律师费等直接支出；

如果有特别陈述与保证事项，则适用特别陈述与保证条款。

转让方特别陈述与保证：基于协议所披露之目标公司及其在管项目情况，发生任何民事责任、行政责任，均由转让方据实承担或据实补偿至目标公司，包括但不限于：

因目标公司已披露的已决或未决诉讼、仲裁、行政处罚等或者交割日后产生的交割日前目标公司原因引起的诉讼、仲裁、行政处罚等，导致的责任及费用由转让方承担。

3. 建议由目标公司实际控制人、控股股东等进行兜底，出具相应承诺函，承诺承担因诉讼仲裁等纠纷争议带来的全部法律责任。

4. 建议收购方与转让方匡算目标公司相关诉讼、仲裁、行政处罚等纠纷争议事项的风险敞口，并在交易对价内预留一定费用用于支付目标公司在约定期限内的或有法律责任。

四、实务要点及典型案例

笔者在本书每个章节中均引用了相应的案例，因此，本章案例主要是物业服务新型诉讼、仲裁和行政处罚等，以展示物业服务行业的发展变化及应采取的风控措施。

1.《民法典》专门增加物业服务合同章节，为解决物业服务纠纷提供了基本依据

【典型案例】刘某峰系某物业公司所服务管理的深圳市福田区某花园小区业主，刘某峰在未办理停车手续的情况下，自2018年8月起将其名下的小型轿车长期停放在小区建筑区划内的露天公共绿化区域（非划线车位），且至今未缴纳停车服务费。物业公司多次向刘某峰发出书面通知要求缴纳停车费并清理涉案车辆无果，遂诉至法院，要求刘某峰支付临时停车费用及滞纳金，并挪走车辆或办理相关停车手续。

深圳市福田区人民法院生效判决认为，某物业公司与深圳市福田区某花园业主委员会之间签订的物业服务合同系双方真实意思表示，合法有效，对包括刘某峰在内的全体业主具有约束力。刘某峰作为业主，将名下涉案车辆停放在小区后，理应按照物业服务合同及时主动向某物业公司支付停车服务费。涉案物业服务合同已明确约定，业主车辆出入按照停车场管理执行，现有证据可证明涉案车辆现停放的区域并不适宜停放车辆，该停放行为已妨碍某物业公司开展物业服务和管理工作。刘某峰开始欠缴停车服务费的时间点虽发生于《民法典》施行前，但拖欠停车服务费行为及不当停放车辆行为持续至《民法典》施行后，且《民法典》对物业服务合同进行了专门规定，根据最高人民法院《关于适用〈中华人民共和国民法典〉时间效力的若干规定》第 1 条规定，本案应适用《民法典》第 271 条、第 939 条规定。2021 年 1 月 25 日，判决刘某峰向某物业公司支付停车服务费及滞纳金，将涉案小型车辆移至适宜停放车辆区域。

物业服务关系民生，在改善居住环境、提升生活品质和社会管理水平等方面发挥着积极作用。《民法典》专门增加物业服务合同章节，为解决物业服务纠纷提供了基本依据。人民法院准确适用《民法典》，依法妥善处理业主与物业公司间的矛盾纠纷，对于维护社会稳定和居民和谐生活环境具有重要现实意义。①

2. 物业服务企业应同意业主在自用车库中安装汽车充电桩

【典型案例】范某系重庆市江津区双福街道某车位的所有权人。该车位所在小区的前期物业服务企业是某物业管理有限公司。2019 年 3 月 16 日，范某与某物业管理有限公司签订《停车位物业管理服务协议》，约定了双方的权利和义务、物业服务内容等；该协议第 4 条约定：本协议中未规定的事宜，遵照国家有关法律、法规和规章执行。案涉停车位的管理费为 80 元/月·位。范某购买新能源汽车后，向供电企业申请在案涉停车位安装充电桩时，被告知申请材料中应当包含小区物业服务企业出具的同意该业主在其停

① 广东省高级人民法院发布第二批贯彻实施《民法典》典型案例之八：刘某峰与某物业公司物业服务合同纠纷案。

车位安装充电桩的证明。从 2019 年 9 月 5 日开始，范某自行或街道办、住建委等相关部门数次和物业公司沟通要求出具同意安装充电桩的证明未果，范某遂向法院提起诉讼，请求判令某物业管理有限公司于 2019 年 11 月 14 日出具同意安装新能源汽车充电桩证明。

某物业管理有限公司立即向范某出具同意在其停车位安装新能源汽车充电桩的证明。

本案是全国首例判决支持物业服务企业在履行物业服务合同中，参照行政法律规范的规定，协助业主在自用车库安装汽车充电桩的案件……判决物业服务企业应当按照诚实信用的原则履行协助安装充电桩的义务，既是对人民群众践行新能源汽车国家政策的鼓励，也是人民法院对《民法典》绿色原则的法治实践。[①]

3. 物业服务企业阻挠法院强制执行，法院可处以罚款等措施

【典型案例】2017 年 2 月 7 日上午，苏州工业园区人民法院在执行一起民间借贷纠纷案件中，接申请执行人举报，前往苏州工业园区某小区扣押被执行人名下汽车一辆。执行过程中，法院执行干警一行四人着制服、开警车，向小区物业服务单位江苏苏南万科物业服务有限公司（以下简称苏南万科物业）工作人员出示工作证和执行公务证后，依法进入该小区扣押了涉案车辆。物业工作人员全程见证，并在查封（扣押）财产清单上作为在场人签字。该执行过程全程由执法记录仪进行拍摄录制。但在法院将扣押车辆拖离小区时，物业工作人员突然以车主不在场为由，拒绝放行车辆。在法院执行干警出示证件，现场释明法律后，物业工作人员仍坚持必须公安机关、业主委员会到场才能放行。由于苏南万科物业的阻碍行为，本次执行工作受阻，执行干警于当日中午返回法院。当日下午，苏州工业园区人民法院依照《民事诉讼法》第 111 条第 1 款第 5 项的规定，作出对苏南万科物业罚款 30 万元的罚款决定。苏南万科物业对该罚款决定不服，向苏州市中级人民法院申请复议，苏州市中级人民法院审查后驳回了苏南万科物业的复议申请。2017 年

---

① 2020 年度重庆法院民事审判十大典型案例之四：范某与某物业管理有限公司物业服务合同纠纷一审民事判决书，重庆市江津区人民法院（2019）渝 0116 民初 12700 号。

2月14日，苏南万科物业缴纳了罚款30万元。

推进法治中国建设，不仅需要包括人民法院在内的司法机关的努力，更需要社会各界的支持和共同参与。本案中，苏南万科物业虽然不是案件的被执行人，但根据法律规定，所有单位、个人均有配合法院依法执行的义务，在法院依法对涉案车辆进行扣押的过程中，苏南万科物业应当协助、配合人民法院的执行工作，而不是阻碍执行。因苏南万科物业存在阻挠法院执行的行为，法院对其开出罚单，于法有据。本案是一堂生动的法治教育公开课，苏州工业园区人民法院在对苏南万科物业送达罚款决定书时，邀请媒体全程网络直播，《人民日报》《新华日报》等媒体亦对本案进行报道。本案的处理，既让社会各界更好地了解了法院执行工作，增强了法治意识，又有效树立了司法权威，一定程度上优化了区域司法环境，为进一步推进解决执行难提供了保障。①

五、物业服务企业上市案例文书部分示例

1. 南都物业服务股份有限公司首次公开发行股票申请文件反馈意见

二、信息披露问题

14. 请补充披露诉讼事由、诉讼标的、目前的进展情况，分析相关诉讼事项及诉讼结果对公司生产经营及财务成果的具体影响。影响较大的，请做重大事项提示。

2. 证监会对万物云空间科技服务股份有限公司的反馈意见

境外上市书面反馈意见公示（4月18～22日）

八、请补充说明报告期内你公司及下属公司受到行政处罚和落实整改的情况，是否存在对本次发行构成障碍的违规违法行为。请律师核查并出具明确法律意见。

① 江苏法院2017年度十大典型案例之十：江苏苏南万科物业服务有限公司阻碍执行被处以罚款案。

3. 广东碧桂园物业服务股份有限公司首次公开发行股票申请文件反馈意见

> 二、信息披露问题
>
> 5. 招股说明书披露了报告期内公司曾受到过相关部门的行政处罚的情况。请保荐机构、发行人律师结合处罚事由、处罚内容、整改情况、处罚机关的认定等分析相关事项对发行人生产经营的影响及该等事项是否构成重大违法违规，并发表明确意见，报告期发行人各层级控股股东、实际控制人是否存在因违反土地管理法律法规受到行政处罚或其他重大违法的情况，如存在，请按照上述标准进行补充披露并发表意见。
>
> 15. 请保荐机构、发行人律师说明发行人提供社区增值服务过程中，是否涉及利用社区用地、楼面进行广告宣传，前述情况是否合规，是否侵害业主权益，是否存在纠纷。

4. 西藏新城悦物业服务股份有限公司创业板首次公开发行股票申请文件反馈意见

> 11. 报告期内发行人存在作为被告的诉讼标的金额在5万元以上的未决诉讼或仲裁共5起，诉讼标的金额196.48万元。请发行人补充披露：上述诉讼的具体内容、进度安排情况，除196.48万元涉诉金额外是否存在其他对发行人正常生产经营造成重大影响的诉讼请求，是否存在要求更换物业管理运营方的诉讼请求，若有，补充披露更换物业运营方对发行人当期经营业绩的影响情况；上述诉讼情况是否对本次发行上市构成法律障碍。
>
> 请保荐机构、发行人律师核查上述问题并发表意见。
>
> 12. 报告期内，发行人营业外支出总额为260.66万元。请发行人说明上述补偿及其他支出的内容；报告期内发行人是否存在被行政处罚的情形，若是，补充披露该行政处罚的原因、过程、作出处罚单位、处罚内容、金额，是否构成重大违法违规行为及本次发行的法律障碍。
>
> 10. 请保荐机构、发行人律师核查上述问题并发表意见。

5. 重庆新大正物业集团股份有限公司首次公开发行股票申请文件反馈意见

9. 报告期内发行人存在以发行人或其子公司为原告/申请人，且标的金额在50万元以上的尚未审结诉讼案件4起，以发行人或其子公司为被告的未决诉讼或仲裁5起。

请发行人补充披露：上述诉讼（含仲裁）的具体内容、进度安排情况；是否存在其他对发行人正常生产经营造成重大影响的诉讼请求，是否存在要求更换物业管理运营方的诉讼请求，若有，补充披露更换物业运营方对发行人当期经营业绩的影响情况；上述诉讼（含仲裁）情况是否对本次发行上市构成法律障碍。

请保荐机构、发行人律师核查上述问题并发表意见。

10. 报告期内，发行人各期营业外支出金额分别为50.83万元、47.39万元、366.01万元。请发行人说明2017年度安全事故大幅增加的原因；补充披露报告期内发行人所受行政处罚是否构成重大违法违规行为及本次发行的法律障碍。

请保荐机构、发行人律师核查上述问题并发表意见。

12. 申报材料显示，发行人前主要股东马某被判处无期徒刑，请发行人详细说明案件情况，重庆市高级人民法院作出刑事裁定书和执行裁定书之间时间间隔较长以及对马某持股比例认定作出变更的原因，说明该案与发行人及经营的业务是否存在关联，发行人的业务取得方式是否正当，说明保荐机构在评估项目风险、审计师在评估整体审计风险时对该事项的考虑。

29. 请发行人补充披露：（1）发行人是否存在安全隐患或发生重大安全生产事故，是否会影响发行人的生产经营；（2）发行人的安全生产制度是否完善，安全设施运行情况；（3）请保荐机构、发行人律师结合发行人报告期内与营业外支出相关的安全赔偿事故，补充说明该等事故是否属于重大安全生产事故、是否受到处罚，公司的内控制度是否完善。

6. 浙江开元物业管理股份有限公司创业板首次公开发行股票申请文件反馈意见

12. 关于发行人及子公司、分公司诉讼情况。请发行人区分已结、未结诉讼情况，列表说明并披露报告期内诉讼的原告、被告、主要诉讼事项、涉案金额、诉讼阶段，是否对发行人存在重大不利影响。请保荐机构、发行人律师核查上述问题、说明核查过程并发表明确意见。

第十三章　负面新闻

一、概述

负面新闻亦称“负面报道”“负面媒体”“不利媒体”“不利新闻”等，但负面新闻尚没有公认的定义。有观点认为，“负面新闻”主要指新闻报道的内容为负面的新闻信息或者为非负面的事实但其表达不当，产生或者可能产生负面的、消极的影响。物业服务行业与千家万户密切相关，与此有关的负面新闻报道见诸报端，均可引发较高关注度。因此，不同于其他类型企业的收并购，物业服务企业收并购尽调的特点之一是需要通过信息搜索核查目标公司的负面新闻。核查目标公司负面新闻，不仅有助于收购方识别目标公司与业主之间的潜在法律风险，更有助于从另一个角度判断目标公司在管项目的管理品质、项目稳定性、持续性等风险。

核查目标公司负面新闻，应注意以下事项。

1. 核查目标公司负面新闻的意义

收并购中，核查目标公司负面新闻是为了在诉讼、仲裁、行政处罚等之外发现纠纷争议的可能性。因为物业服务企业相关争议金额较少、服务质量难以量化和举证，业主对物业服务不满意时，往往会先采取向媒体投诉、自媒体曝光、拨打市民热线等方式来处理物业服务纠纷，而未必直接采取诉讼等争议解决措施。负面新闻可以反映物业服务企业及在管项目存在服务质量、服务收费、服务争议等潜在风险问题，这些风险可能或者已经影响目标公司的社会声誉、在管项目物业费收缴率等。

2. 物业服务企业重视新闻媒体报道

实践中，物业服务企业开始重视负面新闻舆情，定期或不定期地进行负面新闻排查已经成为一项日常性的工作内容，并积极参加物业服务行业各大榜单排名。与此对应的，考虑到正面新闻通常是物业服务企业或其第三方媒体主动发布的，故收购方对于正面新闻亦应持有谨慎态度，避免先入为主。

二、核查要点

实操中，核查目标公司负面新闻，应注意以下事项。

1. 核查手段。我们通常使用互联网搜索引擎，对网媒、报刊、微信、微博、论坛等平台所涉及的目标公司负面新闻进行筛查。有些企业在应对舆情危机时，也会委托第三方咨询公司利用其大数据舆情监测系统提供相关信息。

2. 核查范围。收并购尽调中，筛查的对象包括目标公司及其分公司、子公司等交易范围内所有主体，关键字包括企业名称、字号、商标、项目名称、小区名称等。上述关键字在进行负面新闻查询时可自由组合、灵活搭配。

3. 核查时间。我们通常在接受收购方委托之日起至出具法律尽调报告初稿之日止，安排负面新闻的筛查。筛查涵盖近三年目标公司在管项目、退管项目负面新闻。

4. 核查重点。核查重点主要是影响项目持续稳定性的负面新闻，如目标公司与业委会之间的纠纷信息；业主、业委会等发布的控诉或者投诉目标公司服务品质及服务内容等不满信息；房屋及小区的安全设施、安全监管问题，如电梯、消防等问题信息。

三、风险提示

负面新闻往往是相关民事诉讼、行政处罚的前奏。若未及时解决负面新闻所涉及问题，一旦时机成熟，很可能转化为群体性的民事诉讼，或者行政机关对目标公司作出行政处罚。

四、处理建议及参考条款

1. 建议在交易协议中，将目标公司发生重大负面舆论定义为“重大不利变化”的情形之一。

2. 建议在交易协议中，就转让方披露相关负面信息进行明确约定，参考条款如下。

> 截至本协议签署日，本次收购目标公司在管项目特别披露事项：
>
> 经网络检索，目标公司部分项目存在负面信息，可能导致目标公司存在诉讼或潜在诉讼、行政处罚等风险。
>
> 各方确认，上述转让方披露、陈述及确认事项，非由受让方书面豁免转让方责任外，转让方向受让方披露该等情况并不代表受让方对转让方应承担责任的豁免。

3. 结合其他尽调事项，要求转让方对于涉及负面信息中披露的情况进行整改，或者对涉及重大负面新闻的项目单独计价并约定支付条件。

五、实务要点及典型案例

1. 业主可能侵犯物业服务企业名誉权

【典型案例】再审法院经审查认为，本案中，再审申请人作为业主与为其居住小区提供物业服务的被申请人因物业费缴纳、互联网安装、疫情防控等问题产生矛盾，应通过合理途径进行反映，但再审申请人在业主微信群中使用不适当的语句表达自己的意见，甚至使用了个别刺激性的字眼，客观上造成了对被申请人社会综合评价的降低，原一审、二审判决认定其行为已构成对被申请人名誉权的侵犯，并无不当。[①]

2. 物业服务企业可能侵犯了业主隐私权

【典型案例】根据《民法典》的相关规定，自然人享有隐私权，任何组织或者个人不得以刺探、侵扰、泄露、公开等方式侵害他人的隐私权。鸿冠嘉翔公司作为物业服务企业，有权对欠交物业费的业主提起诉讼主张物业费，但鸿冠嘉翔公司未经袁某国同意，在微信群公开物业服务纠纷的民事起诉状、

---

① 参见杨某与辽宁瑞泰联行物业服务有限公司名誉权纠纷再审审查民事裁定书，辽宁省高级人民法院（2021）辽民申6480号。

开庭传票等材料时，未对袁某国的姓名、家庭住址和电话号码采取有效遮挡等合理方式进行处理，导致袁某国的个人信息可以被不特定的公众知悉。隐私权具有非公开性，受到法律保护。微信等网络社交平台亦并非法外之地，网络用户在微信群进行民事活动时，应当规范自己行为，不得侵犯他人的合法权利。涉案微信群人数众多，鸿冠嘉翔公司的行为影响较为广泛，客观上影响了他人对袁某国的社会评价，侵犯了袁某国的隐私权，故鸿冠嘉翔公司应当承担相应的责任。[①]

3. **物业服务企业不侵害业主名誉权的方式**

【典型案例】二审法院认为，民事主体享有名誉权。任何组织或者个人不得以侮辱、××等方式侵害他人的名誉权。名誉是对民事主体的品德、声望、才能、信用等的社会评价。上诉人与被上诉人确因物业服务合同发生纠纷并引发诉讼。虽然被上诉人在案涉小区信息栏及出口处张贴的该案一审民事判决书尚未生效，但被上诉人对民事判决书中上诉人的姓名、身份证、案号等敏感信息均已进行了马赛克模糊处理，对判决书全文公布，未对判决书进行篡改。被上诉人张贴该判决书并非以侮辱、××方式侵害上诉人的名誉权，没有令上诉人的品德、声望、才能、信用等的社会评价降低。[②]

4. **物业服务企业对业委会工作问题不宜通过公告的方式广而告之**

【典型案例】二审法院认为，本案纠纷系由大西洋新城业委会要求盛世物业服务公司先行拿出300万元才能洽商继续提供物业服务事宜引发，根据相关法律、法规规定，选聘和解聘物业服务企业应由全体业主共同决定，大西洋新城业委会作为业委会，其以交付300万元作为盛世物业服务公司续聘的前提显系越权且行为不当，由于当地居民委员会负责指导和监督业委会的工作，对于矛盾冲突，盛世物业服务公司有权向相关部门反映，提出异议，并寻求解决的方案，但盛世物业服务公司在本案中采取了较为激烈的方式解

---

① 参见山东鸿冠嘉翔物业服务有限公司与袁某国等名誉权纠纷二审民事判决书，山东省聊城市中级人民法院（2022）鲁15民终731号。

② 参见宋某海与大连万科物业服务有限公司名誉权纠纷二审民事判决书，辽宁省大连市中级人民法院（2021）辽02民终5944号。

决问题，盛世物业服务公司给每家每户张贴公开信，将其对大西洋新城业委会财务支出的质疑公告给全体业主，案涉小区近3400户，涉及人员近万人，盛世物业服务公司的上述张贴公告的方式，足以让小区业主对业委会的工作产生怀疑，对业委会的工作评价降低，盛世物业服务公司的行为显系不当，据此，一审法院判令盛世物业服务公司在大西洋新城小区公共区域明显位置张贴致歉声明，向大西洋新城业委会赔礼道歉，消除影响、恢复名誉，并无不当，二审法院对此亦予以确认。[①]

六、物业服务企业上市案例文书部分示例

1. 南都物业服务股份有限公司首次公开发行股票申请文件反馈意见

> 13. 请保荐机构和发行人律师核查数据、排名等的真实性；说明数据引用的来源和第三方基本情况，说明数据是否公开、是否专门为本次发行上市准备以及发行人是否为此支付费用或提供帮助、是否为定制的或付费的报告、一般性网络文章或非公开资料、是否为保荐机构所在证券公司的研究部门出具的报告。请补充核查公司相关荣誉、排名等的依据是否权威、客观、依据充分，是否存在广告性用语。

2. 广东碧桂园物业服务股份有限公司首次公开发行股票申请文件反馈意见

> 12. 招股说明书多次引用《2015全国物业管理行业发展报告》《2016中国物业服务百强企业研究报告》《同城O2O及社区O2O市场研究》《社区O2O：万亿市场空间，得家庭者得天下》《2016中国物业服务企业百强企业专项研究报告》的数据，请保荐机构说明引用数据及其来源的

① 参见北京盛世物业服务有限公司与北京市朝阳区大西洋新城小区业主委员会名誉权纠纷二审民事判决书，北京市第三中级人民法院（2021）京03民终18805号。

权威性，说明数据是否公开、是否专门为编写本次招股说明书而准备以及发行人是否就获得此数据支付费用或提供帮助。请勿使用定制的报告、一般性网络文章或非公开资料等缺乏权威性的数据。请保荐机构及发行人律师核查招股说明书全文，及时更新数据，对于没有数据支持的说法提供证据，或者予以修正，删除广告性和恭维性的语言。

3. 上海上房物业服务股份有限公司首次公开发行股票申请文件反馈意见

二、信息披露问题

19. 请在招股说明书中详细披露所有引用数据的具体来源，并请保荐机构核查引用数据及其来源的权威性，说明数据是否公开、是否专门为编写本次招股说明书而准备以及发行人是否就获得此数据支付费用或提供帮助。请勿使用定制的或付费的报告、一般性网络文章或非公开资料等缺乏权威性的数据。

4. 重庆新大正物业集团股份有限公司首次公开发行股票申请文件反馈意见

32. 招股说明书多次引用《2018 中国物业服务百强企业研究报告》《2015 全国物业管理行业发展报告》《万科 A：探路转型担当奋进》的数据，请保荐机构说明引用数据及其来源的权威性，说明数据是否公开、是否专门为编写本次招股说明书而准备以及发行人是否就获得此数据支付费用或提供帮助。请勿使用定制的报告、一般性网络文章或非公开资料等缺乏权威性的数据。请保荐机构及发行人律师核查招股说明书全文，及时更新数据，对于没有数据支持的说法提供证据，或者予以修正，删除广告性和恭维性的语言。

5. 浙江开元物业管理股份有限公司创业板首次公开发行股票申请文件反馈意见

26. 请发行人说明招股说明书引用的外部数据、资料的发布时间、发布方式、发行人获取方式、发行人是否支付费用及具体金额；上述数据、资料是否专门为发行人定制，相关资料或文字的作者与发行人及其关联方的关系；补充说明招股说明书引用外部数据、资料的真实性、准确性、权威性和客观性。请保荐机构、律师对上述问题进行核查，说明核查过程并发表意见。

下篇

在管项目篇

第十四章　物业服务合同类别

一、概述

物业服务合同，是指物业服务企业在物业服务区域内，为业主提供建筑物及其附属设施的维修养护、环境卫生和相关秩序的管理维护等物业服务，业主支付物业费的合同。通常一个在管项目对应一个物业服务合同，而不同类别的物业服务合同既有共性法律风险更有其个性法律风险。因此，收并购中，核查在管项目，首先应核查在管项目的物业服务合同类别，有助于收购方深入判断在管项目的法律风险特性，以及在管项目的稳定性、持续性。

核查物业服务合同类别，应注意把握其以下事项。

1. 物业服务合同分类

我们在“目标公司篇”的主营业务、重大合同各章，根据服务物业的业态、物业服务的内容等对物业服务合同分类作了概述。在本章中，我们依据选聘主体的不同，重点将物业服务合同分为两种类型：一是前期物业服务合同，是在物业管理区域内业主大会召开和业主委员会成立之前，区分所有建筑物的建设单位选聘的物业服务企业并作为合同主体的合同。二是典型的物业服务合同或者普通物业服务合同，即业主委员会与业主大会依法选聘物业服务企业订立的合同。

2. 物业服务合同核查要点

笔者在本书“重大合同”一章中概述了物业服务合同的核查要点，并在本书各章节就如何核查物业服务合同所涉及的共性事项，如合同主体、合同期限、合同面积、管理面积、收费标准、公区经营、代收公用事业费等等分别进行详述。因此，本章重点是如何核查更具有个性特征的前期物业服务合同。

3. 前期物业服务合同的个性特征

（1）前期物业服务合同具有长期性、稳定性的特征。首先，从立法上看，《民法典》未规定前期物业服务合同的最长期限，北京、深圳等地方性法规规定前期物业服务合同最长期限不超过2年，但超过2年而未成立业主委员会的情况较为普遍，故前期物业服务合同即使到期还有较长时间的事实合同阶段。其次，从示范合同文本看，各地住建部门发布的前期物业服务合同示范文本的合同期限条款是选择性的，除约定固定期限外，还可约定前期物业服务期限从签订之日起至成立业主委员会签订的物业服务合同生效之日止。最后，从实践中看，前期物业服务合同从签约到房屋交付通常会有两年左右的时间间隔，而从房屋交付到业主委员会签订新的物业服务合同，通常又会间隔2～3年甚至更长时间。因此，业主委员会订立的物业服务合同生效之前，前期物业服务合同通常不会终止，其持续稳定性的特征较为明显。

（2）正是由于前期物业服务合同的稳定性，前期物业服务项目通常被认为是物业管理权最为稳定的项目类型，契合了收购方获取并扩大稳定的管理面积的目的，也就成为物业服务项目收并购中的热门标的。但是，前期物业服务合同的稳定性是相对的，须以优质的物业服务为基础。实践中，由于建设单位发生重大变化、物业服务不达标等种种原因，不乏前期物业服务项目在业主委员会签订的物业服务合同生效之前就丢失管理权的情形。因此，前期物业服务合同的持续稳定性是核查重点。

二、核查要点

1. 核查目标公司与建设单位的关系

（1）目标公司与建设单位是否存在关联关系；

（2）核查前期物业服务合同中关于合同解除的约定；

（3）核查开发商是否尚未向目标公司交付或拒绝交付项目等情形；

（4）若目标公司与建设单位无关联关系，则核查开发商是否有关联物业服务企业，或者在与目标公司签订前期物业服务合同后又新设了物业服务企业；

(5) 结合诉讼、仲裁、行政处罚等纠纷争议，重点核查开发商工程建设情况、项目销售情况及相关纠纷争议等。例如，开发商是否存在多个争议，项目是否存在烂尾，项目是否大部分未售等。

2. 核查目标公司与业主委员会的关系

(1) 核查业主大会筹备及业主委员会成立等情况；

(2) 核查了解成立后的业主委员会是否有续聘意向；

(3) 核查目标公司是否事实上已丧失经营管理权等情形。

三、风险提示

前期物业服务合同因稳定性较强而对收购方具有明显的吸引力，但这种稳定性也是相对的，其主要法律风险是转让方将项目管理权移交给收购方之后的丢盘风险。

四、处理建议及参考条款

1. 建议在交易协议的陈述与保证条款中明确约定前期物业合同相关情况，参考条款节选如下。

> 截至【　】年【　】月【　】日，除本协议附件【　】所披露已经到期的项目情况外，目标公司已签订的前期物业服务合同、物业服务合同、单项委托以及其他重大业务合同均正常履行。
>
> 除已经披露的情形外，转让方承诺本协议附件【　】中所列物业项目之管理权，均处于持续管理、良好存续之状态。截至本协议签订之日，该等管理权不存在已有或潜在争议或即将发生不利变更，或可能存在本协议约定之重大不利变化的情形。目标公司在签订本协议时已签订的前期物业服务协议、物业服务协议，不存在可能被主张无效、不成立、可撤销或不生效之情形。

2. 建议在交易协议中明确约定目标公司丧失前期物业服务合同权益的情形，参考条款节选如下。

丧失物业项目管理权/服务权：指目标公司在管项目发生以下任何一种情形：(1) 业主大会作出不予续聘的决议或者已经与其他物业服务企业签署物业服务合同；(2) 业主委员会发出不予续聘的通知（以接收到的不予续聘通知或公告发布之日二者中在先时间为准）；(3) 虽然业委会没有向目标公司发出不予续聘通知，但业委会发布了招标或比选邀请文件，而目标公司没有接收到业委会的招标或比选邀请文件或不在公布的比选邀请名单之列（以公开招标的公布时间或比选邀请文件的落款时间，二者中在先时间为准）；(4) 目标公司收到了业委会的招标或比选邀请文件或虽在比选邀请名单之列，但实际没有中选的（以公告、中标通知书、比选中选通知书、物业服务合同落款时间，几者中在先时间为准）；(5) 虽然业委会等有权决定聘用物业服务企业的机构未作出书面决议、通知，但目标公司在事实上已丧失经营管理权；(6) 已签署前期物业服务合同，尚未交付或开发商拒绝交付，但因开发商破产、重整等因素导致物业管理权丧失；(7) 公建/专项委托物业服务项目中，委托方与目标公司签署的合同已经到期未续签；(8) 其他法律行政法规或项目业主大会议事规则明确规定的目标公司退出在管项目物业管理或终止提供物业服务的情形。

3. 在交易协议中，结合其他物业服务权丧失情形，明确约定交易对方的业绩补偿义务等事项。

五、相关规定

《民法典》

第九百三十九条　建设单位依法与物业服务人订立的前期物业服务合同，以及业主委员会与业主大会依法选聘的物业服务人订立的物业服务合同，对业主具有法律约束力。

第九百四十条　建设单位依法与物业服务人订立的前期物业服务合同约定的服务期限届满前，业主委员会或者业主与新物业服务人订立的物业服务合同生效的，前期物业服务合同终止。

《物业管理条例》(2018 年修订)

第二十一条　在业主、业主大会选聘物业服务企业之前，建设单位选聘物业服务企业的，应当签订书面的前期物业服务合同。

第二十五条　建设单位与物业买受人签订的买卖合同应当包含前期物业服务合同约定的内容。

第三十四条　业主委员会应当与业主大会选聘的物业服务企业订立书面的物业服务合同。

物业服务合同应当对物业管理事项、服务质量、服务费用、双方的权利义务、专项维修资金的管理与使用、物业管理用房、合同期限、违约责任等内容进行约定。

住房和城乡建设部办公厅《关于国家标准〈物业管理术语（征求意见稿)〉公开征求意见的通知》

4.4　物业服务合同 property service contract

由物业管理需求方与物业服务企业共同协商所签订的，明确物业管理范围内各自责任、权利、义务关系的书面协议。

4.5　前期物业服务合同 preliminary property service contract

在业主、业主大会选聘物业服务企业之前，建设单位与其选聘的物业服务企业签订的，明确物业管理范围内各自责任、权利、义务关系的书面协议。

5.1　前期物业管理 early – stage property management

在业主、业主大会选聘物业服务企业之前，由建设单位选聘物业服务企业所实施的物业管理活动。

《商品房销售管理办法》(建设部令第 88 号)

第七条第七项　商品房现售，应当符合以下条件：……（七）物业管理方案已经落实。

第十三条　商品房销售时，房地产开发企业选聘了物业管理企业的，买受人应当在订立商品房买卖合同时与房地产开发企业选聘的物业管理企业订立有关物业管理的协议。

《城市商品房预售管理办法》（2004 年修正）

第七条第六项　开发经营企业申请办理《商品房预售许可证》应当提交下列证件（复印件）及资料：……（五）商品房预售方案。预售方案应当说明商品房的位置、面积、竣工交付日期等内容，并应当附商品房分层平面图。

六、实务要点及典型案例

1. 在《民法典》实施前，前期物业服务合同各方均具有任意解除权

【典型案例】《前期物业服务委托合同》的基础法律关系是委托法律关系，辰星公司的前期介入服务以及管理活动均是接受昌和公司的委托而实施的，即使合同是采取招投标的方式签订并经过专家审定程序和政府职权部门确认，并不因此改变合同的性质。当双方发生纠纷时，在处理上不应突破基本法律关系所确定的权利义务内容。委托合同一般是基于信任而签订的，本案中，双方实际已经产生矛盾，在合同的实施中甚至还存在互相攻击的情况，信任已经不复存在，如果在此情形下，仍然不允许双方解除合同，显然是不利于合同目的实现，也不符合当事人签订合同的初衷。

从合同的主体来看……首先，辰星公司是接受昌和公司的委托来实施服务和管理行为的，相对于业主而言，辰星公司是昌和公司的代表，服务结果实际也是由昌和公司来承担。因此，业主只是服务的对象，并不是合同的相对方。其次，签订《前期物业服务委托合同》的双方只有本案的双方，并没有业主委员会介入，也没有其他人来主张权利，即使来主张权利也会缺乏合同依据。因此，本案如果要解除合同，也只有本案的双方才能提出。最后，《江苏省物业管理条例》第 17 条的规定是对选取物业公司在程序上的规定，并不是对法律关系的确定。商品房一旦卖出，只有业主大会才能解除《前期物业服务委托合同》，委托方反而不能提出解除，相对于尚未成立业主委员会的小区，如果物业公司不同意解除，合同就会无法解除，就会产生委托他人完成一定行为，即使不满意，仍然不能更换受托人的结果，这样的结果将会导致委托方与受托方权利失衡，对于委托方所产生的风险是极大的，明显

不合常理。[①]

2.《民法典》生效后，建设单位不得任意解除未到期前期物业服务合同

【典型案例】……关于焦点二，二审法院认为，首先，双方当事人签订的《前期物业服务合同》第29条约定：本合同自2011年12月8日起至甲方开发建设的本小区成立业主委员会（大会），且业主委员会（大会）代表全体业主与新的物业管理企业签订的《物业服务合同》生效时止。在新合同生效后，本合同自动终止。本案中，案涉小区尚未成立业主委员会（大会），也未选聘新的物业管理企业，合同约定的条件并未成就。

其次，关于广诚置业主张的不定期物业服务合同，根据《民法典》第948条的规定，物业服务期限届满后，业主没有依法作出续聘或者另聘物业服务人的决定，物业服务人继续提供物业服务的，原物业服务合同继续有效，但是服务期限为不定期。当事人可以随时解除不定期物业服务合同，但是应当提前60日书面通知对方。本案中案涉的《前期物业服务合同》尚未终止，不符合《民法典》第948条规定的情形，广诚置业也不能因此享有《前期物业服务合同》及其补充条款的解除权。根据《民法典》第278条第1款第4项、第2款的规定，"下列事项由业主共同决定：……（四）选聘和解聘物业服务企业或者其他管理人……业主共同决定事项，应当由专有部分面积占比三分之二以上的业主且人数占比三分之二以上的业主参与表决。决定前款第六项至第八项规定的事项，应当经参与表决专有部分面积四分之三以上的业主且参与表决人数四分之三以上的业主同意。决定前款其他事项，应当经参与表决专有部分面积过半数的业主且参与表决人数过半数的业主同意。"本案中，广诚置业与昆泉物业解除《前期物业服务合同》及《前期物业服务合同补充条款》的行为，于法无据，其程序不符合法律的相关规定，广诚置

① 参见江苏辰星物业管理有限公司、如东昌和地产投资有限公司与江苏辰星物业管理有限公司、如东昌和地产投资有限公司物业服务合同纠纷再审复查与审判监督民事裁定书，江苏省高级人民法院（2015）苏审二民申字第00896号。

业单方解除合同于法无据。[①]

3. 前期物业服务合同可约定开发商单方解除合同的条件

【典型案例】二审法院认为，双方签订的《廊桥水岸前期物业服务合同》以及《廊桥水岸前期物业服务补充协议》均系双方当事人真实意思表示，依法成立并有效。根据上述两份协议及“廊桥水岸”岗位人员配置的要求，被上诉人应当配置12名秩序管理员，负责小区门岗、监控、消防控制中心、秩序维护、巡逻等工作。但在2017年春节期间，被上诉人仅安排了3名人员进行值班，而被上诉人服务的小区面积为8万平方米，明显达不到合同约定的质量标准；同时，从公证机构现场拍照图片中堆放的垃圾数量可知，数量如此之多的垃圾不可能在短时间内丢弃形成，从而体现了被上诉人没有履行及时清运的职责。因此，二审法院认定被上诉人所提供的服务达不到合同约定的质量标准。

……因此，被上诉人未能按合同约定配置足额秩序管理员的行为，已构成违约，所提供的物业服务明显达不到合同约定的质量标准，约定的合同解除条件成就，上诉人有权单方解除合同。被上诉人以合同第26条约定解除条件未成就，上诉人不能行使单方解除权的答辩意见，不能成立。一审对该合同第26条及第27条的理解错误，导致判决结果不当，二审法院予以纠正。[②]

4. 建设单位可解除已到期未续签的前期物业服务合同

【典型案例】二审法院认为，被上诉人华纳房地产公司作为建设单位与君怡物业公司签订涉案华纳绿城小区前期物业服务合同，双方最后一次签订的书面合同约定履行期限为2014年7月1日至2017年6月30日。该份合同到期后双方未续签，君怡物业公司继续提供物业服务，因此前期物业合同应继续有效，但服务期限为不定期，华纳房地产公司有权随时解除合同。本案

① 参见青岛广诚置业发展有限公司与青岛昆泉物业管理有限公司物业服务合同纠纷二审民事判决书，山东省青岛市中级人民法院（2021）鲁02民终8235号。

② 参见贵州中建伟业房地产开发有限责任公司与贵州省荣华物业服务有限公司物业服务合同纠纷二审民事判决书，贵州省黔东南苗族侗族自治州中级人民法院（2017）黔26民终2049号。

华纳房地产公司已于2019年10月24日向君怡物业公司发出关于终止物业服务的函，告知于2019年11月1日终止双方之间的前期物业服务合同关系，故双方的前期物业服务合同已经终止。[1]

【典型案例】二审法院认为，《前期物业服务合同》约定履行期限自2016年9月26日起至2017年9月26日止，但永朋物业公司于2017年8月10日才进驻案涉项目提供物业服务，双方在实际履行中对合同约定的履行期限进行了变更，但双方未重新签订物业服务合同，未对变更后的期限进行明确约定。故万厦置业公司要求解除合同，应当在合理期限之前通知永朋物业公司，给予永朋物业公司必要的准备时间。一审酌定30日的准备时间，并无不当。[2]

5. 建设单位可以合同主要内容不能协商一致为由解除物业服务合同

【典型案例】法院认为：庆业物业武隆分公司与贵尔达公司于2011年9月29日在平等自愿的基础上签订了《前期物业服务合同》，该合同是双方当事人真实意思表示，没有违反法律的禁止性规定，属合法有效合同。因庆业物业武隆分公司与贵尔达公司在合同签订后，不能就合同约定的另行协商的前期开办费、差额补贴、提前介入费及物业接管查验费等费用达成一致意见，贵尔达公司向重庆市南川区人民法院起诉，要求解除双方签订的《前期物业服务合同》。该院审理后，以双方诉争的《前期物业服务合同》属具有服务性质的合同，继续履行合同难以实现订立合同之目的为由，依法判决解除双方签订的《前期物业服务合同》。该案经二审维持原判。在双方签订的《前期物业服务合同》已被生效判决依法解除后，庆业物业武隆分公司提出贵尔达公司无权解除合同的理由不成立。[3]

6. 建设单位可以无法实现合同目的为由解除前期物业服务合同

【典型案例】本案双方未在合同中对合同解除进行约定……根据查明的

---

① 参见江苏君怡物业管理有限公司与江苏华纳房地产开发有限公司物业服务合同纠纷二审民事判决书，江苏省连云港市中级人民法院（2020）苏07民终1241号。

② 参见池州市万厦置业有限公司与青阳县永朋物业服务有限公司物业服务合同纠纷二审民事判决书，安徽省池州市中级人民法院（2019）皖17民终526号。

③ 参见重庆庆业物业管理有限公司武隆分公司与重庆市贵尔达房地产开发有限公司物业服务合同纠纷申诉裁定书，重庆市高级人民法院（2015）渝高法民申字第01212号。

案件事实，彦杰公司在提供物业服务期间，存在强行占用业主装修保证金长期不退还，垃圾清运费及公摊费用账务不透明，拒绝整改消防隐患等严重违反合同约定的情形，合同约定的提供物业服务的目的已不能实现，因此2020年5月18日龙首公司向彦杰公司发出解除合同通知的时候龙首公司具有法定解除权。解除权是形成权，权利人可单方行使，并不需要通过法院裁决，依据法律规定，解除合同的通知到达时合同解除。根据彦杰公司的回函，本案中解除合同的通知至迟于2020年5月19日到达，故案涉《前期物业管理服务合同》于2020年5月19日解除。一审认定正确。①

【典型案例】从本案现有证据来看，孝陵卫物业办作为物业服务企业的监督管理部门，自2013年起至2015年，多次发函指出上诉人物业服务过程中存在的诸多服务质量问题，至2015年3月，上诉人仍存在诸如未按约向广大业主公示收支账目、财务管理混乱、拖欠电费、拖欠保安保洁人员工资、电梯仍有部分未年检、对房屋出租问题整改不到位、房屋维修恢复不及时等问题，足以证明上诉人在物业服务中存在严重瑕疵，且上诉人并未提供证据证明上述严重瑕疵已得到根本改善。涉案小区作为政府保障用房，其用途涉及社会公共利益，作为上诉人在涉案小区当时的物业经理、负责人，秦某的身份具有特殊性，青和公司在秦某任职期间，未能对员工进行严格管理，放任其擅自将小区作为拆迁安置房的大部分空置房屋出租，导致小区公共利益及业主的合法权益严重受损，原审认定涉案物业合同的目的已经难以实现，被上诉人解除与上诉人的前期物业服务合同于法有据，并无不当。②

7. 建设单位未及时通知已签约物业服务企业进场的，可能已将前期物业服务项目委托给第三方物业服务企业

【典型案例】本案中，因双方未在前期物业服务合同正本及补充协议中对海峰物业进场时间作出明确约定，羽晟置业也未提供明确证据证明其无法通知海峰物业而导致海峰物业错过进场时间，但羽晟置业在2019年7月25

① 参见重庆彦杰物业管理有限公司与汉中市龙首房地产开发有限公司物业服务合同纠纷二审民事判决书，陕西省汉中市中级人民法院（2021）陕07民终494号。

② 参见南京丰盛置业发展有限公司与南京青和物业管理有限公司物业服务合同纠纷二审民事判决书，江苏省南京市中级人民法院（2016）苏01民终8576号。

日与上饶市浩天物业服务有限公司签订了新的物业管理合同，这一行为导致羽晟置业与海峰物业之间的合同再无法实现合同之目的，故而一审法院判决案涉物业服务合同解除并无不妥。因海峰物业在一审中提出的诉请是要求继续履行案涉合同，故一审法院对合同解除后的违约责任承担未予审理，海峰物业可就其损失另行主张。①

8. 前期物业服务企业难以就专有部分单独提供物业服务

【典型案例】本案雅斯小区业主大会已经作出决议，聘请了新的物业服务企业，该决定对全体业主具有约束力，即便湖北大地基置业有限公司、湖北雅斯连锁商业有限公司以及被告提到的“个别业主”委托其管理专有部分的物业属实，但此种委托违背了小区业主大会和业委会的决定，不具有法律效力。《物业管理条例》第33条规定：“一个物业管理区域由一个物业服务企业实施物业管理。”雅斯业委会既然已经与新的物业服务企业签订了物业服务合同，根据上述规定，新的物业服务公司就有权利和义务对整个物业管理区域即雅斯国际广场小区的全部物业实施管理，包括住宅区域和商业区域，业主对专有部分仍享有占有、使用、收益、处分的权利。故被告提出的抗辩理由不符合法律规定，法院不予支持。②

七、物业服务企业上市案例文书部分示例

西藏新城悦物业服务股份有限公司创业板首次公开发行股票申请文件反馈意见

14. 根据招股说明书披露……截至2016年12月31日，公司提供物业服务的物业项目中，共113个项目所签订的合同为前期物业服务合同，合同面积合计3160.04万平方米，占公司物业服务项目总数的62.43%，占

① 参见江西海峰物业服务有限公司与江西羽晟置业有限公司物业服务合同纠纷二审民事判决书，江西省上饶市中级人民法院（2021）赣11民终707号。

② 参见宜都市雅斯国际广场小区业主委员会与宜昌雅斯商业物业管理有限公司物业服务合同纠纷一审民事判决书，宜都市人民法院（2019）鄂0581民初2272号。

公司物业服务合同总面积的67.41%……

请在招股说明书中：……（4）补充披露提供物业服务的物业项目中，所签订的合同为前期物业服务合同的签订时间分布情况，并结合目前物业市场基本情况、公司具体业务开展情况等相关因素，客观分析影响前述合同可持续性的主要因素及影响……

第十五章　物业服务合同主体

一、概述

合同主体即为合同当事人，是合同的必要条款。合同主体是否适格，直接决定合同是否合法有效、能否得到全面适当履行。与目标公司签订物业服务合同的相对方作为合同主体，其产权性质、资信状况、签约资格、履约能力等情况，直接影响在管项目的有效性、稳定性、持续性。因此，收并购中，不仅要对目标公司进行深入尽调，还要有针对性地核查在管项目物业服务合同的相对方的情况，这是物业服务企业收并购尽调中不同于常规企业法律尽调的一个显著特点。

核查物业服务合同相对方，应注意以下事项。

1. 物业服务合同一方签约主体是物业服务企业等物业服务人（物业服务企业和其他管理人）。《民法典》首次提出“物业服务人”的概念，扩大了国务院《物业管理条例》关于物业服务合同主体的范围，明确将“其他管理人”也列为物业服务合同的主体范围。因此，签订物业服务合同的主体，不仅限于物业服务企业，其他主体也可以成为物业服务合同的主体。本书只涉及物业服务企业这一作为目标公司的主体，目标公司核查详情见本书上篇。

2. 物业服务合同另一方主体种类较多，根据在管项目的不同阶段、不同情形而有所不同。如前期物业服务阶段的另一方合同主体是建设单位，普通物业服务阶段的另一方合同主体是业主委员会。而在特殊情况下，由于无法召开业主大会并成立业主委员会，或者项目特殊性等，另一方签约主体是并不常见的街道办事处、居民委员会、村民委员会、物业管理委员会等，以及保障性住房建设运营、开发公司、住房保障中心、公共住房管理中心、社区管理中心、政府指定的国有物业服务企业等特殊的物业服务合同主体。例如，《深圳经济特区物业管理条例》规定，前期物业服务合同期届满，尚未成立业主大会，物业服务企业按照原合同继续提供服务的，经物业管理区域占业主总人数50%以上的业主或者占全体业主所持投票权数50%以上的业主联名书面提出更换物业服务企业，可以由街道办事处通过招投标方式选取物业服务企业提供物业服务。又如，《北京市物业管理条例》规定，在业主大会或者业主委员会未能组建的情况下，可以组建物业管理委员会，作为临时机构，承担业主大会或者业主委员会的职责，组织业主共同决定物业管理事项。物业管理委员会由居民委员会、村民委员会、业主、物业使用人代表等7人以上单数组成，其中业主代表不少于物业管理委员会委员人数的1/2。物业管理委员会可以履行业主委员会与物业服务企业的职责，与新的物业服务企业签订物业服务合同。

3. 应指出的是，物业服务合同具有集体合同的特征，物业服务企业选聘主体、物业服务合同签约主体、物业服务受领主体可能并不一致。如在住宅物业中，一方面，业主大会是物业服务企业的选聘主体，业主委员会是物业服务合同的签约主体，单个业主既不是选聘主体也不是签约主体，而是接受物业服务的主体。另一方面，业主通过参加业主大会对选聘、解聘物业服务企业等事项进行表决，业主委员会根据业主大会的决议签订物业服务合同，业主最终亦受物业服务合同的约束。因此，物业服务合同有效性、稳定性、持续性不仅受制于选聘主体、签约主体，决定性因素是接受物业服务的主体对物业服务的整体满意度。

二、核查要点

1. 建设单位

前期物业服务项目中，物业服务企业选聘主体、签约主体是建设单位，前期物业服务合同由建设单位与目标公司订立，两者关系的稳定性基本上决定了物业服务合同的稳定性。

（1）实践中，相当多的目标公司因其与建设单位的关联关系等而获取前期物业服务项目。若目标公司与建设单位存在关联关系，则收购方可以通过交易协议要求交易对方以及建设单位对物业合同稳定性作出承诺。

（2）而与建设单位无关联关系的目标公司，则通过积极外拓来获得前期物业服务项目。但若目标公司与建设单位不存在关联关系，或有关联关系的建设单位向第三方转让项目后不再是建设单位，或者建设单位控股股东发生变更，则物业服务合同的稳定性就大为降低。新的建设单位或新的实际控制人很可能以各种理由解除前期物业合同，再将其关联关系的物业服务企业引入前期物业服务。

（3）建设单位影响前期服务项目的获取、项目获取后的稳定性等问题。因此，核查建设单位的重点是建设单位本身是否具有稳定性、目标公司与建设单位双方关系的稳定性，即结合前期物业服务合同，核查建设单位与目标公司是否存在关联关系、建设单位控股大股东或者实际控制人是否存在变更等、建设单位及其母公司等是否存在破产、重整等而可能被动出售项目等情形。

2. **业主委员会**

普通物业服务项目中，选聘主体是业主大会，业主委员会与业主大会依法选聘的物业服务企业签订普通物业服务合同。业主委员会是否与业主大会依法选聘的目标公司签订物业服务合同，涉及物业服务合同是否合法有效问题。因此，核查业主委员会的重点是业主委员会签约的合法性、业主委员会本身的合法性，具体如下。

（1）业主委员会签订物业服务合同是否依法获得了业主大会的决议和授权；

（2）业主委员会是否未按业主大会决定的范围而与目标公司签订物业服务合同；

（3）业主委员会是否存在未经业主大会同意而与目标公司续签物业服务合同的情形；

（4）是否存在先后两个业主委员会并且无法顺利交接，或者同一小区是否同时存在多个业主委员会等情形；

（5）业主大会以及业主委员会设立后是否完成备案手续并刻制印章，是否存在多套业主委员会印章的情形等。

3. 街道办事处、乡镇人民政府

根据《地方各级人民代表大会和地方各级人民政府组织法》（2022 年修正），市辖区、不设区的市的人民政府，经上一级人民政府批准，可以设立若干街道办事处，作为它的派出机关。而乡镇人民政府是一级人民政府。

实践中，街道办事处、乡镇人民政府对物业服务事项有三种法律主体身份，其一，作为行政主体，对所在区域物业服务具有指导、监督职责，如组织、指导和协调本辖区内各物业服务区域业主大会的成立，业主委员会的选举和换届，物业管理委员会的组建；参与物业服务区域划分的决策；监督建设单位通过招标方式选聘前期物业服务企业等职能。其二，作为物业服务的政府采购方（选聘主体、订约主体）和物业服务接受方，聘请物业服务企业为其或者下属企事业单位等提供办公大楼保安保洁、公共道路养护、公共绿化、垃圾清运等物业服务，物业服务费由街道办事处及下属企事业单位支付。该情形下，街道办事处（乡镇人民政府）是物业服务企业的公建类客户。其三，作为物业服务企业的选聘主体和物业服务合同的签约主体、但并非物业服务接受方，与物业服务企业签订物业服务合同，聘请物业服务企业为某些无法自行选聘物业服务企业的住宅小区等提供物业服务，物业服务费由业主支付。相关核查要点如下。

（1）街道办事处、乡镇人民政府作为选聘主体、签约主体和服务接受方，则结合物业服务项目获取一章，核查街道办事处、乡镇人民政府采购物业服务的合法性；

（2）对于街道办事处、乡镇人民政府作为选聘主体、签约主体但非物业服务接受方，核查街道办事处等是否有权与目标公司签订物业服务合同、物业服务合同内容是否符合相关规定、物业服务合同履行情况等（如期限是否届满、届满后是否继续提供物业服务、合同终止条件是否成就等）。

4. 居民委员会、村民委员会

城市和农村按居民居住地区设立的居民委员会或者村民委员会是基层群

众性自治组织。在物业管理区域内，业主大会、业主委员会应当积极配合相关居民委员会依法履行自治管理职责，支持居民委员会开展工作，并接受其指导和监督。

居民委员会或者村民委员亦会在一些住宅小区无法自行选聘物业服务企业并签订物业服务合同时，作为选聘主体和签约主体签订物业服务合同。

居民委员会、村民委员会等作为物业服务合同签约主体，其核查要点与街道办事处、乡镇人民政府基本相同。

5. 其他特殊的物业服务合同主体

动迁安置房、保障房、公租房等非商品化住宅物业类型的建设单位以及业主，可能因各种原因无法选聘物业服务企业和签订物业服务合同，如开发商为项目代建方而非真正的建设单位，公租房项目的国有建设单位只负责建设、资金，而不负责后续物业服务。因此，各地保障性住房中心下属的保障性住房建设运营、开发公司，住房保障中心，公共住房管理中心，社区管理中心，政府委托的国有物业服务企业，物业管理委员会等，根据当地政策等履行选聘物业服务企业、签订物业服务合同的职责，业主由此获得物业服务，以避免上述非商品化住宅物业无物业服务而造成社会问题。

核查上述主体，需要注意以下几点。

（1）核查主体资格及依据，即核查当地政策或者政府文件是否规定相关主体是否有权选聘目标公司并作为签约主体签订物业服务合同；

（2）核查选聘和签约过程是否合规，若签约主体是政府部门，或者属于国有企事业单位，需要核实物业服务合同的签订是否履行招投标程序，或者政府采购程序；

（3）应注意的是，若签约主体是国有物业服务企业，则需要核实其与目标公司签订物业服务合同是否属于代行业主委员会职权的行为，还是物业服务事项全部转委托，以判断物业服务合同的有效性。

三、风险提示

由于上述物业服务企业选聘主体、物业服务合同签约主体在法律性质、签约依据、合同目的、付费义务等方面存在相当多的不同点，因此，建议在实操中根据上述合同主体的特点判断其签订的物业服务合同的有效性法律风险、稳定性经营风险等。

四、处理建议及参考条款

建议在交易协议“陈述与保证”条款中明确约定交易对方就物业服务企业选聘合规等作出承诺，参考条款节选如下。

> 除已经披露的情形外，转让方承诺交易范围内所列物业项目之管理权，均处于持续管理、良好存续之状态。截至本协议签订之日，该等管理权不存在已有或潜在争议或即将发生不利变更，或可能存在本协议约定之重大不利变化的情形。目标公司在签订本协议时已签订的前期物业服务协议、物业服务协议，不存在可能被主张无效、不成立、可撤销或不生效之情形。

五、相关规定

《民法典》

第二百七十八条第一款第三项、第四项，第二款　下列事项由业主共同决定：

……

（三）选举业主委员会或者更换业主委员会成员；

（四）选聘和解聘物业服务企业或者其他管理人；

……

业主共同决定事项，应当由专有部分面积占比三分之二以上的业主且人数占比三分之二以上的业主参与表决……决定前款其他事项，应当经参与表决专有部分面积过半数的业主且参与表决人数过半数的业主同意。

第九百三十七条　物业服务合同是物业服务人在物业服务区域内，为业主提供建筑物及其附属设施的维修养护、环境卫生和相关秩序的管理维护等物业服务，业主支付物业费的合同。

物业服务人包括物业服务企业和其他管理人。

第九百三十九条　建设单位依法与物业服务人订立的前期物业服务合同，以及业主委员会与业主大会依法选聘的物业服务人订立的物业服务合同，对业主具有法律约束力。

《物业管理条例》（2018 年修订）

第十条　同一个物业管理区域内的业主，应当在物业所在地的区、县人民政府房地产行政主管部门或者街道办事处、乡镇人民政府的指导下成立业主大会，并选举产生业主委员会。但是，只有一个业主的，或者业主人数较少且经全体业主一致同意，决定不成立业主大会的，由业主共同履行业主大会、业主委员会职责。

第十九条　业主大会、业主委员会应当依法履行职责，不得作出与物业管理无关的决定，不得从事与物业管理无关的活动。

业主大会、业主委员会作出的决定违反法律、法规的，物业所在地的区、县人民政府房地产行政主管部门或者街道办事处、乡镇人民政府，应当责令限期改正或者撤销其决定，并通告全体业主。

住房和城乡建设部《关于印发〈业主大会和业主委员会指导规则〉的通知》（建房〔2009〕274 号）

第五十八条　因客观原因未能选举产生业主委员会或者业主委员会委员人数不足总数的二分之一的，新一届业主委员会产生之前，可以由物业所在地的居民委员会在街道办事处、乡镇人民政府的指导和监督下，代行业主委员会的职责。

《深圳经济特区物业管理条例》（2019 年修订）

第四十九条第三款　前期物业服务合同期满，尚未成立业主大会，物业服务企业继续按照原合同提供服务的，经物业管理区域占业主总人数百分之五十以上的业主或者占全体业主所持投票权数百分之五十以上的业主联名书面提出更换物业服务企业的，可以由街道办事处通过招投标方式选取物业服务企业提供物业服务。

第一百二十五条第一款　原农村城市化社区可以在区人民政府统筹协调下，由原农村集体经济组织继受单位作为责任主体，参照本条例及相关规定，成立物业管理自治机构。物业管理自治机构的职责限于自行组织提供物业服务，或者购买物业服务并处理与物业服务企业履行合同相关的事项。

《陕西省物业服务管理条例》(2021 年修订)

第五十八条　有下列情形之一的，业主可以申请组建物业管理委员会：

（一）业主大会筹备组未能在本条例第三十七条规定的期限内召开业主大会会议的；

（二）具备成立业主大会条件，但因其他原因未成立的；

（三）不具备成立业主大会条件的；

（四）已召开首次业主大会，但未能选举产生业主委员会的。

成都市房产管理局《关于印发〈成都市保障性住房物业管理办法〉的通知》(成房发〔2010〕59 号)

第十条第一款　公管中心应当从备选库中选聘具有相应资质的物业服务企业为保障性住房建筑区划提供前期物业服务，并与受聘的物业服务企业签订期限不超过 5 年的前期物业服务合同。

成都市城乡房产管理局《关于印发〈成都市公共租赁住房小区管理委员会指导规则〉的通知》(城房发〔2016〕88 号)

第二条第一款（管理委员会和保障对象）

管理委员会是指在公共租赁住房小区（以下简称小区），由社区居民委员会委员、物业服务企业工作人员和保障对象组成的共同管理小区的自治组织……

第四条（依法履职）

管理委员会应接受小区所在地的街道办事处（乡、镇人民政府）、居民委员会、住房保障部门和相关行政主管部门的指导和协调，依法履行自治管理职责，执行保障房管理相关政策规定，协助住房保障部门监督保障对象执行相关政策；参与物业服务企业的选聘和物业服务合同的制定并监督执行。

六、实务要点及典型案例

1. 居委会可代行业主委员会职责与物业服务企业签订物业服务合同

【典型案例】二审法院认为，《业主大会和业主委员会指导规则》第 58

条规定，“因客观原因未能选举产生业主委员会或者业主委员会委员人数不足总数的二分之一的，新一届业主委员会产生之前，可以由物业所在地的居民委员会在街道办事处、乡镇人民政府的指导和监督下，代行业主委员会的职责”，本案中，涉案小区没有业主委员会，根据上述规定，居委会可以代行业主委员会的职责，其与物业公司签订的《物业管理服务合同》对业主具有约束力……覃某焕享有相当于业主的权利，其应当支付物业管理费。①

2. **街道办事处代表业主签订物业服务合同的，可能须承担物业费**

【典型案例】关于西城办事处是否为支付案涉物业服务费义务主体的问题……第一，从物业服务合同的抬头来看，甲方为西城物业办，西城物业办及西城办事处均予盖章确认，并未载明西城物业办及西城办事处系受华西社区委托签订该合同。故西城物业办、西城办事处应为该合同的甲方即合同相对方。第二，从物业服务合同的内容来看，第12条约定，第一年高新区政府支付小区物业费，乙方服务满一季度后，五个工作日内由华西社区按季度支付给乙方。而如一审判决所述，根据《民法典》第523条“当事人约定由第三人向债权人履行债务，第三人不履行债务或者履行债务不符合约定的，债务人应当向债权人承担违约责任”之规定，西城物业办、西城办事处应当承担支付案涉物业服务费及利息的违约责任。又因西城物业办系西城办事处的分支机构，不具备独立的法人资格，故西城办事处应为支付案涉物业服务费的义务主体。②

3. **业主委员会拟签订物业服务合同应由业主大会依法审议和批准**

【典型案例】君临天下业主委员选聘湖北地龙天安物业管理公司的决定，必须召集业主大会，经专有部分占建筑物总面积过半数的业主且占总人数过半数的业主同意。在华康公司主张君临天下业主委员违反上述规定的情况下，应由君临天下业主委员对其作出聘请湖北地龙天安物业管理公司

① 参见覃某焕与深圳市骏亨物业管理有限公司物业服务合同纠纷二审民事判决书，广东省深圳市中级人民法院（2019）粤03民终1524号。

② 参见菏泽市牡丹区西城街道办事处与菏泽市中正物业服务有限公司等物业服务合同纠纷二审民事判决书，山东省菏泽市中级人民法院（2021）鲁17民终4987号。

决定的合法性承担举证责任……君临天下小区业委会与湖北地龙天安物业管理公司之间签订的物业服务合同，君临天下小区业委会应持有原件，君临天下小区业委会并无证据证明华康公司提交的君临天下小区业委会与湖北地龙天安物业管理公司之间签订的物业服务合同复印件系虚假的，一审对证据的采信，并无不当。①

4. 产业园区物业管理规定对园区内独立产权建筑的企业有约束力

【典型案例】相对封闭且独立的建筑物集群，如产业园区，虽然各个企业可自行建设或是委托建设一定规模的建筑物，并取得独立的产权，但其在该建筑物集群中，其与该区域内的配套公共设施和公共服务密不可分，故该企业与该建筑物集群的物业服务公司之间的法律关系应受产业园区物业管理条例约束。②

5. 镇政府作为建设单位有权与物业服务企业签订物业服务合同

【典型案例】辽宁（海城）菱镁新材料产业基地管委会作为建设单位与隆鑫物业公司签订前期物业服务合同，后又由牌楼镇政府履行案涉小区建设单位职责，辽宁（海城）菱镁新材料产业基地管委会、牌楼镇政府作为建设单位有权与隆鑫物业公司签订物业服务合同，对案涉小区的物业服务内容、费用等进行约定，所签订的物业服务合同合法有效，对包括张某海在内的案涉小区全体业主具有法律约束力。③

6. 街道办事处对业主委员会的指导和监督属于行政诉讼的受案范围

【典型案例】

1. 街道办事处作出的行为具有强制性，侵犯业主或业主委员会的合法权益时，属于行政诉讼的受案范围。

---

① 参见武汉市君临天下小区业主委员会与武汉华康物业有限公司业主撤销权纠纷二审民事判决书，湖北省武汉市中级人民法院（2017）鄂01民终7778号。

② 参见厦门火炬集团物业管理有限公司与厦门市兴致电子工业有限公司物业服务合同纠纷二审民事判决书，福建省厦门市中级人民法院（2014）厦民终字第1735号。

③ 参见张某海与海城市隆鑫物业有限公司物业服务合同纠纷再审审查民事裁定书，辽宁省高级人民法院（2021）辽民申9283号。

2. 街道办事处对业主委员会的指导和监督行为应该符合比例原则，不得采取超过目的需要的过度的措施，应尽可能将业主和业主委员会的损失减少到最低限度，避免行政权向社会领域过度延伸。[①]

7. 业主委员会无权直接决定解聘、选聘物业服务企业

【典型案例】 本案王某光、张某葵不缴纳物业管理费的理由是业主大会已经通知与瑞丰公司解除物业服务合同关系并要求瑞丰公司撤出涉案小区，但从王某光、张某葵提出该理由所依据涉案小区业主大会表决通过的公共管理方案来看，该方案第一条约定为："授权业主委员会全权负责以广州市蓝色康园小区业主大会名义履行组织、安排、落实选聘物业管理企业全过程中的各项工作并与相关单位签订合同，包括但不限于：以自行组织实施招标方式或委托招标代理机构办理招标方式进行选聘物业服务企业……及向中标人发出中标通知书并与之签订《物业服务合同》。"根据广州市住房和城乡建设局《行政复议决定书》穗建行复〔2019〕3 号认定，前述约定："表明业主大会表决的并非应当由业主共同决定的'选聘、解聘物业服务企业或者其他管理人'的具体事项，而是对业主委员会的授权委托，实际上是用授权委托业主委员会选聘物业服务企业的方式代替了法定的业主共同决定程序。事实上在后来的选聘物业企业全过程中，未经过业主大会共同决定，即由业主委员会直接确定了新的物业服务企业并与之签订合同，在此过程中业主委员会成为选聘、解聘物业服务企业的实际决定者，行使了属于全体业主的共同决定权利，违反了原《物权法》第 76 条的规定。"该局遂撤销了广州市海珠区住房和建设水务局作出的海建局函〔2018〕1713 号《关于做好蓝色康园小区物业管理权移交工作的通知》。据此，二审法院认同上述广州市住房和城乡建设局《行政复议决定书》的认定，涉案蓝色康园小区业主大会并未作出解聘、选聘物业服务企业的"有效决议"，即该小区业委会通知瑞丰公司于 2018 年 12 月 1 日下午 2 点正式退出蓝色康园小区的管理并不发生合法效力。

① 参见宁夏回族自治区银川市兴庆区星光华住宅区业主委员会与银川市兴庆区前进街街道办事处其他行政行为争议一审行政判决书，宁夏回族自治区银川铁路运输法院（2019）宁 8601 行初 284 号。

一审法院根据现有证据认为不能认定瑞丰公司已无权管理涉案小区，且瑞丰公司至今还继续在蓝色康园小区进行物业管理，而王某光、张某葵的房屋属于上述合同约定的管理范围，瑞丰公司为其提供了合同约定的管理服务，王某光、张某葵也实际接受了瑞丰公司的物业管理服务，按照权利义务相对等的原则，理应向瑞丰公司支付对价并无不当，二审法院予以认可。①

七、物业服务企业上市案例文书部分示例

1. 广东碧桂园物业服务股份有限公司首次公开发行股票申请文件反馈意见

> 11. 根据招股说明书披露，报告期内，公司主要客户为句容碧桂园房地产开发有限公司、沈阳华锐置业有限公司、佛山市顺德区碧桂园物业发展有限公司等……（3）请披露主要客户的基本情况，对主要客户提供劳务的内容、交易背景、对主要客户的定价政策、收款方式、期末欠款和期后还款等情况。请保荐机构、会计师对上述情况进行核查，说明核查的过程、证据及结论，并发表明确意见。

2. 南都物业服务股份有限公司首次公开发行股票申请文件反馈意见

> 5. 在招股说明书中，发行人披露了报告期内前五大客户的销售金额及占比……（3）对于报告期内新增的主要客户，请说明客户的背景，包括客户名称、成立时间、注册资本、主营业务、股权结构等，说明业务的承接背景……请保荐机构和会计师补充说明对公司主要客户的核查措施、核查比例和核查结果，并发表明确意见。

① 参见广州市瑞丰物业管理有限公司与王某光、张某葵物业服务合同纠纷二审民事判决书，广东省广州市中级人民法院（2020）粤01民终23446号。

3. 重庆新大正物业集团股份有限公司首次公开发行股票申请文件反馈意见

17. 在招股说明书中，发行人披露了报告期内前五大客户、前五大项目的销售金额及占比。（1）请发行人补充披露各期前十大客户的销售金额及主要信息，包括但不限于注册资本、注册地、股权结构、主要业务范围、合作历史、公司产品用途、客户与发行人是否存在关联关系，并说明主要客户之间是否存在关联关系，说明各主要客户报告期内的销售金额及占比的变动原因，与主要客户交易的可持续性，结合物业细分行业和细分区域的竞争状况说明公司未来收入增长的可持续性……（3）结合上述情况说明公司是否对特定客户或客户群体、特定项目存在依赖，销售是否存在明显的区域限制，是否需要作相应风险提示。请保荐机构和会计师补充说明对公司主要客户及项目的核查措施、核查比例和核查结果，并发表明确意见。

第十六章　物业服务项目获取

一、概述

物业服务行业市场化的特点，决定了物业服务企业的生存必须建立在市场竞争的基础上，因此，开拓市场、获取项目已经成为物业服务企业的共识。目标公司获取物业服务项目的能力与方式不仅是其实现主营收入增长的基础，也是其是否能够为优质并购标的之商业原因。收并购中，核查目标公司从何方以何种方式获取物业服务项目，不仅有助于收购方识别目标公司获取在管项目是否合法、判断在管项目的物业服务合同是否有效，还有助于判断在管项目的真实性、稳定性、持续性等风险。

核查目标公司获取物业服务项目情况，应注意以下事项。

1. 物业服务项目获取方式日趋多样。实践中，协议选聘、市场招投标、政府采购、战略合作等是物业服务项目市场拓展的主要方式。从上市物业服务企业披露的报告看，多家头部物业服务企业通过收并购的方式获得跨越式增长。与此相比较，市场外拓也有其优势，如成本更低，项目稳定性更强等。

2. 政府采购已经成为物业服务企业获得项目的重要方式。随着政府机构、国有企事业单位后勤社会化推进，政府机关、事业单位、高校、医院、部队等纷纷将自己的后勤管理推向了物业服务市场。政府类公建项目因其具有采购固定性、支付能力强、收入稳定性等优势而受到物业服务企业的追捧。地方政府对小额物业管理项目可实行定点采购，直接在已公布的定点供应商中择优选取。

3. 实践中，战略合作是物业服务企业获取城市服务项目的主要方式之一，主要有以下三种形式：一是上下结合，物业服务企业以参与“国企混改”形式介入城市服务，如物业服务企业参股地方城投公司，或者与城投公司合资成立项目公司。拟进入城市服务领域的物业服务企业通常会选择一些新设行政区域（横琴新区、雄安新区等）进行上述操作。二是虚实结合，如物业服务企业先与地方城市达成战略合作，后又以招投标等方式推进项目落地。三是点面结合，如物业服务企业将城市服务的重心放在了特色城镇或乡村治理，然后通过服务叠加、逐步深入，从布点乡镇到布局城市。

二、核查要点

1. 协议选聘

对于住宅项目前期物业服务企业的协议选聘，则应当核查以下几个方面。

（1）是否属于投标人少于 3 个的情形；

（2）是否属于根据政策规定的住宅规模较小的情形；

（3）是否经物业所在地的区、县人民政府房地产行政主管部门批准。

2. 招投标

（1）核查招标文件是否有“定向”条件；

（2）核查中标通知书、中标备案证明、物业服务合同文本等；

（3）核查目标公司是否订立“阴阳”物业服务合同等。

3. 政府采购

政府采购方式包括招标采购方式（公开招标、邀请招标）、非招标采购方式（竞争性谈判、单一来源采购、询价）。公开招标是政府采购物业服务中使用最普遍的采购方式，因此，核查政府采购与前述核查招投标方式基本相同，但建议注意以下要点。

（1）政府采购的周期以及每次采购的服务时长等；

（2）政府采购文件及采购合同到期后可否续签及续签条件；

（3）政府采购合同文本是否约定禁止或限制目标公司股权转让等条款。

4. 战略合作

在核查物业服务企业以战略合作等方式取得项目时，首先需要考虑业务取得的合法合规性，特别是以国企混改方式取得项目的，则应核查混改合规性，如混改决策审批程序、审计评估报告、进场交易文件等。

5. 其他核查事项

实操中，除核查项目取得的合规性以外，律师团队可能需要配合收购方团队核查目标公司的项目获取能力及市场竞争能力，主要包括以下几个方面。

（1）目标公司市场开拓、招投标相关制度、奖励机制等。

（2）目标公司近三年的新增项目情况，以分析目标公司的市场开拓能力。

（3）目标公司获得项目是否涉嫌贿赂或者不正当竞争等，如目标公司与第三方中介机构签订的中介合同以及支付的项目佣金情况。

三、风险提示

1. 合同有效性风险。若建设单位未按照规定选聘目标公司，建设单位而非目标公司可能面临相关行政处罚。但建设单位未履行招投标程序是否导致物业服务合同无效，在司法判例中有着不同的认定。

2. 市场准入风险。若目标公司因提供虚假材料投标、串通投标等上黑名单，则可能在一定期限内或者永久被禁止进入当地物业服务市场。

四、处理建议及参考条款

1. 建议在交易文件的“陈述与保证”条款中明确要求转让方对物业服务项目取得合规性进行承诺，参考条款节选如下。

> 转让方特别陈述与保证：基于协议所披露之目标公司及其在管项目情况，发生任何民事责任、行政责任，均由转让方据实承担或据实补偿至目标公司，包括但不限于：
>
> 目标公司因股权交割日前项目获取不合法或者不合规而可能需承担的民事责任、行政处罚责任等。

2. 若目标公司获得项目不合规并可能导致丢盘，则建议在交易协议中约定由交易对方整改不合规项目，或者剥离出交易范围。若将该类项目纳入交易范围，则建议对其单独作价并约定支付条件。

五、相关规定

1. 协议选聘

《物业管理条例》(2018 年修订)

第二十四条第二款　住宅物业的建设单位，应当通过招投标的方式选聘物业服务企业；投标人少于 3 个或者住宅规模较小的，经物业所在地的区、县人民政府房地产行政主管部门批准，可以采用协议方式选聘物业服务企业。

建设部《关于印发〈前期物业管理招标投标管理暂行办法〉的通知》(建住房〔2003〕130 号)

第四十二条　本办法第三条规定住宅规模较小的，经物业所在地的区、县人民政府房地产行政主管部门批准，可以采用协议方式选聘物业管理企业的，其规模标准由省、自治区、直辖市人民政府房地产行政主管部门确定。

2. 招投标

《物业管理条例》(2018 年修订)

第二十四条第一款　国家提倡建设单位按照房地产开发与物业管理相分离的原则，通过招投标的方式选聘物业服务企业。

第五十六条　违反本条例的规定，住宅物业的建设单位未通过招投标的方式选聘物业服务企业或者未经批准，擅自采用协议方式选聘物业服务企业的，由县级以上地方人民政府房地产行政主管部门责令限期改正，给予警告，可以并处 10 万元以下的罚款。

建设部《关于印发〈前期物业管理招标投标管理暂行办法〉的通知》(建住房〔2003〕130 号)

第八条　前期物业管理招标分为公开招标和邀请招标。

招标人采取公开招标方式的，应当在公共媒介上发布招标公告，并同时在中国住宅与房地产信息网和中国物业管理协会网上发布免费招标公告。

招标公告应当载明招标人的名称和地址，招标项目的基本情况以及获取招标文件的办法等事项。

招标人采取邀请招标方式的，应当向3个以上物业管理企业发出投标邀请书，投标邀请书应当包含前款规定的事项。

3. 政府采购

财政部《关于推进和完善服务项目政府采购有关问题的通知》（财库〔2014〕37号）

一、分类推进服务项目政府采购工作

根据现行政府采购品目分类，按照服务受益对象将服务项目分为三类：

第一类为保障政府部门自身正常运转需要向社会购买的服务。如公文印刷、物业管理、公车租赁、系统维护等。

4. 地方政策

上海市房屋管理局《关于印发〈关于进一步规范本市物业管理招投标工作的若干意见〉的通知》（沪房规范〔2021〕4号）

第六条【招标选聘情形】

招标方式分为公开招标或邀请招标。

公开招标，是指招标人以招标公告邀请不特定的法人或者其他组织投标。邀请招标，是指招标人以投标邀请书邀请特定的法人或者其他组织投标。

第七条【建设单位招投标工作完成时限】

建设单位应当通过监管服务平台公开招标选聘前期物业服务企业，并按照以下规定时限完成物业管理招投标工作：

（一）预售新建住宅项目应当在申请办理预售许可证前完成；

（二）现售新建住宅项目应当在申请办理销售方案备案前完成；

（三）非出售的物业项目应当在交付使用前90日完成。

广州市住房和城乡建设局《关于规范前期物业管理招标投标有关事项的通知》（穗建物业〔2021〕68号）

一、招标方式

建设单位应当在销售首套房屋前，以公开招标方式选聘前期物业服务企业，前期物业管理招标的服务范围是整个物业服务区域。

二、招标公告

建设单位选聘前期物业服务企业采取公开招标方式的，应当在广州市物业管理行业协会网站上发布招标公告。广州市物业管理行业协会收到建设单位的招标公告后，应当及时发布招标公告。

三、投标方式

……（二）投标人少于3个或者总建筑面积不超过5万平方米的，经区住房建设行政主管部门批准，建设单位可以采用协议方式选聘物业服务企业。

六、实务要点及典型案例

1. 采购人不得将特定金额的物业服务合同业绩作为评审因素

【典型案例】经查，本项目招标文件“评分标准”中序号2“物质装备计划”要求，“同类型管理业绩：最高得6分。（1）管理同类型项目合同金额100万元以上一个得2分；（2）管理同类型项目合同金额150万元以上一个得3分”。

本项目招标文件将特定金额的合同业绩作为评审因素，因合同金额和营业收入直接相关……属于《政府采购法实施条例》第20条第8项规定的“以其他不合理条件限制或者排斥潜在供应商”的情形，构成以不合理的条件对供应商实行差别待遇或者歧视待遇。……责令采购人废标。[①]

2. 建设单位在确定中标人前与投标人签订实质性内容的协议无效

【典型案例】再审法院经审查认为，2017年2月，奥贝公司就选聘“奥贝·学府一号”项目的物业企业制作了招标文件，并分别向洪泉公司、重庆渝恩物业服务有限公司、重庆瑞锦物业服务有限公司发出江津区“奥贝·学府一号”前期物业管理招标邀请书，载明的投标时间（截标时间）为2017年3月13日14:30。洪泉公司在2017年3月13日的开标中被确定为中标人。2017年3月14日，奥贝公司制作了奥贝·学府一号项目前期物业管理招标

① 参见“政府采购指导性案例”A单位办公楼物业管理服务项目投诉案，载《中国政府采购报》2019年1月14日。

结果公告，公示洪泉公司为中标人。同年 3 月 17 日，奥贝公司向洪泉公司发出奥贝·学府一号项目前期物业管理中标通知书，载明中标期限为三年，并请洪泉公司收到中标通知书后，在 2017 年 3 月 20 日前与奥贝公司签订前期物业服务合同。2017 年 3 月 20 日，主管部门制作了前期物业服务合同备案证明。另查明，招投标前 2017 年 3 月 9 日奥贝公司与洪泉公司签订了《奥贝·学府一号前期物业服务合同补充协议》。该补充协议主要对住宅空置房，商业空置房，车库经营与管理等事项，以及收费标准等进行了约定，并约定补充协议是前期物业合同的附件，与主合同具有同等法律效力。因奥贝公司在确定中标人前，就已经与洪泉公司就投标价格等实质性内容进行谈判，其行为足以影响中标结果，依照《招标投标法》的相关规定，一审、二审人民法院认定案涉《奥贝·学府一号前期物业服务合同补充协议》和《奥贝·学府一号前期物业服务合同》均无效，并无不当。①

3. 建设单位违规选聘物业服务企业是否违反强制性规定存在不同认定

【典型案例】再审法院认为，《物业管理条例》第 24 条规定了住宅物业的建设单位以招投标的方式选聘物业服务企业或者经区、县人民政府房地产行政主管部门批准，采取协议方式选聘物业服务企业。如违反该项规定，则依据该条例第 56 条的规定，由行政机关责令住宅物业的建设单位限期改正，给予警告并处以 10 万元以下的罚款。上述关于住宅物业的建设单位通过招投标的方式选聘物业服务企业的规定系对物业管理活动的规范，丁某今仅以碧桂园智慧物业周口分公司未经招投标程序为由，主张案涉小区的《前期物业服务合同》无效的理由缺乏法律依据，该项理由法院不予采纳。②

【典型案例】再审法院认为，《物业管理条例》第 24 条有关招投标程序的规定不属于强制性规定，违反该规定不构成应当认定合同无效的情形。故

---

① 参见重庆洪泉物业管理有限公司与重庆奥贝房地产开发有限公司物业服务合同纠纷申诉、申请再审民事裁定书，重庆市高级人民法院（2020）渝民申 1610 号。

② 参见丁某今与碧桂园智慧物业服务集团股份有限公司周口分公司物业服务合同纠纷再审审查与审判监督民事裁定书，河南省高级人民法院（2020）豫民申 6673 号。

周某平、何某华关于《前期物业管理服务合同》无效的主张不能成立。①

【典型案例】再审法院认为，《物业管理条例》第 24 条第 2 款属于效力性强制性规定，建设单位选聘前期物业服务应当采取招投标的方式，违反该规定订立的前期物业服务合同无效。原因在于物业企业的选任对业主权利影响很大，而前期物业服务企业的选任主体与实际享受物业服务的主体是不一致的，为了避免建设单位选聘物业服务的任意性，保障物业实际享用人的权益，法规规定建设单位选聘物业服务企业应当通过招投标的方式，除投标人少于 3 个或者住宅规模较小并经过主管部门批准外，不得采取协议的方式选聘物业服务企业。根据原审查明的事实和在卷证据，2013 年 3 月 1 日，建设单位济南大南方房地产开发有限公司与万佳公司直接以签订《前期物业服务合同》的方式，约定选聘万佳公司对东方新天地花园提供前期物业管理服务事宜。因此，该前期物业服务合同未经过招投标，且亦不属于《物业管理条例》规定的“经物业所在地的区、县人民政府房地产行政主管部门批准，可以采用协议方式选聘具有相应资质的物业管理企业”情形。故原审认定济南大南方房地产开发有限公司与万佳公司签订的《前期物业服务合同》无效，不支持万佳公司基于有效合同要求王某志支付物业费的诉求，并无不当。②

4. 物业服务企业提供虚假材料中标而签订的物业服务合同无效

【典型案例】因服务公司在投标过程中提供虚假材料，在本案案涉合同的履行过程中被相关部门宣布中标无效并被处以行政处罚，服务公司的前述行为违反了法律的强制性规定。《政府采购法》第 77 条虽未明确提供虚假材料中标后所订立的合同的效力，但该条对行为人违法行为的效力已进行了明确，即中标、成交无效，该条款应属效力性规定。服务公司的行为符合原《合同法》第 52 条第 5 项和最高人民法院《关于适用〈中华人民共和国合同法〉若干问题的解释（二）》（已失效）第 14 条规定的情形，服

① 参见周某平、何某华物业服务合同纠纷再审民事判决书，福建省高级人民法院（2019）闽民再 95 号。

② 参见济南万佳物业管理有限公司与王某志物业服务合同纠纷再审审查与审判监督民事裁定书，山东省高级人民法院（2020）鲁民申 5097 号。

务公司与洛带政府之间所签订的《物业服务合同》应认定无效。洛带政府反诉要求确认合同无效理由成立，法院予以支持。①

5. 业主委员会应依法向中标物业服务企业发出中标通知并签约

【典型案例】法院认为，当事人在订立合同过程中存在缔约过失行为，给对方造成损失的，应当承担损害赔偿责任。本案中曼哈顿业委会对外招标为要约邀请，万科公司投标为要约，曼哈顿业委会向中标人发出中标通知书为承诺……评标结束后招标人曼哈顿业委会违反约定，不选择排序第一的中标候选人万科公司，而另行选择排位在后的中标候选人为中标人的行为，违背了招标文件、招标公告和《上海市物业管理招投标管理办法》的规定，属于缔约过失行为。②

【典型案例】本案中，幸福里业委会发出招标公告属于要约邀请，三好物业按照招标文件参与项目投标，递交投标文件，属于要约。幸福里业委会经过开标与评标程序，向三好物业发出中标通知书，即为承诺。该中标通知书到达三好物业即生效。依照原《合同法》第 25 条的规定，承诺生效时合同成立，故双方当事人之间的物业服务合同成立。中标通知生效后，成立本约而非订立书面合同的预约。幸福里业委会主张双方之间的《物业服务合同》未成立，仍处于缔约阶段的意见无依据，二审法院不予采纳。③

6. 业委会不得与物业服务企业签订与招标版有较大变化的物业服务合同

【典型案例】二审法院认为，选聘物业服务企业，内容不仅包括确定物业服务企业，亦应包括与之签订的物业服务合同，因此，物业服务合同属于需要业主共同决定的事项。涉案《珠海市高新区远大美域新城物业管理服务合同》内容与招标版合同有较大变化，该签订版合同至今未取得业主大会或

---

① 参见成都市壹贰服务产业有限公司与成都市龙泉驿区洛带镇人民政府物业服务合同纠纷一审民事判决书，四川省成都市龙泉驿区人民法院（2016）川 0112 民初 5675 号。

② 参见上海万科物业服务有限公司与上海市徐汇区东方曼哈顿业主委员会招标投标买卖合同纠纷一审民事裁定书，上海市徐汇区人民法院（2017）沪 0104 民初 13215 号。

③ 参见珠海市香洲区幸福里小区第二届业主委员会与珠海市三好物业管理有限公司合同纠纷二审民事判决书，广东省珠海市中级人民法院（2021）粤 04 民终 223 号。

者专有部分占建筑物总面积过半数同时占总人数半数以上的业主追认，且部分业主交纳物业服务费的行为亦不能视为对签订版合同的认可。一审法院据此认定《珠海市高新区远大美域新城物业管理服务合同》因违反了原《物权法》和《物业管理条例》的禁止性规定而无效正确，二审法院予以维持。①

7. 建设单位与其子公司物业服务企业不得违反招标文件签订物业服务合同

【典型案例】本案中，好生活公司系恒年公司的全资子公司，恒年公司系江南城发公司的股东，恒年公司的法定代表人彭某节同时担任江南城发公司的副董事长和执行董事，根据公司章程规定，彭某节实际掌控江南城发公司及其全资子公司右岸公司的人事权、财务权及日常经营权。

从以上事实来看，江南城发公司的股东恒年公司与好生活公司系关联公司；另根据江南城发公司招投标文件约定，投标人不得存在如下情形之一：与招标人或者招标代理机构存在隶属关系或者其他利害关系，好生活公司因与恒年公司系关联公司，存在利害关系，其不符合投标人资格。

综上，因好生活公司不具备投标人资格，其投标行为违反了法律的禁止性规定，该投标行为无效，江南城发公司与好生活公司依据中标结果而签订的《物业服务合同》应认定为无效合同。②

8. 建设单位与物业服务企业的关联关系不是认定合同无效的依据

【典型案例】再审法院认为，庞大投资公司与庞大物业公司均系经工商注册登记的独立法人，根据原《民法总则》第60条“法人以其全部财产独立承担民事责任”之规定，即使庞大投资公司为庞大物业公司控股股东，亦不因此否认两者为独立的法人。迎来置业公司以庞大投资公司系庞大物业公司控股股东，二者系母子公司而否认二者间签订的《前期物业管理服务委托

---

① 参见广州市时代物业管理有限公司与张某辉、何某恨、沙某等，珠海市高新区远大美域新城第一届业主委员会确认合同无效纠纷二审民事判决书，广东省珠海市中级人民法院（2019）粤04民终2779号。

② 参见湖南好生活物业管理服务有限公司与常德市江南城市发展有限公司、常德市右岸文化艺术有限公司、湖南恒年置业投资有限公司公司关联交易损害责任纠纷二审民事判决书，湖南省常德市中级人民法院（2020）湘07民终892号。

合同》的效力，法律依据不足。[①]

9. 相关行政处罚案例见表16－1

表16－1　相关行政处罚案例

序号	当事人	处罚决定书	处罚事由	处罚机关	处罚结果
1	深圳市泰丰源物业服务有限公司	深宝财购（2018）54号	涉嫌串通投标	深圳市宝安区财政局	一、处以采购金额千分之二十五的罚款91 630.95元（3 665 238元×25‰＝91 630.95元）；二、取消泰丰源物业公司参与深圳市政府采购的资格
2	四川金奥物业管理有限公司	雅财采罚（2021）4号	提供虚假材料	雅安市财政局	罚款，列入不良行为记录名单，在1年内禁止参加政府采购活动的行政处罚

七、物业服务企业上市案例文书部分示例

1. 上海上房物业服务股份有限公司首次公开发行股票申请文件反馈意见

> 10. 报告期内，发行人获取业务的方式主要为招投标和商务谈判方式。请发行人补充披露：（1）报告期各期通过不同的订单获取方式（招投标、协商谈判等）实现的业务收入及占比，是否存在应履行招投标程序而未履行的情况，业务开展是否符合《招标投标法》等法律法规和规范性文件的规定，招投标费用、投标保证金与发行人招投标收入的匹配关系，招投标中是否存在商业贿赂、串通投标等违法行为。（2）请披露供

① 参见山西迎来幸福置业有限责任公司与庞大云冈物业管理有限公司物业服务合同纠纷再审审查与审判监督民事裁定书，山西省高级人民法院（2020）晋民申2788号。

应商资格到期后的续期方式，如需继续提供服务是否需重新履行招投标程序，是否存在无法继续合作的风险，如何维持客户的稳定性。（3）公司与客户达成合作的具体形式和合同模式，每次交易的合同形式或其他形式。公司与客户签订合作合同或交易协议是否明确客户单方终止合同的情形和责任及赔偿义务。发行人前十大客户是否签订交易框架合同或中长期合同，请列示合作终止时间。（4）发行人业务获取方式是否合规，是否存在商业贿赂的情况。（5）发行人主要客户负责人、负责物业采购服务等相关人员及其近亲属是否直接或间接持有发行人及其子公司股权、权益或是否存在相关利益安排。请保荐机构及发行人律师核查并发表意见。

2. 浙江开元物业管理股份有限公司创业板首次公开发行股票申请文件反馈意见

10. 关于发行人的客户。请发行人：……（3）区分不同的业务类型，说明发行人开拓客户的方式，与主要客户建立合作关系的背景，销售费用率比部分同业公司低的原因

……（6）发行人物业项目的取得是否符合《物业管理条例》《招标投标法》等法律法规的规定，是否存在应当履行招投标程序而未履行、应当批准而未批准的情形。是否存在商业贿赂等不正当竞争行为；是否均与业主/业主委员会签署书面物业服务合同，物业续签、更选等程序对应的法律法规要求以及是否合法合规，是否存在纠纷或潜在纠纷……请保荐机构及发行人律师核查并发表意见。

3. 重庆新大正物业集团股份有限公司首次公开发行股票申请文件反馈意见

（6）结合费用发生的对方单位，请发行人说明是否存在关联方或潜在关联方为发行人承担成本或代垫销售费用的情况，是否存在未入账的成

本费用，是否存在通过销售费用或管理费用进行商业贿赂的情形。请保荐机构和会计师对上述情况进行核查，详细说明核查过程和依据，并发表意见。

4. 南都物业服务股份有限公司首次公开发行股票申请文件反馈意见

5. 在招股说明书中，发行人披露了报告期内前五大客户的销售金额及占比……说明主要合同的取得背景与主要客户交易的可持续性，结合物业细分行业和细分区域的竞争状况说明公司未来收入增长的可持续性……请保荐机构和会计师补充说明对公司主要客户的核查措施、核查比例和核查结果，并发表明确意见。

5. 第一物业（北京）

3. 关于合同签订。请主办券商和律师核查公司签署的合同是否需要通过采购、招投标程序，对相关合同的签署是否合法合规、是否有效发表意见。若是，请公司补充披露：（1）请公司补充披露所投的标的来源、招标模式。（2）请公司补充披露报告期内通过招投标获得主要订单数量，金额及占当期销售收入比重。请主办券商及律师核查公司的销售渠道，就获得销售订单的合法合规性，是否对持续经营存在不利影响发表意见。

第十七章　物业服务合同备案

一、概述

物业服务合同备案是指物业服务企业在签订物业服务合同后，根据相关规定在一定期限内向备案主管部门申请合同备案的法律行为。收并购中，核查在管项目的物业服务合同备案情况，有助于识别在管项目真实性，结合其他核查要素综合判断目标公司经营合规性。

核查物业服务合同备案事项，应注意以下问题。

1. 物业服务合同备案规定

国务院《物业管理条例》并未规定物业服务合同备案事项，但部分地方性法规和地方政府规章等对物业服务合同提出了备案要求。具体为物业服务企业在签订物业服务合同后，在规定的期限内向备案主管单位（街道办事处、乡镇人民政府、区县住房和城乡建设或者房屋主管部门等）申请物业服务合同备案。备案主管单位对申请要件符合要求的合同，受理后在承诺的工作日内给予备案，并且在物业服务合同上加盖备案章。若备案申请不符合要求，备案主管单位应告知需要补齐补正的材料。实操中，保安、保洁、绿化、环卫等单项服务合同一般不再作为物业服务合同进行备案。

2. 物业服务合同备案意义

（1）从形式看，物业服务合同属于要式合同，依法应当采用书面形式。一方面，物业服务合同履行时间长、权利义务复杂，采取书面形式有利于明确双方的权利义务，便于合同的履行和纠纷解决。另一方面，采用书面形式也便于在行政主管部门备案，以加强对物业服务企业经营活动的监督和指导，规范物业服务的管理行为，建立健全物业服务企业信用体系。

（2）从内容上看，物业服务合同的内容一般包括服务事项、服务质量、服务费用的标准和收取办法、维修资金的使用、服务用房的管理和使用、服务期限、服务交接、纠纷解决方式、双方违约责任、解除合同条件等条款。物业服务企业公开作出的有利于业主的服务承诺也是物业服务合同的组成部分。若目标公司就同一在管项目存在多份同期物业服务合同，则可以结合备案的物业服务合同判断其真实性。

3. 物业服务合同备案性质

从司法实践看，主流意见认为物业服务合同备案不具备行政许可的性质，不属于行政诉讼受案范围，亦不对物业服务合同的效力产生影响。

二、核查要点

1. 检索在管项目当地关于物业服务合同备案的规定，如备案要求、备案形式、备案流程、未备案的法律责任等。

2. 在管项目物业服务合同是否加盖备案章及原因。

3. 目标公司提供待核查的与已备案的物业服务合同是否一致及原因。

4. 备案主管单位是否对目标公司未申请合同备案进行行政处罚等。

三、风险提示

1. 行政处罚风险。若目标公司未依法办理物业服务合同备案或者伪造、篡改备案相关资料，行政主管机关可以责令限期改正，给予警告；逾期不改的，处一定金额的罚款。

2. 行业自律风险。物业服务合同备案情况可作为物业服务企业信用评价的重要内容，纳入企业信用档案。

四、处理建议及参考条款

1. 若在管项目所在地规定物业服务合同须备案，虽未备案但可以补办备案手续，则建议在交易协议中约定转让方完成备案作为交易先决条件之一或者交割后履行事项。

2. 若在管项目所在地规定物业服务合同须备案，但转让方在访谈中声明办理了备案但未能提供全部备案证明，则建议要求转让方在交易协议中作出承诺，目标公司已经完成在管项目物业服务合同备案手续，备案合同与实际履行的合同完全一致。

3. 建议在交易协议中约定，管理权交接之前原因发生的与物业服务合同备案有关的一切问题导致的目标公司法律责任（包括但不限于承担罚款等）、法律义务或风险，虽可能在管理权交接之日后发生或发现，应由交易对方承担责任。

五、相关规定

《北京市物业管理条例》

第六十三条第三款　物业服务合同签订或者变更之日起十五日内，物业服务人应当将物业服务合同报街道办事处、乡镇人民政府、区住房和城乡建设或者房屋主管部门备案。

第九十一条　违反本条例第六十三条规定，物业服务人未按规定将物业服务合同报街道办事处、乡镇人民政府、区住房和城乡建设或者房屋主管部门备案的，由街道办事处、乡镇人民政府责令限期改正，给予警告；逾期不改的，处五千元以上一万元以下的罚款。

上海市房屋管理局《关于开展物业服务企业在物业管理监管与服务信息平台进行物业服务合同备案工作的通知》（沪房物业〔2020〕131号）

一、备案范围

物业服务企业通过以下方式承接本市行政区域内物业项目的，应当进行物业服务合同备案：

1. 物业服务企业通过公开招投标方式与建设单位、业主大会签订前期物业服务合同或物业服务合同的；

2. 物业服务企业通过协议选聘、继续聘用等方式与建设单位、业主大会签订前期物业服务合同或物业服务合同的；

3. 物业服务企业通过临时托管方式与街道办事处（乡、镇人民政府）或居民委员会、业主委员会签订临时托管协议的。

二、备案流程

……

（二）自行网上申报

各物业服务企业登录监管服务平台，按照各数据项要求逐项填报合同主要的条款信息，包括不同物业类型的物业服务费用标准、物业服务内容和标准、合同期限等，并上传完整含明示承诺在内的物业服务合同、临时托管协议的文档。

（三）提交备案材料

各物业服务企业要主动向物业项目所在地的街镇提交前期物业服务合同或物业服务合同或临时托管协议、项目经理身份证明等书面材料。其中，物业服务合同期限届满，物业服务企业未续签合同但实际仍继续提供物业服务的，物业服务企业还应当出具该物业项目业主委员会的相关证明。

（四）项目信息核实

各街镇根据企业递交的上述备案资料，登录监管服务平台对辖区内物业项目和项目经理相关材料的信息进行核对，对信息填报准确无误的，予以物业服务合同备案。

《深圳经济特区物业管理条例》（2019年修订，深圳市第六届人民代表大会常务委员会公告第158号）

第五十条　建设单位在办理房地产买卖合同备案时，应当将前期物业服务合同、临时管理规约同时报送备案。

经备案的前期物业服务合同和临时管理规约，应当作为建设单位与物业买受人签订的房地产买卖合同附件。

第五十八条第四款　物业服务企业应当在签订物业服务合同之日起十五日内将物业服务合同副本报物业所在地区住房和建设部门备案。

第一百一十四条第三项　物业服务企业有下列情形之一的，由区住房和建设部门给予警告，并责令限期改正；逾期未改正的，处二万元以上五万元以下罚款：

……

（三）违反本条例第五十八条第四款规定，未将物业服务合同副本报区住房和建设部门备案；

……

《珠海市关于做好我市物业服务合同备案工作的再通知》（珠海市住房和城乡规划建设局 珠规建房〔2017〕21号）

一、物业服务合同备案的基本要求

（一）新建物业出售前，建设单位应该按照现行法律法规规章和相关文件的规定，通过公开招标、邀请招标、协议等方式确定物业服务企业并签订前期物业服务合同，物业服务企业应当于前期物业服务合同签订之日起十五日内将合同报项目所在地的区物业管理行政主管部门备案。建设单位在申请商品房预售许可证时，须提交前期物业服务合同备案回执。

（二）新承接物业服务项目（非前期物业）的，物业服务企业应当于物业服务合同签订之日起15日内持与业主委员会（业主）签订的物业服务合同，到物业所在地的区物业管理行政主管部门办理物业服务合同备案……

五、物业服务合同备案相关工作要求

（一）物业服务合同备案工作，按照属地管理的原则，由项目所在地的区物业管理行政主管部门负责办理。各区物业管理行政主管部门要充分认识物业服务合同备案工作的重要性，高度重视该项工作，按照规定严格审查备案资料，特别是要对物业服务合同的严谨性、规范性及合法性进行审查。同时，要将备案资料专门建档，建档情况作为对区物业管理行政主管部门工作考核的重要内容。

（二）对符合备案条件的，各区物业管理行政主管部门应在受理之日起5个工作日办理备案手续。《珠海市物业服务合同备案表》是在物业管理项目评优活动等工作中证明物业服务企业合法拥有物业服务项目的有效凭证。

（三）市物业管理行业协会在办理物业服务企业资质备案和开具诚信证明时，应审查物业服务合同及备案情况，没有在各区物业管理行政主管部门进行合同备案的，不予办理物业服务企业资质备案、不予出具所有相关诚信的证明。

《杭州市物业管理条例》（2021年修订）

第八十六条　物业服务人违反本条例规定，有下列情形之一的，由区、县（市）房产主管部门责令限期改正，可以给予警告或者按照下列规定予以处罚：

（一）未按照规定办理物业服务合同备案或者伪造、篡改备案相关资料的，处五千元以上五万元以下罚款……

六、实务要点及典型案例

1. 物业服务合同备案行为不属于行政诉讼受案范围，不影响合同效力

【典型案例】法院认为，公民、法人或者其他组织提起行政诉讼应当符合法定起诉条件。最高人民法院《关于适用〈中华人民共和国行政诉讼法〉的解释》第1条第2款第10项规定，对公民、法人或者其他组织权利义务不产生实际影响的行为不属于行政诉讼受案范围。本案中，王某请求法院判决撤销通州区住建委给予瑞豪（天津）物业服务有限公司在财富东方小区的物业服务合同备案行为，但根据《北京市物业管理条例》第63条之规定，物业服务合同系平等民事主体之间的民事法律行为，相关机关的是否对物业服务合同备案均不影响物业服务合同的效力，不影响当事人依据物业服务合同主张民事权利，故该备案行为属于对当事人权利义务不产生实际影响的行为，依法不属于行政诉讼受案范围。[①]

2. 行政机关对到期的物业服务合同进行备案不当

【典型案例】二审法院认为：被上诉人广州市越秀区房屋管理局执行生效行政复议决定撤销广州市越秀区第四土地房屋管理所2012年11月27日作出的行政备案行为符合法律规定。上诉人与广州高田投资有限公司2007年12月18日签订的《上誉花园前期物业服务合同》于2010年12月17日期限届满，虽然上诉人在此后的物业管理服务中一直按该物业服务合同实际执行，上誉花园物业服务管理各方也是按该物业服务合同规定履行，但由于该合同明确约定的期限已经届满，作为法定文件备案已不符合法律规定，被上诉人对不符合法律规定的备案予以撤销并无不当。被上诉人撤销本案行政备案不影响2009年3月1日施行的《广东省物业管理条例》第50条第4款规定的“物业服务合同自动延续至业主大会作出选聘或者续聘决定为止”对涉案

① 参见王某与通州区住建委再审审查与审判监督行政裁定书，北京市高级人民法院（2021）京行申1017号。

《上誉花园前期物业服务合同》的适用。[①]

3. 若备案的与实际履行的物业服务合同不一致，应以实际履行的为准

【典型案例】江岩物业公司在二审中提交了完整的备案材料，其中经过备案的物业服务合同中约定的住宅物业费标准确实为2.8元/平方米·月，但该材料中的备案申请表中所载明的申报物业费标准为1.98元/平方米·月，存在一定的自相矛盾，江岩物业公司所提交的物业费收费情况说明并不足以证明2.8元/平方米·月的收费标准经过对业主的公示公开，反而能够印证其主动承诺按照1.98元/平方米·月的标准实际收取物业费，江岩物业公司所提交的收费明细及收据亦不足以证明其与诉争小区绝大多数业主实际达成按照2.8元/平方米·月的标准收费的一致意思表示。

反观业主一方于本案一审中提交的证据，选聘江岩物业公司作为前期物业服务企业的开发商宏东房地产公司在《北京市商品房现房买卖合同》中与业主明确约定，前期物业管理期间的物业服务收费价格为1.98元/平方米·月；由江岩物业公司制作的《物业管理公约》第十章第1条亦约定住宅的物业服务费价格为1.98元/平方米·月，该管理公约亦明确承诺物业服务企业与开发商签订的物业管理委托合同与本公约不存在抵触，该公约附则约定本物业管理公约由物业公司和每位业主各执一份；上述证据能够证明，江岩物业公司经开发商选聘，在物业服务合同缔结时，向每一位业主以书面方式承诺按照1.98元/平方米·月的标准提供物业服务，并明确了相应的服务范围和质量标准。根据业主一方通过申请政府信息公开获取的物业服务项目收支情况报告内容，江岩物业公司自2011年至2019年的物业服务项目收支情况，收费标准为高层住宅：1.98元/平方米·月。该证据能够证明江岩物业公司在履行物业服务合同过程中亦实际按照1.98元/平方米·月收取了费用。[②]

---

① 参见广州天伦物业管理有限公司与广州市越秀区房屋管理局城乡建设行政管理：房屋登记管理（房屋登记）纠纷二审行政判决书，广州铁路运输中级人民法院（2017）粤71行终168。

② 参见北京江岩物业管理有限公司与魏某正物业服务合同纠纷二审民事判决书，北京市第一中级人民法院（2021）京01民终8541号。

4. 应查明备案物业服务合同与物业服务企业提供的不一致的事实

【典型案例】再审法院审查查明：肖某为证明在韶关市浈江区住房和城乡建设局备案的开发商韶关市莱斯房地产有限公司（以下简称莱斯房地产公司）与莱斯物业公司签订的《物业管理委托合同》约定的非住宅物业管理费收费标准为30元/平方米，提交了从韶关市浈江区住房和城乡建设局档案材料中复印的《物业服务合同备案表》《韶关市物业服务合同备案回执》《物业管理委托合同》复印件各一份；肖某为证明莱斯物业公司自行制定的40元/平方米的物业收费标准明显高于附近同类商铺的市场收费标准，还提交了《丽景花苑商铺缴纳物业管理费一览表》、物业收费标准公示、《韶关市鑫金汇建材家居广场商铺租赁合同》复印件各一份……

本院经审查认为：《物业管理条例》第21条规定："在业主、业主大会选聘物业服务企业之前，建设单位选聘物业服务企业的，应当签订书面的前期物业服务合同。"第25条规定："建设单位与物业买受人签订的买卖合同应当包含前期物业服务合同约定的内容。"因此，由莱斯房地产公司与莱斯物业公司签订在韶关市浈江区住宅和城乡建设局备案的《物业管理委托合同》约定的非住宅物业管理费收费标准，原审法院未予查明。莱斯物业公司与肖某签订的《前期物业管理服务委托协议》约定的物业管理费收费标准，是否与上述备案的《物业管理委托合同》一致，莱斯物业公司是否有权约定变更该《物业管理委托合同》制定的收费标准，原审法院亦未予查明。[①]

5. 物业服务合同备案可以证明物业管理区域

【典型案例】再审法院经审查认为，关于二审判决认定龙湖蓝湖郡小区是单独的物业管理区域问题。《重庆市物业管理条例》第11条规定："业主可以设立业主大会，并由业主大会选举产生业主委员会，但同一个物业管理区域只能设立一个业主大会。"因此，物业管理区域与业主大会的设立紧密相关。

龙湖物业提供的相关房地产行政主管部门出具的《物业服务合同备案证

---

① 参见肖某与韶关市莱斯物业服务有限公司物业服务合同纠纷再审审查与审判监督民事裁定书，广东省高级人民法院（2019）粤民申2803号。

明》［编号北新物备2015（024）号］能够证明龙湖蓝湖郡物业合同已经备案，即龙湖蓝湖郡是一个物业管理区域。从物业的形态上看，龙湖蓝湖郡小区作为别墅区，显然与高层区、花园洋房区存在区别，单独划定为物业管理区域并无不当。①

6. 物业服务合同备案证明存根的笔误不影响物业服务合同效力

【典型案例】关于余某所称有新的证据足以推翻二审判决问题：渝长前物合备（2008）第19号前期物业服务合同备案证明存根与前期物业服务合同中关于上创风林江岸的总建筑面积记载不一致并不影响广开公司与余某之间成立物业服务合同关系的认定，依据物业服务合同，余某有义务向广开公司支付物业服务费用的事实不会改变。故余某所称新的证据不能推翻二审判决。另外，很明显，13 315.1万平方米是13 315.1平方米的错误登记，不会改变上创风林江岸的实际总建筑面积。②

7. 相关行政处罚案例见表17－1

表17－1　相关行政处罚案例

行政相对人名称	北京恒丰顺达物业管理有限责任公司
行政处罚决定书文号	京建法罚（丰房）字〔2020〕第770005号
违法行为类型	《北京市物业管理办法》第20条第2款的规定
违法事实	北京恒丰顺达物业管理有限责任公司管理北京市丰台区郭公庄幸福家园小区物业项目，于2018年3月27日分别与全体业主签订郭公庄幸福家园小区物业服务合同后，未按规定自物业服务合同签订之日起15日内到北京市丰台区房屋管理局报送物业服务合同备案
处罚依据	《北京市物业管理办法》第41条的规定
处罚内容	罚款人民币10 000元

① 参见熊某、濮某容等与龙湖物业服务集团有限公司等劳动争议申请再审民事裁定书，重庆市高级人民法院（2017）渝民申2857号。

② 参见余某与重庆广开物业管理有限公司物业服务合同纠纷再审审查民事裁定书，重庆市高级人民法院（2014）渝高法民申字第00736号。

8. 物业服务合同备案系统示例（以上海市为例，见图 17 -1）

物业服务合同管理

编辑 | 选用前期物业服务合同录入 | 选用委托协议录入 | 打印 | 返回

物业服务合同信息

第一条:本合同所涉及的物业基本情况

物业名称: 物业类型: 住宅

座落位置: 区/县: * 乡/镇 路: * 弄: 号: * 1

物业总面积 * 平方米 住宅面积 * 平方米

物业管理区域东 * 物业管理区域南 *

物业管理区域西 * 物业管理区域北 *

第二条:乙方为本物业管理区域的业主、物业使用人提供下列物业管理服务事项。

（一）物业共用部位的维护；（二）物业共用设施设备的日常运行和维护；（三）公共绿化养护服务；（四）物业公共区域的清洁卫生服务；

（五）公共秩序的维护服务；（六）物业使用禁止性行为的管理；（七）物业其他公共事务的管理服务；（八）业主委托的其他物业管理服务事项。

第三条:物业专有部分的自用部位、自用设备损坏时，业主、物业使用人可以向乙方报修，也可以自行维修。经报修由乙方维修的，维修费用由业主、物业使用人承担。

第四条:甲方向乙方提供位于 路 号 101 室(建筑面积 100 平方米)的房屋作为物业管理办公用房

第五条: 乙方提供的物业管理服务内容和标准应符合下列约定:

（一）物业共用部位的维护、物业共用设施设备的日常运行和维护，详见附件三；（二）公共绿化养护服务，详见附件四；

（三）物业公共区域的清洁卫生服务，详见附件五；（四）公共秩序的维护服务，详见附件六；

（五）物业使用禁止性行为的管理，详见附件七；（六）物业其他公共事务的管理服务，详见附件八；

第六条: 在签订本合同前，甲方应会同乙方对物业共用部位、共用设施设备进行查验，并按规定向乙方移交物业管理所必需的相关资料。甲、乙双方办理物业查验、移交手续，对查验、移交中发现的问题及相应解决办法应采用书面方式予以确认。具体内容详见附件九。

第七条: 乙方根据下述约定，按建筑面积向业主收取物业服务费

物业服务费标准

序号	房屋性质	房屋用途	建筑类型	有无电梯	收费类型	单价	备注	操作
1	商品房	一般住宅	单体别墅	无电梯	元/月·平方米	4		
2	商品房	一般住宅	联体别墅	无电梯	元/月·平方米	4		

上述物业服务收费分项标准(元/月·平方米)如下:

一、住宅物业

1. 综合管理服务费: 2. 共用部位、共用设施设备日常运行、保养、维修费用:

3. 公共区域的清洁卫生服务费用: 4. 公共区域绿化养护费用:

5. 公共区域秩序维护服务费用: 6.

二、非住宅物业

1. 综合管理服务费: 2. 共用部位、共用设施设备日常运行、保养、维修费用:

3. 公共区域的清洁卫生服务费用: 4. 公共区域绿化养护费用:

5. 公共区域秩序维护服务费用: 6.

本条约定的物业服务费不含物业大修和专项维修的费用，物业大修和专项维修的费用在维修资金中列支，并按规定分摊。

第八条: 自本合同生效之日的当月起发生的物业服务费用，由业主承担；业主应依照本合同第七条约定的标准向乙方交纳物业服务费。

第九条: 乙方按下述第 * 种收费形式确定物业服务费用

（一）包干制。由业主向乙方支付本合同第七条约定的物业服务费用，盈余或者亏损均由乙方享有或者承担

（二）酬金制。在本合同第七条约定预收的物业服务资金中按下述第 * 种方式提取酬金，其余全部用于物业服务合同约定的支出，结余或者不足均由业主享有或者承担。

1. 每 月 (月/年) 在预收的物业服务费用中按 %的比例提取酬金；

2. 每 月 (月/年) 在预收的物业服务费用中提取 5000 元的酬金。

（三）

第十条: 物业服务费用（物业服务资金）按 季 交纳，业主应在 每季度第一个月的15号前 *（每次缴费的具体时间）履行交纳义务

第十一条: 物业服务费用实行酬金制方式计费的，乙方每年 4 * 次向全体业主公布物业服务资金的收支情况。

物业服务资金收支情况有争议的，甲乙双方同意采取以下方式解决:

（一）聘请独立第三方对物业服务资金收支情况进行审计。

（二）

第十二条: 停车场收费分别采取以下方式:

露天机动车车位 0 元/个·月

图 17 -1 上海市物业服务合同备案系统截图

第十八章　业主委员会备案

一、概述

业主委员会备案，是指业主委员会在业主大会选举其产生之后依法向相关主管部门申请备案的行为。备案是业主委员会成立的身份合法化，业主委员会备案后可依业主大会的决定与物业服务企业签订物业服务合同。因此，收并购中，通过核查业主委员会备案情况，有助于识别业主委员会签订的在管项目物业服务合同是否合法有效、目标公司在管项目管理权是否稳定、持续。

核查业主委员会备案事项，应注意以下要点。

1. 业主委员会备案的主要流程

业主委员会备案的主要流程是，业主委员会根据《物业管理条例》以及各地关于物业管理的地方性法规等规定，在业主大会选举其产生之日起 30 日内，向物业所在地的区、县人民政府房地产行政主管部门和街道办事处、乡镇人民政府申请备案，上述行政主体依法对备案申请材料进行审查并决定是否备案的整个过程。备案机关不仅对业主委员会提交的资料是否齐全、是否与相关法律规范的要求一致等进行形式审查，而且对业主委员会是否依法成立、申请材料内容是否符合相关规定进行实质审查。若备案材料符合规定，则对业主委员会进行备案；不符合规定，则不予备案或者要求其补充备案申请资料。

2. 业主委员会备案的法律意义

业主委员会备案行为实际上是备案机关对业主委员会合法成立、具备主体资格等一系列事实的确认，其结果将对业主和其他利害关系人的权利义务产生实际影响。司法实践中，业主委员会备案属于行政诉讼的受案范围，因此，备案是业主委员会成立身份的合法化，具有对外公示宣告的作用。若业主委员会获得备案证明，则可以向公安机关申请刻制业主大会印章和业主委员会印章，否则不能依法对外代表业主大会和业主委员会从事法律行为。

二、核查要点

1. 核查业主委员会的备案证明、印章刻制证明。

2. 核查业主委员会是否刻制印章，是否存在多套印章及原因等。

3. 核查行政机关是否存在对业主委员会相关人员未备案的行政处罚情况等。

4. 核查在管项目是否存在新旧业主委员会争议、业主委员会备案行政争议等。

三、风险提示

1. 在管项目合法性风险。若业主委员会未取得或者超出业主大会授权与目标公司签订物业服务合同，并且业主大会未追认，则在管项目的物业服务合同存在有效性风险。

2. 在管项目稳定性风险。若目标公司与业主委员会签订了物业服务合同，而该业主委员会存在新旧业主委员会之争，或者业主委员会与备案机关存在行政争议，则可能影响在管项目的稳定性。

四、处理建议及参考条款

建议在交易协议“陈述与保证”条款中要求交易对方对目标公司与其签订物业服务合同的业主委员会已经依法备案、业主委员会公章合法有效等进行陈述与保证，并结合其他条款要求交易对方就在管项目稳定性、业绩补偿等作出明确承诺。

五、相关规定

《物业管理条例》（2018 年修订）

第十六条第一款　业主委员会应当自选举产生之日起 30 日内，向物业所在地的区、县人民政府房地产行政主管部门和街道办事处、乡镇人民政府备案。

住房和城乡建设部《关于印发〈业主大会和业主委员会指导规则〉的通知》（建房〔2009〕274号）

第三十四条第一款　业主委员会办理备案手续后，可持备案证明向公安机关申请刻制业主大会印章和业主委员会印章。

《上海市住宅物业管理规定》（2020年修正）

第二十三条　业主委员会自选举产生之日起三十日内，持下列文件向乡、镇人民政府或者街道办事处备案：

（一）业主大会会议记录和会议决定；

（二）业主大会议事规则；

（三）管理规约；

（四）专项维修资金管理规约；

（五）业主委员会委员的名单、基本情况和书面承诺；

（六）业主委员会委员的培训记录。

乡、镇人民政府或者街道办事处对依法选举产生的业主委员会出具业主大会、业主委员会备案证明和印章刻制证明。备案证明应当载明业主大会名称，业主委员会名称、届别、任期、负责人和办公地址。

业主委员会应当依法刻制和使用印章。印章印文中应当包含业主委员会名称以及届别。

第二十九条第二款　新一届业主委员会选举产生后，应当在三十日内向乡、镇人民政府或者街道办事处办理换届备案手续，并由物业所在地房管机构在备案后十日内，将其保管的前款所述物品移交新一届业主委员会。

第三十三条　业主委员会的名称、所辖区域范围、委员、业主大会议事规则和管理规约发生变更的，业主委员会应当在三十日内向乡、镇人民政府或者街道办事处办理变更备案手续。

因物业管理区域调整、房屋灭失或者其他原因致使业主委员会无法存续的，业主委员会应当在三十日内向乡、镇人民政府或者街道办事处办理注销备案手续。

《江苏省物业管理条例》（2021年修正）

第二十二条　业主委员会应当自选举产生之日起三十日内，持下列材料向物业所在地的县（市、区）物业管理行政主管部门和街道办事处（乡镇人民政府）备案：

（一）业主委员会备案申请书；

（二）业主委员会成员名单；

（三）业主大会议事规则和管理规约；

（四）业主大会会议记录；

（五）其他应当提供的材料。

《山东省物业管理条例》（2021年修正）

第三十一条　业主委员会应当自选举产生之日起三十日内，持下列资料向物业主管部门和街道办事处、乡镇人民政府备案……

物业主管部门应当自收到前款规定资料之日起十日内，对符合条件的发给业主委员会备案证明，并出具业主委员会刻制印章证明。业主委员会应当依法刻制、使用、管理印章和开立账户……

深圳市住房和建设局《关于印发〈深圳经济特区物业管理条例〉行政处罚实施标准的通知》（深建物管〔2020〕22号）

第三条第三款　业主委员会违反《条例》第四十一条第一款规定，未向区住房和建设部门办理业主委员会候补委员递补备案手续的，由区住房和建设部门给予警告，并责令限期改正；逾期未改正的，对相关责任人按照下列标准实施行政处罚：

（一）情节轻微的，处一万四千元罚款；

（二）情节严重的，处二万元罚款；

（三）情节特别严重的，处三万元罚款。

最高人民法院《关于适用〈中华人民共和国行政诉讼〉的解释》（法释〔2018〕1号）

第十八条第一款　业主委员会对于行政机关作出的涉及业主共有利益的行政行为，可以自己的名义提起诉讼。

《上海市高级人民法院行政庭审理物业管理行政案件解答（一）关于业主委员会备案案件的问题》

一、根据《上海市住宅物业管理规定》第十三条，业主委员会自选举产生之日起三十日内，持相关文件向区县房地产管理部门备案。区县房地产管理部门对依法产生的业主委员会出具业主大会、业主委员会备案证明和印章刻制证明。对区县房地产管理部门准予备案或者不予备案的行为不服提起行政诉讼，属于行政案件受理范围。

物业管理中对业主委员会向房地产管理部门备案的行为，与通常所说的备案行为不同，具有对业主大会、业主委员会的主体资格进行确认的作用。房地产管理部门将对其进行实质性审查，并可以对依法产生的业主委员会出具备案证明。因此，对区县房地产管理部门准予备案或者不予备案的行为不服提起行政诉讼，属于行政诉讼的受案范围。当事人单独要求出具备案证明和印章刻制证明的，不予受理。

六、实务要点及典型案例

1. 业主委员会备案行为属于行政诉讼的受案范围

【典型案例】备案行为实际是物业管理行政主管部门对业主委员会依法成立、具备主体资格等一系列事实的确认，这种备案行为具有行政许可或者行政确认的效力，足于让相对人或其他人或其利害关系人的权利义务产生实际影响，属于行政诉讼的受案范围。[①]

【典型案例】关于法定职责的履行问题，本案中，鉴于空港街道办事处要求名都园业委会补充提供的材料具备正当、合理性，故在名都园业委会未配合提供完备材料的情况下，空港街道办事处未予备案，并未构成不履行法定职责。[②]

【典型案例】……业主委员会备案不同于一般的告知性备案，不仅要对

---

① 杨某文诉三亚市河西区管理委员会物业管理备案登记案（第122号案例）。参见最高人民法院行政审判庭编：《中国行政审判案例》（第4卷），中国法制出版社2012年版，第9页。

② 北京市顺义区名都园小区业主委员会与北京市顺义区空港街道办事处再审审查与审判监督行政裁定书，北京市高级人民法院（2019）京行申196号。

其提交的资料是否齐全，是否与《江苏省物业管理条例》第21条、第22条的规定等相关法律规范的要求一致、是否符合法定形式要求进行审查，还需要对业主委员会是否依法成立、申请材料内容是否符合相关规定进行审查。因此，行政机关应按照法律法规的规定，履行相应的审查义务。

根据原《物权法》第76条第2款的规定，选举业主委员会应当经专有部分占建筑物总面积过半数的业主且占总人数过半数的业主同意。根据某换届改选小组提供的材料可见，宋某某、唐某某、周某某、王某某、张某、曾某、侯某某七人不符合原《物权法》第76条关于“双过半”的规定，进而被申请人作出不予备案具有事实依据。申请人提供的《某小区业主大会议事规则（2016年修订版）》并无确切证据证明该议事规则已经合法召开的业主大会表决通过，且补充规则与该规则第21条第4项等规定存在冲突。

被申请人赛虹桥街道办在2020年2月22日收到备案申请后，即于次日告知某换届选举小组补充材料。在某换届选举小组于2020年3月10日向被申请人递交说明后，被申请人于同月13日作出被复议的不予备案决定，符合程序规定……①

2. 业主委员会对外具有代表权，其决定对业主具有约束力

【典型案例】建设单位与物业买受人签订的买卖合同应当包含前期物业服务合同约定的内容，一个物业管理区域由一个物业服务企业实施物业管理。业主委员会的法定性和代表性决定了业主委员会拥有对外代表权，业主大会或者业主委员会的决定，对业主具有约束力，业主委员会是否正确执行业主大会的决定并不影响其对外代表权。②

3. 业主大会选举产生的业委会是提起备案登记行政诉讼的适格主体

【典型案例】业主委员会经业主大会选举产生之后，依法具有相应的权

① 参见申请人某住宅小区业主委员会与被申请人南京市雨花台区人民政府赛虹桥办事处南京市雨花台区人民政府行政复议决定书，〔2020〕宁雨行复第11号。

② 参见宁波市镇海鼎天物业管理有限公司与宁波市北仑加贝购物俱乐部物业管理纠纷民事判决书，浙江省宁波市中级人民法院（2008）甬民三终字第518号。

利能力。行政机关不予备案的行为针对的对象即是申请备案的业主委员会，如果不赋予其原告资格，其合法权益无从保障，因此，经业主大会选举产生的业主委员会（未备案）起诉行政机关对该业主委员会备案申请决定不予备案的行为，具有原告主体资格。本案利豪花园第二届业主委员会因换届选举成立后向禅城住建局申请备案登记，根据上述法律、司法解释的规定，其对禅城区住建局不予办理备案登记的行政行为不服，可以自己的名义提起行政诉讼。原一审、二审法院经审理认定，利豪花园第二届业主委员会未经备案，不能对外行使权利、承担义务，亦不能以其名义提起行政诉讼，杨某娥等七名诉讼代表人以利豪花园第二届业主委员会的名义起诉禅城区住建局不予备案行为，不符合行政诉讼的起诉条件，据此裁定驳回利豪花园第二届业主委员会的起诉，认定事实不清，适用法律不当，依法应予以纠正。申请人申请再审主张，其是本案适格原告，依法有权就禅城区住建局不予备案登记的行为提起行政诉讼，请求依法改判，理由成立，再审法院予以采纳。①

4. 被撤销备案登记的业主委员会提起解除物业服务合同之诉不适格

【典型案例】关于再审申请人是否具备诉讼主体资格的问题。根据原《物权法》第 76 条及《物业管理条例》第 12 条的规定，选举业主委员会或者更换业主委员会成员应当经专有部分占建筑物总面积过半数的业主且占总人数过半数的业主同意。作为原告再审申请人是以业主委员会资格提起的诉讼，所以其必须证明其是符合上述法律规定的程序产生的，现再审申请人不能提供证据证明其成立符合前述规定，且再审申请人在履行备案程序后，被大连市国土资源和房屋局甘井子分局及泉水街道办事处以“美域盛景小区在业主委员会组建过程中存在核定小区业主数量与业主实有数量相差较大的问题”为由作出了撤销备案的决定。故原审认定再审申请人不具有合法的业主委员会主体资格并无不当。②

---

① 参见佛山市禅城区利豪花园第二届业主委员会与佛山市禅城区住房城乡建设和水利局水利行政管理（水利）再审审查与审判监督行政裁定书，广东省高级人民法院（2019）粤行申 1441 号。

② 参见再审申请人大连市甘井子区美域盛景小区业主委员会与被申请人大连城建开发集团物业管理有限公司物业服务合同纠纷民事裁定书，辽宁省高级人民法院（2014）辽审四民申字第 772 号。

5. 被撤销备案的业主委员会无权代表业主签订物业服务合同

【典型案例】法院经审理认定事实如下：……2018 年 12 月 17 日，北京市海淀区人民政府北太平庄街道办事处向新外大街×号院全体业主发出关于撤销新外大街×号院×－×号楼业主委员会备案的公告，载明：我单位针对 2017 年 2 月 24 日办理的北京市海淀区新外大街×号院×－×号楼业主委员会备案，在收到你小区开发建设单位及部分业主的质疑材料，并审查×－×号楼业主委员会陈述、申辩意见的基础上，经研究认为：依据《物业管理条例》第 9 条及原《北京市物业管理办法》第 5 条的规定，新外大街×号院×－×号五栋楼应属于同一个物业管理区域。因×、×号楼单独成立业主委员会与上述规定不符，我单位特决定撤销 2017 年 2 月 24 日作出的北京市海淀区新外大街×号院×－×号楼业主委员会备案单。

……

法院认为……本案中瑞来隆安泰公司依据其与×、×号楼业主委员会签订的《应急物业服务协议》《物业服务合同》自 2018 年 3 月 18 日起为小区×、×号楼业主提供物业服务，现虽通过庭审查明认定，与瑞来隆安泰公司签订上述协议的×、×号楼业主委员会已因违反相关规定，被北京市海淀区北太平庄街道办事处撤销了备案，该业主委员会无权代表小区×、×号楼业主与瑞来隆安泰公司签订合同，但考虑到瑞来隆安泰公司在 2018 年 3 月 18 日至 11 月 29 日确为小区×、×号楼业主提供物业服务，双方之间形成事实上的物业服务合同关系，故刘某信应向瑞来隆安泰公司支付上述期间的物业服务费。①

6. 业主不受物业服务企业与不合法业委会签订的物业服务合同约束

【典型案例】涉案小区未能按照相关法律规定选举产生业主委员会，上诉人不能证明其签订的物业服务合同是与合法的业主委员会签订，一审法院认定该物业服务合同对被上诉人不具有约束力并无不当。上诉人实际为涉案小区提供了物业服务，一审法院对上诉人的物业服务根据实际情况酌定物业

① 参见北京瑞来隆安泰物业管理有限公司与刘某信物业服务合同纠纷一审民事判决书，北京市海淀区人民法院（2022）京 0108 民初 30143 号。

费的标准亦无不当。上诉人对其上诉主张未能提供证据予以证明，二审法院不予采纳。[①]

7. **业主委员会在任职期间作出对业主有利的决议对业主有约束力**

【典型案例】2016 年 1 月所成立的业主委员会，根据郭某提供的证据，因 229 名业主联名要求重新选举业主委员会而依法由所在社区公告决定终止了业主委员会职能，但该业主委员会职能的终止并不必然影响其在正常履行职能期间所作决议的效力，且该业主委员会作出的业主大会决议实际上对金盛物业与龙鼎公司签订前期物业服务合同中所约定的物业费用进行了调低，有利于业主而非物业公司，故郭某关于物业公司伪造决议及决议无效的主张，二审法院不予采信。[②]

① 参见南京永和物业管理有限公司责任公司与庄某涵物业服务合同纠纷二审民事裁定书，江苏省南京市中级人民法院（2017）苏 01 民终 8349 号。

② 参见郭某与荣成市金盛物业服务有限公司物业服务合同纠纷二审民事判决书，山东省威海市中级人民法院（2021）鲁 10 民终 3118 号。

第十九章　物业服务合同期限

一、概述

合同期限，是指合同各方拥有现实可执行的具有法律约束力的权利和义务的期间。物业服务合同期限就是指物业服务企业与建设单位或者业主委员会等在物业服务合同中所约定的各方权利义务的期间。物业服务合同期限的长短是影响在管项目交易价格确定、在管项目持续性稳定性的重要因素，因为物业费收费权年限越长则价值越高，年期越短则价值越低，因此，物业服务合同期限是重点核查对象，也是在交易文件中须作出特殊安排的事项。

收并购实操中，核查物业服务合同期限，应注意以下问题。

1. 物业服务合同期限分类

根据期限是否固定，物业服务合同期限分为定期和不定期两种类型。

（1）定期物业服务合同是指物业服务合同约定固定合同期限，合同期限届满前，物业服务合同持续履行。实践中，大部分物业服务合同是定期合同，而期限届满前业主委员会也通常会与物业服务企业续约，由原物业服务企业继续提供物业服务。

（2）不定期物业服务合同是指在物业服务合同期限届满后，若业主没有依法作出续聘或者另聘物业服务企业的决定，原物业服务企业继续提供物业服务，原物业服务合同继续有效并转化为不定期合同。

2. 定期物业服务合同的特点

（1）很多地方性法规规定了物业服务合同的最长期限。例如，《北京市物业管理条例》、《深圳经济特区物业管理条例》（2019 年修订）规定前期物业服务合同期限最长不超过 2 年，《福建省物业管理条例》（2018 年）规定前期物业服务合同期限不超过 3 年，《广西壮族自治区物业管理条例》（2020 年修订）规定前期物业服务合同的期限一般不超过 5 年，《上海市住宅物业管理规定》（2020 年修正）规定分期开发项目的业主大会可以就整个物业管理区域签订合同期限不超过 2 年的物业服务合同。还有些地方性法规规定应急物业服务合同的最长期限，服务期限一般不超过 6 个月或者 1 年，费用由全体业主承担。

（2）实践中，公建类定期物业服务合同存在“大到期”与“小到期”的问题。公建类物业服务合同期限通常不超过三年。“大到期”指公建类物业服务合同约定的整个服务期限届满，物业服务合同因合同到期而终止。若物业服务企业拟继续提供物业服务，需要重新进入政府采购程序等。“小到期”是指合同约定的整个服务期限未届满，但其中约定的服务时段（通常是一年）届满。业主方按照合同约定考核标准对物业服务企业在该服务时段的服务情况进行考核，根据考核结果决定是否要求物业服务企业继续提供后续时段（下一年度）的服务。与“大到期”不同的是，“小到期”不会必然导致物业服务合同终止，若业主考核通过，则物业服务合同继续履行，不需要重新签订合同或者修改合同期限等。

（3）实践中，尚须注意定期的销售案场物业服务合同。该类合同通常发生在物业服务企业已经或即将与建设单位签订前期物业服务合同之时，建设单位在楼房销售阶段聘请物业服务企业提供相关服务。服务范围一般包括销售大厅、办公楼、样板房等建筑类型，服务内容包括秩序维护、礼宾服务、接待服务、水吧服务、清洁服务、维修服务等，服务期限一般至销售案场拆除或撤离之日止，合同期限一般在一年左右。销售案场的费用的支付也基本为固定金额或以支出成本为基数按一定比例提取酬金。

3. 不定期物业服务合同的特点

（1）不定期物业服务合同的意义。在定期物业服务合同期限届满前没有续签物业服务合同也没有另聘物业服务企业的情形下，若此时物业服务企业立即停止物业服务，则会导致物业服务区域陷入失管、弃管等状态。因此，《民法典》规定将到期后继续履行的物业服务合同由定期合同转化为不定期合同，既能够保证物业服务企业和业主方按照合同约定继续履行合同，使得在管项目处于管理和维护的状态，同时赋予双方提前60日书面通知解除合同的法定解除权，给双方预留足够的准备时间。

（2）不定期物业服务合同的要件。其一，物业服务合同期限已经届满；其二，业主没有依法作出续聘或者另聘物业服务企业决定；其三，物业服务企业按照原合同继续提供物业服务。其法律后果是，原物业服务合同继续有效，双方当事人仍然受到该合同的拘束。

（3）不定期物业服务合同主体享有任意解除权，即无论是哪一方当事人，都可以随时解除该不定期物业服务合同。该任意解除权不要求以“不能实现合同目的”为实质性条件，行使不定期合同解除权的要求有二：一是应当提前通知行使解除权，通知的方式是要式行为，即用书面形式通知对方。二是给予对方60日的准备时间，该期限届满，不定期物业服务合同归于消灭。

4. 附解除条件的物业服务合同的性质

应注意的是，前期物业服务合同通常约定合同有效期自签订之日起至小区业主委员会成立后签订物业服务合同之日止。司法实践认为上述约定属于附解除条件，是对合同的解除的特别限制，排除了双方的任意解除权，不属于物业服务合同期限约定不明，并非不定期合同，也非典型的定期合同。

二、核查要点

1. 核查前期物业服务合同期限

（1）检索当地关于前期物业服务合同期限的政策规定；

（2）前期物业服务合同是否明确约定服务期限、续签条件、期限顺延等；

（3）前期物业服务合同是否约定附生效的期限等；

（4）前期物业服务合同期限是否即将届满，业主委员会是否有续聘意向。

2. 核查普通物业服务合同期限

（1）检索当地关于物业服务合同期限的政策规定；

（2）物业服务合同是否明确约定服务期限、续签条件、期限顺延等；

（3）物业服务合同拟到期的，业主委员会是否有续聘意向、续聘决定等。

3. 核查公建类物业服务合同期限

（1）检索当地关于公建类物业服务合同期限的政策规定；

（2）物业服务合同约定的服务期限、续签条件、期限顺延等；

（3）物业服务合同约定的“小到期”考核标准以及是否符合考核标准；

（4）业主方是否作出同意目标公司继续履行物业服务合同的书面文件等。

4. 核查应急物业服务合同期限

（1）检索当地关于应急物业服务合同期限的政策规定；

（2）应急物业服务合同约定的服务期限、期限顺延、续签条件等；

（3）应急物业服务合同选聘主体、业主等对目标公司服务满意度；

（4）应急物业服务合同拟到期的，目标公司是否可能签订正式物业服务合同。

5. 不定期物业服务合同核查

（1）若到期的是前期物业服务合同，结合本书关于“物业服务合同类型”核查内容，判断前期物业服务合同的稳定性；

（2）若到期的是普通物业服务合同，核查目标公司是否处于协商续签合同中，是否属于已确认续签合同但尚处于合同盖章用印流程之中；

（3）目标公司在合同期限届满后是否继续提供服务；

（4）目标公司在合同期限届满后是否正常收取物业费；

（5）目标公司或者业主委员会等是否已依法向对方发出书面解约通知；

（6）目标公司是否与业主方就退场、款项结算等事项达成书面协议。

三、风险提示

定期物业服务合同的主要风险是其是否可能提前终止。不定期物业服务合同的主要风险是当事人的任意解除权。前期物业服务合同到期，但尚未筹备业主大会并成立业主委员会的，则该类在管项目具有相对稳定性。对于其他到期的物业服务合同，若届满前未就续签事宜达成一致，则目标公司较大概率会退管该在管项目；若就续签事宜达成一致，则不定期物业服务合同亦可转化为定期物业服务合同。

四、处理建议及参考条款

1. 实操中，我们会将目标公司所有在管项目的物业服务合同签订日期、进场日期、届满日期、合同剩余期限、是否为定期或者不定期、是否正在续签等关于物业服务合同期限的要素，以表格形式予以整理，以全面向收购方展示目标公司在管项目的合同期限价值。

2. 建议在交易协议"陈述与保证"条款中约定，定期物业服务合同的在管项目处于合同期限内，参考条款节选如下。

> 截至【　】年【　】月【　】日，除本附件附录【　】所披露已经到期的项目情况外，目标公司已签订的前期物业服务合同、物业服务合同、单项委托以及其他重大业务合同均正常履行，均处于服务期限内。

3. 建议在交易协议中明确约定物业服务合同期限届满后的在管项目是否计入交易范围及其条件等，参考条款节选如下。

> 若物业服务合同约定服务期限已到期，但符合以下情形仍可计入合规管理面积：(1) 与物业建设单位签署的前期物业服务合同约定期限已届满，但仍由目标公司实际提供物业管理服务并收取物业费（无第三方收取物业费），且不存在本协议约定的丧失物业项目管理权/服务权情形；(2) 与业委会签署的物业服务合同约定期限已届满，且业委会未有效存续，但事实上仍由目标公司实际提供物业管理服务并收取物业费（无第三方收取物业费），且不存在本协议约定的丧失物业项目管理权/服务权情形。

4. 若交易各方将不定期物业服务合同项下的项目纳入交易范围，则建议在交易协议明确约定项目交易对价、续签物业服务合同等事项，如已到期前期物业服务项目，参考条款节选约定如下。

> 双方同意，【　】项目作价人民币【　】元，包含于本协议第【　】条约定的股权转让总价款中。目标公司就【　】项目与建设单位【　】置业有限公司签订的《前期物业服务合同》于【　】年【　】月【　】日到期。转让方承诺，如目标公司未能于【　】年【　】月【　】日前，以不低于原《前期物业服务合同》的条件（以实际剩余空置面积为限）与建设单位【　】置业有限公司完成续签，转让方及受让方也未能协商一致同意延长续签期限，则受让方应于【　】年【　】月【　】日后要求转让方返还对价【　】元扣减该项目实际已减少空置面积所对应对价后的差额，转让方应于收到受让方通知后7日内进行返还，否则按照本协议第【　】条约定承担违约金。

五、相关规定

《民法典》

第九百三十八条　物业服务合同的内容一般包括服务事项、服务质量、服务费用的标准和收取办法、维修资金的使用、服务用房的管理和使用、服务期限、服务交接等条款。

第九百四十条　建设单位依法与物业服务人订立的前期物业服务合同约定的服务期限届满前，业主委员会或者业主与新物业服务人订立的物业服务合同生效的，前期物业服务合同终止。

第九百四十七条　物业服务期限届满前，业主依法共同决定续聘的，应当与原物业服务人在合同期限届满前续订物业服务合同。

物业服务期限届满前，物业服务人不同意续聘的，应当在合同期限届满前九十日书面通知业主或者业主委员会，但是合同对通知期限另有约定的除外。

第九百四十八条　物业服务期限届满后，业主没有依法作出续聘或者另聘物业服务人的决定，物业服务人继续提供物业服务的，原物业服务合同继续有效，但是服务期限为不定期。

当事人可以随时解除不定期物业服务合同，但是应当提前六十日书面通知对方。

《物业管理条例》（2018 年修订）

第二十六条　前期物业服务合同可以约定期限；但是，期限未满、业主委员会与物业服务企业签订的物业服务合同生效的，前期物业服务合同终止。

第三十四条　业主委员会应当与业主大会选聘的物业服务企业订立书面的物业服务合同。

物业服务合同应当对物业管理事项、服务质量、服务费用、双方的权利义务、专项维修资金的管理与使用、物业管理用房、合同期限、违约责任等内容进行约定。

财权部《关于推进和完善服务项目政府采购有关问题的通知》（财库〔2014〕37 号）

三、灵活开展服务项目政府采购活动

……采购需求具有相对固定性、延续性且价格变化幅度小的服务项目，在年度预算能保障的前提下，采购人可以签订不超过三年履行期限的政府采购合同。

《北京市物业管理条例》

第十九条第三款　前期物业服务合同期限最长不超过二年，具体期限在前期物业服务合同中约定。期限届满前三个月，由业主共同决定是否继续使用前期物业服务人。期限届满，业主与新物业服务人签订的物业服务合同生效之前，前期物业服务人继续提供服务；期限未满或者未约定前期物业服务期限，业主与新物业服务人签订的物业服务合同生效的，前期物业服务合同终止。

第七十五条　物业服务合同期限届满前六个月，业主委员会或者物业管理委员会应当组织业主共同决定续聘或者另聘物业服务人，并将决定书面告知原物业服务人。原物业服务人接受续聘的，双方应当在物业服务合同届满前重新签订物业服务合同。物业服务人不接受续聘的，应当提前九十日书面告知业主委员会或者物业管理委员会。

物业服务合同期限届满、业主没有共同作出续聘或者另聘物业服务人决定，物业服务人按照原合同继续提供服务的，原合同权利义务延续。在合同权利义务延续期间，任何一方提出终止合同的，应当提前六十日书面告知对方。

第七十七条第一款、第二款　本市建立应急物业服务机制。物业管理区域突发失管状态时，街道办事处、乡镇人民政府应当组织有关单位确定应急物业服务人，提供供水、垃圾清运、电梯运行等维持业主基本生活服务事项的应急服务。

提供应急物业服务的，街道办事处、乡镇人民政府应当将服务内容、服务期限、服务费用等相关内容在物业管理区域内显著位置公示。应急物业服务期限不超过六个月，费用由全体业主承担。

《上海市住宅物业管理规定》（2022 年修正）

第四十六条　物业服务合同期限届满前，业主委员会应当组织召开业主大会，作出续聘或者另聘物业服务企业的决定，并将决定书面通知物业服务企业。业主大会决定续聘且物业服务企业接受的，业主委员会与物业服务企业应当在物业服务合同届满前重新签订物业服务合同。

物业服务企业决定物业服务合同期限届满后不再为该物业管理区域提供物业服务的，应当在合同期限届满前九十日书面通知业主或者业主委员会，但是合同对通知期限另有约定的除外。

物业服务合同期限届满后，业主大会没有依法作出续聘或者另聘物业服务企业决定，物业服务企业按照原合同继续提供物业服务的，原合同继续有效，但是服务期限为不定期。在原合同继续有效期间，任何一方可以随时解除不定期物业服务合同，但是应当提前六十日书面通知对方。

上海市住房和城乡建设管理委员会、上海市房屋管理局《关于印发〈关于进一步贯彻实施《上海市住宅物业管理规定》的若干意见〉的通知》（沪房规范〔2021〕6 号）

四、分期开发项目的物业管理

……先期开发区域内销售并交付使用的物业符合《规定》第十三条规定条件的，应当成立业主大会。业主大会可就整个物业管理区域的物业管理事项作出决定，但对后期业主可能产生不利影响的除外。业主大会决定聘用物业服务企业的，物业服务合同期限一般不超过2年……

《深圳经济特区物业管理条例》（2019年修订）

第四十九条第一款、第二款　物业管理区域依法成立业主大会之前，建设单位应当选聘物业服务企业提供前期物业服务，并按照有关规定拟定临时管理规约。

建设单位选聘物业服务企业提供前期物业服务，应当签订前期物业服务合同，前期物业服务合同期限由建设单位和物业服务企业约定，最长期限不超过二年。

《福建省物业管理条例》

第三十四条第一款　前期物业服务合同期限不超过三年。前期物业服务合同期限届满、业主委员会未成立的，前期物业服务合同可以顺延；期限未满，但业主委员会与物业服务企业签订的物业服务合同生效的，前期物业服务合同终止。

《四川省物业管理条例》（2021年修订）

第七十三条　县（市、区）人民政府应当建立应急物业服务保障机制。物业服务区域突发失管状态或者因物业服务合同终止引发重大矛盾纠纷，街道办事处（乡镇人民政府）应当确定应急物业服务人，提供维持业主基本生活服务事项的应急服务……街道办事处（乡镇人民政府）应当自确定应急物业服务人之日起六个月内组织业主依法选聘新物业服务人，协调应急物业服务人与新物业服务人做好交接。

六、实务要点及典型案例

1. 业主支付物业费的时间应从房屋被合法占有之日起算

【典型案例】物业管理费的起算时间。本案诉争商铺是2000年12月29日，广发行开平支行与丽园房地产公司通过签订《以物抵债协议》及三份《商品房购销合同》后获得。同日，广发行开平支行即以房屋所有权人身份将购买的涉案商铺出租给丽园房地产公司，并与之签订《房屋租赁合同》，租赁期限从2001年1月1日至2003年12月31日，租赁费第一年为250万元，以后每年递增50万元。双方对此不持异议，丽园房地产公司对租赁使用房屋的事实认可。2002年1月16日，广发行开平支行以房屋所有权人的身份在《羊城晚报》上发布抵债资产处置项目推介公告，对包括本案商铺在内抵债所得的九处资产拟通过公开招标、转让、租赁、委托租赁、托管等手段予以处置。因未办理房屋产权证，涉案商铺曾被原房屋所有权人丽园房地产公司的债权人申请查封，但可以使用。事实上，在2007年10月19日，第155号判决（广发行开平支行确权之诉）作出之前，广发行开平支行即与案外人粤财公司于2006年10月31日签订《抵债资产转让协议》，将涉案商铺转让给粤财公司。广发行开平支行上述行为说明，自2001年1月起，涉案商铺虽未办理房产证，但广发行开平支行已实际占用该房屋，并以房屋所有权人的身份进行出租、获得收益、予以处分。据此，再审判决依据最高人民法院《关于审理建筑物区分所有权纠纷案件具体应用法律若干问题的解释》第1条第2款“基于与建设单位之间的商品房买卖民事法律行为，已经合法占有建筑物专有部分，但尚未依法办理所有权登记的人，可以认定为物权法第六章所称的业主”的规定，认定广发行开平支行应自2001年1月1日合法占有商铺之日起缴纳物业管理费，并无不当。广发行开平支行申诉称应自第155号判决生效后（2008年1月11日）开始计算物业管理费依据不足，法院不予支持。①

2. 地方性法规关于前期物业服务合同期限的规定不具有效力性强制性

【典型案例】林某明、陈某华上诉主张案涉《前期物业服务合同》违反《福建省物业管理条例》规定，瑜璟物业公司自2019年1月起不享有提供物业服务的权利，不能成立，理由如下：《福建省物业管理条例》第34条第1款规定：“前期物业服务合同期限不超过三年。前期物业服务合同期限届满、业主委员会未成立的，前期物业服务合同可以顺延；期限未满，但业主委员

① 参见佛山市丽园物业管理有限公司与广发银行股份有限公司开平支行物业服务合同纠纷申诉、申请民事判决书，最高人民法院（2014）民提字第184号。

会与物业服务企业签订的物业服务合同生效的，前期物业服务合同终止。”该规定属于管理性规定，并非效力性强制性规定，违反该规定并不必然导致合同无效……①

3. 物业服务期限届满后转为不定期合同的原因及条件

【典型案例】关于原判决认定案涉《商业物业管理合同》继续有效是否有误的问题。物业服务的供给是一个持续性的过程，物业服务合同的终止不同于一时性合同的终止，物业服务人的选聘和续聘也必须经过法定程序。物业服务期限届满后，如没有对后续的物业服务进行安排，物业服务人立即停止物业服务，业主必然面临共有部分卫生、秩序、绿化等工作无人维护的局面。为避免出现此种情况，我国已从法律层面进行规范。根据《民法典》第948条第1款的规定，物业服务期限届满后，业主没有依法作出续聘或者另聘物业服务人的决定，物业服务人继续提供物业服务的，原物业服务合同继续有效，但是服务期限为不定期。本案中，地豪公司与地远物业公司所签《商业物业管理合同》在2018年12月1日到期原审查明情况看，2018年12月案涉合同到期后，地远物业公司持续向地豪大厦提供物业服务至今，地豪大厦的业主实际接受了地远物业公司提供的物业服务，原判决认定案涉物业服务合同在2018年12月1日到期后继续有效并无不当。②

4. 物业服务企业可收取应急物业服务期限届满后继续服务的物业费

【典型案例】关于龙城兴业公司作为应急物业服务企业进入×小区，提供物业服务，是否只可收取应急服务费用……从龙城兴业公司的服务期限来看，其自进入×小区至×业主大会选聘新物业公司，已远远超过应急服务一般不超过3个月的期限。从北京市海淀区人民政府×街道办事处对×小区全体业主发布公告的内容来看，×街道办事处要求龙城兴业公司遵循前期物业

---

① 参见漳州瑜璟物业服务有限公司与林某明等物业服务合同纠纷二审民事判决书，福建省漳州市中级人民法院（2021）闽06民终2867号。

② 参见林某莲与濮阳市地远物业管理有限公司物业服务合同纠纷再审审查民事裁定书，河南省高级人民法院（2021）豫民申7912号。

服务合同中约定的标准，即不限于应急服务的服务范围……故陈某主张龙城兴业公司应按照应急服务的范围收取物业费的抗辩理由，法院不予采信。①

5. 不定期合同不包括约定合同终止条件的前期物业服务合同

【典型案例】二审法院认为，本案争议的焦点为：一、前期物业合同是否已终止。湖南雄新房地产开发有限公司与金兰物业签订的《金水湾高尚社区二期前期物业服务合同》第3条合同期限约定“本合同自签字生效之日起至业主委员会成立并签订新的物业服务管理合同时终止”，第9条其他事项中约定“7. 本合同自签订之日起生效，截止日为小区成立业委会后业委会另行招标，中标新的物业公司进入之日止”，金兰物业主张两个条款关于合同终止条件约定不一致，应视为约定不明，该合同属于无期限合同。二审法院认为，两条款均约定了小区业委会成立后签订新的物业合同后前期物业合同终止，不存在根本矛盾，不构成金兰物业拒不搬离的事由。《物业管理条例》第26条规定，“前期物业服务合同可以约定期限；但是，期限未满、业主委员会与物业服务企业签订的物业服务合同生效的，前期物业服务合同终止”。据此，金兰物业主张合同系无期限合同无事实和法律依据，二审法院不予支持。金水湾业委会已与家园物业签订了新的物业合同，故金兰物业的前期物业合同已终止，一审认定并无不当。②

6. 建设单位或不能以不定期为由解除到期前期物业服务合同

【典型案例】冠维公司申请再审称：2009年2月22日，双方当事人签订《中南亚大厦物业管理委托合同》约定：“将该大厦的物业委托给渝通公司管理，合同期限为3年；如果续约，由渝通公司在合同期满30日前向冠维公司提出续签合同意见，或者与业主委员会协商确定。”合同期满后，渝通公司未提出续签合同，中南亚大厦未成立业主委员会，渝通公司一直在进行物业管理。我公司认为，合同到期后，由定期合同转化为不定期合同，原合同予

---

① 参见北京龙城兴业物业管理有限公司与陈某物业服务合同纠纷二审民事判决书，北京市第一中级人民法院（2020）京01民终6317号。

② 参见湘潭金兰兴业物业管理有限公司与湘潭九华金水湾小区业主委员会等物业服务合同纠纷二审民事判决书，湖南省湘潭市中级人民法院（2021）湘03民终2552号。

以延续，我公司作为委托方随时可以提出解除……

法院认为，冠维公司作为中南亚大厦的开发商，在中南亚大厦产权出售以后，其不再是中南亚大厦的所有者、管理者或者使用者，中南亚大厦的物业管理相关事宜应当由中南亚大厦的业主依法决定，冠维公司主张中南亚大厦业主才享有的权利，缺乏权利基础，故原审判决结果并无不当。[①]

7. 单一业主不能直接解除不定期物业服务合同

【典型案例】再审法院认为，物业服务人的管理、服务水平，关乎业主的居住环境和切身利益，业主依法享有选聘和解聘物业服务人并与之签订或解除物业服务合同的权利，但是物业服务合同实质上应当是业主群体与物业服务人之间的合意与安排，物业服务合同的解除权利也是全体业主享有的权利，选聘与解聘物业服务人属于业主共同决定的事项，并且还要符合法定程序。单一业主作出的解除物业合同或解聘物业服务人的意思表示，并不直接产生解除物业服务合同或解聘物业服务人的法律效力。本案中，张某佳、师某丽不能证明业主大会或全体业主已就解除《前期物业服务协议》作出决议，其诉请解除《前期物业服务协议》的证据及理由不充分，一审、二审法院判决驳回张某佳、师某丽要求解除《前期物业服务协议》的诉讼请求，并无不当。[②]

8. 物业服务企业不能以向业主发放调查问卷形式确立合同续约事项

【典型案例】汉宏公司申请再审称，汉宏公司与全体业主履行的是原物业合同。原合同期限至2016年8月31日到期后，旧业委会届满而新的业主委员会尚未成立，汉宏公司经大部分业主同意顺延，一直按原合同为业主提供服务……

再审法院经审查认为……选聘物业服务人是业主的权利，属于业主自治

---

① 参见喀什冠维房地产开发有限公司与喀什渝通物业服务有限公司物业服务合同纠纷再审审查与审判监督民事裁定书，新疆维吾尔自治区高级人民法院（2020）新民申378号。

② 参见张某佳、师某丽等物业服务合同纠纷再审审查民事裁定书，河南省高级人民法院（2021）豫民申8400号。

的范畴。汉宏公司与华顺大厦业主委员会签订的《物业服务合同》于2016年8月31日届满后，新的业主委员会还未选任，汉宏公司以发放调查表的方式征询部分业主意见并不能达到原合同续约5年的法律效果。①

七、物业服务企业上市案例文书部分示例

1. 深圳证券交易所《关于上海益中亘泰（集团）股份有限公司首次公开发行股票并在创业板上市申请文件的第二轮审核问询函》（审核函〔2021〕010047号）

> 10. 关于合同。审核问询回复显示：
>
> （1）截至2020年6月30日，发行人在手合同年限集中于1年以内及1－2年内；且报告期内发行人存在部分亏损合同……
>
> 请发行人：
>
> （1）结合历史合同的续约情况，分析并披露发行人是否存在合同集中到期导致收入出现较大幅度下滑的情形，并就相关事项进行风险提示……

2. 西藏新城悦物业服务股份有限公司创业板首次公开发行股票申请文件反馈意见

> 14. 根据招股说明书披露……公司有17个项目的物业服务合同将于2017年内到期，合同面积合计356.00万平方米，占公司物业服务项目总数的9.39%，占公司物业服务合同总面积的7.59%……
>
> 请在招股说明书中：（1）结合报告期各期公司物业服务合同面积、单位面积服务费水平变动情况、原因，详细披露报告期各期公司物业服务收入变动的原因；（2）补充披露公司报告期各期物业服务项目、合同面积增加来源……

① 参见广州汉宏物业管理有限公司与华顺大厦业主委员会物业服务合同纠纷再审审查民事裁定书，广东省高级人民法院（2021）粤民申7469号。

第二十章　物业管理区域

一、概述

物业管理区域是指由县、区人民政府房地产行政主管部门在城镇人民政府、街道办事处的配合下，根据实行情况划定的相对独立完整的居住区或者非居住区。一个物业管理区域成立一个业主大会和选举一个业主委员会，一个物业管理区域由一个物业服务企业实施物业管理。这种一一对应关系说明，物业管理区域决定了与目标公司签订物业服务合同的合法主体，决定了目标公司提供物业服务的合法空间范围。因此，收并购中，核查在管项目的物业管理区域有助于收购方识别在管项目的真实性、合法性，有助于收购方防范收购后因物业管理区域划分争议导致的法律风险。

核查物业管理区域，应注意了解以下事项：

1. 物业管理区域的法律意义

物业管理区域既是业主的物权边界，也是目标公司提供物业服务的边界，确定了物业服务企业提供物业服务、业主支付物业费等权利义务的物理空间范围。因此，从收并购的角度看，物业管理区域是判断在管项目合法性的基础，是确定在管项目合约面积、在管面积的基础。

2. 物业管理区域的划分性质

物业管理区域的划分由当地行政主管部门进行认定，属于行政主体实施的具体行政行为。如果相关利害关系人对行政主管部门的划分有异议的，可向法院提起行政诉讼，由法院来审查其划分行为的合理性、合法性以及划分程序的合法性。

3. 物业管理区域的划分依据

根据全国各地关于物业管理的相关规定，划分物业管理区域的总体要求是“两便原则”（便于管理服务、方便业主生活）。物业管理区域通常以建设用地规划许可证确定的红线图范围为基础，考虑物业的共用设施设备、建筑物规模、社区建设等因素进行划分。例如，分期开发建设或者两个以上建设单位开发建设的物业，其配套设施设备是共用的，应当划定为一个物业管理区。又如，配套设施设备能够分割并独立使用的，可以划定为不同的物业管理区域。

4. 物业管理区域的划分程序

划分物业管理区域的基本程序是，建设单位办理商品房预售许可证或者商品房现售备案前，持建设用地规划许可证、不动产权证书、项目规划设计方案和地名核准文件等资料，向主管部门申请划分物业管理区域。主管部门自受理申请之日起一定时间内，在征求街道办事处、乡（镇）人民政府等意见后出具划分备案证明，并发放给申请划分的建设单位。

二、核查要点

1. 在管项目物业管理区域划分备案证明。

2. 在管项目建筑面积等是否与备案证明面积一致。

3. 在管项目是否存在物业管理区域划分行政诉讼争议。

4. 在管项目中是否存在重新划分物业管理区域的情形，具体如下：

（1）是否存在与其他物业管理区域合并为一个物业管理区域并由目标公司或其他物业服务企业进行管理的情况；

（2）分期开发项目，可划分为不同物业管理区域而未划分的，是否可能因服务标准和收费标准不同而重新划分为不同物业管理区域的；

（3）同一项目已被划分为不同的物业管理区域并同时由目标公司及其他物业服务企业进行管理的情况。

三、风险提示

若业主或者业主委员会对物业管理区域的划分提出行政争议，或者政府主管部门调整物业管理区域，可能会影响目标公司的管理范围，甚至出现管理面积减少或者丢失项目的风险。

四、处理建议及参考条款

建议结合导致目标公司丢盘的风险因素，在交易协议中就目标公司物业管理区域变化导致项目丢盘、管理面积变化等情形，约定由交易对方按同等管理区域、管理面积及收费水平等做出补偿。

五、相关规定

《物业管理条例》（2018 年修订）

第九条　一个物业管理区域成立一个业主大会。

物业管理区域的划分应当考虑物业的共用设施设备、建筑物规模、社区建设等因素。具体办法由省、自治区、直辖市制定。

第三十三条　一个物业管理区域由一个物业服务企业实施物业管理。

住房和城乡建设部《关于印发〈业主大会和业主委员会指导规则〉的通知》（建房〔2009〕274 号）

第七条　业主大会根据物业管理区域的划分成立，一个物业管理区域成立一个业主大会。

只有一个业主的，或者业主人数较少且经全体业主同意，不成立业主大会的，由业主共同履行业主大会、业主委员会职责。

第十六条　划分为一个物业管理区域的分期开发的建设项目，先期开发部分符合条件的，可以成立业主大会，选举产生业主委员会。

《上海市住宅物业管理规定》（2020 年修正）

第八条　住宅小区，包括分期建设或者两个以上单位共同开发建设的住宅小区，其设置的配套设施设备是共用的，应当划分为一个物业管理区域；但被道路、河道等分割为两个以上自然街坊或者封闭小区，且能明确共用配套设施设备管理、维护责任的，可以分别划分为独立的物业管理区域。

第十条　尚未划分或者需要调整物业管理区域的，区房屋行政管理部门应当会同乡、镇人民政府或者街道办事处，按照第八条的规定，结合当地居民委员会、村民委员会的布局划分物业管理区域。调整物业管理区域的，还应当由专有部分面积占比三分之二以上的业主且人数占比三分之二以上的业主参与表决，并应当经参与表决专有部分面积过半数的业主且参与表决人数过半数的业主同意。

物业管理区域调整后，区房屋行政管理部门应当在相关物业管理区域内公告。

《广东省物业管理条例》(2008年修订)

第七条第一款　物业管理区域根据物业建设用地规划许可证确定的红线图范围，结合物业的共用设施设备、社区建设等因素划定。物业的配套设施设备共用的，应当划定为一个物业管理区域；但其设施设备能够分割、独立使用的，可以划定为不同的物业管理区域。

第九条　一个物业管理区域成立一个业主大会，由一个物业服务企业提供物业管理服务。

陕西省住房和城乡建设厅《陕西省城市物业管理区域划分暂行办法》

第四条　物业管理区域的划分应当坚持在一个物业管理区域内实行统一物业管理的原则。

第五条　物业管理区域的划分应当考虑物业的共用设施设备，建筑物的规模，社区建设等因素。

第六条　具备下列条件之一的，可以划分为一个物业管理区域。

(一) 符合城市规划，占用土地四至界限明确的小区；

(二) 旧住宅和其他房屋建筑，其设施设备与紧邻的其他物业关联性强的，自然街坊；

(三) 基础设施、公共配套设施相关的居住区；

(四) 分期建设或由数个单位开发建设的同一个、具一定规模的物业项目；

(五) 机关、企事业单位等形成的工作生活区；

(六) 根据城市详细规划确定整合为一个居住区或组团的。

第七条　同一个计划、规划定点的居住区临街周边建设的非住宅用房，应与居住区划分为一个物业管理区域。

第十一条　未经区、县人民政府房地产行政主管部门批准，建设单位、物业管理企业和业主不得擅自变更已划分的物业管理区域。

《天津市物业管理区域划分暂行办法》（津房物〔2003〕321号）

第四条　物业管理区域划分应当充分考虑共用设施设备、建筑物规模、社区建设等因素，遵循规模经营、方便管理，降低管理成本，提高服务水平的原则。

划定的物业管理区域内不得有市区级规划道路穿越。

第五条　新建住宅小区，包括分期建设或者由两个以上单位开发建设的，应当按照小区整体规划设计范围划分为一个物业管理区域。

新建住宅小区内的非住宅物业应当与住宅小区划分为一个物业管理区域。

第六条　原有住宅建筑规模在1万平方米以下的，遵循规模经营、方便管理的原则，按照市、区级道路或者河、湖等自然边界围合的区域，可以将几个项目划分为一个物业管理区域。

第七条　商贸、办公、医院、学校、工厂、仓储等非住宅物业及单幢商住楼宇具有独立共用设施设备，并能够封闭管理的，可以划分为一个物业管理区域。

第八条　新建物业项目的物业管理区域，由市房地产管理局在前期物业管理备案时认定。

原有物业项目规模较小的，有关单位要积极创造条件，进行整合，项目所在地区县房地产管理局负责推动、协调工作。

六、实务要点及典型案例

1. 行政主体划定物业管理区域的主要依据

【典型案例】本案中，同创大厦与同乐住宅小区在同一规划用地范围内，同属于绿地世纪城2#地块，其公建配套设施设备亦具有整体统一性。根据物业管理部门出具的情况说明，现同创大厦与同乐住宅小区甲号住宅楼、乙号住宅楼共用水泵房，位于同创大厦地下室，同创大厦地下汽车库位于同乐住宅小区的绿化带下，同时车库的消防出口亦位于同乐住宅小区内。故被上诉人认定同创大厦与同乐住宅小区在同一个规划设计中，其配套设施设备存在共用性，有事实依据。

本案被诉物业管理区域的划定系绿地世纪城二期世纪同乐小区竣工之后的首次物业管理区域的划定。《物业管理条例》等行政法规对首次物业管理区域的划定是否应当征求街道办事处及业主的意见并无强制性规定。根据《上海市住宅物业管理规定》，街道办事处负责协调物业管理与社区建设之间的关系。本案中，在被上诉人作出本案所涉物业管理区域划分核定之前，长风街道办事处通过在规划图纸上盖章的形式对物业管理区域的划分表明了意见。上诉人认为被上诉人执法程序违法，法院不予采纳。

根据《上海市住宅物业管理规定》的规定，一个住宅区内可以有非住宅物业业主。上诉人认为商办楼与住宅楼不能同属于一个物业管理区域的主张，缺乏依据。上诉人如认为同创大厦与同乐住宅小区划定为一个物业管理区域不利于住宅小区的管理，可以通过相关物业管理措施予以治理解决。至于同创大厦规划变更房屋用途是否侵害住宅区业主的权益，不属本案审查范围。

综上，被上诉人结合规划及配套设施设备情况，核定将同创大厦与同乐住宅小区划定为一个物业管理区域，并无不当。①

2. 行政主体划分物业管理区域应经业主大会讨论决定

【典型案例】二审法院认为：《物业管理条例》第 9 条第 2 款规定："物业管理区域的划分应当考虑物业的共用设施设备、建筑物规模、社区建设等因素。具体办法由省、自治区、直辖市制定。"被上诉人武侯区房管局考虑到"中央花园清水河片区"的建筑规模较大，分属两个社区等实际情况，为便于管理，对该片区进行物业管理区域的划分，该行为并无不当。但是根据《物业管理条例》第 9 条第 2 款的规定，武侯区房管局在划分物业管理区域时，应当考虑物业的共用设施设备、建筑物规模、社区建设等因素。在本案诉讼中，武侯区房管局没有以证据证明，其在对"中央花园清水河片区"进

① 参见侯某等诉上海市普陀区住房保障和房屋管理局行政规划案，上海市第二中级人民法院（2009）沪二中行终字第 356 号。

行物业管理区域的划分时，考虑了除物业管理用房以外的其他共用设施设备等因素。物业管理区域内共用设施的调整和分割，属于重大事项，应由业主大会讨论决定。由于区域的划分不可避免地涉及共用设施的调整和分割，因此物业管理区域的划分必须通过业主大会的讨论才能决定。在划分物业管理区域时如不考虑共用设施设备的权属、使用与维护等因素，就可能会对物业业主的合法权益造成损害。故武侯区房管局作出的划分“中央花园清水河片区”物业管理区域的通知，不符合《物业管理条例》第 9 条第 2 款的规定。综上，一审认定被上诉人武侯区房管局有划分物业管理区域的职权，是正确的；但在行政机关没有提交相应证据的情况下，认定武侯区房管局在划分物业管理区域时，考虑了物业区域的配套设施，是错误的；以被诉行政行为不是对公共配套设施、设备权属的认定，因公共配套设施、设备权属发生争议可以通过其他途径解决为由，判决维持被诉行政行为不当。[①]

3. 物业管理区域划分决定业主大会召开及业主委员会成立的合法性

【典型案例】根据一审、二审查明的事实，案涉曲江永和坊小区分为别墅区、高层区，该小区别墅区业主召开业主大会并成立曲江永和坊（别墅）小区业主委员会，报请再审被申请人西安市政府的派出机构曲江管委会备案，曲江管委会房地产管理局、曲江社会事业局回复称永和坊小区现状为一个物业管理区域，未予备案，并告知其若对现有的物业管理区域进行调整，建议按照《物业管理条例》第 9 条及《西安市物业管理条例》第 10 条、第 44 条、第 45 条、第 46 条的规定，就小区是否具备独立划分物业管理区域的条件作出规定，并经小区专有部分占建筑面积 1/2 以上的业主且占总人数 1/2 以上的业主同意后，向曲江新区管委会提出申请，申请通过后，依法依规开展成立业主大会、选举业主委员会的具体工作。在案涉永和坊小区现状未区分为别墅和高层两个物业管理区域，亦未依法申请调整物业管理区域划分的情况下，永和坊（别墅）小区业主召开业主大会，成立永和坊

① 参见黄某某等 25 人诉成都市武侯区房管局划分物业管理区域行政纠纷案，载《最高人民法院公报》2005 年第 6 期。

（别墅）业委会，不符合《物业管理条例》第 9 条关于“一个物业管理区域成立一个业主大会”的规定。①

4. **同一物业管理区域内只能由一家物业服务企业提供服务**

【典型案例】遵义市永生物业管理有限公司（以下简称永生物管公司）是否应该退出小区全部商业物业服务区域……永生物管公司虽辩称商业区域与小区住宅部分相互分离，但根据相关规划图及现场勘查，遵义市红花岗区永生庭瑞苑小区（以下简称永生小区）是统一规划的商业和住宅小区，住宅与商业部分共用消防设施、供电设备等，同时，遵义市永生房地产开发有限公司（以下简称永生房开公司）虽然在建设小区时向市人防办交纳了易地建设费，但地下室除停车区域外，还有整个小区的消火栓、泵房等设施设备，其与业主签订的《商品房买卖合同》中对公共部位与公用房屋分摊建筑面积构成说明中明确包含消防设备设施用房、水电设备用房等，说明永生房开公司在计算公摊面积时已把上述用房计算在内。综上，一审法院认定永生小区商业区域与小区住宅部分属于同一个物业管理区域，物业的统一管理事关小区所有业主的生命和财产安全，而不仅仅是正常的生活秩序，因此，根据《物业管理条例》第 33 条“一个物业管理区域由一个物业服务企业实施物业管理”的规定，对永生小区业委会的第二项诉讼请求即要求永生物管公司立即退出小区地下车库及永诚楼指定楼层、房号等全部商业物业服务区域的请求，予以支持。②

5. **住宅区和商业区划分为不同的物业管理区域的依据**

【典型案例】岳阳市巴陵尚都业主委员会（以下简称巴陵尚都业委会）、岳阳福隆置业有限公司（以下简称福隆置业）、岳阳汇德丰商业管理有限公司（以下简称汇德丰公司）争议的焦点在于巴陵尚都小区的住宅区和商业区能否分区进行物业管理。《物业管理条例》第 33 条规定：“一个物业管理区

---

① 参见曲江永和坊（别墅）小区业主委员会与陕西省西安市人民政府再审审查与审判监督行政裁定书，最高人民法院（2020）最高法行申 6764 号。

② 参见遵义市永生物业管理有限公司与遵义市红花岗区永生庭瑞苑小区业主委员会物业服务合同纠纷二审民事判决书，贵州省遵义市中级人民法院（2020）黔 03 民终 7724 号。

域由一个物业服务企业实施物业管理”，但是该条例未对物业管理区域如何划分作出规定，仅规定“一个物业管理区域成立一个业主大会。物业管理区域的划分应当考虑物业的共用设施设备、建筑物规模、社区建设等因素。具体办法由省、自治区、直辖市制定”。关于巴陵尚都业委会要求福隆置业、汇德丰公司交还巴陵尚都商业区物业管理权的诉讼请求，巴陵尚都小区为商住性质的小区，住宅和商业房屋在性质、功能上完全不同，管理方式和模式完全不同；该小区的住宅区和商业区有物理隔离，在地面并不直接相通；虽然中航物业管理有限公司前期物业管理的范围包括整个小区，但自 2012 年 2 月 16 日起，福隆置业就将其中的商业区交给汇德丰公司管理，后来的湖南贤恩物业管理有限公司也一直只对住宅区进行物业管理。因此，将巴陵尚都小区的住宅区和商业区划分两个物业管理区域更加适宜。在商业区业主未委托原告进行物业管理的情况下，对巴陵尚都业委会要求福隆置业、汇德丰公司交还商业区物业管理权的诉讼请求，法院不予支持。①

6. 如何认定物业管理区域的相对独立区域

【典型案例】法院认为，当不同类型的物业项目尤其是各自具有配套物业服务设施设备的物业项目被划入同一物业管理区域时，特定物业服务企业虽然受托对整个物业管理区域实施物业管理，但是部分业主基于惯常做法或者满足生产经营的特殊需要，可能利用自有物业所配套的设施设备对其专有部分和部分区分共有部分自行提供物业服务并自主维修、养护、管理配套的设施设备，即物业服务企业在客观上不是对特定物业管理区域之内所有的房屋及配套设施设备和相关场地都实施了物业管理，亦不是对整个物业管理区域内的环境卫生和相关秩序都进行了维护，而只是对部分物业管理区域实施了物业管理。在此情况下，业主在事实上未将配套的设施设备、与其专有部分联系紧密的相关场地的管理以及相关生活秩序的维护等事务委托给物业服务企业实施物业管理。物业服务企业在事实上亦未向其提供或者未按合同向其提供与其他业主同等品质的物业服务。如果物管相对独立区域的形成具有

① 参见岳阳市巴陵尚都业主委员会与岳阳福隆置业有限公司等所有权纠纷二审民事判决书，湖南省岳阳市中级人民法院（2021）湘 06 民终 4757 号。

正当原因，要求物管相对独立区域的业主与其他业主按同一标准支付物业费，会与权利义务相一致的原则冲突，且有失公平。因物业服务企业在事实上未按合同约定的服务品质向物管相对独立区域内的业主提供物业服务，业主可以以物业服务企业向其实际提供的物业服务质量不符合原合同约定为由，主张合理减少其应支付的物业费用。本案中，河南艾尔皮酒店有限公司（以下简称艾尔皮酒店）在原审中举证证明其实施独立管理，酒店内公共区域内的保洁、安保、水电维修工作均由其雇佣人员负责，进而佐证其核减物业费的主张和抗辩意见，而北京国基伟业物业管理有限公司（以下简称国基公司）并未提供相应证据证明上述物业服务由其提供。原审法院根据国基公司所提供的物业服务内容，结合艾尔皮酒店独立管理及自行维护的实际情况，酌定国基公司所提供的物业服务为全部物业服务范围的50%，符合举证责任分配规则和本案现有事实证据，处理结果并无不当。①

7. 同一个物业管理区域的不同业主可聘请第三方提供分类别的物业服务

【典型案例】根据相关规定，一个物业管理区域成立一个业主大会，一个物业管理区域由一个物业服务企业实施物业管理。物业管理区域的划分应当考虑物业的共用设施设备、建筑物规模、社区建设等因素。首先，根据法院查明的事实，涉案××路××号大楼包括上海市普陀区眼病牙病防治所（以下简称普陀牙防所）所在四层房屋在内由同一建设主体建造，整体在规划红线范围之内，属于同一片宗地，普陀牙防所的房屋与涉案大楼主体结构相连，属于一个自然幢，两者之间不存在物理分割或边界，必然共用相关设施设备。其次，××路××号业委会备案表记载，普陀牙防所的房屋不论是其自有产权部分还是租赁部分显然均在该业委会物业管理区域的四至范围之中。而普陀某某办公室主任曹某收到委托书参加业委会，曹某在此后当选为新一届业委会委员，故普陀牙防所系以业主的身份参加了该业委会。结合以上事实，法院认为普陀牙防所的房屋与涉案大楼属于同一个物业管理区域，

① 参见北京国基伟业物业管理有限公司与河南艾尔皮酒店有限公司服务合同纠纷再审审查与审判监督民事裁定书，河南省高级人民法院（2020）豫民申2667号。

普陀牙防所应当受××路××号业委会与上海旭华物业管理有限公司（以下简称旭华物业公司）签订的物业合同的规制。普陀牙防所辩称其房屋门牌号不在业委会备案表之中，故不属于旭华物业公司物业管理区域。一审法院认为，门牌号码由公安机关编制，在其与物业合同、业委会备案表中列明的物业管理区域不能完全对应的情况下，应当以四至范围为准。普陀牙防所又辩称出具委托书给曹某是委托其参加解决周边摆摊卖菜的问题，普陀牙防所未提供证据证明，且与事后其当选委员的事实明显不符，法院不予采信。普陀牙防所还辩称其一直自行委托第三方对房屋内外进行物业管理，法院认为基于医疗卫生机构的性质，普陀牙防所对于物业服务的内容和标准有着特殊的要求，其聘请第三方进行专业、分类别的物业服务，与旭华物业公司对涉案大楼整体提供的物业服务并不冲突，普陀牙防所无权以此为由拒付物业服务费。综上，旭华物业公司主张普陀牙防所支付物业服务费，于法有据，法院予以支持。关于收费标准，根据相关规定，物业服务收费应当遵循合理、公开以及费用与服务水平相适应的原则，区别不同物业的性质和特点。虽然非居住用房的物业服务费标准高于居住用房的物业服务费标准，涉案大楼并非特例，但考虑到大楼长期以来形成的历史状况，旭华物业公司亦未提供与其收费标准相匹配的物业服务方面的证据，旭华物业公司要求普陀牙防所按照物业合同约定的标准支付物业服务费，有失公允。法院根据本案实际情况，结合普陀牙防所长期以来自行管理的事实、旭华物业公司实际提供服务内容以及普陀牙防所实际享受的服务内容等因素，对于收费标准予以酌定。[①]

① 参见上海旭华物业管理有限公司与上海市普陀区眼病牙病防治所物业服务合同纠纷二审民事判决书，上海市第二中级人民法院（2022）沪02民终29号。

第二十一章　物业管理面积

一、概述

物业管理面积又称在管面积，是指在目标公司签订的物业服务合同中，约定在合同有效期限内由目标公司提供物业服务的建筑面积。物业服务企业收并购的目的和结果就是扩大收购方的管理面积规模。管理面积是判断在管项目收购对价的重要因素，通常面积越大则价值越高，面积越小则价值越低。因此，核查管理面积有助于收购方全方位地识别在管项目的真实性、合法性，并有助于在交易谈判中确定交易对价、在交易协议中明确约定交易对价调整方式。

核查目标公司的物业管理面积，应注意以下事项：

1. 管理面积是物业服务企业实际产生收益的收费面积，具有已交付、已收费、已服务等特点。若物业服务合同到期未续签但物业服务企业继续提供物业服务的，也视为在管项目，其管理面积为在管面积。

2. 与管理面积对应的是合约面积。合约面积包括已交付并服务的管理面积和已签约但未交付的建筑面积等两部分。通常，合约面积中未交付服务的部分一般会在3～5年内转化为管理面积。因此，合约面积是管理面积的基础，是管理面积的先行指标，即先有合约面积，后有管理面积，物业服务企业的合约面积越多，意味着其未来可增长的收入就越多。但未交付的合约面积存在不能转化为管理面积的可能性，故实践中对于未交付的合约面积如何作价、如何支付对价，是收并购交易各方博弈的重点。

3. 对于未交付的前期物业服务项目的合约面积确定，并不能仅以前期物业服务合同约定为准。因为前期物业服务合同约定的物业管理面积可能与实际管理面积相差较大，实践中通常按以下优先顺序来确定：面积实测报告、面积预测报告、物业服务企业与业主自行预测实际管理面积、前期物业服务合同约定的管理面积。

4. 在商办项目物业服务中，除非物业服务合同明确约定按租赁面积收取物业费外，物业服务企业有权按实际物业管理面积收取物业费。

5. 在专项服务项目或者城市服务项目中，存在按照物业服务企业提供的工作量而非管理面积进行计费的情况，例如，以委派人数及每人计费标准进行计费，又如，以完成一定时间段服务项目等进行计费。因此，并非所有的物业服务项目的管理面积就是收费面积。

二、核查要点

1. 核查管理面积、合约面积的真实性、合法性：

（1）审阅物业服务合同时需要关注以下信息，如物业名称、总建筑面积、房屋户数、车位数等约定。

（2）根据相关资料及访谈情况，核查物业服务合同约定的管理面积与实际在管面积是否一致及其原因。

（3）根据目标公司提供的项目台账，物业服务合同约定的管理面积与台账面积是否一致及其原因。

2. 结合财务团队尽调数据，核查管理面积与服务收入的剪刀差，即来自关联方相对较少的在管面积是否贡献了相对较多的服务收入。

三、风险提示

在以管理面积、合约面积为交易对价计算基础的收并购项目中，若未能核查清楚管理面积、合约面积，则可能导致难以确定合理的交易对价，也无法在交易协议中约定面积对赌等条款以约束转让方。

四、处理建议及参考条款

1. 建议在交易协议“词语释义”条款中对“合规管理面积”做出明确定义，参考条款节选如下。

合规管理面积：由目标公司及纳入其财务并表范围内的主体（以下统称目标公司）作为合同的一方，与建设单位、业委会或其他合法物业服务委托方主体签订的，约定在合同有效期限内由目标公司提供管理服务的合同约定的建筑面积。为避免歧义，各方一致确认：（1）与业委会签署的物业服务合同约定期限已届满，且业委会处于有效存续状态的，即使目标公司实际提供物业管理服务，也不计入合规管理面积。（2）目标公司与建设单位、业委会或其他合法物业服务委托方主体签订的物业服务合同，但尚未进行全面管理服务并收取费用的，不计入合规管理面积。

2. 在交易协议中明确约定目标公司单个项目的管理面积与其对应的交易对价，并且针对合约面积交付风险实行针对性定价，建议首付款仅针对目标公司现状部分，不支付未交付合约面积的对价，以降低收购方的合约面积交付风险以及业务稳定性风险。

3. 在交易协议中明确将管理面积等作为对赌考核指标。对于管理面积与营业收入对应性强的项目，可以对单一管理面积设定对赌条款。对于管理面积与营业收入不完全对应的项目，则建议以管理面积加上其他指标设定对赌条款。参考条款节选如下。

各方同意，如经审计及核算，目标公司在业绩承诺期未达成第【　】条约定的承诺业绩，转让方应按以下计算方式向受让方进行补偿：

（1）合规管理面积指标未实现，补偿金额计算标准：【丧失管理权/服务权的项目合规管理面积之和－按本协议规定要求所补充的新项目的合规管理面积之和】÷【丧失管理权/服务权的项目合规管理面积之和】×【丧失管理权/服务权的项目所载明对价之和】。

（2）净利润指标未实现，补偿金额计算标准：【　】年度承诺实现的净利润－【　】年度实际实现的净利润×交易对价×【转让方转让的股权比例】。

（3）对于前述约定的业绩承诺指标有一项未完成的，按照未完成指标对应差额进行补偿；有两项指标未完成的，按金额较高的一项进行补偿。前述转让方应支付的补偿金额，受让方有权从应向转让方支付的款项里予以扣除，也可要求转让方在收到受让方通知后15日内以货币形式向受让方支付。

五、实务要点及典型案例

1. 如何认定计取物业管理费的管理面积

【典型案例】物业管理费计取的房屋面积。广发银行股份有限公司开平支行（以下简称广发行开平支行）与佛山市丽园房地产开发有限公司签订的《商品房购销合同》中约定的涉案房屋建筑面积是8902.78平方米，对此，广发行开平支行在原一审、二审法院审理期间均没有提出异议。再审期间，广发行开平支行提供广东省佛山市禅城区房地产档案馆保存的《商品房屋情况表》，认为涉案商铺应按照8645.88平方米计算。该面积源于佛山市房地产交易所的初步测绘，初步测绘与最高人民法院《关于审理建筑物区分所有权纠纷案件具体应用法律若干问题的解释》第8条规定对于“尚未进行物权登记的，暂按测绘机构的实测面积计算”尚不能完全相符。且依照2010年4月1日施行的广东省物价局、广东省住房和城乡建设厅《关于物业服务收费管理办法的通知》第15条的规定，物业服务收费根据法定产权建筑面积按月计收。已办理房产证的，以房产证记载的建筑面积为准。房产证未记载建筑面积或未办理房产证的，以物业买卖合同中约定的建筑面积为准。涉案商铺至今未办理房屋产权证，再审法院依据双方签订的《商品房购销合同》中约定的建筑面积收取物业管理费并无不当。广发行开平支行称再审判决对物业管理费计取的房屋建筑面积认定错误的申诉理由不能成立，法院不予支持。①

2. 物业服务企业对物业管理面积有举证义务

【典型案例】法院经审查认为，河南珠江酒店物业管理有限公司（以下

① 参见佛山市丽园物业管理有限公司与广发银行股份有限公司开平支行物业服务合同纠纷申诉、申请民事判决书，最高人民法院（2014）民提字第184号。

简称珠江物业公司）主张河南鸿马实业有限公司（以下简称鸿马公司）实际的物业面积为1694.48平方米，提交了河南杨金科技外包产业园区投资有限公司（以下简称杨金公司）名下的2017年两张不动产权证书，上述两份不动产权证是复印件，在没有其他证据印证下，不能直接作为证据使用。并且从两张不动产权证书内容上看，权利人是杨金公司，并非本案当事人鸿马公司。珠江物业公司主张该房屋已转让给鸿马公司，提交了2014年11月10日李某某、鸿马公司与杨金公司签订的协议书，但该协议书中载明房屋建筑面积仍为1531.8平方米。珠江物业公司以杨金公司名下房屋产权证，向鸿马公司主张应当收取物业费的面积为证载面积1694.48平方米，依据不足。同时，本案中双方均认可的《业主临时管理规约》约定的鸿马公司应缴纳物业费的物业面积为1531.8平方米。珠江物业公司提交的落款分别为2018年8月15日、12月14日的催费通知单载明，2014年6月1日~2018年12月31日，物业费计费面积为1531.8平方米，并非1694.48平方米。故原审判决根据珠江物业公司提交的相应证据，结合双方陈述，认定鸿马公司应缴纳物业费的物业面积为1531.8平方米并无不当。[①]

3. 物业服务企业应对实际管理的物业面积负有审查义务

【典型案例】一审法院认为，本案的争议在于上海佳信物业管理有限公司（以下简称佳信物业公司）能否因物业服务合同约定的面积与实际可收费面积不符而向上海市宝山区宝景苑业主大会（以下简称宝景苑业主大会）主张违约责任或损害赔偿。首先，从合同的义务主体来看，业主大会或业主委员会系代表全体业主签订物业服务合同，合同实际的履行主体是物业公司与众业主。除公共事项外，一般具体的物业服务纠纷均由物业公司和具体的业主处理，不应由业主大会或业主委员会承担责任，否则将造成主体混乱。其次，从对合同内容的审查义务来看，佳信物业公司作为专业物业服务公司，对小区的建筑面积应当有全面的调查了解，本案中佳信物业公司于2015年年初先行托管宝景苑小区，至11月才正式签订物业服务合同，故其对该小区的

---

① 参见河南珠江酒店物业管理有限公司、河南鸿马实业有限公司旅店服务合同纠纷再审审查民事裁定书，河南省高级人民法院（2021）豫民申8499号。

实际管理面积更应当有准确清醒的认识，该物业服务合同中约定的建筑面积是否准确，相应面积是否可计费等事宜应由佳信物业公司自行负责审查，现发生物业费收交的争议，不应认定由业主委员会或业主大会承担违约责任。综上，佳信物业公司要求宝景苑业主大会赔偿物业费损失的主张，法院不予支持。据此，一审法院判决如下：驳回佳信物业公司的全部诉讼请求。……

……二审法院认同一审法院从合同主体及佳信物业公司应对实际管理的物业面积负有审查义务两个方面分析从而驳回佳信物业公司的诉讼请求。①

4. 物业服务企业不得向管理面积之外的业主收取物业费

【典型案例】关于深圳市联盛进出口有限公司（以下简称联盛公司）入驻寸金大厦之后，即在2008年9月至2013年7月是否应承担物业费的问题。据寸金大厦2008年7月2日办理的房地产初始登记可知，深圳市明珠来利实业有限公司（以下简称明珠来利公司）和联盛公司为寸金大厦的业主，明珠来利公司约占66%物业面积。根据物业管理的相关规定，选聘和解聘物业服务企业应由业主共同决定。明珠来利公司与广州长建物业管理有限公司深圳分公司（以下简称长建深圳分公司）于2008年9月3日签订了《寸金大厦物业管理服务合同》，明确约定物业服务范围限于所属建筑面积16 237.17平方米，即明珠来利公司拥有产权的物业及相关设备设施。虽然长建深圳分公司实际提供的物业服务涉及联盛公司的物业范围，但《广东省物业管理条例》（1998）第31条第2款规定，物业管理公司在物业管理委托合同约定以外自行提供服务，未经业主委员会或者业主认可的，业主或者使用人可以不支付服务费用。联盛公司对长建深圳分公司的物业管理不予认可，原判决并未否定上述《寸金大厦物业管理服务合同》的效力，只是认定该合同对联盛公司不发生法律效力，并据此认定联盛公司无须负担2008年9月至2013年7月的物业费，不违反上述规定，并无不当。长建深圳分公司关于明珠来利公司是大业主，联盛公司未表示反对即应认定对其提供的物业管理有效的主张

---

① 参见上海佳信物业管理有限公司与上海市宝山区宝景苑业主大会物业服务合同纠纷二审案件民事判决书，上海市第二中级人民法院（2022）沪02民终801号。

没有法律依据。[①]

5. 物业服务企业按实际提供的物业管理面积收取物业费

【典型案例】 关于争议焦点一。伊宁市宏基房地产开发有限责任公司（以下简称宏基公司）与伊宁市鸿旭物业服务有限责任公司（以下简称鸿旭公司）对《物业服务合同》及附件的真实性不持异议，仅对实际履行服务面积产生争议。根据宏基公司提交的《预售房合同》、《商品房买卖合同》、《补充协议》、国电新疆吉林台水电开发有限公司（以下简称国电吉林台水电公司）出具的证明及法院向国电吉林台水电公司调取的该公司与伊宁市润泽物业服务有限公司（以下简称润泽公司）签订的《物业管理服务合同书》、财务付款明细，足以证实国电吉林台水电公司购买国电家园小区集控中心办公楼、运转楼、车库，并自行委托润泽公司进行物业服务管理的事实。因此，虽然双方《物业服务合同》约定提供物业服务的建筑面积为81 393.72平方米，但合同履行过程中，合同内容发生了变更，鸿旭公司实际提供的物业服务面积亦发生变化，双方应当按照变更后的内容履行合同。鸿旭公司要求宏基公司按照合同约定建筑面积支付物业服务费的请求与事实不符，宏基公司主张扣除国电吉林台水电公司购买的办公楼8201.65平方米、车库3238.72平方米、会所7284.98平方米，合计18 725.35平方米建筑面积物业服务费的请求应当予以支持。[②]

6. 物业服务企业可按租赁面积加公摊面积计收商办项目的物业费

【典型案例】 关于上诉人主张的一审判决计算被上诉人收取物业费的面积错误一节。经查，双方当事人对沃尔玛超市租赁的涉案楼房的租赁面积地上一层为751.24平方米，地下一层、地下××为11 892米均无异议，应予以确认。现双方当事人对地下二层的租赁面积存有异议，上诉人认可为1401平方米，被上诉人主张为1679.72平方米并得到一审判决确认。法院认为，

---

① 参见广州长建物业管理有限公司深圳分公司、深圳市联盛进出口有限公司不当得利纠纷再审审查与审判监督民事裁定书，最高人民法院（2018）最高法民申1379号。

② 参见伊宁市宏基房地产开发有限责任公司与伊宁市鸿旭物业服务有限责任公司物业服务合同纠纷再审民事判决书，新疆维吾尔自治区高级人民法院伊犁哈萨克自治州分院（2019）新40民再14号。

上诉人主张的沃尔玛超市对涉案楼房地下二层的租赁面积为1401平方米，是根据其与沃尔玛（辽宁）百货有限公司签订的房屋租赁协议中的约定，但被上诉人对此并未予以确认。相反，从双方当事人就沃尔玛超市物业费收取进行磋商的一系列书面函件中，足以确认双方当事人对沃尔玛超市租赁面积始终未予以确认。该节事实与上诉人2014年4月2日向大商集团锦州千盛购物广场有限公司家乐汇购物广场出具的《关于沃尔玛物业费的说明函》中，载明的“贵我双方在商定沃尔玛租赁区物业管理面积及物业费收取标准后”及大商集团锦州千盛购物广场有限公司家乐汇购物广场2014年12月18日向上诉人发出的通知中载明的“因物业面积尚未最终确定，暂按上述面积（上诉人与沃尔玛公司租赁协议约定面积）收取”事实相印证，则在被上诉人多次催促上诉人配合确认、核对沃尔玛超市实际租赁面积无果后，按沃尔玛超市在涉案楼房地下二层设立办公区域等实际占用面积（1679.92平方米）作为计算物业费用的面积并无不当。

……本案中，一审判决根据双方当事人之间的协议及涉案楼房测绘面积等客观条件，在确定全楼公摊系数的基础上，再根据租赁面积分别计算出沃尔玛超市经营期间地上一层公摊面积114.78平方米，地下一层、地下××公摊面积1817平方米，地下××公摊面积265米后，将沃尔玛超市实际租赁面积与公摊面积之和，作为计算沃尔玛超市应承担的物业费交费面积并无不当。虽然上诉人与案外人沃尔玛（辽宁）百货有限公司签订的房屋租赁协议约定沃尔玛超市支付物业费的面积为“房屋套内面积，不包括所分摊的公用面积”，但该约定的效力只对上诉人与沃尔玛超市具有约束力，不能对抗被上诉人的权利……①

安化县嘉和房地产开发有限公司（以下简称嘉和公司）与步步高公司签订的《租赁合同》确认的面积为双方计算租金的面积，根据合同相对性原则，其不适用于计算物业管理费的面积。一审法院根据安化县房地产测绘队测量的建筑面积作为物业管理费的计算依据并无不当，法院依法予以维持。

---

① 参见锦州天兴置业有限公司、大商锦州百货大楼有限公司物业服务合同纠纷二审民事判决书，辽宁省锦州市中级人民法院（2021）辽07民终148号。

嘉和公司上诉称《租赁合同》确认的面积即为履约面积没有法律依据，法院依法不予支持。[①]

7. **物业服务合同记载的管理面积笔误不能成为抗辩理由**

【典型案例】 关于海南信地房地产开发有限公司（以下简称信地公司）答辩主张的海南铭浩物业服务有限公司提供物业服务面积前后不一致，2017年4月24日至2018年4月24日并未提供3号楼酒店的物业服务问题。一审法院认为，小区作为整体的一个物业管理区域，物业公司应是进行全面管理，没有理由剔除一部分物业区域不进行管理。故《暂管合同》约定的物业管理面积应是数据书写错误。信地公司的抗辩理由不成立。[②]

8. **业主应承担物业服务合同约定的管理面积范围内的物业费**

【典型案例】 法院认为，本案中，北京中视联国际数字产业园建设有限公司（以下简称中视联公司）认可唯石（宁夏）物业管理有限责任公司北京分公司（以下简称唯石公司）主张的事实，认可唯石公司提供的《物业管理交接协议》附件一《中视联及G楼所欠物业费及能源费明细》中载明的物业服务收费面积、收费标准及拖欠数额，但对其中关于L02 12号楼的物业费承担者持有异议，同意支付除却L02 12号楼费用之外唯石公司主张的全部费用，法院对此不持异议。对于L02 12号楼物业费及能源费承担的问题，无论是北京鼎润祥明物业管理有限公司与中视联公司签订的《BDA国际广场物业服务合同》还是唯石公司与中视联公司签订的《BDA国际广场前期物业服务合同》，均约定物业管理面积为整个涉案园区，L02 12号楼在涉案园区的物业托管范围内，在中视联公司无法举证证明该楼的所有权人的情况下，中视联公司应承担L02 12号楼产生的物业费及能源费，其抗辩意见，证据不足，法院不予采信。[③]

---

① 参见安化县嘉和房地产开发有限公司与安化县家乐物业管理有限公司、步步高商业连锁股份有限公司物业服务合同纠纷二审民事判决书，湖南省益阳市中级人民法院（2020）湘09民终123号。

② 参见海南信地房地产开发有限公司、海南铭浩物业服务有限公司物业服务合同纠纷二审民事判决书，海南省第二中级人民法院（2021）琼97民终983号。

③ 参见唯石（宁夏）物业管理有限责任公司北京分公司与北京中视联国际数字产业园建设有限公司物业服务合同纠纷一审民事判决书，北京市大兴区人民法院（2021）京0115民初23697号。

9. 受让方可请求撤销转让方隐瞒未取得在管面积事实的股权转让协议

【典型案例】本案中，《股权转让合同》约定奥联物业股份有限公司（以下简称奥联公司）以1 200 000元的价格受让何某某持有的湖南香蜜湖大管家物业服务有限公司（以下简称香蜜湖公司）100%股权，前提为香蜜湖公司实际在管有四处项目（华生公馆、景强国际、西湖公馆T1栋、上海城），总物业管理面积为35万平方米。但根据本案查明的事实，在《股权转让合同》签订之前，香蜜湖公司并未取得上海城项目的物业服务管理权，转让人何某某刻意隐瞒该事实，导致奥联公司在违背真实意思的情况下签订《股权转让合同》及补充协议，属于可撤销情形，奥联公司于2021年4月7日知悉香蜜湖公司未取得上海城项目的物业服务管理权，主张撤销《股权转让合同》及补充协议，具有事实和法律依据，法院予以支持。[①]

10. 交易双方可约定按实际交付的物业管理面积最终计算股权交易价款

【典型案例】在合同履行中，被告（反诉原告）何某某、湖南香蜜湖大管家物业服务有限公司（以下简称香蜜湖公司）已按照合同约定向原告（反诉被告）将其公司的相关资料、财务账本移交给原告（反诉被告），并将其原管理的景强国际（管理面积79 968.62平方米）、华生公馆（管理面积45 000平方米）、西湖公馆（管理面积48 000平方米）项目共计172 968.62平方米的物业管理及香蜜湖公司的工作人员交付原告（反诉被告）经营管理，原告（反诉被告）也实际对上述项目物业进行了经营管理。虽然合同中约定，被告（反诉原告）需保证交付给目标公司物业管理的项目（包括耒阳上海城小区约20万平方米），物业管理面积不能减少于35万平方米，但合同中又约定，若不能接管上述35万平方米的物业管理权，按实际交付的物业管理面积最终计算双方的股权交易价款，双方交易的管理面积最终以实际交付

---

① 参见奥联物业股份有限公司、何某某等股权转让纠纷一审民事判决书，湖南省耒阳市人民法院（2021）湘0481民初5027号。

管理的面积为准。因此，本案股权转让价款为可调价款。[①]

六、物业服务企业上市案例文书部分示例

1. 广东碧桂园物业服务股份有限公司首次公开发行股票申请文件反馈意见

9. 截至2016年9月30日，公司的收费管理面积为8590.72万平方米，其中由碧桂园集团开发的物业的收费管理面积为8263.90万平方米，占总收费管理面积的96.20%。招股说明书简要披露了报告期各期间与公司发生关联交易的金额在100万元以上的主要关联方情况。请保荐机构、发行人律师说明发行人就关联方的披露是否符合《公开发行证券的公司信息披露内容与格式准则第1号—招股说明书》第54条的有关规定，采取前述披露方式是否恰当及其原因并发表明确意见。请保荐机构、发行人律师对发行人报告期内各项关联交易价格的公允性、决策程序的合规性发表明确意见。

2. 南都物业服务股份有限公司首次公开发行股票申请文件反馈意见

7. 招股说明书披露，2013年、2014年、2015年和2016年1~6月，公司主营业务收入分别为28 952.82万元、38 898.39万元、46 970.03万元和27 056.16万元。(1) 请发行人分别按物业类型、地区，披露报告期各期内项目数量、面积、单价、收入、毛利，披露报告期内各期间包括新委聘、新交付、终止的明细变动情况，综合以上数据分析说明收入变动原因；(2) 补充披露报告期末按到期日的合同数量、面积、单价、合同金额，分析说明未来收入变动趋势……请保荐机构、会计师说明为确认发行

① 参见原告奥联物业股份有限公司诉被告何某某等股权转让合同纠纷案一审民事判决书，湖南省耒阳市人民法院（2020）湘0481民初910号。

> 人收入的真实性、准确性、完整性所采取的核查措施、核查方法和核查结论，并发表明确意见。

3. 重庆新大正物业集团股份有限公司首次公开发行股票申请文件反馈意见

> 20. ……（2）披露签约项目与在管项目的区别，披露报告期末按到期日的合同数量、面积、合同金额，分析披露未来物业管理服务收入变动趋势，说明公司各签约项目的取得途径。

4. 浙江开元物业管理股份有限公司创业板首次公开发行股票申请文件反馈意见

> 10. 关于发行人的客户……（4）申报材料显示，发行人报告期内主营业务收入增长主要系物业项目数量及管理面积增加所致。说明报告期内增加的主要物业项目及面积，对应的客户名称及小区的开发商、与发行人及控股股东、实际控制人的关系，收入、占比，定价依据及公允性……

第二十二章　物业承接查验

一、概述

物业承接查验，是指承接物业管理项目前，物业服务企业和业主按照国家相关规定和物业服务合同或前期物业服务合同的约定，共同对物业共用部位、共用设施设备、物业费预收或拖欠情况以及相关档案资料等进行检查和验收的活动。物业承接查验可分为新建物业承接查验、物业服务企业更迭承接查验两类。收并购中，核查目标公司在管项目的物业承接查验情况，不仅有助于判断此前目标公司是否依规承接查验相关项目，更有助于划清此后收购方与受让方接收在管项目的法律风险。

核查物业承接查验，应注意以下事项：

1. 从技术层面看，物业承接查验是物业管理进入实质操作阶段的第一步，是协助开发商梳理项目遗留问题、把握施工质量、为后续物业服务提供技术支撑的重要关口。但实践中，由于开发商与物业服务企业的关联关系或者开发商的强势地位，可能出现在工程未完工、未完成竣工验收及未达到安全底线标准的情况下进行承接查验及交付，特别是对隐蔽工程、安防监控系统、电梯质量问题等承接查验可能敷衍了事，从而加重了物业服务企业的责任。因此，实操中，收购方会派出技术团队进行技术尽调，全面核查目标公司承接查验相关文件资料是否完备齐全，并通过现场踏勘对目标公司管理的物业共用设备设施进行一一排查，抽查相关维修、巡检等记录台账、记录明细表，查清在管项目相关设备是否存在重大故障，是否存在重大安全风险等。

2. 从法律层面看，物业承接查验明确了物业开发建设单位、物业服务企业、项目业主各自的责任，避免物业服务中因物业质量责任不清而导致物业服务纠纷，进而影响正常的物业管理秩序，造成不必要的品牌损失。因此，物业承接查验是化解或者解决物业纠纷的重要依据。物业服务企业是否依法依规进行物业承接查验，决定了物业服务企业的法律责任边界，也是防范风险的关键。收并购中，核查物业承接查验的主要目的是确定应由转让方承担的目标公司此前承接查验项目的法律风险。

二、核查要点

1. 目标公司承接项目是否存在查验记录，并核实查验记录中的查验时间、项目名称、查验范围、查验方法、存在问题、修复情况、查验结论等内容以及签字确认单位等。

2. 目标公司在管项目是否存在物业承接查验协议，并核查该协议是否对物业承接查验的内容、存在问题、解决方法及其时限、双方权利义务、违约责任等事项作出了明确约定。

3. 目标公司承接的项目中是否有协助查验的第三方专业机构出具的查验报告。

4. 目标公司承接的项目中是否有对物业承接查验的过程和结果进行公证的法律文书。

5. 目标公司是否存在因未依法履行承接查验义务，物业所在地房地产行政主管部门责令限期改正、被列为不良经营行为记入企业信用档案等情形。

6. 是否存在业主委员会或者业主投诉目标公司承接查验行为或者要求目标公司赔偿因物业共用设施缺陷等给业主所造成的损失等情形。

三、风险提示

目标公司与物业承接查验有关或者引起的并可能延续至被收购后的主要法律风险如下：

1. 责任加重风险。若目标公司与建设单位具有关联关系，建设单位可能凭借关联关系滥用股东权利，使承接查验流于表面，在物业承接查验中免除自身责任，加重目标公司的责任，并且损害物业买受人的权益。

2. 民事赔偿风险。若建设单位与目标公司恶意串通、弄虚作假，在物业承接查验活动中共同侵害业主利益，目标公司须共同承担赔偿责任。若目标公司擅自承接未经查验或者承接不符合条件的物业，因物业共用部位、共用设施设备缺陷给业主造成损害的，须承担相应的赔偿责任。

3. 返还维保资金的风险，若目标公司擅自承接未经查验或者承接不符合条件的物业，因维护物业共用部位、共用设施设备缺陷而使用维修资金的，目标公司须承担返还责任。

四、处理建议及参考条款

1. 建议在交易协议中要求转让方就承接查验做出特别陈述与保证，参考条款节选如下。

> 基于本协议附件【　】所披露之目标公司及其在管项目情况，发生任何民事责任、行政责任，均由交易对方据实承担或据实补偿至目标公司，包括但不限于：
>
> 目标公司因股权交割日前在管项目未履行承接查验程序或者其他与承接查验有关的任何事项致目标公司可能承担的费用。

2. 建议在交易协议中约定，过渡期内，交易对方、目标公司有义务配合收购方对设施设备进行承接查验。

五、相关规定

《物业管理条例》（2018 年修订）

第二十八条　物业服务企业承接物业时，应当对物业共用部位、共用设施设备进行查验。

第二十九条　在办理物业承接验收手续时，建设单位应当向物业服务企业移交下列资料：

（一）竣工总平面图，单体建筑、结构、设备竣工图，配套设施、地下管网工程竣工图等竣工验收资料；

（二）设施设备的安装、使用和维护保养等技术资料；

（三）物业质量保修文件和物业使用说明文件；

（四）物业管理所必需的其他资料。

物业服务企业应当在前期物业服务合同终止时将上述资料移交给业主委员会。

第三十六条　物业服务企业承接物业时，应当与业主委员会办理物业验收手续。

业主委员会应当向物业服务企业移交本条例第二十九条第一款规定的资料。

第三十八条第二款　物业服务合同终止时，业主大会选聘了新的物业服务企业的，物业服务企业之间应当做好交接工作。

住房和城乡建设部《关于印发〈物业承接查验办法〉的通知》（建房〔2010〕165号）

第二条　本办法所称物业承接查验，是指承接新建物业前，物业服务企业和建设单位按照国家有关规定和前期物业服务合同的约定，共同对物业共用部位、共用设施设备进行检查和验收的活动。

第六条　建设单位与物业买受人签订的物业买卖合同，应当约定其所交付物业的共用部位、共用设施设备的配置和建设标准。

第七条　建设单位制定的临时管理规约，应当对全体业主同意授权物业服务企业代为查验物业共用部位、共用设施设备的事项作出约定。

第二十九条　物业服务企业应当自物业交接后30日内，持下列文件向物业所在地的区、县（市）房地产行政主管部门办理备案手续：……

第三十条　建设单位和物业服务企业应当将物业承接查验备案情况书面告知业主。

第三十一条　物业承接查验可以邀请业主代表以及物业所在地房地产行政主管部门参加，可以聘请相关专业机构协助进行，物业承接查验的过程和结果可以公证。

第三十七条　建设单位不得凭借关联关系滥用股东权利，在物业承接查验中免除自身责任，加重物业服务企业的责任，损害物业买受人的权益。

第三十八条　建设单位不得以物业交付期限届满为由，要求物业服务企业承接不符合交用条件或者未经查验的物业。

第三十九条　物业服务企业擅自承接未经查验的物业，因物业共用部位、共用设施设备缺陷给业主造成损害的，物业服务企业应当承担相应的赔偿责任。

第四十条　建设单位与物业服务企业恶意串通、弄虚作假，在物业承接查验活动中共同侵害业主利益的，双方应当共同承担赔偿责任。

第四十一条　物业承接查验活动，业主享有知情权和监督权。物业所在地房地产行政主管部门应当及时处理业主对建设单位和物业服务企业承接查验行为的投诉。

第四十二条　建设单位、物业服务企业未按本办法履行承接查验义务的，由物业所在地房地产行政主管部门责令限期改正；逾期仍不改正的，作为不良经营行为记入企业信用档案，并予以通报。

湖南省住房和城乡建设厅《关于印发〈湖南省住宅物业承接查验办法〉的通知》（湘建房〔2022〕51号）

第二条　本办法所称住宅物业承接查验，是指新建住宅物业交付使用前，物业服务企业和建设单位按照国家、省有关规定、规划设计的要求和前期物业服务合同约定，共同对物业共用部位、共用设施设备进行检查和验收的活动。

前期物业服务合同终止后，业主委员会与业主大会选聘的物业服务企业之间的承接查验活动，可以参照本办法执行。

第十八条　建设单位应当在承接查验小组的见证下，按照承接查验协议的约定办理物业交接手续，向物业服务企业移交物业服务用房以及物业管理区域内的共用部位、共用设施设备。交接工作应当形成书面记录。交接记录应当包括交接时间、交接方式、移交资料及共用部位、共用设施设备明细等内容。交接双方应当在交接记录上共同签章确认。

分期开发建设的项目，符合交付使用条件的物业，应当分期办理承接查验手续，并在承接最后一期物业时，办理物业项目整体交接手续。

第二十三条　保修期内的保修工程竣工后，建设单位应当组织物业服务企业、业主委员会或者业主代表进行验收。涉及结构安全的，建设单位应当报物业所在地建设行政主管部门备案。

保修期届满时，物业服务企业应当组织建设单位、业主委员会或者业主代表以及相关业主对物业进行查验；查验应当邀请物业所在地物业管理行政主管部门、街道办事处（乡镇人民政府）、居（村）民委员会参加。不符合质量要求的，建设单位应当进行整改。

六、实务要点及典型案例

1. 没有约定或者约定不明确的，由建设单位承担物业承接查验费用

【典型案例】法院经审查认为：河南省郑州市二七区人民法院作出的（2019）豫0103 民再89 号生效民事判决认定郑州市二七城乡更新建设开发有限公司（以下简称城乡更新公司）为涉案项目的建设单位，并判令城乡更新公司作为建设单位向郑州八方物业管理有限公司（以下简称八方物业公司）支付物业服务费用，城乡更新公司提供的证据不足以证明其非建设单位的主张成立。城乡更新公司辩称根据招标文件，物业承接查验工作是八方物业公司应提供的物业服务范围，但是该招标文件并未明确约定八方物业公司提供物业承接查验工作不需收取费用，根据《物业承接查验办法》第 28 条关于“物业承接查验费用的承担，由建设单位和物业服务企业在前期物业服务合同中约定。没有约定或者约定不明确的，由建设单位承担”的规定，城乡更新公司应承担物业承接查验费用。

至于本案物业承接查验费用的具体计算标准问题，八方物业公司主张按照涉案小区总面积每平方米 2 元的标准计算，依据不足。基于八方物业公司确实提供了物业承接查验服务的基本事实，二审判决参考八方物业公司提供的查验记录显示的查验时间、参加人员，酌定按照当年河南省服务业职工平均工资计算查验费用 81 318 元，并无不当。虽然八方物业公司为营利性公司，但其提供的主要营利项目是物业管理服务，物业承接查验工作也是为了开展物业管理服务，二审判决酌定查验费用时未考虑其利润，并未显失公平。[①]

---

① 参见郑州八方物业管理有限公司、郑州市二七城乡更新建设开发有限公司合同纠纷再审审查民事裁定书，河南省高级人民法院（2021）豫民申 8396 号。

2. 物业服务企业应在合同终止时将承接验收资料移交给业主委员会

【典型案例】法院认为：根据《物业管理条例》第29条的规定，在办理物业承接验收手续时，建设单位应当向物业服务企业移交下列资料：（1）竣工总平面图，单体建筑、结构、设备竣工图，配套设施、地下管网工程竣工图等竣工验收资料；（2）设施设备的安装、使用和维护保养等技术资料；（3）物业质量保修文件和物业使用说明文件；（4）物业管理所必需的其他资料。物业服务企业应当在前期物业服务合同终止时将上述资料移交给业主委员会。从本案查明的事实看，被告上海浦华物业管理有限公司（以下简称浦华物业）移交了部分资料，尚未完成该小区物业管理所需全部资料移交手续，故原告要求被告移交资料的诉讼请求，于法有据，法院予以支持。对于原告要求被告支付弱电系统、消防系统、电梯设施维修费用的诉讼请求，根据最高人民法院《关于审理物业服务纠纷案件具体应用法律若干问题的解释》第3条的规定，物业服务企业不履行或者不完全履行物业服务合同约定的或者法律、法规规定以及相关行业规范确定的维修、养护、管理和维护义务，业主请求物业服务企业承担继续履行、采取补救措施或者赔偿损失等违约责任的，人民法院应予支持。根据“谁主张，谁举证”的原则，原告应举证证明上述设施设备已经损坏，且设施设备损坏系因被告不履行或者不完全履行管理职责引起的。从被告进入该小区进行管理，后移交、撤离至今，前后已有近7年时间，上述设施设备运行过程中本身会出现自然老化及损坏的情况，且均已超过质保期，如果需要维修、更新、改造，必须动用小区维修基金解决，不属被告应提供的物业服务范围。鉴于原告、被告双方就上述设施设备的日常养护管理的物业资料尚未进行移交，在相关资料未移交前，根据原告现有证据，法院无法确定被告浦华物业在服务期间是否存在违约行为、违约行为与损害后果之间是否存在因果关系以及因果关系大小，故法院对原告该项诉请不予支持，原告可待相关资料移交后并根据具体情况再行主张。①

---

① 参见上海市浦东新区大华锦绣华城18街区业主委员会诉上海浦华物业管理有限公司物业服务合同纠纷一审民事判决书，上海市浦东新区人民法院（2014）浦民一（民）初字第1732号。

3. 业主委员会已对小区进行管理，则无再进行承接验收的可能和必要

【典型案例】法院认为：原告岳阳市巴陵尚都业主委员会已于2020年3月1日起对巴陵尚都小区住宅区进行自主管理，相关房屋和设施设备属已在其实际控制之中，被告于退场前分别于2020年1月30日、2月28日与原告进行了设施设备、业主资料、竣工验收资料等交接手续，故原告、被告对物业用房及物业管理资料已完成交接，再次查验交接并签署《物业承接验收表》等物业承接检验文件已无履行可能和必要，故法院对原告的该诉讼请求不予支持。①

4. 业主不能以物业服务企业未办理物业承接手续为由拒交物业费

【典型案例】湖南贤恩物业管理有限公司（以下简称贤恩物业）于2020年2月28日正式退出巴陵尚都时，仅向巴陵尚都移交了95册业主资料，未移交一张竣工图纸，未办理任何设备移交手续，更未依法办理物业承接手续和物业交接手续，这些问题属于业主委员会与物业公司就小区公共财产管理产生的纠纷，并不影响陈某某的专有部分的权益，不能成为陈某某拒交物业费的抗辩理由，只能由业主委员会通过另诉处理。②

【典型案例】关于李某某抗辩韶关市华邦物业服务有限公司（以下简称华邦公司）承接物业时，未履行对物业共用部位、共用设施设备的查验义务问题，根据住房和城乡建设部《关于印发〈物业承接查验办法〉的通知》（建房〔2010〕165号）第42条的规定："建设单位、物业服务企业未按本办法履行承接查验义务的，由物业所在地房地产行政主管部门责令限期改正；逾期仍不改正的，作为不良经营行为记入企业信用档案，并予以通报"的规定，李某某若认为华邦公司违反物业承接查验办法，可依照该规定向相关行政主管部门投诉处理等。物业服务企业及建设单位有无按相关规定履行承接查验义务并非业主拒付物业费的理由。③

---

① 参见岳阳市巴陵尚都业主委员会、湖南贤恩物业管理有限公司物业服务合同纠纷一审民事判决书，湖南省岳阳市岳阳楼区人民法院（2020）湘0602民初5961号。

② 参见陈某某、湖南贤恩物业管理有限公司物业服务合同纠纷二审民事判决书，湖南省岳阳市中级人民法院（2021）湘06民终2314号。

③ 参见李某某、韶关市华邦物业服务有限公司物业服务合同纠纷二审民事判决书，广东省韶关市中级人民法院（2021）粤02民终998号。

第二十三章　物业服务进退场

一、概述

物业服务企业进场是指物业承接查验手续完毕并且各方无争议或者相关争议不影响进场的，新的物业服务企业接管物业，开始对物业实施物业服务管理。而物业服务企业退场，亦称退管，是指在物业服务合同履行期满后不再续聘或者虽未到期但提前解除合同，物业服务企业撤出物业管理项目，按照程序办理交接手续后终止物业服务的行为。收并购中，核查目标公司已经签订物业服务合同但未进场或拟进场的项目情况，有助于识别在管项目合约面积交付、合约面积转化为管理面积的风险。核查目标公司拟退场或者正在办理退场手续的项目，有助于识别目标公司是否存在后续法律争议。

核查目标公司进退场，应注意以下事项：

1. 确定目标公司进退场的法律意义。正常情况下，物业服务进退场时间既是划分物业服务企业法律责任的时间点，也是开始或者停止收取物业费的时间点。应特别注意的是，实践中存在某些目标公司对一些在管项目在未经协商下不辞而别，或目标公司被业主等逐出在管项目等情形，从而形成进退场相关法律争议。

2. 应注意物业服务进场与早期介入的差异。早期介入是指物业服务企业在接管物业之前，参与物业的规划设计和建设的过程中，从业主与使用人的角度，就物业设计、开发、建设和今后的使用管理提出建议和意见，并对将来接管物业从物质上和组织上做好准备，以更好地满足业主和使用人的需求，并有利于之后的物业服务。物业服务企业因提供早期介入服务向开发商收取的是咨询费，而非物业费，早期介入可以为签订正式物业服务合同做好基础工作。

3. 应注意开发商交房时间、物业服务进场时间、物业费计收时间的差异。开发商交房时间是指商品房买卖合同中约定的开发商向业主交房的时间。若商品房买卖合同中约定的交房时间与实际交房时间不一致的，以实际交房时间为准。根据法律规定以及实务操作，物业服务企业进场时间一般要早于房屋交付时间，因为其需要对小区的绿化、卫生等方面进行前期管理。商品房买卖合同还会约定物业费计收时间，如约定“按约定日期办理收楼手续的，从办理收楼手续之日起开始计算；未按收楼手续约定日期拖延办理收楼手续的，以卖方（开发商）发给买方（业主）的‘收楼通知书’上标明的交房时间的次月开始计收物业管理费”。可见，业主收房或视为收房的时间就是物业费起算时间。

二、核查要点

1. 审阅物业服务合同时，重点关注合同期限、续期、进退场等相关信息。

2. 对于前期物业服务项目的进场，注意核实建设单位是否需要目标公司提供筹备之外的服务及费用、前期服务合同签订时间与物业进场时间是否相距较长、建设单位是否存在延期交房等影响目标公司进场的情形。

3. 对于目标公司拟进场的其他项目，核查此前的物业服务企业是否存在不配合退场等情形。

4. 对于目标公司拟退场或者正在办理退场手续的项目，核查是否签订退场协议、办理交接手续、完成财务清算等。

三、风险提示

1. 合约项目未能转化为在管项目风险。若目标公司的合约项目因种种原因不能进场并提供物业服务，则目标公司不能收取物业费，该项目不能转化为在管项目。

2. 诉讼风险。若目标公司某些退管项目未办理退管退场手续，或者存在退场遗留问题等，则可能导致业主或者业主委员会起诉目标公司，提出退还公区收益、移交资料等诉讼风险。

3. 行政处罚风险。《物业管理条例》等规定，若物业服务企业退场不移交有关资料的，由县级以上地方人民政府房地产行政主管部门责令限期改正；逾期仍不移交有关资料的，对物业服务企业予以通报，并处罚款等行政处罚。

四、处理建议及参考条款

1. 建议在交易协议中要求转让方就项目进场做出“陈述与保证”，参考条款节选如下。

> 除已经披露的情形外，转让方承诺本协议所列物业项目之管理权，均处于良好存续、可依据物业服务合同约定的时间进场之状态。

2. 对于退管项目，建议在“陈述与保证”条款中做出如下约定，参考条款节选如下。

> 转让方特别陈述与保证：基于协议所披露之目标公司及其在管项目情况，发生任何民事责任、行政责任，均由转让方据实承担或据实补偿至目标公司，包括但不限于：
>
> 目标公司因股权交割日前的退管项目可能导致的需由目标公司承担的费用或损失赔偿的费用。

3. 对于未进场的项目，建议单独计算其交易对价，并约定目标公司依法进场是支付该对价的先决条件。

五、相关规定

《民法典》

第九百四十九条　物业服务合同终止的，原物业服务人应当在约定期限或者合理期限内退出物业服务区域，将物业服务用房、相关设施、物业服务所必需的相关资料等交还给业主委员会、决定自行管理的业主或者其指定的人，配合新物业服务人做好交接工作，并如实告知物业的使用和管理状况。

原物业服务人违反前款规定的，不得请求业主支付物业服务合同终止后的物业费；造成业主损失的，应当赔偿损失。

第九百五十条　物业服务合同终止后，在业主或者业主大会选聘的新物业服务人或者决定自行管理的业主接管之前，原物业服务人应当继续处理物业服务事项，并可以请求业主支付该期间的物业费。

《物业管理条例》（2018年修订）

第五十八条　违反本条例的规定，不移交有关资料的，由县级以上地方人民政府房地产行政主管部门责令限期改正；逾期仍不移交有关资料的，对建设单位、物业服务企业予以通报，处1万元以上10万元以下的罚款。

《四川省物业管理条例》（2021年修订）

第六十八条　物业服务合同解除或者终止后，物业服务人不得以业主欠交物业费、阶段工作未完成、对业主共同决定有异议、其他纠纷未解决等为由拒绝退出及办理交接，不得以任何理由阻挠新物业服务人进场服务。

物业服务人违反前款规定，不得请求业主支付物业服务合同解除或者终止后的物业费；造成业主损失的，应当赔偿损失。

物业服务人退出物业服务项目管理办法由省人民政府住房城乡建设主管部门制定。

第六十九条　物业服务人拒不办理退出交接手续、拒绝退出物业服务区域的，业主可以请求县（市、区）人民政府住房城乡建设主管部门责令物业服务人限期移交、退出。县（市、区）人民政府住房城乡建设主管部门应当自收到请求之日起三个工作日内责令物业服务人限期移交、退出。物业服务人有破坏设施设备、毁坏账册或者物业服务档案等违法行为的，由公安机关依法调查、处理。

《内蒙古自治区物业管理条例》（2021年修正）

第五十七条　物业服务人与业主委员会或者其委托新选聘的物业服务人办理交接的，交接双方应当对物业管理区域内电梯、消防、监控等共用设施设备的使用维护现状给予确认，并报物业项目所在地的苏木乡镇人民政府、街道办事处备案。

电梯、消防、监控等共用设施设备无法正常使用的，原物业服务人应当按照物业服务合同约定修复或者承担相应责任。

原物业服务人不得以业主欠交物业服务费等为由拒绝办理交接，不得阻挠新选聘的物业服务人进场服务。

第七十五条　违反本条例规定，物业服务人有下列行为之一的，由旗县级以上人民政府物业行政主管部门予以处罚：

……

（四）违反本条例第五十七条第三款规定，以业主欠交物业服务费等为由拒绝办理交接、阻挠新选聘的物业服务人进场服务的，责令限期改正；逾期未改正的，处1万元以上10万元以下罚款；给业主造成损失的，依法承担赔偿责任。

六、实务要点及典型案例

1. 建设单位不能以竣工日期作为物业服务企业提供物业服务的时间

【典型案例】 关于平顶山市国安物业服务有限公司（以下简称国安物业公司）进驻案涉小区提供物业服务的时间应如何确定的问题。平顶山市天赐宏基房地产开发有限公司（以下简称天赐宏基公司）认为其申请再审提供的《竣工验收报告》显示的竣工日期应当作为认定国安物业公司进驻小区提供物业服务的时间，依据是双方《前期物业服务合同》第7条“纳入物业管理范围的已竣工但尚未出售，或者因天赐宏基公司原因未能按时交给物业买受人的物业，其物业服务费用由天赐宏基公司全额交纳”的约定。根据已查明的事实，原审认定国安物业公司实际于2014年5月入驻案涉小区开展前期物业服务，是基于《前期物业服务合同》、证人候某的证言、物业管理项目备案证书、该公司2014年5月和9月的工资表及6月的考勤表、小区业主入驻时间一览表、承接查验协议等证据形成了完整的证据链，并结合天赐宏基公司一审委托诉讼代理人的自认陈述。同时结合国安物业公司进驻小区后，投入相应的人力、物力，对小区的绿化、卫生等方面进行前期管理，履行了前期物业服务合同约定的义务的情况，故原审认定物业费用交纳的起始时间从国安物业公司提供物业管理服务的时间即2014年5月1日起计算，并无不当。天赐宏基公司仅以案涉小区住宅楼工程直至2014年12月1日才验收合格为由，主张原审认定国安物业公司进驻小区提供物业服务的时间错误，未竣工验收期间不应计算物业服务费的理由不成立。天赐宏基公司提供的新证据《竣工验收报告》，不足以证明原审判决认定的基本事实及裁判结果有误，故其该项再审申请理由不成立。①

2. 获聘的新物业服务企业有权起诉要求原物业服务企业退场

【典型案例】二审法院认为，长沙市天心区彩虹都家园第一届业主委员会在2018年3月3日要求长沙彩虹物业管理有限公司（以下简称彩虹物业公司）退出物业服务，但彩虹物业公司至今不退场，拒不移交物业用房及物业资料，造成长沙市万科物业服务有限公司（以下简称万科物业公司）无法对彩虹都家园小区进行物业管理服务，侵害了万科物业公司的经营管理权，应承担侵权责任。万科物业公司据此可以要求彩虹物业公司停止侵害、退场并移交物业用房和物业管理资料，一审法院予以支持并无不当。彩虹物业公司认为万科物业公司没有要求其退场的主体资格的上诉理由不能成立，法院不予支持。②

3. 新旧物业服务企业签订的进退场交接合同有效

【典型案例】法院认为，依法成立的合同，自成立时生效。当事人应当按照约定全面履行自己的义务。2017年7月6日和8月3日，来安县康洁物业服务有限公司（以下简称康洁物业公司）、安徽永阳物业有限公司（以下简称永阳物业公司）在有关部门的协调下就物业服务移交事宜形成了两份会议记录，前述会议记录以结论形式对康洁物业公司、永阳物业公司的权利义务做了约定，参会人员均签字确认，可以认定康洁物业公司与永阳物业公司之间合同关系成立。关于永阳物业公司提出8月3日会议记录19万元属于物业用房改造装修费用、滁州明城置业公司所欠物业用房改造费8.8万元应归

---

① 参见平顶山市天赐宏基房地产开发有限公司、平顶山市国安物业服务有限公司物业服务合同纠纷再审审查与审判监督民事裁定书，河南省高级人民法院（2020）豫民申1723号。

② 参见长沙彩虹物业管理有限公司、长沙市万科物业服务有限公司合同纠纷二审民事判决书，湖南省长沙市中级人民法院（2021）湘01民终1337号。

其所有的上诉意见，经向会议记录人曾某某核实，该19万元系业主所欠物业费一次性打包价，8.8万元由滁州明城置业公司支付给康洁物业公司。永阳物业公司未提供证据予以反驳，法院对该上诉主张不予采纳。①

4. 如何认定业主委员会要求退场物业服务企业移交的资产、文件范围

【典型案例】法院认为，本案二审争议焦点在于如何认定北京寓吉物业管理有限公司（以下简称寓吉物业公司）应当移交北京市门头沟区龙山三区小区业主委员会（以下简称龙山三区业委会）物业文件、用房、车位等设施、资料的范围。……根据棚改中心与寓吉物业公司签订的《物业服务委托合同》中关于停车服务费用的合同条款，仅约定了“露天车位”和“临时车位”的收费标准和费用用途，而龙山三区业委会主张移交的地下停车位，并未在该合同中明确赋予寓吉物业公司管理权。经一审法院查明，龙山家园4号院、龙山家园5号院地下停车位建设单位系北京市门头沟区人民政府，该部分地下停车位并非属于业主共有，现政府仍同意由寓吉物业公司进行管理。因此，寓吉物业公司应当将龙山家园4号院、龙山家园5号院的地上停车位管理权及道闸、道闸出厂资料等相关设施和资料向龙山三区业委会进行移交。龙山三区业委会要求移交地下停车位设施、资料和管理权的诉讼请求，缺乏依据，法院不予支持。龙山三区业委会要求移交停车费、公共收益情况的财务资料，系寓吉物业公司经营中的公司财务资料，不属于物业服务合同终止后需要进行移交的物业资料，故法院不予支持。②

5. 拒绝退场的物业服务企业不得要求业主支付合同终止后的物业费

【典型案例】本案中，育才公寓业委会已于2017年12月底向南京双缘物业管理服务有限公司（以下简称双缘物业公司）发送《关于解除物业服务合同的函》，通知其双方签订的物业服务合同于2018年1月1日解除，并要求

① 参见安徽永阳物业有限公司、来安县康洁物业服务有限公司债权转让合同纠纷二审民事判决书，安徽省滁州市中级人民法院（2019）皖11民终146号。

② 参见北京市门头沟区龙山三区小区业主委员会等物业服务合同纠纷二审民事判决书，北京市第一中级人民法院（2022）京01民终2192号。

其最迟于2018年3月31日前办理交接手续，撤出小区。双缘物业公司虽于2018年3月26日就该解除行为效力问题提起诉讼，但因物业服务企业系接受业主委托提供物业服务，双方之间系委托合同关系。业主依照法定程序共同决定解聘物业服务企业的，应享有解除权，物业服务合同依法解除。故本案所涉物业服务合同已于2018年1月1日解除，双缘物业公司提起诉讼的行为不影响合同解除的事实。因育才公寓业委会给予双缘物业公司3个月宽限期，故双方之间权利义务于2018年3月31日终止。双缘物业公司以实际提供物业服务为由收取2018年4月1日以后的物业费、停车费无法律依据，对于已收取的费用应予以退还。①

6. 新物业服务企业可受让业主委员会对已退场物业服务企业的债权

【典型案例】本案中，2019年6月25日，清丰县银河花都小区业主委员会向濮阳市中和物业管理有限公司（以下简称中和物业公司）送达了《解聘通知书》，终止双方的物业服务关系，指令中和物业公司向濮阳市祥安居物业管理服务有限公司清丰分公司（以下简称祥安居物业公司清丰分公司）交接。2019年7月1日，祥安居物业公司清丰分公司与业委会依法签订《清丰县银河花都小区物业服务委托合同》，开始为银河花都小区提供物业服务。2019年10月，银河花都小区业主委员会及498户业主与祥安居物业公司签订《特约服务协议》，将对原物业公司即中和物业公司债权转让给祥安居物业公司清丰分公司，同时向中和物业公司邮寄送达了《债权转让通知书》。至此，祥安居物业公司清丰分公司取得与中和物业公司交接“预收、代收和预付、代付费用”等权利和主体资格，中和物业公司作为被依法解聘的前期物业服务公司，应当向祥安居物业公司清丰分公司移交涉案费用及物业资料。

……祥安居物业公司清丰分公司作为原告主体适格，其有权以自己的名义向中和物业公司提起诉讼要求返还装修押金等费用。②

---

① 参见彭某某、南京双缘物业管理服务有限公司与祁某某、杨某物业服务合同纠纷二审民事判决书，江苏省南京市中级人民法院（2019）苏01民终6689号。

② 参见濮阳市祥安居物业管理服务有限公司清丰分公司、濮阳市中和物业管理有限公司债权转让合同纠纷二审民事裁定书，河南省濮阳市中级人民法院（2020）豫09民终1241号。

第二十四章　物业费收费形式

一、概述

物业费收费形式，又称物业费收费模式，主要包括包干制和酬金制两种。而物业费又称物业服务收费，是指物业服务企业按照物业服务合同的约定，对房屋及配套的设施设备和相关场地进行维修、养护、管理，维护相关区域内的环境卫生和秩序，向业主所收取的费用。目标公司过去已收及未来可能收取物业费的多少是判断收并购交易对价的重要因素。因此，核查在管项目收费形式，有助于收购方结合物业费收费标准、收费方式、收费面积等因素综合判断在管项目的交易价格，并判断在管项目物业费收费的合规性、可持续性，与物业费收费形式相关争议是否影响项目稳定性等。

核查物业费收费形式，应注意以下事项：

1. 物业费收费形式的分类

物业费收费形式或者模式可分为包干制、酬金制。包干制是指由业主向物业服务企业支付固定物业服务费用，盈余或者亏损均由物业服务企业享有或者承担的物业服务计费方式。酬金制是指在预收的物业服务资金中，按约定比例或者约定数额，提取酬金支付给物业服务企业，其余全部用于物业服务合同约定的支出，结余或者不足均由业主享有或者承担的物业服务计费方式。

2. 物业费收费形式的比较

物业服务企业在两种收费形式下所须履行的义务和承担的风险有较大不同。包干制与酬金制的主要不同对比如表 24－1 所示。

表 24－1　包干制与酬金制对比

序号	对比内容	包干制	酬金制
1	物业费权属	物业服务费用归物业服务企业所有	预收的物业服务资金归业主所有，物业服务企业代管
2	服务内容	依据收费价格标准确定服务内容及标准	在物业服务合同中约定物业服务内容及标准、收费标准、交费时间、酬金以及物业服务资金使用管理、资金结余或者不足的处理方式、物业费的税费等具体内容
3	盈亏承担	由业主向物业服务企业支付固定物业服务费用，盈余或者亏损均由物业服务企业享有或者承担	在预收的物业服务资金中按约定比例或者约定数额提取酬金支付给物业服务企业，其余全部用于物业服务合同约定的支出，结余或者不足均由业主享有或者承担
4	费用构成	包括物业服务成本、法定税费和物业服务企业的利润	包括物业服务支出和物业管理的酬金
5	收支管理	物业服务企业自行管理，自负盈亏	单独开设银行账户及财务核算账套，并接受业主与业主大会的监督
6	账目公示	包干制以外的维修费用应当公示，其他账目可以不公示	定期向全体业主公布上一季度物业服务资金收支情况表
7	审计要求	无强制要求	必须审计

3. 物业费收费形式的实践

实践中，“包干制”模式操作更为便利，更能使业主省心，因此，大部分物业服务项目的业主都选择包干制模式。但包干制考验业主甄选物业服务企业的水平以及物业服务企业降本增效的服务能力。而“酬金制”模式可以满足业主对物业服务的管理权、监督权和保证物业服务质量的需求，酬金制考验的是业主自身的精力以及审计（或聘请专业机构）的专业水平，故在实践中较少业主选择酬金制。

二、核查要点

1. 检索在管项目当地关于物业费收费形式的政策法规。

2. 在管项目物业服务合同约定的物业费收费形式。

3. 在管项目物业服务合同约定的收费形式与实际执行的收费形式是否一致。

4. 在管项目物业服务合同约定的收费形式与备案的收费形式是否一致。

5. 对于包干制项目，结合财务尽调情况，核查目标公司是否存在压减成本导致服务质量下降、业主对目标公司满意度下降等情况，是否存在丢盘风险。

6. 对于酬金制项目，结合财务尽调情况，核查预收的物业服务资金或者项目现金流是否无法支付物业管理酬金，业主或业主委员会是否支持管理费上涨等。

7. 结合目标公司诉讼争议尽调情况，核查目标公司所涉及的物业费收费形式相关争议。

8. 结合财务尽调情况，核查目标公司对包干制项目、酬金制项目是否分类进行账务处理及税务申报。

三、风险提示

1. 丢盘风险。包干制项目中，目标公司因节省成本而导致服务不到位；酬金制项目中，目标公司未实际执行物业服务合同约定的相关预算、决算、审计、公示等制度，均可能导致丢盘风险。

2. 诉讼风险。酬金制下，若物业服务资金仍有结余而未及时退还给相关交费业主或者按照业主大会的决定处理的，则存在退款风险。若物业服务资金不足，而相关业主未能或者不同意补交相关费用的，则可能导致追讨物业费纠纷。

四、处理建议及参考条款

1. 确定交易范围。无论在管项目收费形式是包干制还是酬金制，若在尽调中结合财务尽调口径的意见发现项目收缴率较低乃至项目整体亏损的，收购方应根据项目实际情况判断是否将该项目纳入收并购范围。

2. 建议在交易协议中要求交易对方对现有项目的收费合规性做出承诺与保证，并明确约定如何处理合同约定的收费形式与实际的收费形式不符等问题，参考条款节选如下。

【　】物业项目物业服务报酬收取方式为酬金制，【　】项目的前期物业服务合同则约定了包干制。就约定了按照酬金制收取物业服务报酬的【　】项目而言，迄今均为亏损，而目标公司出于维持服务质量和企业形象之考虑，暂时并未按酬金制提取物业服务报酬及向业主追索亏损物业费，并拟在项目业主大会及业主委员会成立后与其确认盈余或亏损，因此财务部门在业主大会及业主委员会成立且与目标公司确认盈余及亏损前，实际按照包干制对物业服务费进行了财务处理。

3. 建议在交易协议"陈述与保证"条款中约定物业费退费等风险，参考条款节选如下。

基于协议所披露之目标公司及其在管项目情况，发生任何民事责任、行政责任，均由转让方据实承担或据实补偿至目标公司，包括但不限于：

目标公司因股权交割日前酬金制项目多收取，或未依照约定退还结余物业费。

五、相关规定

国家发展和改革委员会、原建设部《关于印发〈物业服务收费管理办法〉的通知》（发改价格〔2003〕1864号）

第九条　业主与物业管理企业可以采取包干制或者酬金制等形式约定物业服务费用。

包干制是指由业主向物业管理企业支付固定物业服务费用，盈余或者亏损均由物业管理企业享有或者承担的物业服务计费方式。

酬金制是指在预收的物业服务资金中按约定比例或者约定数额提取酬金支付给物业管理企业，其余全部用于物业服务合同约定的支出，结余或者不足均由业主享有或者承担的物业服务计费方式。

第十一条　实行物业服务费用包干制的，物业服务费用的构成包括物业服务成本、法定税费和物业管理企业的利润。

实行物业服务费用酬金制的，预收的物业服务资金包括物业服务支出和物业管理企业的酬金。

物业服务成本或者物业服务支出构成一般包括以下部分：

1. 管理服务人员的工资、社会保险和按规定提取的福利费等；

2. 物业共用部位、共用设施设备的日常运行、维护费用；

3. 物业管理区域清洁卫生费用；

4. 物业管理区域绿化养护费用；

5. 物业管理区域秩序维护费用；

6. 办公费用；

7. 物业管理企业固定资产折旧；

8. 物业共用部位、共用设施设备及公众责任保险费用；

9. 经业主同意的其他费用。

物业共用部位、共用设施设备的大修、中修和更新、改造费用，应当通过专项维修资金予以列支，不得计入物业服务支出或者物业服务成本。

第十二条　实行物业服务费用酬金制的，预收的物业服务支出属于代管性质，为所交纳的业主所有，物业管理企业不得将其用于物业服务合同约定以外的支出。

物业管理企业应当向业主大会或者全体业主公布物业服务资金年度预决算并每年不少于一次公布物业服务资金的收支情况。

业主或者业主大会对公布的物业服务资金年度预决算和物业服务资金的收支情况提出质询时，物业管理企业应当及时答复。

第十三条　物业服务收费采取酬金制方式，物业管理企业或者业主大会可以按照物业服务合同约定聘请专业机构对物业服务资金年度预决算和物业服务资金的收支情况进行审计。

住房和城乡建设部等部门《关于加强和改进住宅物业管理工作的通知》（建房规〔2020〕10号）

（十一）完善物业服务价格形成机制。物业服务价格主要通过市场竞争形成，由业主与物业服务企业在物业服务合同中约定服务价格，可根据服务标准和物价指数等因素动态调整。提倡酬金制计费方式。城市住房和城乡建设部门要公布物业服务清单，明确物业服务内容和标准。物业行业协会要监测并定期公布物业服务成本信息和计价规则，供业主和物业服务企业协商物业费时参考。引导业主与物业服务企业通过合同约定物业服务价格调整方式。物业服务价格实行政府指导价的，由有定价权限的价格部门、住房和城乡建设部门制定并公布基准价及其浮动幅度，建立动态调整机制。

《上海市住宅物业管理规定》（2020年修正）

第四十八条……实行物业服务酬金制收费方式的，物业服务企业应当每年向业主委员会或者全体业主报告经审计的上一年度物业服务项目收支情况，提出本年度物业服务项目收支预算，并在物业管理区域内公告；实行物业服务包干制收费方式的，物业服务企业应当在调整物业服务收费标准前，将经审计的物业服务费用收支情况或者经第三方机构评估的收费标准向业主委员会或者全体业主报告，并在物业管理区域内公告。

前款中的公告应当在物业管理区域内显著位置予以公示。

上海市房屋管理局《关于住宅物业项目物业服务收费实行酬金制物业服务计费方式有关事项的通知》（沪房规范〔2021〕15号）

一、关于酬金制物业服务计费方式

酬金制物业服务计费方式（以下简称“酬金制计费方式”）是指在预收的物业服务资金中按约定比例或者约定数额提取酬金支付给物业服务企业，其余全部用于物业服务合同约定的支出，结余或者不足均由业主享有或者承担的物业服务计费方式。

二、关于物业服务合同的相关约定

本市住宅物业管理区域实行酬金制计费方式的，物业服务企业应当与建设单位或者业主大会在物业服务合同中约定物业服务内容、标准、收费标准、交费时间、酬金以及物业服务资金使用管理、资金结余或者不足的处理方式、物业费的税费等具体内容。

三、关于物业服务资金的构成

物业服务合同约定物业费实行酬金制计费方式的，物业服务企业收取的物业费即为物业服务资金，包括物业服务支出和酬金，其中物业服务支出属交纳的业主所有，由物业服务企业代管。物业服务企业不得将其用于物业服务合同约定以外的支出。……

（二）物业服务企业的酬金

物业服务企业的酬金包括物业服务企业管理费用分摊、企业利润等。酬金由物业服务企业与建设单位或者业主大会协商确定，可以按照物业服务合同的约定采用固定金额或者固定比例等方式在预收的物业服务资金中提取。

湖南省发展和改革委员会、湖南省住房和城乡建设厅、湖南省市场监督管理局《关于印发〈湖南省物业服务收费管理办法〉的通知》（湘发改价费规〔2022〕271号）

第十一条第一款　实行政府指导价的物业服务收费采取包干制形式。实行市场调节价的物业服务收费可以采取包干制或酬金制等形式，具体由物业服务合同约定。

六、实务要点及典型案例

1. 物业服务合同不得约定与地方性法规不一致的物业费收费模式

【典型案例】法院认为，《福建省物业管理条例》（2012）第40条第2款规定："前期物业服务收费实行政府指导价……"原《福建省物业服务收费管理办法》第7条第2款规定："住宅（不含别墅、低密度联排高档住宅，下同）前期物业服务收费实行政府指导价。其他物业服务收费实行市场调节价。"该办法第8条规定："实行政府指导价的物业服务收费采用包干制形式……"《福州市物业服务收费管理实施细则》第6点："……住宅（不含别墅、低密度联排高档住宅，下同）前期物业服务收费实行政府指导价……"从上述法条可知，前期物业服务收费原则上应实行政府指导价，并无上诉人所谓的"普通住宅"与"非普通住宅"之分。可不实行政府指导价的住宅类型仅有别墅与低密度联排高档住宅这两类。上诉人提供物业服务的“万科金域榕郡”一期、二期高层住宅显然不属于上述两类住宅，应实行政府指导价。同时，实行政府指导价的物业服务收费须采用包干制形式，上诉人按酬金制模式收取物业服务费用于法无据。虽然上诉人主张酬金制模式收费条款已写入其与业主间签订的前期物业合同，但由于民事法律关系与行政法律关系所调整的对象并不相同，民事主体间不得通过“约定”免除自身所应承担的行政义务，更不得以所谓的“合同合法有效”逃避有关部门的行政监管。上诉人与业主间关于酬金制模式的约定，不仅损害业主的合法利益，更扰乱了有关部门对物业服务收费的价格监管，对此上诉人应承担相应的行政责任。上诉人欲以其与业主间签订的物业合同合法有效为由免除行政责任，法院不予支持。①

2. 收费形式由包干制变更为酬金制应经业主大会授权或批准

【典型案例】本案中，2013 年《物业服务合同》虽未经业主大会授权或批准，但深圳市南山区宝珠花园第四届业主委员会（以下简称宝珠花园第四届业委会）在本次诉讼中明确认可双方按该合同实际履行，故对该合同的效力应予确认。2013 年《物业服务合同》虽未明确约定服务管理方式，但从合同内容来看，双方并未约定提取酬金及具体比例，故实际上应为包干制，从双方履行的具体情况来看，亦应认定为包干制……在 2013 年《物业服务合同》履行期间，宝珠花园业委会与深圳市东部物业管理有限公司（以下简称东部物业公司）签订新的物业合同，新合同明确约定为酬金制，系对合同内容的重大变更，从《物业管理条例》和《深圳经济特区物业管理条例》的立法精神来看，应当由业主大会授权或批准，东部物业公司作为物业服务企业，其对物业管理的法律法规应当清楚；其在 2007 年 1 月 1 日起即在宝珠花园从事物业服务工作，其亦应当清楚该合同未经业主大会授权或批准；东部物业公司亦未提交证据证明，合同签订后，已将合同文本向业主公示；东部物业公司亦未按照酬金制的法律规定，定期公布账目，定期决算；在约定的合同

---

① 参见厦门市万科物业服务有限公司福州分公司与福州市物价局其他行政行为二审行政判决书，福建省福州市中级人民法院（2016）闽 01 行终 96 号。

期限内（2014 年 7 月 1 日至 2019 年 6 月 30 日），东部物业公司亦未就酬金制主张权利……综上，法院认为，2014 年《物业服务合同》关于酬金制的约定对宝珠花园业主不具有法律约束力。[①]

3. 业主委员会应向业主充分提示和说明物业费收费形式

【典型案例】根据原审质证认证的有关证据，申请人融侨馨苑小区业主委员会（以下简称融侨馨苑业委会）在将酬金制作为物业服务基础合同文本纳入业主大会表决事项前，虽然对酬金制合同文本内容进行了公示，但是由于该表决事项属于物业服务管理监督方式和费用收取使用模式的重大调整，与业主具有重大利害关系。采用该模式与实行包干制相比，既对业主委员会授予较大管理监督权限，系业主重要授权内容，也可能导致业主承担的物业费出现增加，属于业主需要知晓和承担的重大风险。作为表决组织实施主体的融侨馨苑业委会，应当对此进行充分提示和说明，在提交前广泛征求意见，对收集的意见进行充分研究讨论，并对该表决事项是否作出修改作出决定，然后再提交业主大会投票表决。本案中，融侨馨苑业委会所采用的公示方式，只是简单将合同文本公布，并没有对上述重要变化和利弊情况作出明确说明，损害了业主的知情权和意见表达权，其提交表决的程序明显不当，影响了业主的自主选择权。[②]

4. 物业服务合同采用酬金制还是包干制，须根据实际履行情况确定

【典型案例】本案的争议焦点：……案涉服务协议采用酬金制还是包干制……根据一审庭审中双方确认的事实，在本案服务协议实际履行中，业主按季度定期支付物业费，接受上海齐佳物业管理有限公司（以下简称齐佳物业）提供的物业管理，齐佳物业从未向小区业主提供预决算、收支情况，也从未与上海市虹口区金轩大邸小区业主委员会就酬金支付进行沟通和结

---

① 参见深圳市南山区宝珠花园第四届业主委员会、深圳市东部物业管理有限公司物业服务合同纠纷二审民事判决书，广东省深圳市中级人民法院（2021）粤 03 民终 27573 号。

② 参见融侨馨苑小区业主委员会与李某某业主撤销权纠纷申诉、申请再审民事裁定书，陕西省高级人民法院（2021）陕民申 317 号。

算，故一审法院确认其实际采用包干制方式结算物业费，对此，二审法院予以认同。①

5. 如何认定多份物业服务合同约定的不同物业费收费形式的效力

【典型案例】本案存在两种前期物业服务合同，一种是广东康景物业服务有限公司（以下简称康景物业公司）与建设单位签订的《前期物业管理服务合同》，约定物业服务收费实行包干制，另一种是康景物业公司与肖某某签订的《前期物业管理服务协议》，约定物业服务实行酬金制。在双方当事人对物业服务收费方式存在争议的情况下，二审判决根据最高人民法院《关于审理物业服务纠纷案件具体应用法律若干问题的解释》第 1 条的规定，认定康景物业公司与建设单位签订的《前期物业管理服务合同》为涉案小区的前期物业服务合同，认定事实和适用法律并无不当。而且，康景物业公司与肖某某签订的《前期物业管理服务协议》对酬金制的收费方式约定不明，二审判决结合康景物业公司与建设单位签订的《前期物业管理服务合同》的约定以及双方当事人履行物业服务合同的情况，认定涉案小区物业服务实行包干制收费，认定事实和适用法律并无不当。因此，肖某某以其与康景物业公司签订的《前期物业管理服务协议》约定实行酬金制为由，要求对康景物业公司审计，依据不足。②

6. 业委会不得以酬金制为由要求物业服务企业公布人工费用明细

【典型案例】一审法院认定事实：2017 年 1 月 1 日，武汉市东方海棠花园小区第一届业主委员会（以下简称东方海棠花园第一届业委会）与武汉市万科物业服务有限公司（以下简称万科物业公司）签订《东方海棠花园物业服务合同》……该小区物业管理区域物业服务收费实行酬金制，业主应按其拥有物业的类型、建筑面积预交物业服务资金……

关于万科物业公司应公开收支情况的合理范围的问题……东方海棠花园

① 参见上海齐佳物业管理有限公司与上海市虹口区金轩大邸小区业主委员会物业服务合同纠纷二审民事判决书，上海市第二中级人民法院（2022）沪 02 民终 106 号。

② 参见肖某某、广东康景物业服务有限公司物业服务合同纠纷再审审查与审判监督民事裁定书，广东省高级人民法院（2020）粤民申 1359 号。

第一届业委会主张应公开万科物业公司人工费用明细（包括但不限于工作岗位、员工人数、劳务合同、工资、五险一金、个人所得税及福利等）详细资料。对此，法院认为，该公开主张涉及物业公司的经营信息和员工的个人隐私，且无法律和合同依据，故不予支持。[①]

7. 业主不得以物业服务企业未进行酬金制的审计决算为由拒交物业费

【典型案例】在酬金制的背景下，北京城建福安楼寓物业管理有限公司（以下简称城建福安公司）是否满足收取物业费的条件。2011 年 ×× 小区业委会与城建福安公司签订的《北京市物业服务合同》，明确约定了物业服务费由业主按照其拥有物业的建筑面积预先交纳，×× 小区业委会委托城建福安公司收取全体业主的物业服务费，并存入业委会专设账户内，故城建福安公司有权收取物业服务费。关于于某某主张在酬金制的背景下未审计决算的情况下，城建福安公司尚不满足收取物业费的条件的辩称，该约定系 ×× 小区业委会与城建福安公司之间就物业管理资金管理与提取条件的约定，与小区全体业主无关，业主不能以此对抗交纳物业费，故法院对于某某的辩称不予采信。[②]

8. 物业服务企业有权要求建设单位赔偿酬金制下的可得利益损失

【典型案例】可得利益是合同被履行后可以取得的利益。按照本案前期物业服务合同约定的酬金取得方式以及合同解除时福州闽侨物业管理有限公司（以下简称闽侨物业公司）的经营状态，若合同得以继续且完全履行，闽侨物业公司的经营收益是可以预见且能够取得的，故福州宝龙源房地产开发有限公司违约解除致闽侨物业公司无法继续依约经营取得收益而产生之损失，属闽侨物业公司的可得利益损失。[③]

---

① 参见武汉市东方海棠花园小区第一届业主委员会、武汉市万科物业服务有限公司物业服务合同纠纷二审民事判决书，湖北省武汉市中级人民法院（2021）鄂 01 民终 161 号。

② 参见于某某与北京城建福安楼寓物业管理有限公司物业服务合同纠纷二审民事判决书，北京市第一中级人民法院（2021）京 01 民终 9249 号。

③ 参见福州闽侨物业管理有限公司、福州宝龙源房地产开发有限公司物业服务合同纠纷再审民事判决书，福建省高级人民法院（2020）闽民再 81 号。

七、物业服务企业上市案例文书部分示例

南都物业服务股份有限公司首次公开发行股票申请文件反馈意见：

> 3. 申报材料显示，发行人2013年、2014年存在较多原始财务报表与申报财务报表的差异。（1）请发行人补充说明主要差异的发生原因，详细说明因“薪酬制项目和公共收益部分不由公司承担”“厘定的收入原则”“厘定的成本核算原则”相关的差异发生原因；（2）说明与发生差异相关的内部控制建立健全情况及整改情况。请保荐机构、会计师对以上情况进行核查，说明核查程序及结论，并发表明确意见。

第二十五章　物业费收费标准

一、概述

物业费收费标准，即物业费价格，是物业费的核心要素之一。物业服务收费标准应当遵循合理、公开、收费标准与服务水平相适应的原则。在管项目物业费收入直接与其收费标准、收费面积等有关，物业费收费标准对在管项目未来的营收水平具有直接影响。因此，收并购中，核查并厘清在管项目收费标准种类、是否可以调整收费标准等事项，有助于收购方结合其他因素综合判断在管项目的交易价格，并判断所涉物业费标准的合规性、可持续性，与物业费标准相关争议是否影响项目稳定性等。

核查目标公司物业费收费标准，应注意以下事项：

1. 物业费收费标准分类

物业费收费标准主要分为政府指导价和市场调节价，具体定价形式由省、自治区、直辖市人民政府价格主管部门会同房地产行政主管部门确定。根据笔者对全国各地政策的梳理，大部分地方的物业服务收费价格采取政府指导价和市场调节价并行的政策，政策分界线为是不是普通住宅类型以及是否成立业主大会。

（1）实行政府指导价的物业服务项目主要是保障房、房改房、老旧住宅小区，以及前期物业服务的普通住宅。有定价权限的政府价格主管部门会同房地产行政主管部门根据物业管理服务等级标准等因素，制定相应的基准价及其浮动幅度，并定期公布。具体收费标准由业主与物业服务企业根据规定的基准价和浮动幅度在物业服务合同中约定。

（2）实行市场调节价的物业服务项目主要是独栋别墅、联排商品住宅、其他非住宅物业等，以及业主大会成立后的普通住宅。该类项目的物业服务收费由业主及物业服务企业双方自愿在合同中进行约定。实践中，各地物业服务行业协会往往会收集、汇总和公布当地物业服务价格监测信息，供业主委员会和物业服务企业在协商物业服务价格时参考。

2. 物业费收费标准备案

全国各地对于是否要求物业服务费备案的规定并不相同，法律责任也不同。有些地方规定物业费收费标准必须全部备案，有些地方规定对实行政府指导价范围内的具体物业服务收费标准实行备案，但也有部分地区取消了上述备案管理。司法实践中，应注意不同法院对于备案价与实际执行价的关系认定是有所不同的。

3. 物业费收费标准调整

实践中，物业服务企业可以申请调整具体的物业服务收费标准，但实操难度较大，基本程序如下：

（1）实行政府指导价的业主大会成立前的普通住宅项目，若需要调整物业服务收费标准，物业服务企业应在街道办事处（乡镇人民政府）监督指导下，公布调整物业费收费标准的全部信息，向业主征询意见，由全体业主按照《民法典》相关规定做出决定，在政府指导价范围内实施调整并通过签订新的物业服务合同约定执行。

（2）实行市场调节价的项目，若需要调整物业服务收费标准，在业主大会成立前，由建设单位与物业服务企业在前期物业服务合同中约定，建设单位与房产买受人签订的商品房买卖合同包含了前期物业服务合同约定的内容。在业主大会成立后，由业主大会根据物业特点和服务要求，按照《民法典》等相关法律法规规定的程序选聘物业服务企业，并通过签订物业服务合同约定或者调整物业费收费标准。

二、核查要点

1. 检索在管项目当地关于物业费收费标准的适用范围、调整程序、备案要求等政策法规。

2. 在管项目物业服务合同约定的是政府指导价还是市场调节价。

3. 在管项目物业服务合同的约定价格与实际执行价格、备案价格（若有）是否一致及原因。

4. 在管项目是否依法依程序调整物业费价格或者是否可以调整物业费价格。

5. 实行政府指导价的在管项目物业服务价格是否超过政府指导价规定的上浮标准，或者在约定的基础物业费之外收取“增值服务”费。

6. 结合目标公司纠纷争议等核查情况，核查目标公司是否存在调整物业费价格等相关争议。

三、风险提示

1. 行政处罚风险。若目标公司存在超过政府指导价收取前期物业费，或者超过备案价收取物业费等情形，则可能被处以相应的行政处罚。

2. 群诉及败诉风险。若目标公司违反相关规定或者物业服务合同约定擅自提高收费标准，则目标公司存在向业主退费的群诉风险。

四、处理建议及参考条款

若在管项目当地规定物业费收费标准应当备案而目标公司未备案的，应要求目标公司及时补充备案，同时在交易协议中明确约定交易对方承担因未备案产生的或者与物业费收费标准有关的法律责任及违约赔偿责任。

五、相关规定

《价格法》

第三十九条　经营者不执行政府指导价、政府定价以及法定的价格干预措施、紧急措施的，责令改正，没收违法所得，可以并处违法所得五倍以下的罚款；没有违法所得的，可以处以罚款；情节严重的，责令停业整顿。

《价格违法行为行政处罚规定》（2010 年修订）

第九条　经营者不执行政府指导价、政府定价，有下列行为之一的，责令改正，没收违法所得，并处违法所得 5 倍以下的罚款；没有违法所得的，处5万元以上50万元以下的罚款，情节较重的处50万元以上200万元以下的罚款；情节严重的，责令停业整顿：

（一）超出政府指导价浮动幅度制定价格的；

（二）高于或者低于政府定价制定价格的；

……

（十一）不执行政府指导价、政府定价的其他行为。

国家发展和改革委员会、原建设部《关于印发〈物业服务收费管理办法〉的通知》（发改价格〔2003〕1864号）

第六条　物业服务收费应当区分不同物业的性质和特点分别实行政府指导价和市场调节价。具体定价形式由省、自治区、直辖市人民政府价格主管部门会同房地产行政主管部门确定。

第七条　物业服务收费实行政府指导价的，有定价权限的人民政府价格主管部门应当会同房地产行政主管部门根据物业管理服务等级标准等因素，制定相应的基准价及其浮动幅度，并定期公布。具体收费标准由业主与物业管理企业根据规定的基准价和浮动幅度在物业服务合同中约定。

实行市场调节价的物业服务收费，由业主与物业管理企业在物业服务合同中约定。

国家发展和改革委员会《关于放开部分服务价格意见的通知》（发改价格〔2014〕2755号）

（六）非保障性住房物业服务。物业服务企业接受业主的委托，按照物业服务合同约定，对非保障性住房及配套的设施设备和相关场地进行维修、养护和管理，维护物业管理区域内的环境卫生和相关秩序的活动等向业主收取的费用。保障性住房、房改房、老旧住宅小区和前期物业管理服务收费，由各省级价格主管部门会同住房城乡建设行政主管部门根据实际情况决定实行政府指导价。放开保障性住房物业服务收费实行市场调节价的，应考虑保障对象的经济承受能力，同时建立补贴机制。

《上海市住宅物业管理规定》（2020年修正）

第四十八条第一款至第三款　物业服务收费实行市场调节价，由业主和物业服务企业遵循合理、公开、质价相符的原则进行协商，并在物业服务合同中予以约定。

同一物业管理区域内实施同一物业服务内容和标准的，物业服务收费执行同一价格标准。

市房屋行政管理部门应当定期发布住宅小区物业服务标准。物业管理行业协会应当定期发布物业服务价格监测信息，供业主和物业服务企业在协商物业服务费用时参考。

上海市住房保障和房屋管理局《关于建立住宅物业服务收费市场化价格机制有关问题的意见》（沪房管物〔2015〕241 号）

二、推动形成物业服务收费价格协商机制。按照“按质论价、质价相符”的原则，引导业主大会与物业服务企业根据小区建筑物和设施设备的实际情况、业主物业服务需求和物业服务成本变化等因素，协商确定物业服务标准和收费标准。对协商有困难的，鼓励双方委托社会中介机构进行评估，指导双方根据评估结果协商确定物业服务收费标准。

三、加快建立物业服务市场信息发布机制。支持行业协会在调查基础上，定期发布不同建筑类型、不同面积规模、不同区域位置、不同服务内容和标准的具有典型代表性的住宅小区的物业服务收费标准信息，以及项目经理、客服、保安、保洁和维修等各类物业管理工作岗位的人员薪酬信息，为业主和物业服务企业协商确定物业服务收费提供参考。鼓励第三方社会专业机构积极参与物业服务市场信息发布工作，进一步丰富市场信息的来源和类型。

四川省发展和改革委员会《关于贯彻〈国家发展改革委关于放开部分服务价格意见的通知〉的通知》（川发改价格〔2015〕13 号）

三、保障性住房、房改房、老旧住宅小区和前期物业管理服务收费实行政府指导价，由县（市、区）价格主管部门会同住房城乡建设行政主管部门根据实际情况制定。

湖南省发展和改革委员会、湖南省住房和城乡建设厅、湖南省市场监督管理局《关于印发〈湖南省物业服务收费管理办法〉的通知》（湘发改价费规〔2022〕271 号）

第六条　物业服务收费根据不同物业的性质和特点，分别实行政府指导价和市场调节价。

业主大会成立之前的普通商品住宅物业服务费收取标准（包括已购车位的物业服务费、装修服务费和装修垃圾清运费）实行政府指导价。

别墅（专指带室外庭院独立成栋的商品住宅和联排商品住宅）、其他非住宅，以及业主大会成立之后的普通商品住宅物业服务费收取标准（包括已购车位物业服务费、装修服务费和装修垃圾清运费）实行市场调节价。

最高人民法院《关于审理物业服务纠纷案件适用法律若干问题的解释》（2020 年修正，法释〔2020〕17 号）

第二条　物业服务人违反物业服务合同约定或者法律、法规、部门规章规定，擅自扩大收费范围、提高收费标准或者重复收费，业主以违规收费为由提出抗辩的，人民法院应予支持。

业主请求物业服务人退还其已经收取的违规费用的，人民法院应予支持。

六、实务要点及典型案例

1. 物业服务企业单方申请调整的物业费收费标准对业主没有约束力

【典型案例】业主并不直接参与前期物业合同的订立，根据《物业管理条例》第 25 条的规定，房屋买卖合同应当包含前期物业合同内容，前期物业合同因此转化为买卖合同对业主产生效力。同时，基于物业服务的公共性，业主通常在事实上接受了物业服务，在纠纷发生前，业主可能实际交纳了物业费，可视为业主以其行为认可了其与物业服务企业间的合同关系。物业费价格的调整属于对合同内容的变更，任何一方变更合同内容，均需与合同相对方协商达成一致才可。在业主大会未成立情况下，物业服务企业未与业主进行协商，单方申请备案调整的物业费价格标准对业主没有约束力。①

2. 建设单位与物业服务企业变更物业费收费标准应征求业主意见

【典型案例】法院经审理查明：×发展商与×物业公司于 2007 年 9 月 18 日签订了一份《濠畔商厦物业管理委托合同》，双方在该合同中约定：……

① 参见曲靖佳恒物业服务有限公司诉王某某、陈某物业服务合同纠纷案，载《人民司法·案例》2018 年第 5 期。

本物业的每月管理服务费以建筑面积计，按商住办公为2.8元/平方米的标准向业主或物业使用人收取，上列各项费用标准必须报政府管理部门批准或备案，合同期内不得上浮。2009年5月3日，詹某与×发展商签订《商品房买卖合同》……同日，詹某与×物业公司签订了《商厦物业管理合同》，双方在合同中约定的物业管理费为每月2.8元/平方米……

物业委托期限届满后，×发展商进行前期物业管理招标，×物业公司参与了竞标并最终中标，并于同月与×发展商再次签订了《濠畔商厦物业管理委托合同》，双方在该合同中确定以6元/平方米的标准向业主或物业使用人收取物业管理费……

商厦至今未成立业主委员会。詹某住案涉房屋后一直按每月每平方米2.8元的标准向×物业公司交纳物业管理费至2011年2月。后詹某按每月每平方米6元的标准向×物业公司交纳了2011年3月和4月的物业管理费……

法院经审理认为：詹某与×物业公司签订的《商厦物业管理合同》中，已经明确了物业管理费为每月2.8元/平方米，同时约定了调整物业管理收费标准的程序与要求……×物业公司在未征求业主意见的情况下，仅凭其与开发商在2010年10月16日重新签订的《商厦物业管理委托合同》中的约定，即要求詹某按照6元/月/平方米的标准交纳物业管理费，不具有合法依据。因此，詹某要求×物业公司退还多收取的管理费有理，予以支持。①

3. 物价部门批复的与物业服务合同约定的物业费价格不一致的处理

【典型案例】关于物业管理费计算标准。广发银行股份有限公司开平支行（以下简称广发行开平支行）与佛山市丽园房地产开发有限公司（以下简称丽园房地产公司）签订的《前期物业管理协议》、丽园房地产公司与佛山市丽园物业管理有限公司签订的《物业管理委托合同》均约定物业管理服务费按照建筑面积每平方米40元计取。根据最高人民法院《关于审理物业服务纠纷案件具体应用法律若干问题的解释》（2009）第1条规定："建设单位依

① 最高人民法院中国应用法学研究所《人民法院案例选》2013年第3辑（总第85辑）詹某诉某物业公司物业服务合同纠纷案（2011）穗中法民五终字第3025号。

法与物业服务企业签订的前期物业服务合同，以及业主委员会与业主大会依法选聘的物业服务企业签订的物业服务合同，对业主具有约束力……”据此，双方均应按合同约定履行义务。虽然佛山市物价局对丽园商业广场（包括涉案商铺在内）作出的154号批复载明物业管理服务费为每平方米11元，但该收费标准并不包括小区（楼宇）内的公共水电费。154号批复系政府主管部门的文件，本身并非物业管理合同，该批复的内容也没有体现在合同条款之中。且依据2004年广东省物价局、广东省建设厅颁发的《关于贯彻实施国家发展改革委、建设部〈物业服务收费管理办法〉的通知》，自2004年3月1日起，涉案商铺的物业管理费实行市场调节价，不再执行政府指导价。据此，广发行开平支行认为154号批复应视为合同组成部分，按照不高于每平方米11元的标准支付物业管理费的理由不能成立，法院不予支持。①

4. 物业服务企业经“双过半”调整物业费收费标准的合法有效

【典型案例】关于物业费标准问题。北京惠瑞神龙投资管理有限公司（以下简称惠瑞公司）上诉主张大连星海国宝物业管理有限公司北京分公司（以下简称星海物业公司）擅自调整物业费收费标准，并未经过业主同意，故物业费标准应当按照4.8元/平方米予以认定。对此，法院认为，原《物权法》第76条规定，调整物业费标准应属业主共同决定的事项，应当经专有部分占建筑物总面积过半数的业主且占总人数过半数的业主同意。本案中星海物业公司提交了49份与业主新签订的物业服务合同，证明2018年3月前与星海物业公司按调整后的物业费标准重新签订合同的业主共有45人，合同对应的建筑面积共计35 251.6平方米。同意调整物业费的业主占总业主人数比例和其专有部分所占建筑物总面积比例均达到了过半数。故星海物业公司按照新调整后的物业费标准6元/平方米向惠瑞公司收取2019年度物业费具有依据。②

---

① 参见佛山市丽园物业管理有限公司与广发银行股份有限公司开平支行物业服务合同纠纷申诉、申请民事判决书，最高人民法院（2014）民提字第184号。

② 参见北京惠瑞神龙投资管理有限公司与大连星海国宝物业管理有限公司北京分公司物业服务合同纠纷二审民事判决书，北京市第三中级人民法院（2022）京03民终2785号。

5. 物业服务企业不得在政府指导价之外加收其他费用

【典型案例】关于陈某某应付的物业费数额。依据《价格法》第12条“经营者进行价格活动，应当遵守法律、法规，执行依法制定的政府指导价、政府定价和法定的价格干预措施、紧急措施”的规定，以及2019年5月16日海丰县发展和改革局作出的《关于海丰县东盛华庭住宅小区物业服务收费问题的批复》：“物业服务收费在业主委员会成立之前实行政府指导价。物业服务收费（按法定产权面积）每月每平方米1.30元，不得上浮，下浮不限。已包含住宅小区物业服务区域内道路、设备设施和二次供水服务用电”。虽然《物业管理协议》中有关于加收高压泵耗电费10元的约定，但该约定超过了海丰县发展和改革局关于东盛华庭住宅小区物业服务收费的指导价标准，亦违反了《价格法》第12条的规定，故海丰东联物业管理有限公司起诉提出在每月物业费中加收10元高压泵耗电费的主张，法院不予支持。①

6. 物业服务企业可以物业费标准存在重大误解为由请求撤销合同

【典型案例】根据庭审中查明的事实，二被告在重庆市龙湖卓健地产开发有限责任公司（以下简称卓健公司）处购买的房屋业态属叠拼别墅。而根据卓健公司与龙湖物业服务集团有限公司（以下简称龙湖物业）签订的《前期物业服务合同》的约定，洋房的物业费标准为3.6元/月·平方米，叠拼别墅的物业费标准为4.6元/月·平方米，该价格标准均在相关主管部门处进行了备案。而在龙湖物业与二被告签订的前期物业服务合同中适用的却是洋房3.6元/月·平方米的标准，这与二被告实际所购买的属于叠拼别墅的房屋业态不相符合。同时，原告与二被告签订的前期物业服务合同中约定的物业费标准明显低于原告龙湖物业在相关部门处的备案价格，这与常理不符。而原、被告双方在合同中并未对这一违反常理的行为进行解释说明，二被告也未举证证明其存在正当合理的理由能让龙湖物业低于备案价格为其提供前期物业管理服务。故对于原告诉称其因工作人员的失误导致与二被告签订了洋房的前期物业服务合同，法院予以采信。根据法律规定，此种情

---

① 参见陈某某、海丰东联物业管理有限公司等物业服务合同纠纷二审民事判决书，广东省汕尾市中级人民法院（2022）粤15民终303号。

形属于重大误解，原告因错误的意思表示与二被告订立的合同，行为人有权请求法院予以撤销。故原告龙湖物业请求撤销与二被告签订的前期物业服务合同，法院予以支持。①

7. 相关行政处罚案例见表25－1

表25－1 相关行政处罚案例

序号	公司名称	处罚决定书	处罚事由	处罚机关	处罚结果
1	潍坊佳联物业管理有限公司	潍高市监案处字〔2020〕058号	未对调整后物业服务收费标准进行备案	潍坊高新技术产业开发区市场监督管理局	罚款
2	新希望物业服务集团有限公司温州第一分公司	温市监处罚〔2021〕228号	在未备案前提下前期物业费超政府指导价收取	温州市市场监督管理局	罚款 100 000元
3	五河县润源物业有限公司	五市监罚〔2021〕357号	物业收费高于五河县发展和改革委员会备案价	五河县市场监督管理局	没收违法所得并处罚款50 000元整

八、物业服务企业上市案例文书部分示例

重庆新大正物业集团股份有限公司首次公开发行股票申请文件反馈意见

> 20. 招股说明书披露……（6）详细说明各类业务的定价依据、报告期内的调价情况，说明政府指导对定价的影响……

① 参见龙湖物业服务集团有限公司与付某某、何某某物业服务合同纠纷一审民事判决书，重庆市璧山区人民法院（2021）渝0120民初750号。

第二十六章　物业费减免

一、概述

物业服务费是物业服务企业最主要的收入来源，也是收购方收购目标公司后的主营收入。物业费的收交情况反映了目标公司服务质量和综合实力，更体现了业主对物业服务的满意度。而业主满意度的高低，不仅影响收交率的高低，更可能直接影响在管项目合同是否续签、是否保盘等问题。因此，收并购中，核查在管项目物业服务费减免，有助于收购方判断物业费减免的合规性、可持续性以及项目的稳定性，并对收购方测算目标公司的未来收入、判断收购在管项目的范围、商议在管项目收购对价等具有重要的商业意义。

核查目标公司向业主收取、减免物业费，须注意以下事项：

1. 常规物业的物业费收交

对于正常物业费的收交，重点关注的是目标公司收交情况和收交率。但实践中，应注意以下特殊情况：

（1）先服务、后收费问题

物业服务的提供离不开前期资金的投入，实践中一般都是先付费、后服务，但在公建等部分特殊项目中，因受制于客户 1 ~6 个月的付款流程，存在目标公司须先提供服务、客户再付款的情况。另外，在部分住宅物业项目中，虽然物业服务合同约定先服务、后收费，但是实践中业主习惯先使用、后付费，按年度支付物业费等情况非常普遍。

（2）物业费预收问题

全国各地政策对于是否可以预收物业费、预收期限最长多久等规定各不相同，有的规定物业服务企业不得违背业主或非业主使用人的意愿提前收费，有的规定经批准可以预收的，预收期不得超过一定期限，一般为6～12个月。但应特别注意的是，有些目标公司为了增加在管项目现金流，确保项目物业费的收交率，或者为房地产关联公司提供资金，可能会采取一定折扣或者赠送礼品等方式在当年年底预收次年的物业费，或在验房时要求业主预交一段时间的物业费。

2. 特殊物业的物业费收交

实践中，一些特殊物业项目的物业费收交也极为重要，因为不同物业、不同阶段的物业费收交可能存在减免等情形。

（1）未交房

“未交房”是指开发商建设的房屋已竣工验收但未出售或者尚未交付给房屋买受人的商品房。地方性法规大都规定，前期物业服务合同生效之日至出售房屋交付之日的当月发生的物业服务费用由建设单位承担。由于大多数建设单位与物业服务企业之间存在关联关系等，物业服务企业与建设单位会商定一定的物业费折扣。应注意的是，可能会存在建设单位长期不交纳未交房物业费，或以较低的折扣缴纳未售房物业费等情况。

（2）空置房

“空置房”是指业主已办理或视为办理房屋交付手续但未入住或未使用的房屋。有些地方性法规规定业主可以按一定比例折扣交纳空置房物业费。但实践中，空置房业主通常可能会认为其没有实际使用房屋，不应交纳物业费，因此，收交空置房物业费是相当困难的。

（3）保障房

限于保障房住户的收入水平，其物业费的收取标准相对较低。实践中，保障房主管部门会在物业费之外向物业服务企业提供维持其服务和基本利润的补贴费用，或者由保障房主管部门定期支付定额的物业费，或者根据服务考核给予一定奖励等。保障房物业费相对较低但不等于物业服务质量可以降低。在笔者实操项目中，某在管保障房项目物业服务合同中约定，如1个月内业主有效投诉达到5次及以上的，甲方有权解除合同。

3. 物业费的减免

(1) 因建设单位导致的物业费减免

因建设单位导致的物业费减免主要分为以下三种情况：一是建设单位在房屋销售的过程中，为了促销等原因向购房业主承诺减免一定时期的物业费。二是由于建设单位分期开发、分批交付住房，导致小区环境差或设施设备不完备而允诺业主在小区建设完备前少交甚至不交物业费。三是因建设单位的房屋质量等问题致使业主无法正常收房，或者收房后拒交或少交物业费。无论是前述哪种情况，建设单位都应将减免的物业费补足给物业服务企业。

(2) 因物业服务企业导致的物业费减免

物业服务企业通常不会主动减免物业服务费，但司法实践中存在较多因物业服务企业服务质量导致的物业费酌情减免的情况。

4. 物业费的催交

物业服务企业一般会采用上门催收、电话催收、张贴催交单等方式进行催交。若催交不成，最终会由内部法务人员或者委托外部律师通过司法途径解决。但实践中，仍不乏物业服务企业采取停止供电、供水、供热、供燃气等不合法方式催交物业费。

二、核查要点

1. 检索在管项目当地关于物业费交纳义务人、预收物业费期限、空置房物业费标准等政策法规。

2. 未交房项目，重点关注物业服务合同关于未交房物业费交纳标准、交纳时间等约定，结合关联交易，核查建设单位是否按约交纳未交房物业服务费、目标公司是否与建设单位就应付未付物业费达成协议等。

3. 空置房项目，重点核查上述物业费在目标公司物业费收入中的占比、目标公司采取的催交措施。

4. 保障房项目，重点关注目标公司是否满足物业服务合同约定的服务标准，本书相应章节将详述如何核查保障房项目中政府相关部门支付补贴费用等情况。

5. 结合关联交易，核查目标公司预收物业费情况，是否将资金转移给关联公司使用，是否可以收回该被转移资金。

6. 结合关联交易，核查建设单位、目标公司是否对业主承诺减免物业费以及减免金额、期限等情况，目标公司是否可以要求建设单位补偿对业主减免的物业费。

7. 目标公司是否依法催交物业费，是否存在采取断水、断电等违法方式催交物业费的情况等。

8. 结合诉讼纠纷，核查是否存在大量的物业服务费催收诉讼、是否存在物业费收交诉讼时效问题。

9. 结合财务尽调、诉讼纠纷、负面新闻等，了解目标公司各在管项目收交率，确认是否有收交率较低的项目及其原因。

10. 结合财务尽调，核查在管项目中是否存在业主用现金支付物业费、目标公司使用现金报销及发放工资，或者目标公司利用其员工个人卡等方式收取和使用物业费等情形。

11. 结合财务尽调，核查目标公司是否按照税法规定对相关的减免物业费进行视同销售处理。

三、风险提示

1. 经营风险。若建设单位未支付或未足额支付未交房物业费、空置房等应收物业费过高、建设单位等承诺减免物业费而未补偿给目标公司等，则可能导致目标公司具体的在管项目存在经营困难、服务质量下降等经营风险。

2. 行政处罚风险。若物业服务企业存在违法催交物业费的情形，地方主管部门可能会处以责令限期改正、警告、罚款等行政处罚。

3. 侵权风险。若物业服务企业存在违法催交物业费的情形，可能涉嫌侵权。

4. 税务合规风险。若目标公司使用个人账户收款或者坐收坐支的，可能存在逃税等税务风险。

四、处理建议及参考条款

1. 根据物业费收交率等情况，在交易协议中确定纳入交易范围的在管项目，或者明确须剥离出交易范围的项目。

2. 对于目标公司已服务未收费项目，在交易文件中约定该物业费的归属，是否将该应收服务费计入目标公司资产，是否计提风险准备。

3. 对目标公司预收费未服务并且预收费未留存在目标公司的项目，在交易协议中明确约定是否从交易对价中扣减，或者由资金使用方或者交易对方归还给目标公司等。

4. 对于物业费催收所涉及的侵权风险、行政处罚风险、税务风险等，建议在交易文件“陈述与保证”条款、交割前后的风险与责任承担等条款中明确约定。

5. 建议在交易协议中明确约定应收物业费的处理，参考条款节选如下。

各方确认，股权交割日前产生的债权、权益归属目标公司享有，包括债权实现过程中所产生的所有费用均由目标公司承担。

以下债权，由转让方确保于【　】年【　】月【　】日前收回，具体为：应收【　】元物业费，以上合计【　】元。如转让方未在【　】年【　】月【　】日前全额收回前述债权，转让方应于期限届满后5个工作日内向目标公司以现金予以补足差额，待目标公司实际收回全部【　】元债权后再将转让方补足的差额资金退回（在符合目标公司整体催收制度安排下，目标公司配合转让方开具函件、提起诉讼等合理要求，催收、诉讼的全部成本均由转让方承担）。

转让方、受让方同意，目标公司的应收账款全部留存于目标公司，即全部归目标公司所有。各方同意，在审计基准日对目标公司的应收账款数额进行审计，经转让方、受让方同意后作为下述计算依据：以审计基准日为基础时点，距离审计基准日账龄为2年及2年以上时间的应收账款，转让方确保在【　】年【　】月【　】日之前全额收回，不足部分由转让方于【　】年【　】月【　】日之前以现金予以补足；距离审计基准日账龄为1年时间且不超过2年的应收账款，转让方确保在【 】年【 】月【 】日之前全额收回，不足部分由转让方于【 】年【 】月【 】日之前以现金予以补足；距离审计基准日账龄不足1年时间的应收账款，转让方确保在【 】年【 】月【 】日之前全额收回，不足部分由转让方于【 】年【 】月【 】日之前以现金予以补足。前述约定由转让方确保全额收回的应收账款在计算转让方补足金额时不包含已经实际催收回款的金额。

转让方、受让方同意，截至股权交割日目标公司的物业费应收账款（不包括一次性计提坏账应收账款、涉诉的应收账款以及应收开发商、关联方的物业费应收账款）按以下方式打折并将折后金额抵销转让方需承担的目标公司的债务，折抵后前述应收账款全部归属于目标公司：

（1）应收账款已全额计提坏账的，按照0元计算，应收账款是否全额计提坏账应符合会计准则并经甲乙双方确认；

（2）未全额计提坏账损失的应收账款，按以下方式处理：

a. 全委托管理项目应收账款应缴日距离股权交割日未满1年的，按应收账款原值的【50%】计算；

b. 全委托管理项目应收账款应缴日距离股权交割日1年以上未满2年的，按应收账款原值的【30%】计算；

c. 全委托管理项目应收账款应缴日距离股权交割日2年以上的，按照0元计算；

d. 公建项目/专项委托项目应收账款，按应收账款原值的【100%】计算。

（3）前述折抵的应收账款，以第三方审计机构审计数据为准。如前述折抵的应收账款在股权交割日后1年内收回的金额低于折后金额的，受让方应在股权交割日满1年之日起30日内以现金方式将低于部分支付至目标公司账户。如折抵的应收账款收回的金额超出折后金额的，目标公司将超出部分先扣除税费、奖励（包括但不限于开票、支付转让方款项所产生的税费以及清收费用、员工奖励等）后按季结算支付给转让方。

五、相关规定

《民法典》

第九百四十四条　业主应当按照约定向物业服务人支付物业费。物业服务人已经按照约定和有关规定提供服务的，业主不得以未接受或者无需接受相关物业服务为由拒绝支付物业费。

业主违反约定逾期不支付物业费的，物业服务人可以催告其在合理期限内支付；合理期限届满仍不支付的，物业服务人可以提起诉讼或者申请仲裁。

物业服务人不得采取停止供电、供水、供热、供燃气等方式催交物业费。

《物业管理条例》（2018 年修订）

第四十一条　业主应当根据物业服务合同的约定交纳物业服务费用。业主与物业使用人约定由物业使用人交纳物业服务费用的，从其约定，业主负连带交纳责任。

已竣工但尚未出售或者尚未交给物业买受人的物业，物业服务费用由建设单位交纳。

最高人民法院《关于审理物业服务纠纷案件适用法律若干问题的解释》（2020 年修正，法释〔2020〕17 号）

第三条　物业服务合同的权利义务终止后，业主请求物业服务人退还已经预收，但尚未提供物业服务期间的物业费的，人民法院应予支持。

国家发展和改革委员会、原建设部《关于印发〈物业服务收费管理办法〉的通知》（发改价格〔2003〕1864 号）

第十五条　业主应当按照物业服务合同的约定按时足额交纳物业服务费用或者物业服务资金。业主违反物业服务合同约定逾期不交纳服务费用或者物业服务资金的，业主委员会应当督促其限期交纳；逾期仍不交纳的，物业管理企业可以依法追缴。

业主与物业使用人约定由物业使用人交纳物业服务费用或者物业服务资金的，从其约定，业主负连带交纳责任。

物业发生产权转移时，业主或者物业使用人应当结清物业服务费用或者物业服务资金。

《上海市住宅物业管理规定》（2020 年修正）

第四十九条　前期物业服务合同生效之日至出售房屋交付之日的当月发生的物业服务费用，由建设单位承担。

出售房屋交付之日的次月至前期物业服务合同终止之日的当月发生的物业服务费用，由物业买受人按照房屋销售合同约定的前期物业服务收费标准承担；房屋销售合同未约定的，由建设单位承担。

业主应当根据物业服务合同约定，按时支付物业服务费；业主逾期不支付物业服务费的，业主委员会应当督促其支付；物业服务企业可以催告其在合理期限内支付；合理期限届满仍不支付的，物业服务企业可以提起诉讼或者申请仲裁。

业主转让物业时，应当与物业服务企业结清物业服务费；未结清的，买卖双方应当对物业服务费的结算作出约定，并告知物业服务企业。

湖南省发展和改革委员会、湖南省住房和城乡建设厅、湖南省市场监督管理局《关于印发〈湖南省物业服务收费管理办法〉的通知》（湘发改价费规〔2022〕271 号）

第十五条　物业服务费用交纳义务人依照以下规定确定：

（一）前期物业服务合同签订之日至房屋交付买受人之日的当月物业服务费，由建设单位交纳；

（二）房屋交付买受人之日的次月及以后的物业服务费，由业主交纳；但是建设单位向业主承诺减免的物业服务费以及尚未出售的房屋的物业服务费，由建设单位交纳；

（三）……物业买受人无正当理由拖延办理交付手续的，物业服务费从建设单位书面通知买受人办理交付手续的次月开始计收，由物业买受人交纳，但首先由建设单位垫付并负责追缴。建设单位与物业买受人另有约定的，从其约定；

……

（五）业主按照物业服务合同约定时间，为已办理房屋交付手续但未入住或未使用的空置房交纳物业服务费时，物业服务费按不超过 90% 交纳，具体优惠幅度由市、县确定。

……

《青海省物业管理条例》

第五十九条第三款 已竣工但尚未出售或者尚未交付物业买受人的物业，物业服务费用由建设单位承担。物业交付后，业主未实际入住使用的，应交纳物业服务费总额百分之七十的费用。

物业服务企业已经按照合同约定以及相关规定提供服务的，业主不得以存在开发建设遗留问题、未享受物业服务或者无需接受相关物业服务等理由拒交物业服务费用。

《四川省物业管理条例》(2021年修订)

第一百条第三项 物业服务人违反本条例规定，有下列行为之一的，由县（市、区）人民政府住房城乡建设主管部门予以处罚：

（三）……采用停止供水、供电、供气等方式催交物业费的，责令立即改正，给予警告，并处二万元以上五万元以下罚款。

《黑龙江省住宅物业管理条例》(黑龙江省第十三届人民代表大会常务委员会公告第92号)

第四十四条第三款 业主违反约定逾期不支付物业费超过三个月，且经两次以上催告仍不支付的，物业服务人可以根据管理规约的规定对相关业主，在物业管理区域显著位置公示。

第七十七条第三项 违反本条例规定，物业服务人有下列行为之一的，由市、县级物业行政主管部门责令限期改正；逾期不改正的，处以五千元以上二万元以下罚款：

（三）采取停止供电、供水、供热、供气，限制业主进出小区、入户、使用电梯以及车辆进出车位方式，催交物业费的。

《海南经济特区物业管理条例》(2021年修订)

第四十五条第三款 业主违反约定逾期不支付物业服务费用超过三个月，且经两次以上催告仍不支付的，物业服务人可以根据管理规约的规定在物业管理区域显著位置公示。

《杭州市物业管理条例》(2021年修订)

第八十六条第二项 物业服务人违反本条例规定，有下列情形之一的，由区、县（市）房产主管部门责令限期改正，可以给予警告或者按照下列规定予以处罚：

（二）以业主拖欠物业费为由，实施停止供水、供电、供气、供热等行为的，处一万元以上五万元以下罚款。

六、实务要点及典型案例

1. 法院对物业服务企业作出的有利判决不能简单“同案同判”

【典型案例】虽然“同案同判”要求司法裁决在坚持整体性观念的前提下保持裁决的横向平衡和纵向延续，但每件案件均应“以事实为依据、以法律为准绳”作为司法裁决的基本尺度，力求实现司法公正。由于物业公司前后诉讼具体情况不尽相同，因此，在个案的审理中，不应完全拘束于已经生效的判决，要准确分析个案的具体情况，以解决问题、化解矛盾为主要目标，确保个案审理具备良好的法律效果和社会效果。[①]

2. 法院对物业服务企业作出的不利判决通常不能“溯及既往”

【典型案例】关于能否“溯及既往”的问题。在人民法院已认定物业服务企业提供的服务不符合约定或标准的情况下，基于“大致推定原则”，虽可推定业主已交纳物业费期间的物业服务也不符合约定或标准，但人民法院通常不会对原已交纳的物业费再作出处理或调整。因为，业主已经按收费标准交纳了物业费，通常便应认为双方当时就已交纳物业费期间的物业服务情况没有争议，而民事诉讼的最终目标是平息民事矛盾，故人民法院不应对原无争议的民事法律关系再进行处理或调整。

关于是否构成对其他及时、足额交纳物业费业主权利的侵害的问题。法院认为，因为物业服务的范围往往是小区的公共区域和公共的设备设施，服务的对象也是小区全体业主；基于物业服务的共性，少数或单个业主拖延甚至拒绝交纳物业费，其实际仍能获得物业公司提供的物业服务，此从法理上对其他业主确有不公之嫌（湖南昱鸿物业服务有限公司关于不能因个别、少数业主认为物业服务不达标，就否定其他众多业主对其物业服务认可的上诉

---

① 参见广州市科泉物业管理有限公司诉刘某某、李某某物业服务合同纠纷案，载《人民法院案例选》2012 年第 1 辑（总第 79 辑）。

理由，亦是此意)。但正如湖南昱鸿物业服务有限公司所自述，物业服务难以十全十美，赋予单个业主可就物业服务质量提出抗辩的权利，不但可促进物业服务企业提高服务质量、态度，还可督促物业服务企业主动构建与业主和谐共生的关系，此也是对全体业主共同利益的维护。[①]

3. 物业费的支付不以实体房屋的存在为必要条件

【典型案例】分析原房屋占用范围内的土地上实际已不存在房屋时，于房地产登记机构登记的房地产权利人是否仍负有交纳物业费的义务问题，应从三个方面进行考量：一是实际不存在房屋是否影响登记权利人的业主资格；二是物业服务企业与业主之间的物业服务合同在相关期间是否存在；三是物业服务企业是否依约完成物业服务内容。案涉原房屋土地上虽不存在房屋实体，但张某买房时对此明知并登记为权利人，该责任不在物业服务企业，且物业对业主的服务义务并不因房屋不存在而消失。物业费的减少以服务存在瑕疵为前提，物业公司已适当履行了物业服务义务，张某作为业主理应支付相应物业费，不存在房屋实体不能构成免除业主交纳物业费义务的理由。[②]

4. 业主交纳物业费是物业服务企业正常提供物业服务的基本保证

【典型案例】需要指出的是，业主正常交纳物业费是物业服务企业能够正常提供物业服务的基本保证。如果业主不交纳物业费，基于经费问题，会造成物业服务标准的降低，最终导致业主利益受损，故业主不交纳物业费不是解决物业服务中相关问题的有效方式。物业公司作为物业服务企业，对于物业服务过程中出现的相关问题，应当及时与业主进行沟通，妥善处理，不断改进和提高服务质量。[③]

---

① 参见湖南昱鸿物业服务有限公司、谭某某物业服务合同纠纷二审民事判决书，湖南省岳阳市中级人民法院（2022）湘06民终770号。

② 参见某物业服务有限公司诉张某物业服务合同纠纷案，载《人民法院报》2011年12月1日，第7版。

③ 参见邓某某与融创物业服务集团有限公司北京分公司物业服务合同纠纷二审民事判决书，北京市第一中级人民法院（2022）京01民终4357号。

5. 若物业服务合同未约定物业费交费期限的，可依据行业习惯确定

【典型案例】本案物业服务合同所在地颁布的《福建省物业服务收费管理办法》第15条、《福州市物业服务收费管理实施细则》第18条均规定物业服务费用从物业交付买受人之日起按月收取，业主自愿预交的除外。由此可见，按月收取物业服务费是福建省物业行业的交易习惯。福州集升物业有限公司（以下简称集升物业公司）与建设方福建东盛房地产有限公司签订的前期物业服务合同均约定讼争物业管理费计收标准以月为单位，未对物业费交费期限进行特别约定，说明集升物业公司在签订案涉物业合同时，对按月收取讼争物业管理费是知情的，符合前述解释规定的可以认定为合同法所称“交易习惯”的情形。且集升物业公司在起诉状中主张滞纳金的计算“以欠缴的物业管理费金额为基数，按每月2%的标准计算……”说明在合同履行过程中，集升物业公司亦认可物业费应在当月交纳，因此，一审、二审判决认定讼争物业费应在当月交纳，双方应遵循行业习惯履行合同约定正确。①

6. 法院可根据物业服务企业服务情况酌情调整业主应付物业费数额

【典型案例】关于物业服务费是否应予减免的问题。鉴于福州泰禾物业管理有限公司（以下简称泰禾物业公司）的确存在物业管理缺位问题，一审法院酌情扣除合同约定应交物业服务费的20%，已臻合理，二审法院予以维持。莫某某提供的证据无法证实其为修缮房屋所支出的费用与泰禾物业公司的物业服务存在因果关系，故莫某某要求将其修缮房屋费用抵扣物业费，缺乏依据，一审法院对此不予支持，并无不当。②

---

① 参见福州集升物业有限公司、福建省商务厅物业服务合同纠纷再审审查与审判监督民事裁定书，福建省高级人民法院（2019）闽民申1472号。

② 参见福州泰禾物业管理有限公司、莫某某物业服务合同纠纷二审民事判决书，福建省福州市中级人民法院（2021）闽01民终8442号。

7. 物业服务企业或可主张业主承担逾期交纳物业费违约金

【典型案例】法院认为，广发银行股份有限公司开平支行（以下简称广发行开平支行）与佛山市丽园房地产开发有限公司签订的《前期物业管理协议》第11条约定，如不能按约履行交费义务，则应支付欠款利息，利率为月息15‰。佛山市丽园物业管理有限公司主张本案滞纳金时，并未按照合同约定而是按照199号判决对滞纳金调整后的银行逾期贷款利息予以计算。据此，原判决认定广发行开平支行按照中国人民银行规定的金融机构同期计收逾期贷款利息的标准分段累计计算滞纳金，并无不当。①

8. 物业服务企业或可要求业主承担因追讨物业费所产生的律师费

【典型案例】关于广州家宜物业管理有限公司（以下简称家宜公司）主张钟某某、刘某某支付律师费3000元的问题。双方合同明确约定："甲方通过诉讼方式向乙方追讨欠费的，乙方应承担甲方为此支付的案件受理费、律师费等费用。"家宜公司据此要求钟某某、刘某某承担其为本案支出的律师费3000元，具有充分的事实依据及合同依据。一审法院在无任何合理事由的情况下调整钟某某、刘某某所负担的律师费至1000元显属不当，二审法院予以纠正。②

【典型案例】关于二审判决对肇庆市星发物业有限公司（以下简称星发公司）要求叶某某赔偿律师费用的诉讼请求不予支持是否错误的问题。承前所述，星发公司提供的物业服务存在不到位之处，业主要求整改符合合同约定。同时，考虑到律师费用并非星发公司要求叶某某支付物业服务费而必然产生的损失，二审判决对星发公司要求赔偿律师费的诉请不予支持，并无不当。③

---

① 参见佛山市丽园物业管理有限公司与广发银行股份有限公司开平支行、佛山市丽园房地产开发有限公司物业服务合同纠纷申诉、申请民事判决书，最高人民法院（2014）民提字第183号。

② 参见广州家宜物业管理有限公司、钟某某等物业服务合同纠纷二审民事判决书，广东省广州市中级人民法院（2021）粤01民终27751号。

③ 参见肇庆市星发物业有限公司、叶某某物业服务合同纠纷再审审查与审判监督民事裁定书，广东省高级人民法院（2020）粤民申12927号。

9. 物业服务企业采取停电等方式催交物业费可能需赔偿损失

【典型案例】法院经审查认为：原判决认定深圳市都市物业管理有限公司雕塑家园管理处（以下简称雕塑家园管理处）、深圳市都市物业管理有限公司（以下简称都市物业公司）对案涉房产擅自停电，且无正当理由阻拦承租人张某某搬入案涉房产，致案涉房产的业主宋某某、柏某某产生租金损失，作为物业服务企业的雕塑家园管理处、都市物业公司就此应向宋某某、柏某某赔偿租金损失。[①]

10. 如何判断承租人支付的租金是否包括物业费

【典型案例】法院再审认为：……本案实质的争议焦点是……在转让协议签订前杨某某租赁经营期间，每月 10 万元的租金构成中，除包含使用上岛咖啡中大店资产的对价以及应支付给中大房地产集团有限公司每月 59 609.82 元的房租外，是否还包含了相当于每月 18 454.70 元物业管理费的对价？如果不包含，则应将相当于物业管理费的对价计入本案资产使用费，由杨某某向杭州金沙酒店管理有限公司支付；反之，则应按照一审判决的计算方法，在约定的租赁经营租金中扣除相当于房租与物业管理费的部分后，具体确定本案资产使用费。对此，法院认为，杨某某租赁经营期间的租金中已经包含了相当于物业管理费的对价，一审判决对该问题认定正确，应予维持。[②]

11. 物业费的诉讼时效期间自每期债务履行期限届满之日起分别计算

【典型案例】关于佛山市丽园物业管理有限公司（以下简称丽园物业公司）主张的部分物业管理费是否超过诉讼时效期间问题。法院认为，因广发银行股份有限公司开平支行（以下简称广发行开平支行）未交纳物业管理费，丽园物业公司于2004 年3 月～2007 年9 月，逐月或不间断地通过邮政特快专递方式向广发行开平支行送达催款通知书，要求该行交纳拖欠的物业管

---

① 参见深圳市都市物业管理有限公司雕塑家园管理处、深圳市都市物业管理有限公司物业服务合同纠纷再审审查与审判监督民事裁定书，广东省高级人民法院（2017）粤民申 1896 号。

② 参见杨某某因与杭州金沙酒店管理有限公司转让合同纠纷再审民事判决书，浙江省高级人民法院（2014）浙民再字第 17 号。

理费，其对债权的主张行为依据原《民法通则》第140条“诉讼时效因提起诉讼、当事人一方提出要求或者同意履行义务而中断。从中断时起，诉讼时效期间重新计算”的规定，依法产生诉讼时效中断的后果。丽园物业公司自2007年9月催款至2008年1月提起诉讼，未超过2年的诉讼时效期间。广发行开平支行虽称2004年1月1日至2005年12月26日的物业管理费超过诉讼时效期间，但并未提供证据推翻丽园物业公司在上述期间向其送达催款通知书，对此主张，法院不予采信。原判决认定丽园物业公司要求广发行开平支行支付2004年至2007年的物业管理费未超过诉讼时效期间，并无不当，法院予以支持。①

惠州市泰安居物业管理有限公司于2016年9月2日起诉，故本案对诉讼时效期间的认定应适用原《民法通则》第七章的规定。案涉《前期物业服务合同》约定“物业服务费按月于每月18日交纳”，对交纳物业费的履行期限约定明确。该合同项下的每期物业费作为在合同履行过程中不断产生的定期给付债务，履行期限届满后均为独立债务，具有可分性，不属于最高人民法院《关于审理民事案件适用诉讼时效制度若干问题的规定》（2008）第5条规定的分期履行的同一债务。案涉物业费的诉讼时效期间应自每一期债务履行期限届满之日起分别计算。②

七、物业服务企业上市案例文书部分示例

1. 浙江开元物业管理股份有限公司创业板首次公开发行股票申请文件反馈意见

> 15. 关于营业收入：(1) ……请发行人说明是否存在因违反或无法满足合同约定事项被业主方扣减服务费的情况，若存在请逐笔详细列示说明原因……

① 参见佛山市丽园物业管理有限公司与广发银行股份有限公司开平支行物业服务合同纠纷申诉、申请民事判决书，最高人民法院（2014）民提字第184号。

② 参见刁某某、惠州市泰安居物业管理有限公司物业服务合同纠纷再审民事判决书，广东省高级人民法院（2018）粤民再279号。

2. 南都物业服务股份有限公司首次公开发行股票申请文件反馈意见

> 二、信息披露问题
>
> 3. 关于其他应收款和预收款项。（1）请发行人分物业类型披露按合同要求客户应当预交费用或后交费用的项目数量及比例，对于客户应当预交费用的，分析说明账龄及变动情况……

3. 西藏新城悦物业服务股份有限公司创业板首次公开发行股票申请文件反馈意见

> 16. 根据招股说明书披露……物业服务收入确认时，公司根据历史空置房物业管理服务收入折扣占全部应收物业管理服务收入的比例进行估算，按照估算的比例计算得到预计的优惠扣除营业收入。
>
> 请发行人：……（2）补充披露空置房物业管理服务收入折扣预估原则、依据、具体折扣占比、报告期是否存在变动调整，相关会计处理方式及影响。请保荐机构、会计师核查并发表意见。请补充提供各类收入相关销售合同文本。
>
> 24. 根据招股说明书披露……公司的预收款项主要为预收物业服务收入，预收物业服务收入均为在管物业小区个人业主的预收物业服务费。
>
> 请在招股说明书中：（1）结合公司物业服务收费结算政策，补充披露公司报告期内预收账款余额较高的原因，报告期各期末增长的具体原因；（2）补充披露各期末预收账款的账龄情况，并与前述收费结算政策对比。
>
> 请保荐机构、会计师：……（2）补充说明公司对物业服务收费的管理系统和措施，如何保证物业收费和公司收入核算的真实、准确、完整……

4. 广东碧桂园物业服务股份有限公司首次公开发行股票申请文件反馈意见

13. 报告期内，随着管理面积、服务类型增加和业务规模扩张，公司的营业收入总额保持增长趋势，2013 年至 2015 年复合增长率为 35.19%。请在招股说明书中补充披露：……（5）请说明现金收款的主要业务内容，确认收入的时点、是否有拒交、拖延交纳物业费用的情况，是否有加强现金管理的相关内控制度……

19. 报告期内，公司的其他应收款主要是……为业主垫付的款项等。请披露为业主垫付的款项如何进行会计处理、是否能够及时回收、是否需要计提坏账，相关会计处理是否符合企业会计准则的相关规定。请保荐机构、会计师对上述情况进行核查，说明核查的过程、证据及结论，并发表明确意见。

5. 重庆新大正物业集团股份有限公司首次公开发行股票申请文件反馈意见

36. 招股说明书披露……（2）结合不同物业类型的收款方式和结算方式，说明按物业类型的应收账款余额与收入金额的关系，并说明按物业类型的应收账款余额变动的原因，说明除物业收入以外的业务在期末不存在应收账款的原因；（3）披露公司物业服务项目当年和累计的综合收款率，说明各物业项目的收款率情况，是否存在物业项目收款率持续恶化的情形，说明公司应收账款账龄 1 年以上占比有所增长的原因；（4）说明是否存在第三方收款的情况……请保荐机构、会计师详细说明核查过程和结论，并发表明确意见。

第二十七章　物业费资产证券化

一、概述

物业费资产证券化，又称物业费“ABS”（Asset－backed Securities），是指物业服务企业作为融资方，将其拥有的物业费收费权作为基础资产，直接转让给资产支持专项计划以获得转让对价（资金）；或者将物业费收费权作为质押财产，为作为基础资产的委托贷款或信托受益权本息偿还提供保障，以获得委托贷款或信托贷款。专项计划向投资者募集的资金是贷款资金来源，物业费收入是归还专项计划贷款及支付投资者收益的来源。由于专项计划存续期内物业费收费权归属于专项计划，物业费收入主要用于支付资产支持证券的本金及收益，而物业服务企业收并购就是为了获取目标公司所签订的物业服务合同项下的物业费收费权等权益。因此，收并购中，核查目标公司是否将物业费资产证券化、是否按期清偿、是否存在相关争议等，有助于收购方判断其是否构成对目标公司收并购的实质性障碍。

核查物业费资产证券化，应注意以下事项：

1. 物业费资产证券化的原因

由于物业服务企业很少自持重资产，在传统渠道较难融资，但其又具有物业合同服务期限较长，物业费收入现金流稳定、可持续、属性同一、便于管理等特点，物业费收费权具备资产证券化的条件。因此，物业费资产证券化曾被视为打开物业融资渠道的主要方式。笔者在实操中发现，由于物业服务企业对资金的需求量并不大，物业费 ABS 的实际融资人均为物业服务企业的关联房地产企业。

2. 物业费资产证券化交易结构

从已发行的物业费 ABS 看，物业费 ABS 可以分为单 SPV[①]，双 SPV（嵌套资金信托）以及双 SPV（嵌套委托贷款）三类结构。其中，单 SPV 是三类结构的基础结构，反映了物业费 ABS 的核心法律关系，故以单 SPV 结构图为例，介绍如图 27－1 所示。

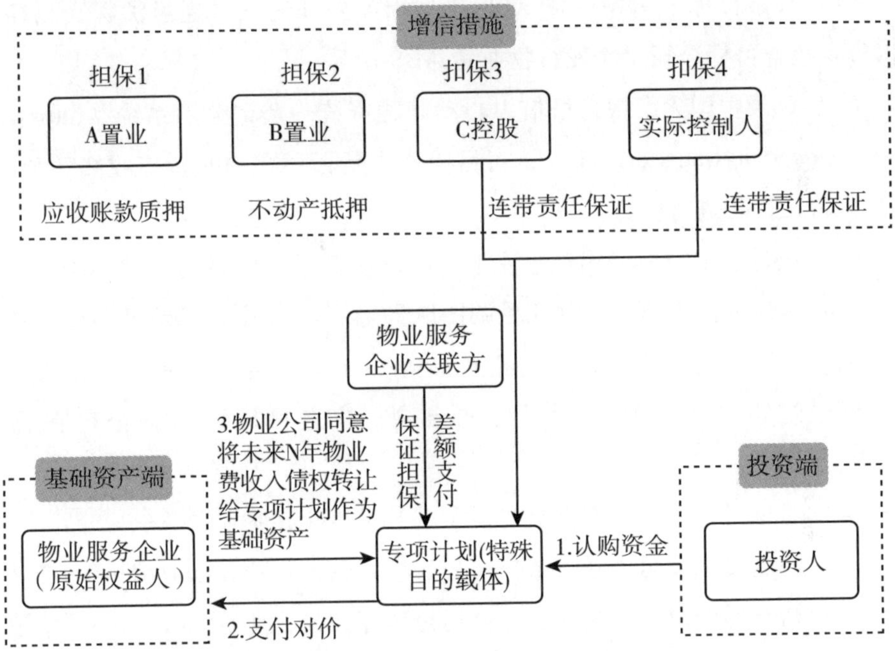

图 27－1 单 SPV 结构示例

3. 物业费资产证券化发展情况

自 2015 年首支物业费 ABS 产品发行，2015 年至 2016 年是物业费 ABS 发行高峰。2019 年 4 月，中国证券监督管理委员会在监管问答中明确物业服务费不得作为资产证券化产品基础资产现金流来源，物业费 ABS 产品随后发行逐步受限。一方面，由于公开发行物业费 ABS 产品的存续期可达 5 年至 10 年，不能排除收并购中目标公司正在履行物业费 ABS 相关义务的可能性。另

① SPV 即 Special Purpose Vehicle，特殊目的载体。

一方面，以物业费应收账款质押等非公开发行方式进行融资时有发生。因此，有必要核查目标公司是否涉及物业费 ABS。

二、核查要点

1. 核查目标公司是否存在物业费 ABS

（1）检索目标公司物业费 ABS 产品相关公开信息（通过沪深交易所官网等），核查目标公司是否发行物业费 ABS 产品。

（2）登录中国人民银行征信中心动产融资统一登记公示系统（https：//www. zhongdengwang. org. cn/），对目标公司是否存在物业费应收账款质押、应收账款转让等进行核查。

（3）通过核实目标公司资金往来情况确认其是否涉及物业费 ABS 产品。在收并购尽调时，律师可与财务尽调团队沟通了解目标公司是否存在与特殊目的载体（资产支持计划或者信托产品等）之间的资金往来。如有资金往来，可通过审阅资金往来所对应的合同，核查目标公司是否存在物业费 ABS。

（4）通过目标公司管理人员访谈了解其是否存在物业费 ABS 产品。

（5）通过目标公司关联上市公司公告核查其是否存在物业费 ABS 产品。

（6）结合诉讼纠纷，核查目标公司是否存在与物业费 ABS 相关的争议。

2. 核查目标公司的物业费 ABS 产品履约情况

（1）物业费 ABS 产品交易主体、交易结构、交易文件、审批文件等。

（2）目标公司对于物业费 ABS 的本金及利息兑付是否符合合同约定。

（3）物业费 ABS 产品合同是否存在限制目标公司收并购交易条款，或者收并购是否会触发 ABS 产品合同提前终止条件。

（4）目标公司是否可依据合同约定提前回购或者提前终止 ABS 产品。

（5）目标公司是否存在违反 ABS 合同约定的行为及相应违约责任。

三、风险提示

若目标公司物业费 ABS 尚在专项计划存续期，或专项计划存续期届满但未正常退出的，则可能构成收购的实质性障碍。

四、处理建议及参考条款

1. 建议在交易协议“陈述与保证”条款中要求交易对方在交易文件中对目标公司有无 ABS 产品全部信息作出陈述和保证，并承诺承担未如实披露的所有法律责任。

2. 若目标公司披露其存在物业费 ABS 产品并经核查属实，但存续期届满或者临近届满并且可正常退出，收购方判断可继续收购的，则建议：

（1）收购方要求交易对方在交易协议中对目标公司不存在 ABS 产品或有纠纷做出陈述与保证，并承诺对未如实披露承担所有法律责任。

（2）在交易协议中约定交易对方及目标公司在一定时间内偿付 ABS 产品本金及利息，并将其作为交易的先决条件。

（3）若目标公司因特殊原因无法在收并购之前完成 ABS 本息偿付的，收购方可在交易价款中预留用于偿付 ABS 本息的资金，未来在满足条件时偿付本息。

五、相关规定

《证券公司及基金管理公司子公司资产证券化业务管理规定》（证监会公告〔2014〕49 号）

第二条　本规定所称资产证券化业务，是指以基础资产所产生的现金流为偿付支持，通过结构化等方式进行信用增级，在此基础上发行资产支持证券的业务活动。

开展资产证券化业务的证券公司须具备客户资产管理业务资格，基金管理公司子公司须由证券投资基金管理公司设立且具备特定客户资产管理业务资格。

第三条　本规定所称基础资产，是指符合法律法规规定，权属明确，可以产生独立、可预测的现金流且可特定化的财产权利或者财产。基础资产可以是单项财产权利或者财产，也可以是多项财产权利或者财产构成的资产组合。

前款规定的财产权利或者财产，其交易基础应当真实，交易对价应当公允，现金流应当持续、稳定。

基础资产可以是企业应收款、租赁债权、信贷资产、信托受益权等财产权利，基础设施、商业物业等不动产财产或不动产收益权，以及中国证监会认可的其他财产或财产权利。

第四条　证券公司、基金管理公司子公司通过设立特殊目的载体开展资产证券化业务适用本规定。

前款所称特殊目的载体，是指证券公司、基金管理公司子公司为开展资产证券化业务专门设立的资产支持专项计划（以下简称专项计划）或者中国证监会认可的其他特殊目的载体。

第五条第一、二款　因专项计划资产的管理、运用、处分或者其他情形而取得的财产，归入专项计划资产。因处理专项计划事务所支出的费用、对第三人所负债务，以专项计划资产承担。

专项计划资产独立于原始权益人、管理人、托管人及其他业务参与人的固有财产。

《资产证券化监管问答（三）》

2018年6月，我会指导交易场所发布了《基础设施类资产支持证券挂牌条件确认指南》（以下简称《指南》），为进一步明确准入监管执行标准，在防范业务风险、规范市场运作的同时，切实加强基础设施领域补短板的金融支持力度，现就未来经营收入类资产证券化的有关事项明确如下。

一、对于基础设施收费等未来经营收入类资产证券化产品，其现金流来源于特定原始权益人未来经营性收入，依赖于特定原始权益人的持续经营。对该类资产证券化产品的现金流来源有哪些要求？

答：基础设施收费等未来经营收入类资产证券化产品，其现金流应当来源于特定原始权益人基于政府和社会资本合作（PPP）项目、国家政策鼓励的行业及领域的基础设施运营维护，或者来自从事具备特许经营或排他性质的燃气、供电、供水、供热、污水及垃圾处理等市政设施，公路、铁路、机场等交通设施，教育、健康养老等公共服务所形成的债权或者其他权利。

对于电影票款、不具有垄断性和排他性的入园凭证等未来经营性收入，不得作为资产证券化产品的基础资产现金流来源。物业服务费、缺乏实质抵押品的商业物业租金（不含住房租赁）参照执行。

六、实务要点及典型案例

1. 物业费 ABS 发行案例

【典型案例】泛海物业管理有限公司、泛海物业管理武汉有限公司（“原始权益人”）向民生证券股份有限公司（“计划管理人”）转让基础资产（原始权益人依据物业合同所享有的物业合同债权等），由计划管理人设立资产支持专项计划，进行资产证券化融资。

泛海物业合同债权资产支持专项计划在上海证券
交易所挂牌转让的公告

自 2018 年 2 月 14 日起，上海证券交易所将在固定收益证券综合电子平台（以下简称固定收益平台）为“泛海物业合同债权资产支持专项计划”（以下简称泛海物业费 ABS）提供转让服务。现就有关事项公告如下：……

三、泛海物业费 ABS 共有 8 个品种……“优先级资产支持证券 05”预期到期日为 2022 年 10 月 25 日，转让简称为“泛物业 05”，转让代码为 149004。“优先级资产支持证券 06”预期到期日为 2023 年 10 月 25 日，转让简称为“泛物业 06”，转让代码为 149005。“优先级资产支持证券 07”预期到期日为 2024 年 10 月 25 日，转让简称为“泛物业 07”，转让代码为 149006。“次级资产支持证券”预计到期日为 2024 年 10 月 25 日，转让简称为“泛物业次”，转让代码为 149007。上海证券交易所于 2018 年 2 月 4 日开始为“泛海物业费 ABS”提供转让服务。

【典型案例】该案例基础资产为委托贷款债权，还款来源为借款人金科物业服务集团有限公司所管理的全部特定物业管理区域在特定期间收取的物业费（见表 27－1）。

表 27－1　金科地产集团股份有限公司关于 2018 年度第一期资产支持票据发行结果的公告

	金科地产集团股份有限公司 2018 年度第一期资产支持票据优先级	
	优先级	次级
证券简称	18 金科地产 ABN001 优先	18 金科地产 ABN001 次
证券代码	081800057	081800058
期限	6 年（3＋3）	6 年
发行价格	100 元	100 元
簿记管理人	招商证券股份有限公司	–
发行总额	15 亿元	1 亿元
发行利率	7.00%	
起息日	2018 年 6 月 5 日	
兑付日	2024 年 6 月 5 日	

2. ABS 基础资产账户的资金归属于专项计划管理人

【典型案例】法院认为，案涉 5572 账户虽在融信租赁股份有限公司（以下简称融信公司）名下，其资金来源为融信公司根据《买卖协议》已经转让给计划管理人但作为资产服务机构受托管理的基础资产所产生的回收款。其账户中的资金应归属于专项计划管理人山西证券股份有限公司。①

3. 资产支持专项计划托管账户中的存款应为专项计划所有

【典型案例】法院认为，法院以（2019）鄂 01 执 1274 号执行裁定和协助执行通知书，要求深圳平安大华汇通财富管理有限公司（以下简称平安大华汇通公司）协助将被执行人凯迪生态环境科技股份有限公司（以下简称凯迪公司）所有的在平安大华汇通公司认购的“平安凯迪电力上网收费权资产支持专项计划”1 亿份次级份额 2017 年至 2018 年应获得的收益 46 729 025.88 元，扣划至法院账户。……本案中，案外人平安大华汇通公司系专项计划的管理人，其依据《平安凯迪电力上网收费权资产支持专项计划说明书》中的规

① 参见融信租赁股份有限公司等与山西证券股份有限公司案外人执行异议二审民事判决书，北京市高级人民法院（2021）京民终 704 号。

定，以平安凯迪电力发电上网收费权资产支持专项计划的名义开立账户，该托管账户中的存款在未分配之前应为专项计划所有，并非凯迪公司所有。因此，案外人平安大华汇通公司作为专项计划的管理人主张法院执行标的为专项计划所有，排除法院对该执行标的强制执行的异议理由成立，法院予以支持。[①]

4. 保证人应就其出具的资产支持计划担保函对投资人承担担保责任

【典型案例】关于冠福控股股份有限公司（以下简称冠福股份公司）出具的有关担保函是否有效问题。……在案涉认购协议已经确认为合法有效的情况下，冠福股份公司出具的有关担保函依法也应认定为有效，冠福股份公司依法应对同孚实业有限公司所负本案债务承担连带清偿责任。至于冠福股份公司所主张的其担保的产品不是案涉产品，也没有其股东会决议加以证实的问题，根据冠福股份公司出具的有关担保函所载明的内容，其所担保的产品名称与案涉认购协议载明的产品相同，在此情况下，冠福股份公司并未能举证证明案涉产品不属其担保范围。而且，冠福股份公司作为上市公司，其也在公开披露的信息中体现了相关担保事宜，现再以担保事宜未经其内部股东会决议为由抗辩担保无效，显然与其披露的事实相悖，不能成立。[②]

5. 专项计划管理人因其过错造成专项计划资产损失的，应向资产支持证券持有人承担赔偿责任

【典型案例】法院认为，一审判决认定恒泰证券股份有限公司（以下简称恒泰证券公司）赔偿金元顺安基金管理有限公司（以下简称金元基金公司）相关损失是正确的。理由如下：

关于恒泰证券公司在履行案涉《计划说明书》《标准条款》等合同过程中是否存在违约，其尽职调查工作是否具有过错，其应否向金元基金公司承

① 参见关于深圳平安大华汇通财富管理有限公司提出执行异议一案的执行裁定书，湖北省武汉市中级人民法院（2019）鄂01执异471号。

② 参见冠福控股股份有限公司、王某某合同纠纷二审民事判决书，福建省泉州市中级人民法院（2019）闽05民终5039号。

担相应违约责任。

……恒泰证券公司在《计划说明书》中披露的应收账款信息不真实，其违反了关于在专项计划文件中保证其陈述的内容真实、准确、完整，不存在任何虚假内容和误导性陈述的承诺，未能依约向认购人金元基金公司提供基础资产中包含真实应收账款质押的资产支持证券，未依约向金元基金公司支付2018年5月3日之后的收益及认购本金。恒泰证券公司的行为违反了专项计划发行、管理合同约定，构成违约。

……恒泰证券公司的尽职调查方法不当，调查所得的信息不足以使恒泰证券公司确信应收账款及其质押的真实性，其在尽职调查工作中存在明显过错。①

① 参见恒泰证券股份有限公司与金元顺安基金管理有限公司证券交易合同纠纷二审民事判决书，北京市高级人民法院（2021）京民终532号。

第二十八章　物业服务补贴奖励

一、概述

物业服务补贴奖励，指物业服务企业根据政策规定或者物业服务合同约定，在一定条件下从政府部门等获得的服务补贴、补助或者奖励。物业服务补贴或奖励是物业服务企业相对重要的补充收入来源之一，也反映了政府部门等对其物业服务质量的正向评判、提供社会公益服务的鼓励。收并购中，核查在管项目获得的补贴或奖励，有助于识别目标公司在管项目的构成、各类收入来源及占比，也可以辅助判断项目的稳定性、持续性。

核查目标公司相关物业服务的补贴奖励，应特别注意物业服务补贴奖励的以下主要类型：

1. 针对特殊类型的小区补贴奖励。在老旧住宅小区、保障房小区、回迁安置小区、售后房等特殊类型物业项目中，物业费收费标准是较低的政府指导价，目标公司承接该类项目可能亏损或者难以做到价廉质优。因此，政府住房主管部门会根据项目性质、物业费收缴率等情况，给予目标公司一定金额的补贴，用来补助其为提升小区居住环境、服务质量而投入的保安、保洁、保绿、保序和设施设备维修养护等方面的成本，或者根据对目标公司服务质量的考核情况进行适当的奖励。政府补贴或奖励是目标公司管理该类项目的重要收入来源，该收入是否持续稳定将影响目标公司经营服务上述在管项目盈亏及可持续性。

2. 针对特殊事件补贴奖励。凭借在抗击疫情过程中的表现，物业服务行业进一步受到全社会各方重视，笔者也关注到各地纷纷出台了财政补贴，支持物业服务企业参与抗击疫情。例如，新型冠状病毒感染疫情中，物业服务企业配合居委、社区、政府部门等参与属地疫情防控工作，部分地方结合当地实际情况，对参与疫情防控的物业服务企业给予一定的财政补助。补助对象主要是住宅小区物业服务企业，不涉及写字楼、商管、产业园区等领域。补贴标准大致在0.5～1元/平方米。有的地方政策还对在管项目、在管面积、补贴期限等做出详细规定。

二、核查要点

1. 检索在管项目所在地涉及物业服务补贴或奖励相关政策法规及实施情况。

2. 核查目标公司的申请补贴或奖励等资料、政府主管部门批复等文件，核查目标公司是否申请补贴奖励、可获取或已获取政府补贴奖励。

3. 结合财务尽调，核查目标公司实际获得相关补贴奖励金额、适用时限（一次性的还是长期的）以及相应条件等。

4. 核查目标公司使用物业服务补贴奖励是否符合政策规定的用途等，是否存在违规套取等导致追回风险。

三、风险提示

1. 丢盘风险。若物业服务补贴奖励占目标公司收入比例较高，相关补贴或奖励不具有持续性的，目标公司可能会因压缩成本而导致服务质量下降最终丢盘，或者可能因经营亏损而退出现有在管项目。

2. 返还资金及行业监管风险。若目标公司存在未按规定申请和使用补贴或奖励的情况，如提供虚假资料骗取补贴奖励等，主管部门除追缴已拨付的资金外，还可能采取取消其今后申报资格、实施行业监管查处等措施，并追究有关责任人的法律责任。

四、处理建议及参考条款

1. 若目标公司可获取相对稳定的物业服务补贴奖励，建议收购方要求交易对方在交易文件中承诺，目标公司在一定期限内获得一定金额的物业服务补贴或奖励，并承诺对目标公司实际获取金额与承诺获取金额的差额（如有）予以补足。

2. 若目标公司的物业服务补贴奖励具有稳定性风险，或者存在丢盘风险的，则建议收购方在计算目标公司收入以及交易对价时慎重考虑，并建议在交易协议中约定业绩补偿或者交易对价调整条款等。

3. 建议收购方要求交易对方、目标公司共同承诺目标公司使用物业服务补贴或奖励过程中不存在违规事项、不会导致奖励补贴被要求返还的风险等，并对此承担全部法律责任。

五、相关政策

1. 特殊类型小区的相关补贴政策

上海市浦东新区建设和交通委员会、上海市浦东新区财政局《关于印发〈浦东新区老旧住宅小区物业服务补贴达标考核奖励实施意见〉的通知》（浦建委物管〔2019〕80号）

五、补贴范围

（一）浦东新区行政区域范围内的售后房（包括直管公房和系统公房）小区；

（二）浦东新区行政区域范围内按照1991年上海市人民政府颁布的《上海市城市房屋拆迁管理实施细则》安置的早期动迁房住宅小区；

（三）浦东新区行政区域范围内发生可能影响公共安全、社会稳定、对外形象等突发性事件的住宅小区。

六、资金管理

（一）资金来源。区老旧住宅小区物业服务补贴达标考核奖励资金由区财力承担，补贴标准为0.30元/平方米·月，全额纳入区物业管理中心单位预算。

……

（三）资金拨付。新区财政下达的老旧住宅小区物业补贴考核奖励资金由新区物管中心通过国库单一账户拨付街镇、物业服务企业或支付给其他企业。其中：街镇基本补贴资金由新区物业管理中心按季度拨付至各街镇，各街镇应按照“差别化”考核后的补贴金额拨付至物业服务企业，并于拨付后30日内报送物业补贴发放清册至物管中心备案；区考核奖励资金于每年11月末由新区物业管理中心根据当年度考核结果拨付各街镇。

上海市宝山区人民政府办公室《关于转发区住房保障房屋管理局修订的〈宝山区售后房物业管理费补贴考评办法〉的通知》（宝府办〔2014〕110号）

二、补贴原则

实施售后房物业管理费补贴，解决因政策原因造成的部分亏损，把补贴与奖励结合，并根据售后房物业费调整情况，将“以补为主、以奖为辅”逐渐向“以奖为主、以补为辅”转化。

三、补贴范围

补贴范围为全区范围内的售后房，包括国有直管售后公房和系统售后公房。

四、补贴对象

补贴的对象是管理售后房的物业服务企业。

五、补贴标准

补贴标准为0.30元/月/m^2，其中细分为基础补贴、考评补贴和奖励补贴。

（一）基础补贴标准为0.15元/月/m^2，根据物业服务企业管理的售后房产业量进行补贴。

（二）考评补贴基数为0.15元/月/m^2，对相关物业服务企业管理的小区进行一年两次的考评，根据考评结果进行补贴。

（三）奖励补贴标准为每年的补贴总额扣除基础补贴和考评补贴后的余额部分，主要用于补贴所在街镇区域在缓解小区焦点矛盾、解决急难愁问题等方面对社会稳定作出特殊贡献的物业企业。

天津市住房和城乡建设委员会、天津市财政局《关于印发〈天津市保障性住房物业管理服务市级财政补贴资金管理办法〉的通知》（津住建保〔2022〕2号）

第三条　市级财政补贴资金主要用于保障性住房项目房屋共用部位和共用设施设备维修养护、绿化养护以及公共秩序维护管理等，不得用于人员、办公经费等支出。

第六条第一款 市级补贴资金标准为0.4元/月·平方米，由基础补贴资金、考核补贴资金两部分组成。其中：基础补贴资金占40%，考核补贴资金占60%。

杭州市住房保障和房产管理局、杭州市财政局《关于印发〈杭州市老旧普通住宅小区物业服务补助资金管理办法〉的通知》(杭房局〔2019〕192号)

二、补助类型

1. 老旧普通住宅小区物业服务提质提价奖补资金；

2. 老旧普通住宅小区困难群众物业服务费用减免资金。

……

八、其他规定

……

2. 物业服务提质提价奖补资金按物业企业实际服务时间按月计算，服务时间未满一个月的，不计算资金。

《常熟市城区老住宅小区物业管理奖励补贴办法》常政办发〔2018〕131号

1. 物业服务补贴。补贴基数为0.20元/平方米·月，与收费率和考核结果相挂钩，补贴额度=补贴基数×小区总建筑面积×12月。

2. 考核奖励。奖励经费标准为100万元/年，与考核结果相挂钩。

2. 疫情补贴的法律依据及政策

《民法典》

第二百八十五条第二款 物业服务企业或者其他管理人应当执行政府依法实施的应急处置措施和其他管理措施，积极配合开展相关工作。

住房和城乡建设部等部门《关于加强和改进住宅物业管理工作的通知》(建房规〔2020〕10号)

一、融入基层社会治理体系

……

(二) 落实街道属地管理责任。……突发公共事件应对期间，街道指导物业服务企业开展应对工作，并给予物资和资金支持。委托物业服务企业承担公共服务事项的，应当向物业服务企业支付相应费用。

住房和城乡建设部办公厅、国家邮政局办公室《关于做好疫情防控期间寄递服务保障工作的通知》（建办城函〔2022〕181号）

六、落实疫情防控物资保障。各级住房和城乡建设部门要配合地方有关部门，将物业服务企业纳入当地疫情防控体系，协助解决物业服务企业在防疫工作中遇到的实际困难，指导物业服务企业做好物业管理区域内的疫情防控工作，切实保障一线物业服务从业人员必要的个人防护物品和消毒物资。鼓励有条件的地区按照政府向物业服务企业购买公共服务的方式，给予物业服务企业一定补偿。

《陕西省物业服务管理条例》

第七十五条第二款　物业服务人承担应急保障工作的必要支出，县级以上人民政府应当给予支持。

《河南省物业管理条例》

第九条第二款　各级人民政府对物业服务企业在公共突发事件应对期间的活动给予物资和资金支持。

《吉林省物业管理条例》

第十一条第一款　突发事件应对期间，物业服务人应当执行县级以上人民政府依法实施的各项应急措施，积极配合开展相关工作，并由县级以上人民政府给予必要的物资和资金支持。

上海市人民政府《关于印发〈上海市加快经济恢复和重振行动方案〉的通知》（沪府规〔2022〕5号）

11. ……在对零售、餐饮、机场港口、冷链等相关企业落实已有补贴政策的基础上，2022年对物业服务、邮政快递、住宿、文化旅游等行业防疫和消杀支出，给予分档定额补贴。……

江苏省政府办公厅印发《关于有效应对疫情新变化新冲击进一步助企纾困政策措施的通知》（苏政办发〔2022〕25号）

3. 省财政有关专项资金支持各地对住宿餐饮、批发零售、文化旅游（含电影和新闻出版）、交通运输及物流、建筑、物业服务等行业企业防疫物资、消杀服务等支出，各地各部门按照企业实际运营规模给予适当补贴。（责任单位：省财政厅、省商务厅、省文化和旅游厅、省住房城乡建设厅、省交通运输厅、省电影局、省新闻出版局）

深圳市住房和建设局、深圳市财政局《关于印发〈深圳市2022年度物业服务企业疫情防控服务财政补贴发放指引〉的通知》（深建物管〔2022〕30号）

一、补贴对象及条件

（一）补贴对象

1. 在2022年1月至3月期间为我市住宅物业项目（住宅小区、城中村、军产房，不含商业公寓）提供物业服务，并按市、区疫情防控指挥部门要求向所在社区提供疫情联防联控服务、在物业管理区域落实了物业管理区域消杀等疫情防控要求，依法设立的物业服务企业。

2. 对于没有聘请物业服务企业，但聘请了保安、保洁等专业服务企业的住宅物业项目，其疫情防控补贴事宜由各区（含新区、合作区，下同）结合本区财力自行决定。

……

二、相关标准及资金来源

（一）补贴标准：依据联防联控服务工作的实际开展情况，按照在管项目总建筑面积1元/m^2的标准，向符合补贴情形物业项目的物业服务企业发放一次性财政补贴。

湖北省住房和城乡建设厅、湖北省财政厅《关于做好对参与疫情防控物业服务企业财政补助工作的通知》（厅字〔2020〕71号）

一、补助对象

补助对象为疫情防控期间为住宅小区（含商品房、保障房、房改房等有合法产权的住房）提供物业管理服务并按要求落实防疫任务、依法设立的物业服务企业……

二、补助方式

物业服务企业财政补助资金由属地财政全额落实，补助标准和期限在鄂防指发〔2020〕111号文件规定的范围内执行。省级按照市县财政补助额度的

50%给予一次性补助，依据实际审核数从现有住建领域中央和省级相关专项资金中调剂安排，补助资金实行总额控制，通过2020年财政年终结算办理。

鄂防指发〔2020〕111号文中明确的住宅小区在管户数（产权证一证为一户）是指住宅小区已实际交付的住宅户数，不包括与住宅小区在同一物业管理区域内的商业、公寓、办公、物业管理用房、社区配套用房等非住宅房屋的户数。

中共杭州市委、杭州市人民政府印发《〈关于严格做好疫情防控帮助企业复工复产若干政策〉的通知》（市委发〔2020〕2号）

7. 加大对物业企业扶持力度。对参与属地疫情防控工作的住宅小区物业服务企业，政府可按照在管面积每平方米0.5元的标准给予两个月补助。

宁波市人民政府《关于有效应对疫情促进服务业平稳健康发展的意见》（甬政发〔2020〕5号）

（十二）加大对物业服务企业扶持力度。对参与属地疫情防控工作的物业服务企业，按在管面积每月每平方米0.5元的标准给予2个月财政补助。

中共温州市委、温州市人民政府《关于坚决打赢新冠肺炎疫情防控阻击战、打好发展主动仗的实施意见》（温委发〔2020〕5号）

（十一）支持物业企业参与疫情防控。对参与属地疫情防控工作的住宅小区和医院物业服务企业，政府可按照在管面积每平方米0.3元的标准给予两个月补助。

六、实务要点及典型案例

1. 物业服务企业无权获得物业服务合同期满后的物业费补贴

【典型案例】第一，关于本案的案由。本案中，深圳市元盛实业有限公司（以下简称元盛公司）与深圳市瑞征物业管理有限公司（以下简称瑞征公司）于1999年1月30日签订的《美加广场物业委托管理合同》，约定元盛公司委托瑞征公司对美加广场实行物业管理，合同期限为5年，自1999年2月12日起至2004年2月12日止。上述合同约定元盛公司负责地下停车场《停车场许可证》的申报手续和申办费用，而收取的停车费全归瑞征公司用于补贴物业管理费用的不足。瑞征公司认可案涉车位不属于其所有。因《美加广场物业委托管理合同》期满，元盛公司依据该合同约定请求瑞征公司归还案涉车位及收取的车位租金收益，故原判决认定本案系物业服务合同纠纷，并无不当……

第四，关于瑞征公司应否归还车位以及相应收益。……该委托合同还约定，停车场的收费标准按政府规定执行，从批准收费之日起收入全归瑞征公司，用于补贴物业管理费用的不足，但该委托合同期满后，元盛公司已经没有补贴瑞征公司物业管理费用不足的义务。因此，瑞征公司在该委托合同期满后继续收取案涉车位的租金收益没有合法依据，瑞征公司亦当将该委托合同期满后所收取的案涉车位的租金收益返还给元盛公司。[①]

2. 建设单位应按约向物业服务企业支付物业费补贴

【典型案例】关于案涉费用的认定问题。首先，在二审中，经二审法院组织双方核对账目，山东泽洲华盛物业服务有限公司（以下简称泽洲公司）提供的物业补贴表记载的物业补贴费数额与寿光霍氏房地产发展有限公司（以下简称霍氏公司）提交的2015年3月至8月的物业补贴明细中的相关数额基本一致，故原审法院依据双方核对的物业补贴费数额，对霍氏公司拖欠泽洲公司2014年10月至2015年12月的物业补贴费数额予以认定，具有事实依据。[②]

3. 开发商可与业主协商将业主奖励转为其预交物业费

【典型案例】法院经审查认为，本案中，黄某某于2010年12月8日与上海静安城投重庆市置业有限公司签订《商品房买卖合同》，购买了重庆雅居乐国际花园9栋2－2号房屋。黄某某在购买房屋后，由开发商直接转账给黄某某共计9773元作为黄某某的预交物业服务费，包括：2012年5月21日，老带新的奖励3000元……本案争议焦点是黄某某应从何时开始

---

① 参见深圳市瑞征物业管理有限公司、深圳市元盛实业有限公司物业服务合同纠纷再审民事判决书，最高人民法院（2018）最高法民再263号。

② 参见寿光霍氏房地产发展有限公司、山东泽洲华盛物业服务有限公司物业服务合同纠纷再审审查与审判监督民事裁定书，山东省高级人民法院（2018）鲁民申4909号。

交纳物业服务费。

……黄某某直至2013年1月29日才接房，故一审、二审法院认为黄某某应从2013年2月1日开始交纳物业服务费并无不当。[①]

4. 居委会应按照已颁布的规定给予物业服务企业奖励补贴

【典型案例】法院认为：（1）本案案涉物业服务合同签订双方是平等主体的法人，合同的行为是民事法律行为，芜湖市弋江区澛港街道牌楼社区居民委员会（以下简称牌楼社区居委会）既非行政主体，亦未行使行政职权，所依据的考核办法亦非法律、法规、规章，因此，牌楼社区居委会主张的案涉合同为行政管理关系并不成立，原审判决认定并无不妥，故对牌楼社区居委会该点上诉理由法院不予认可。

（2）按照案涉合同约定，牌楼社区居委会按照街道物业企业考核办法给予芜湖市森林物业管理有限公司（以下简称森林物业公司）奖励补贴。2015年，牌楼社区委员会按照《澛港街道新区物业考核办法》对森林物业公司进行了考核并发放了奖励。2016年，澛港街道办事处重新制定了《澛港街道2016年度物业企业考核办法》，牌楼社区居委会也组织进行了考核，在案涉合同对考核办法未明确约定的情况下，2016年考核理应按照《澛港街道2016年度物业企业考核办法》及相应的考核结果作为考核奖励的依据……

（3）牌楼社区居委会2016年已对森林物业公司进行了物业考核，且《弋江区物业企业考核办法》《澛港街道2016年度物业企业考核办法》中均未明确规定退还保证金即不发放考核奖金，因此，牌楼社区居委会已退还森林物业公司保证金，不应支付物业考核奖金的主张，法院不予支持。

（4）森林物业公司在与牌楼社区居委会签订的《澛港新镇东区物业管理服务合同》约定的合同期内，提供了物业服务，接受了物业考核，应视为履行了合同约定的义务。现牌楼社区居委会以弋江区政府停发考核奖金为由而不能支付考核奖金的上诉理由，法院不予支持。[②]

---

① 参见雅居乐物业管理服务有限公司重庆分公司与黄某某物业服务合同纠纷申诉、申请再审民事裁定书，重庆市高级人民法院（2017）渝民申2784号。

② 参见芜湖市弋江区澛港街道牌楼社区居民委员会、芜湖市森林物业管理有限公司物业服务合同纠纷二审民事判决书，安徽省芜湖市中级人民法院（2019）皖02民终1243号。

5. 政府部门发放的物业管理财政补助资金与物业费的性质不同

【典型案例】本案中，淮南市泥河镇人民政府（以下简称泥河镇政府）未与淮南市福宁兴旺物业管理有限公司（以下简称兴旺物业公司）签订物业服务合同，其并非合同相对人，且物业服务费的交纳义务人应是业主或与业主有约定的物业使用人，泥河镇政府并非瓦谢新村一期（祥苑社区）的业主，兴旺物业公司亦无证据证明瓦谢新村一期祥苑社区业主与泥河镇政府约定由泥河镇政府对物业服务费承担给付责任，故兴旺物业公司应承担举证不能的法律后果。淮沉治〔2012〕1号文、淮沉治办〔2014〕5号文、淮沉治办〔2018〕9号文均规定对于采煤塌陷区村庄搬迁安置区实行物业化管理，物业费筹集途径为“居民自筹为主，政府适当奖补（三年过渡、逐年减少）”，文件明确提出“物业管理财政补助资金涉及支付到物业管理公司的，由乡镇政府向县区沉治部门提出申请……相关县区政府要加强物业管理财政补助资金的管理与监督，指导乡镇政府做好安置新村的物业管理工作……”可见，泥河镇政府作为乡镇政府，仅是对上级发放的物业管理财政补助资金进行申请、管理等，并非支付物业服务费的义务人……①

七、物业服务企业上市案例文书部分示例

西藏新城悦物业服务股份有限公司创业板首次公开发行股票申请文件反馈意见

8.4　请发行人补充说明：

……（2）报告期内向发行人发放政府补助的背景、具体名目、金额、占比、对发行人经营业绩的影响；结合相关法律法规说明其合法合规性；结合该政府补助发放条件及发行人自身发展情况，说明发行人是否满足持续获得该政府补助的条件；政府补助停止发放对发行人经营业绩的影响。

---

① 参见淮南市福宁兴旺物业管理有限公司与淮南市泥河镇人民政府物业服务合同纠纷一审民事判决书，安徽省淮南市潘集区人民法院（2018）皖0406民初4033号。

第二十九章　利用公共区域经营

一、概述

利用公共区域经营，是指物业服务企业利用业主共有部分进行经营管理，并获取相应收益的经营活动。由于物业服务企业的公共区域经营收益或者与此有关的增值服务收入比较可观，既是物业服务企业在物业费之外的重要收入之一，也是令物业服务企业陷入重大纠纷的主要原因。因此，核查目标公司利用在管项目公共区域经营，有助于收购方判断目标公司相关收入构成以及对交易估值的影响，并判断所涉公共区域经营的合规性、可持续性，与公共区域经营的相关争议是否影响项目稳定性等。

核查利用公共区域经营，应注意以下主要问题：

1. 公共区域划分问题。本书所讲的公共区域是业主的共有部分。在建筑物区分所有权构成的规划小区中，共有部分的界定是比较复杂的，并且建设单位又往往在房地产买卖合同中保留了某些区域的所有权，如会所、游泳池等争议较大、涉及金额较高的区域。司法实践中，物权共有部分主要依据法律规定、商品房买卖合同的约定以及是否列入业主公摊建筑面积等进行界定。实操中，物业服务企业所利用经营的公共区域主要是外墙、大堂门厅、电梯轿厢、架空层等。应特别指出的是，笔者在收并购的法律尽调中发现不少目标公司用架空层、避难层等违章搭建为办公室、仓库、商铺等进行出租经营，具体详见本书第三十一章“利用违章搭建经营”章节。

2. 公共区域经营主要形式。公共区域经营行为包括但不限于广告发布、公共停车位服务、场地出租、快递柜场地费、汽车充电桩、游泳池、会所出租等。因此，利用公共区域经营是物业服务企业提供增值服务的重要方式。实践中，公建项目等一般不允许物业服务企业进行公共区域经营。笔者将在本书第三十章“利用停车位经营”中单独阐述公共区域停车位经营问题。

3. 公共区域经营收益分配问题。若前期物业服务合同、普通物业服务合同约定分配比例的，则以该约定作为分配或者提取收益的依据，但前期物业服务合同约定分配比例明显不公平的除外。实践中，若物业服务合同没有明确约定公共区域经营收益分配比例，大部分物业服务企业很可能将全部公共区域经营收益归入物业服务企业所有。司法实践中，若就公共区域经营收益分配发生争议，通常会考虑物业服务合同有无约定、物业服务企业的投入、分配比例是否公平等因素进行处理。

二、核查要点

1. 核查在管项目公共区域范围

（1）根据对目标公司管理人员的访谈并结合项目现场调查情况，了解在管项目公共区域经营范围。

（2）重点核查会所、游泳池等权属可能存在争议的区域，结合商品房买卖合同约定、报批报建资料等，确认该区域投资情况以及面积分摊情况，从而判断该区域是属于开发商所有还是业主共有，以及在管项目公共区域经营是否获得相关权利人的同意。

（3）须特别注意核查开发商是否在商品房买卖合同中对共有部位的权益进行约定，如“本项目物业建筑体之外墙面、屋面、建筑体内部的共有部分所设广告位的经营权和收益权归出卖人享有”，开发商是否将上述共有部位委托给目标公司经营，以补充开发商应付物业费等情形。

2. 核查物业服务合同关于公共区域经营的约定

（1）是否限制经营，如某项目物业服务合同中约定，物业服务企业开展任何公共区域经营，需要事先获得甲方书面同意。

（2）是否约定投入后可经营，如某保障房项目物业服务合同约定，由物业服务企业垫资完成停车场的后续建设，并由物业服务企业获取停车费收入以补贴物业费。

（3）是否禁止经营，如某项目物业服务合同禁止目标公司进行公共区域经营。

3. 核查公共区域经营收益分配情况

（1）检索当地政策法规对公共区域收益分配的规定、当地法院裁判意见，以及物业服务合同关于公共区域经营收益分配的约定等。

（2）结合财务尽调情况，了解目标公司可获得、应获得公共区域收益分成情况、收入占比，以及目标公司对公共区域经营实际投入成本等情况。

4. 核查目标公司与第三方签订的公共区域经营合同

（1）目标公司与第三方签订的公共区域经营合同是否超过目标公司受聘期限、目标公司提前解约可能承担的违约责任等。

（2）若目标公司签订的公共区域经营合同较多，可选择正在履行的、合同年度金额前十大且合计金额达到目标公司年度公共区域经营收入50%的公共区域经营合同进行核查。

三、风险提示

1. 诉讼风险。一是业主委员会要求返还或者分配收益的诉讼风险。从司法实践看，业主委员会起诉要求返还公共区域收益可能是物业服务企业涉及金额最大的争议案件类型之一。二是若目标公司未经业主大会或业主委员会同意而与第三方签订公共区域经营合同，目标公司因整改导致该类经营合同提前终止的，则合同相对方可能要求目标公司赔偿损失或者承担违约责任等。

2. 行政处罚风险。若目标公司擅自利用公共区域进行经营，主管行政机关可对目标公司处以罚款等行政处罚。

四、处理建议及参考条款

1. 建议在交易协议“陈述与保证”条款中约定公共区域经营相关事项，参考条款节选如下。

截至本协议签署日，本次收购目标公司在管项目特别披露事项：

目标公司部分项目存在未按照法律法规规定将公共区域经营收益向业主进行分配的情形，可能导致业主要求目标公司退返此部分多收取的公共区域经营收益，详见附件【　】。

转让方特别陈述与保证：基于本附件第一条所披露之目标公司及其在管项目情况，发生任何民事责任、行政责任，均由转让方据实承担或据实补偿至目标公司，包括但不限于：

目标公司多收取的可能需退返的公共区域收益费用。

2. 若目标公司与开发商或者业主委员会等就公共区域收益分配存在重大争议或潜在重大争议，但可通过签订补充协议避免纠纷的，收购方可要求在交易协议中约定转让方、目标公司在一定时间内完成相关补充协议的签订。若无法签订补充协议的，则建议收购方在计算目标公司收入时扣除有潜在争议的公共区域收益，或者暂将公共区域收益的10%～30%计入目标公司收入，并在交易协议中约定交易对价调整方式。

3. 结合交易协议中交割前风险承担条款、业绩补偿条款、违约条款等，将公共区域收益以及其他与营收有关的问题进行综合约定处理。

五、相关规定

1. 关于共有部分的规定

《民法典》

第二百七十三条　业主对建筑物专有部分以外的共有部分，享有权利，承担义务；不得以放弃权利为由不履行义务。

业主转让建筑物内的住宅、经营性用房，其对共有部分享有的共有和共同管理的权利一并转让。

第二百七十四条　建筑区划内的道路，属于业主共有，但是属于城镇公共道路的除外。建筑区划内的绿地，属于业主共有，但是属于城镇公共绿地或者明示属于个人的除外。建筑区划内的其他公共场所、公用设施和物业服务用房，属于业主共有。

第二百七十八条　下列事项由业主共同决定：

……

（八）改变共有部分的用途或者利用共有部分从事经营活动；

……

业主共同决定事项，应当由专有部分面积占比三分之二以上的业主且人数占比三分之二以上的业主参与表决。决定前款第六项至第八项规定的事项，应当经参与表决专有部分面积四分之三以上的业主且参与表决人数四分之三以上的业主同意……

住房和城乡建设部办公厅《关于国家标准〈物业管理术语（征求意见稿）〉公开征求意见的通知》

2.1.7　共有部分 co－ownership parts

建筑区划内，除业主专有部分以外，属于业主共同拥有的建筑物、构筑物及配套设施设备和相关场地。

注：共有部分包括共用部位和共用设施设备。

住房或城乡建设部《关于印发〈物业承接查验办法〉的通知》（建房〔2010〕165号）

第十六条　物业服务企业应当对下列物业共用部位、共用设施设备进行现场检查和验收：

（一）共用部位：一般包括建筑物的基础、承重墙体、柱、梁、楼板、屋顶以及外墙、门厅、楼梯间、走廊、楼道、扶手、护栏、电梯井道、架空层及设备间等；

（二）共用设备：一般包括电梯、水泵、水箱、避雷设施、消防设备、楼道灯、电视天线、发电机、变配电设备、给排水管线、电线、供暖及空调设备等；

（三）共用设施：一般包括道路、绿地、人造景观、围墙、大门、信报箱、宣传栏、路灯、排水沟、渠、池、污水井、化粪池、垃圾容器、污水处理设施、机动车（非机动车）停车设施、休闲娱乐设施、消防设施、安防监控设施、人防设施、垃圾转运设施以及物业服务用房等。

最高人民法院《关于审理建筑物区分所有权纠纷案件适用法律若干问题的解释》（2020年修正）

第三条　除法律、行政法规规定的共有部分外，建筑区划内的以下部分，也应当认定为民法典第二编第六章所称的共有部分：

（一）建筑物的基础、承重结构、外墙、屋顶等基本结构部分，通道、楼梯、大堂等公共通行部分，消防、公共照明等附属设施、设备，避难层、设备层或者设备间等结构部分；

（二）其他不属于业主专有部分，也不属于市政公用部分或者其他权利人所有的场所及设施等。

建筑区划内的土地，依法由业主共同享有建设用地使用权，但属于业主专有的整栋建筑物的规划占地或者城镇公共道路、绿地占地除外。

2. 关于公区收益分配的相关规定

《民法典》

第二百八十二条　建设单位、物业服务企业或者其他管理人等利用业主的共有部分产生的收入，在扣除合理成本之后，属于业主共有。

《物业管理条例》（2018年修订）

第二十七条　业主依法享有的物业共用部位、共用设施设备的所有权或者使用权，建设单位不得擅自处分。

第五十四条　利用物业共用部位、共用设施设备进行经营的，应当在征得相关业主、业主大会、物业服务企业的同意后，按照规定办理有关手续。业主所得收益应当主要用于补充专项维修资金，也可以按照业主大会的决定使用。

第六十三条　违反本条例的规定，有下列行为之一的，由县级以上地方人民政府房地产行政主管部门责令限期改正，给予警告，并按照本条第二款的规定处以罚款；所得收益，用于物业管理区域内物业共用部位、共用设施设备的维修、养护，剩余部分按照业主大会的决定使用：

……

（三）擅自利用物业共用部位、共用设施设备进行经营的。

……单位有前款规定行为之一的，处5万元以上20万元以下的罚款。

国家发展和改革委员会、原建设部《关于印发〈物业服务收费管理办法〉的通知》（发改价格〔2003〕1864号）

第十八条　利用物业共用部位、共用设施设备进行经营的，应当在征得相关业主、业主大会、物业管理企业的同意后，按照规定办理有关手续。业主所得收益应当主要用于补充专项维修资金，也可以按照业主大会的决定使用。

《江苏省物业管理条例》（2021年修正）

第六十六条　业主大会成立前，需要占用业主共有的道路或者其他场地停放汽车的，应当在前期物业服务合同中约定。物业服务企业应当将汽车停放费单独列账，所得收益的百分之七十纳入住宅专项维修资金，其余部分可以用于补贴物业费。

业主大会成立后，需要占用业主共有的道路或者其他场地用于停放汽车，以及利用业主共有部分从事广告等经营性活动的，物业服务企业应当提请业主大会或者业主大会授权的业主委员会决定后，依法办理有关手续并公示。利用业主共有部分从事广告等经营性活动的，还应当经有利害关系的业主同意。利用业主的共有部分产生的收入，在扣除合理成本之后，所得收益属于业主共有，应当单独列账。收益按照业主大会或者业主大会授权的业主委员会决定、物业服务合同约定使用。

《福建省物业管理条例》

第六十三条第一、二款　物业服务企业利用物业管理区域内属于业主共用部位、共用设施设备所产生的公共收益归全体业主所有。

前期物业服务期间，物业管理区域内公共收益在扣除物业服务企业的经营管理费用后，应当存入专项维修资金专户。经营管理费用支出不得超过公共收益的百分之三十。

六、实务要点及典型案例

1. 物业服务企业对公区收益付出了管理成本，也应享有合理的回报

【典型案例】法院认为，本案中双方对该部分收益的分配没有合同根

据，故应当按照法律规定进行分配。由于我国法律对此没有具体规定，故法院认为应当在不违反法律原则的前提下，公平合理分配共有部分物业的管理收益。

在存有小区共有部分管理收益的情形下，该收益应主要归属于全体业主享有，同时物管企业付出了管理成本，也应享有合理的回报。综上，根据公平原则的要求，法院认为本案对共有部分收益分配的比例，确定原告业委会得70%、物业公司得30%较为合理。①

2. 业主委员会就公区经营及收入分配承担举证责任

【典型案例】本案中，厦门市天宝大厦业主委员会（以下简称天宝大厦业委会）向厦门豪城宾馆有限公司（以下简称豪城宾馆）主张小区公共部分的场地使用费、使用外墙广告费，未提供充分的证据证明讼争的大堂一层属于小区业主的共有部分及豪城宾馆在案涉期间对属于小区公共部分的外墙存在使用行为，或者其与豪城宾馆之间就上述小区共有部分使用权之让渡及费用收取达成一致的意思表示，且该利用小区共有部分从事经营性活动产生之公共收益（场地使用费、广告费等）的收取和标准，已经原《物权法》第76条第2款规定的“经专有部分占建筑物总面积过半数的业主且占总人数过半数的业主同意”之法定程序。据此，天宝大厦业委会向豪城宾馆主张大堂场地费和广告费，但未提供其有权收取该费用的权利依据，原审对其诉讼请求不予支持并无不当。②

3. 物业服务企业支付的公区经营成本可在收益分配前先行扣除

【典型案例】本案中，前期物业服务合同及双方签订的物业服务合同均对小区共有部分收益分配进行了约定，按小区业主共有70%、物业公司30%进行分配。南京六合荣盛物业服务有限公司（以下简称荣盛公司）作为物业公司在提供物业服务期间，对广告位管理会产生一定的经营性支出，

---

① 参见无锡市春江花园业主委员会诉上海陆家嘴物业管理有限公司等物业管理纠纷案，载《最高人民法院公报》2010年第5期。

② 参见厦门市天宝大厦业主委员会、厦门豪城宾馆有限公司服务合同纠纷再审审查与审判监督民事裁定书，福建省高级人民法院（2017）闽民申913号。

此项费用应从收取的广告费中先行扣除。酌定按10%的比例确定荣盛公司为小区广告支出的经营费用，即应扣除21 694.26元（216 942.64×10%）。由此，广告费净收入为195 248.38元（216 942.64－21 694.26），荣盛公司应返还南京市六合区龙池街道雨荷苑业主委员会广告费收益136 673.87元（195 248.38×70%）。[①]

4. 前期物业服务合同不得约定公区收益全部归物业服务企业

【典型案例】虽然案外人绍兴南岸花城置业发展有限公司与被告之间签订的《润和南岸花城西区前期物业管理服务合同》的补充协议中约定：甲方同意将润和南岸花城西区小区经营性收入归物业公司所有，用于贴补乙方日常管理支出及小区公共设施设备维护、维修，乙方盈亏自理。但根据《物业管理条例》的规定，业主依法享有物业共用部位、共用设施设备的所有权或者使用权，建设单位不得擅自处分。因此，浙江润和物业有限公司经营涉案小区公共部位的收益依法应予返还。[②]

5. 物业服务企业自行承担公共收益分配所得的税费

【典型案例】法院认为，浙江永成物业管理有限公司（以下简称永成公司）主张华侨城小区的公共收益部分归入企业利润，故对于此收益应当扣除相应企业所得税。法院认为，根据《企业所得税法》第5条的规定，企业每一纳税年度的收入总额，减除不征税收入、免税收入、各项扣除以及允许弥补的以前年度亏损后的余额，为应纳税所得额。而永成公司对于华侨城小区的物业服务，其相应收入或支出，均非作为独立的纳税主体单独核算，且永成公司亦主张其在案涉小区服务管理期间存在亏损，故其主张对相应公共收益要求扣除企业所得税，法院不予支持。[③]

---

① 参见南京六合荣盛物业服务有限公司与南京市六合区龙池街道雨荷苑业主委员会物业服务合同纠纷二审民事判决书，江苏省南京市中级人民法院（2020）苏01民终352号。

② 参见浙江润和物业有限公司、绍兴市润和南岸花城西区业主委员会物业服务合同纠纷二审民事判决书，浙江省绍兴市中级人民法院（2019）浙06民终3093号。

③ 参见宁波市华侨城小区业主住用人管理委员会、浙江永成物业管理有限公司物业服务合同纠纷二审民事判决书，浙江省宁波市中级人民法院（2022）浙02民终1515号。

6. 公区收益用于贴补物业服务费不足，不是补偿物业服务企业经营亏损

【典型案例】虽然物业服务合同约定公区经营收益用于贴补物业服务费不足，但台州九龙物业管理有限公司（以下简称九龙物业）没有提供物业服务费亏损的依据，而物业服务收费为包干制，其盈余或亏损均由九龙物业享有或承担。由此可知，即便物业公司存在物业费的收取不足以弥补其实际支出，依约相应的亏损应由其自行负担。①

【典型案例】案涉合同虽然约定物业经营用房及停车费委托浙江永成物业管理有限公司（以下简称永成公司）管理，优先用于补充物业管理服务费的不足，但该部分的收益属于公共部分收益，应由全体业主共同决定收益的分配。现有证据不能证明永成公司与全体业主就上述永成公司主张的亏损补偿事实达成一致，且永成公司在经营期间对于自身的盈亏应当自行承担，故永成公司主张其相应的亏损应由案涉公共部分收益予以补偿，法院不予支持。一审法院对于该公共部分的收益，结合永成公司实际管理的状况，已经酌情认定永成公司对该公共收益部分的分享比例。②

7. 商品房预售合同约定保留业主共有部位使用权的条款无效

【典型案例】再审法院认为，案涉合同约定屋面、外墙的使用权归出卖人所有，本身就与共有部分的所有权归业主共同所有法律规定相悖。洛阳市美好家园置业有限公司利用自己的优势地位，在签订合同时与购房人单独约定处分该权利，实质是要求购房人预先放弃自己的权利，该约定显失公正。案涉格式条款排除了业主对建筑物共有部分的主要权利，应认定为无效条款。③

---

① 参见温岭市新河镇清水湾小区业主委员会与台州九龙物业管理有限公司物业服务合同纠纷一审民事判决书，浙江省温岭市人民法院（2020）浙 1081 民初 1570 号。

② 参见宁波市华侨城小区业主住用人管理委员会、浙江永成物业管理有限公司物业服务合同纠纷二审民事判决书，浙江省宁波市中级人民法院（2022）浙 02 民终 1515 号。

③ 参见常某某、李某某商品房预售合同纠纷再审民事判决书，河南省高级人民法院（2020）豫民再 188 号。

8. 房屋买卖合同排除业主对共有部位的收益权并不导致合同无效

【典型案例】法院认为，案涉房屋买卖协议排除业主对建筑物共有部分的权利约定，已通过加粗、下划线的方式进行标识。杭州龙嘉房地产开发有限公司已就案涉条款对买受人进行了足够醒目的提示，已尽到合理提示说明义务。就买方而言，其主要权利是获得符合合同约定的房屋。案涉条款就屋面或外墙面使用、收益权，以及由附带底层或顶层花园、露台、地下室、阁楼的商品房的业主拥有相应上述部位的使用权有约定，其他业主放弃相应使用权，上述情形显然未达到法律所规定可导致合同无效的严重程度，故不宜认定案涉合同条款无效。①

七、物业服务企业上市案例文书部分示例

1. 广东碧桂园物业服务股份有限公司首次公开发行股票申请文件反馈意见

> 15. 请保荐机构、发行人律师说明发行人提供社区增值服务过程中，是否涉及利用社区用地、楼面进行广告宣传，前述情况是否合规，是否侵害业主权益，是否存在纠纷。

2. 西藏新城悦物业服务股份有限公司创业板首次公开发行股票申请文件反馈意见

> 26. 根据招股说明书，公司其他应付款余额分别为 14 464.83 万元、15 680.52 万元和 18 967.03 万元，占总负债的比例分别为 58.67%、51.18%和 46.53%，主要为物业公司代收代付款，即物业公司按照各地物业法实施细则规定向业主收取的且独立核算的专项费用和共有区域收入中归属全体业主的部分。

① 参见殷某某、杭州龙嘉房地产开发有限公司确认合同无效纠纷二审民事判决书，杭州市中级人民法院（2018）浙 01 民终 8079 号。

请在招股说明书中：(1) 补充披露其他应付款中代收代付款的具体构成、内容，相关专项费用和共有区域收入的具体管理、使用安排、控制措施及有效性；(2) ……补充说明报告期各期是否存在挪用公司客户专项费用和共有区域收入的情形，是否违反《物业管理条例》相关规定……请保荐机构、会计师核查并发表意见。

3. 浙江开元物业管理股份有限公司创业板首次公开发行股票申请文件反馈意见

30. …… (3) 请发行人列示其他应付款中……代收公共区域收入……结合项目情况说明各期末余额变动的原因及合理性……请保荐机构、申报会计师对上述问题进行核查并发表意见。

4. 重庆新大正物业集团股份有限公司首次公开发行股票申请文件反馈意见

20. 招股说明书披露…… (3) 结合合同有关约定，说明各增值服务与物业项目之间的关系，结合收费标准、收费数量等，说明各项增值服务收入的变动情况及原因；(4) 说明与泊位费、公共收益的合同约定、收益归属情况、会计处理情况，说明是否存在发行人或员工非法占有业主收益的行为及相关内控制度设计及执行情况……

27. 请保荐机构、发行人律师说明发行人提供物业增值服务过程中，是否涉及利用社区用地、楼面进行广告宣传，前述情况是否合规，是否侵害业主权益，是否存在纠纷。

第三十章　利用停车位经营

一、概述

利用停车位经营主要指物业服务企业利用物业管理区域内外的机动车停车位、停车场所及其配套设施设备（以下统称停车位）提供停车服务并维护场地秩序，收取停车服务费及相关收入的经营行为。收并购中，一方面，目标公司利用停车位经营的收入通常为物业费之外的重要收入之一，甚至少数目标公司的停车位经营收入超过其物业费收入。另一方面，停车位经营收入又是目标公司与业主、业主委员会等争议多发事项。因此，核查目标公司利用停车位经营，有助于收购方判断目标公司相关收入构成以及对交易估值的影响，并判断所涉停车位及其在管项目的合规性、可持续性，与停车位经营收入的相关争议是否影响项目稳定性等。

核查目标公司利用停车位经营，应注意以下事项：

1. 根据停车位是否在目标公司物业管理区域内，停车位可以分为在管项目停车位和社会停车位。实践中，目标公司以租赁或其他方式获得社会停车位的经营权，相当于单独的业务板块。

2. 由于停车位产权或者使用权等权属争议并不影响物业服务企业有权对停车位实施管理并收取服务费，因此，本章不涉及如何界定停车位产权问题。实践中，物业服务企业利用停车位经营的收入大多称为停车服务费，但不同地方政策法规有其不同规定，由此造成一定的混淆和困惑。笔者根据法律关系对此梳理如表 30－1 所示。

表 30－1　停车服务法律关系梳理

停车收费场景	收费名称	收费性质或归属
开发商所有的规划车位，或者拥有使用权的人防车位	固定停车位租赁费； 临时停车的，为临时停车费	开发商基于停车位租赁合同关系收取租赁费/使用费，该收入归开发商所有。开发商通常委托物业服务企业代为向业主等承租人、使用人收取
	停车服务费	物业服务企业基于服务合同关系向停车位使用人收取服务费，该收入属于物业服务企业。若停车位使用人支付的租赁费或者停车费包括服务费的，则向开发商收取
业主所有或者租赁的规划车位	停车服务费	物业服务企业基于服务合同关系向业主收取，该收入归物业公司所有
业主共有车位（包括业主拥有共有使用权的人防车位）	车辆停放费，或者固定停车位租赁费； 临时停车的，为临时停车费	全体业主基于停车位租赁合同关系向承租人收取的租赁费，其性质为公共区域经营收入。物业服务企业代为收取，该收入属于业主共有
	停车服务费，实际是公共区域经营分配收入	物业服务企业根据物业服务合同的约定或者相关规定或者实际服务等，按一定比例分配部分公共区域经营收入
社会停车位	汽车停放费，或停车费	若是物业服务企业投资经营或者租赁经营的，则由物业服务企业收取并归其所有，费用包括场地使用、停车服务等，不另行收取停车服务费
以上停车服务费均不含保管费，物业服务企业与业主不形成保管合同关系		

3. 实践中，物业服务企业还向业主收取摩托车、自行车、电动三轮车、电瓶车等服务费用。

二、核查要点

1. 检索在管项目当地关于停车位经营的政策法规

（1）核实停车场经营是许可制还是备案制，住宅小区停车场是否须办理经营资质等。

（2）核实物业管理区域内临时汽车停放费是否实行政府指导价或者政府定价等。

2. 核查停车位经营情况

（1）在管项目停车位经营情况，核查物业服务合同关于停车位收费标准等约定以及实际执行情况；结合物业服务合同关于公共区域经营等约定综合核查公共区域经营停车位收入，详见本书第二十九章“利用公共区域经营”。

（2）社会停车位经营情况，重点核实停车位经营合同中经营期限、续期条件、解除条件等条款，综合判断停车位经营的可持续性。

（3）核查目标公司是否公示停车收费标准的相关文件、收费备案文件（如有）等。

（4）结合财务尽调情况，核实目标公司实际收取停车服务费是否符合政府指导价（如有）、是否存在收费未开具合法发票等情况。

3. 核查目标公司是否因停车收费标准、停车位经营资质等问题受到行政处罚，是否存在停车位管理的纠纷或者潜在争议以及负面新闻等

三、风险提示

1. 重大争议风险。若目标公司未依法或者依据约定收取在管项目停车服务费或者分配与停车有关的公共区域收入，则易引发民事争议，并可能导致退费风险及丢盘风险。

2. 行政处罚风险。若目标公司无停车位经营资质或者存在违规收费的，则目标公司可能面临行政处罚风险。

3. 经营风险。若目标公司对停车位经营依赖于不具有可持续性的临时停车场或管理权稳定性较差的社会停车场的，则存在收入稳定性风险。

四、处理建议及参考条款

1. 建议在交易协议“陈述与保证”条款中明确约定股权转让方承担停车位经营收入相关责任，参考条款节选如下。

截至本协议签署日，本次收购目标公司在管项目特别披露事项：

目标公司部分停车位经营存在未按照法律法规规定向业主进行分配的情形，可能导致业主要求目标公司退返此部分多收取的停车位经营收入的情形，详见附件【　】。

转让方特别陈述与保证：基于本附件第一条所披露之目标公司及其在管项目情况，发生任何民事责任、行政责任，均由转让方据实承担或据实补偿至目标公司，包括但不限于：

目标公司多收取的可能需退返的停车位经营收入。

2. 结合交易协议的交割前风险承担条款、业绩补偿条款、违约条款等，将停车位经营收入以及其他与营收有关的问题进行综合约定处理。

五、相关规定

1. 有关停车服务费（车辆停放费）等规定

国家发展和改革委员会、住房和城乡建设部、交通运输部《关于进一步完善机动车停放服务收费政策的指导意见》（发改价格〔2015〕2975 号）

（五）规范政府定价行为。对具有自然垄断经营和公益性特征的停车设施服务收费，需要实行政府定价管理的，要纳入地方定价目录，明确管理权限，规范定价办法和程序，有效约束政府定价行为……

湖南省发展和改革委员会、湖南省住房和城乡建设厅、湖南省市场监督管理局《关于印发〈湖南省物业服务收费管理办法〉的通知》（湘发改价费规〔2022〕271 号）

第十八条第三款　物业管理区域内的机动车停放服务收费按照《湖南省机动车停放服务收费管理办法》有关规定执行。已收取机动车停放服务费的，不得重复收取车位物业服务费。建设单位用于出租的地下停车位，车位物业服务费由建设单位交纳。

苏州市物价局、苏州市住房和城乡建设局《关于印发〈苏州市物业服务收费管理实施细则〉的通知》（苏价规字〔2014〕4 号）

第十八条　汽车停放费是物业服务企业或专业管理机构对车位、车库及配套设施设备和相关场地进行维护、管理所收取的费用。汽车停放费一般由下列因素构成：

（1）管理服务人员费用；

（2）车位、车库的公共设施设备运行能耗及维护保养费用；

（3）清洁卫生费用；

（4）秩序维护费用；

（5）法定税费等。

占用业主共有的道路或者其他场地用于停放汽车的，汽车停放费还应当包括合理收益部分，用于对占用公共资源进行适当补偿。

车位租金是车位所有权人或管理者将车位采取租赁方式，出租给使用人所收取的费用。

第二十条　物业管理区域内业主共有、专有、专用的车位、车库，应当区别车位、车库的专有权益、管理服务成本等因素收取汽车停放费和租金。

同一车辆停放区域内的汽车停放收费标准应保持一致，地下与地面的汽车停放费标准应当保持合理比价。

2. 停车位经营收益分配

《江苏省物业管理条例》（2021 年修正）

第六十六条　业主大会成立前，需要占用业主共有的道路或者其他场地停放汽车的，应当在前期物业服务合同中约定。物业服务企业应当将汽车停放费单独列账，所得收益的百分之七十纳入住宅专项维修资金，其余部分可以用于补贴物业费。

业主大会成立后，需要占用业主共有的道路或者其他场地用于停放汽车，……物业服务企业应当提请业主大会或者业主大会授权的业主委员会决定后，依法办理有关手续并公示……收益按照业主大会或者业主大会授权的业主委员会决定、物业服务合同约定使用。

《珠海经济特区物业管理条例》（2021 年修正）

第七十三条第一、二款　物业管理区域内属于业主共有的车位，业主应当按划定的地点依序停车。物业服务人提供了管理与服务的，可以收取相应的管理服务费用。

利用人民防空工程停放汽车或者作其他用途的，收益归投资者所有。物业服务人提供了管理与服务的，可以收取相应的管理服务费用。

深圳市司法局《关于〈深圳经济特区停车管理条例（征求意见稿）〉的说明》

《条例》拟规定居住区停车场的管理单位为物业服务企业，除非该物业由业主自行管理。建设单位与业主之间存在争议的，应通过法律途径解决，但不能因此影响物业服务企业管理停车场。

3. 停车场经营资质办理

公共停车场经营资质详见本书相关章节“业务资质”。

六、实务要点及典型案例

1. 物业服务企业有权要求业主支付拖欠的停车服务费

【典型案例】 深圳市福田区人民法院生效判决认为……刘某某作为业主，将名下涉案车辆停放在小区后，理应按照物业服务合同及时主动向某物业公司支付停车服务费。涉案物业服务合同已明确约定，业主车辆出入按照停车场管理执行，现有证据可证明涉案车辆现停放的区域并不适宜停放车辆，该停放行为已妨碍某物业公司开展物业服务和管理工作。刘某某开始欠交停车服务费的时间点虽发生于《民法典》施行前，但拖欠停车服务费行为及不当停放车辆行为持续至《民法典》施行后，且《民法典》对物业服务合同进行了专门规定，根据最高人民法院《关于适用〈中华人民共和国民法典〉时间效力的若干规定》第1条，本案应适用《民法典》第271条、第939条的规定。2021年1月25日，法院判决刘某某向某物业公司支付停车服务费及滞纳金，将涉案小型车辆移至适宜停放车辆区域。①

2. 法院可依据行政备案车位数认定停车收益

【典型案例】 法院经审查认为，停车收费应当办理行政备案及批准手续。

① 参见刘某某与某物业公司物业服务合同纠纷案——广东高院发布第二批贯彻实施《民法典》典型案例之八。

关于北京市海淀区颐慧佳园小区停车位数量一节，根据已查明的事实，北京宾至嘉宁国际物业管理集团有限公司在办理审批备案时，将合同约定的停车位数量擅自变更为822个，与合同约定的停车位数量不符。一审、二审判决按照行政备案车位数认定停车收益，符合法律规定。①

3. 物业服务企业受托管理停车场，无权免收他人停车场使用费

【典型案例】法院认为……政府核发的某苑停车场《深圳市经营性停车场许可证》及《停车场营业执照》已明确地下停车场的所有权属某俱乐部公司所有，而某某苑管理处在其管理某苑小区期间只是受某俱乐部公司委托对地下停车场进行管理并代为收取停车费，某某苑管理处与吴某签订协议将属于某俱乐部公司的地下停车场负一层某号停车位70年的使用权转让给吴某，属无权处分行为，吴某未能举证证明某俱乐部公司对某某苑管理处的无权处分行为进行了追认，且依据吴某与某俱乐部公司签订的房屋买卖合同的约定，吴某应明知包括地下停车场在内的小区地下室的所有权、使用权、处分权及收益权属某俱乐部公司所有，故吴某不是善意的合同相对方，不能依据善意取得制度而取得某号停车位的70年使用权。原审判决认定某某苑管理处将某号停车位70年使用权转让给吴某的行为无效，认定正确，法院予以维持……

使用他人之物即应支付相应的占有使用费，吴某使用某苑小区停车位应按物业服务合同约定支付停车费。某某苑管理处接受某俱乐部公司委托对停车场进行管理及代收停车费，其在与吴某签订的两份协议中免除吴某70年的交费义务，而该免除债务行为未经权利人某俱乐部公司追认，在某某苑管理处有权管理期间系属超越代理权行为，在委托管理关系解除后系属无权处分行为。根据相关法律规定，超越代理权的行为后果由行为人承担，故吴某可免交2007年12月31日前的停车费，某俱乐部公司应收的该日前的停车费应由某某苑管理处承担……②

---

① 参见北京宾至嘉宁国际物业管理集团有限公司等与北京市海淀区颐慧佳园小区业主委员会物业服务合同纠纷申请再审民事裁定书，北京市高级人民法院（2020）京民申1217号。

② 参见吴某与深圳某俱乐部有限公司车位纠纷、车库纠纷上诉案，广东省深圳市中级人民法院（2011）深中法民五终字第689号。

4. 物业服务企业有权要求车位权利人分配停车位经营部分收益

【典型案例】法院认为，本案所涉停车库的建筑面积没有分摊给小业主，深圳市环益实业有限公司（以下简称环益公司）作为小区的投资方，依法享有投资受益权。深圳市南山区中山颐景花园第四届业主委员会在2015年11月起与深圳市嘉诚物业管理有限公司（以下简称嘉诚物业公司）擅自将停车位收益费用转存至双方共管账户，对环益公司的停车位收益权造成侵害。在考量物业管理公司管理成本的基础上，适当考虑物业管理利润因素。从公平合理的角度出发，委托人亦应向嘉诚物业公司适当支付一定的服务酬劳作为盈利。因此，法院酌情判令嘉诚物业公司和环益公司分别按照40%和60%的比例对一期地下停车位收益进行分配。[①]

【典型案例】法院认为，湖南湘凯物业管理有限公司（以下简称湘凯物业公司）在2009年6月6日至2018年10月31日前期物业服务期间，利用小区公共区域，对外收取的停车费应当属于华庭美苑小区全体业主共同所有。前期物业服务合同并未对物业公司收取停车费比例做出约定，但湘凯物业公司作为物业服务企业尽到了相应的管理之责，对上述收益享有部分参与分配权。结合公共收益情况、管理程度和管理支出实际情况，法院判定湘凯物业公司停车费收益为10%，并向业委会返还另外90%收益。[②]

5. 物业服务企业可依法调整停车费

【典型案例】关于黄某某是否应按260元/月的标准支付停车费的问题。2015年6月13日，广州安地物业管理有限公司（以下简称安地公司）在涉案小区公示停车费价格调整征询结果，载明停车费由原来的200元/月上调为260元/月，征询意见结果为业主户数、面积数双过半数同意，可以调价，如对公示结果有异议可到管理处查询，否则自2015年7月1日起实施新的停车费标准。黄某某未提供证据证明在安地公司公示停车费价格调整征询结果期

---

① 参见深圳市环益实业有限公司与深圳市南山区中山颐景花园第四届业主委员会、深圳市嘉诚物业管理有限公司车位纠纷二审民事判决书，广东省深圳市中级人民法院（2020）粤03民终587号。

② 参见湖南湘凯物业管理有限公司、长沙市雨花区华庭美苑小区业主委员会物业服务合同纠纷二审民事判决书，湖南省长沙市中级人民法院（2020）湘01民终417号。

间，有业主对公示结果提出异议，亦未提供充分证据证明安地公司提供的同意调整停车费征询函不是业主的真实意思表示，二审判决对黄某某提出的安地公司调整停车费属于违法的主张不予支持，采纳安地公司关于月保车辆应按 260 元/月的标准计收停车费的主张，并无不当。①

6. 物业服务企业不得擅自对业主共有车位收取临时停车费

【典型案例】法院认为，海安天宝物业有限公司（以下简称天宝公司）收取案涉停车费既非基于物业服务合同约定，又未获得停车位所有权人、使用权人的授权，也未获得业主大会或其授权的业主委员会的认可，即便对车辆停放进行了管理，徐某某、袁某某接受了天宝公司的停车服务，也只能视为天宝公司在履行物业服务协议的合同义务，并不因该事实上的管理行为而当然获得在收取物业费之外另行收取临时停车费的权利，否则将构成对实际权利人的权利侵害。②

7. 物业服务企业无保证业主第二辆车在小区停放的义务

【典型案例】法院认为，生效判决已认定，某某小区业主大会决议通过的停放规约及停车收费标准合法有效，对全体小区业主具有约束力，业主应按照规约的规定及标准交纳停车管理费，配合物业对停车位的分配及安排，有序停放……而根据法院所查明的事实，涉案小区并无地下车位，地面停车位也早已供不应求。换言之，无论从客观情况还是从小区规约的角度出发，物业服务企业均没有保证业主第二辆车及以上车辆在小区内停放的义务，亦缺乏现实可能。③

8. 物业服务企业有权禁止乱停车业主车辆自由出入小区

【典型案例】法院认为……被上诉人原审提供证据已足以证明上诉人有

---

① 参见黄某某、广州安地物业管理有限公司物业服务合同纠纷民事申请再审审查民事裁定书，广东省高级人民法院（2021）粤民申 2168 号。

② 参见海安天宝物业有限公司诉徐某某、袁某某物业服务合同纠纷二审民事判决书，江苏省南通市中级人民法院（2018）苏 06 民终 1076 号。

③ 刘某某与上海公益物业管理有限公司排除妨害纠纷二审民事判决书，上海市第一中级人民法院（2020）沪 01 民终 4608 号，载《人民法院报》2020 年 9 月 5 日，http：//rmfyb. chinacourt. org/paper/html/2020－09/05/content_171815. htm？ div＝－1。

三次以上违规停放车辆行为，法院审理过程中，上诉人仍拒绝承诺遵守车辆管理公约，不承担文明停车义务，由此导致小区车辆自动识别系统无法识别其车辆信息，失去驾驶车辆进出小区的便利，该不利后果由上诉人自行承担，被上诉人并不构成侵权。①

9. 业主与物业服务企业因停车收费产生的车辆进出小区争议不属于公安机关履行职责的范围

【典型案例】本案中，上诉人与物业因停车收费产生的车辆进出小区争议属民事纠纷范畴，不属于公安机关履行职责的范围。上诉人亦无证据证明本案存在公安机关应当履行职责之情形，故被上诉人作出不予调查处理告知书并送达上诉人，并无不当。②

10. 行政处罚案例

（1）未履行经营备案义务受行政处罚案例见表30－2。

表30－2　未履行经营备案义务受行政处罚案例

序号	当事人	处罚决定书	处罚事由	处罚机关	处罚结果
1	上海建瑞物业管理有限公司	2210100436	对公共停车场（库）经营者不履行经营备案义务的处罚	上海市交通委员会	罚款
2	宁波迦南美地物业管理有限公司	奉化综执〔2021〕罚决字第02－0058号	公共停车场经营未按照规定报城市管理部门备案	浙江省宁波市奉化区综合行政执法局	当事人将公共停车场经营按规定报城市管理部门备案，完成整改

① 参见林某、廖某某物权纠纷二审民事判决书，浙江省衢州市中级人民法院（2020）浙08民终360号，载《人民法院报》2020年7月23日，第3版。

② 参见张某某、绍兴市公安局柯桥区分局公安行政管理：其他（公安）二审行政判决书，绍兴市中级人民法院（2020）浙06行终505号。

（2）停车场违规收费行政处罚案例见表30－3。

表30－3　停车场违规收费行政处罚案例

序号	当事人	处罚事由	处罚机关	处罚结果
1	上海多元物业有限公司	在停车场内对停车收费标准进行公示	上海市普陀区市场监督管理局	罚款
2	北京恒富物业服务有限公司	拒绝公众使用人民币现金交纳车位管理费	中国人民银行包头市中心支行	警告及罚款
3	21家停车场	超标准收费或不执行免收费政策	银川市物价局	罚款

第三十一章　利用违章搭建经营

一、概述

利用违章搭建经营主要是指物业服务企业将架空层、设备层、避难层等进行搭建改造并用于出租等经营活动。收取的租金或用于补充开发商应付的未交付房屋的物业费，或者由物业服务企业作为经营收入。收并购中，若目标公司将架空层违章搭建并对外出租等经营的，不仅涉及该在管项目的合规收入确认问题，还涉及业主对目标公司的重大诉讼等。因此，核查目标公司是否利用架空层等公共区域违章搭建并经营，对于确定交易对价、防范交割后风险具有独特意义。

核查目标公司利用违章搭建进行经营，应注意以下事项：

1. 架空层，是指建筑物中仅以结构柱或剪力墙作为支撑、无围合外墙的敞开空间层，即与外部链接性良好的半室内、公共型空间。从功能性来看，架空层是一种特殊的室内建筑结构，传统意义上的架空层是仅有结构支撑而无外围护结构的开敞空间层。在新加坡、泰国等东南亚国家以及国内头部开发商看来，架空层为丰富社区场景、激活社区活力的重要载体，架空层被演化成一个灵活、可生长的社交空间。但实操中，笔者发现不少目标公司将架空层封闭出租经营等，也有的将架空层用来停放助动车、堆放杂物等。

2. 设备层，是指高层建筑的某一楼层，其有效面积全部或大部分用来作为空调、给水排水、电气、电梯机房等设备的布置。设备层的具体位置应配合建筑的使用功能、结构、布置、电梯分区（高、低速竖向分区）、空调方式、给水方式等因素综合加以考虑。高层的设备层包括消防逃生层、暖气供水、回水管道、消防设备设施层、电梯设备机房、生活供水管道层等。实践中，物业服务企业将位于地下的设备层出租作为仓库、健身场所等情况比较多。

3. 避难层，是指建筑内用于人员暂时躲避火灾及其烟气危害的楼层。《建筑设计防火规范》要求，建筑高度超过100米的民用建筑应设置避难层或避难间，避难层的间距不得大于50米，建筑首层的地面到建筑的第一个避难层的距离也不得大于50米。避难层不能住人，也不允许办公，但可以兼做设备层放置水泵等设施。实践中，物业服务企业或者物业权利人将避难层挪作他用的情况并不罕见，如擅自修改结构，装修为办公场所出租或作为堆放货物的仓库出租等。

实践中，也有不少物业服务企业将上述空间改造为物业办公室、物业员工宿舍或者食堂等。鉴于架空层是物业服务企业违章搭建经营的主要场所，本章重点分析如何核查利用架空层违章搭建经营。

二、核查要点

1. 通过高管访谈等方式，了解在管项目中是否存在利用违章搭建经营及其搭建时间、范围、面积是否获得开发商或业主等同意。

2. 结合财务尽调，核查违章搭建所获取的收益数额及收入占比，向业主或者相关权利人分配情况等。

3. 核查违章搭建建筑物对外出租等经营合同，包括租赁用途、租期、租金、违约责任等。

4. 核查政府主管部门对在管项目违章搭建是否作出行政处罚、出具整改文件等。

5. 结合诉讼纠纷，核查涉及目标公司利用违章搭建经营的相关争议情况。

三、风险提示

1. 诉讼风险。其一，若架空层属于业主共有，则业主可要求目标公司恢复原状，返还出租等经营收入，或者赔偿损失等。其二，若目标公司因整改而解除架空层等租赁合同，则可能需对承租人承担违约责任。其三，若目标公司在架空层设置充电桩导致起火等损害第三方权益的，则目标公司须承担侵权赔偿责任。

2. 行政处罚风险。若目标公司违法出租架空层、设备层、避难层等，规划主管部门可以责令限期拆除，并处临时建设工程造价 1 倍以下的罚款。涉及消防安全的，公安消防机关可责令改正，处一定金额的罚款。

四、处理建议及参考条款

1. 若违章搭建经营收入对目标公司收入影响较小，并且可以整改的，则建议在交易协议中约定由转让方和目标公司承诺在一定期限内自行承担费用整改，并承担与此有关的全部法律风险等。

2. 若违章搭建经营收入对目标公司影响较大，并且无法整改的，则收购方需整体从商业、合规等角度，判断是否将该项目剥离出交易范围。

五、相关规定

1. 架空层相关技术规定

《民用建筑设计统一标准》（GB50352 - 2019）

2.0.17　设备层 equipment floor

建筑物中专为设置暖通、空调、给水排水和电气等的设备和管道且供人员进入操作用的空间层。

2.0.19　架空层 open floor

用结构支撑且无外围护墙体的开敞空间。

6.5.1　设备层设置应符合下列规定：

1 设备层的净高应根据设备和管线的安装检修需要确定；

2 设备层的布置应便于设备的进出和检修操作；

3 在安全及卫生等方面互有影响的设备用房不宜相邻布置；

4 应采取有效的措施，防止有振动和噪声的设备对设备层上、下层或毗邻的使用空间产生不利影响；

5 设备层应有自然通风或机械通风。

6.5.3　有人员正常活动的架空层的净高不应低于2.0m。

《住宅物业消防安全管理》（GA1283－2015）

6.1.3　业主、物业使用人应按照规划主管部门批准或房地产权证书载明的用途使用物业，不应违法改变使用性质。封闭的住宅物业管理区域内的住宅、架空层、设备层、车库等，不应改变使用性质。

《民用建筑绿色设计规范》（JGJ/T229－2010）

6.2.9　宜利用连廊、架空层、上人屋面等设置公共步行通道、公共活动空间、公共开放空间，且设置完善的无障碍设施，满足全天候的使用需求。

《建筑工程建筑面积计算规范》（GB/T50353－2013）

2.0.10　架空层 stilt floor

仅有结构支撑而无外围护结构的开敞空间层。

3.0.7　建筑物架空层及坡地建筑物吊脚架空层，应按其顶板水平投影计算建筑面积。结构层高在2.20m及以上的，应计算全面积；结构层高在2.20m以下的，应计算1/2面积。

《上海市住宅物业管理规定》（2020年修正）

第四十三条第一款第二项　物业管理区域内的下列配套设施设备归业主共有：

（二）门卫房、电话间、监控室、垃圾箱房、共用地面架空层、共用走廊。

《上海市住宅物业消防安全管理办法》

第三十九条（对违法出租等行为的处罚）

单位或者个人违反本办法第十八条第八项、第九项规定，违法出租架空层、设备层、避难层，改变停车库、地下空间使用性质不符合消防安全要求的，由公安机关消防机构责令改正，处1万元以上3万元以下罚款；情节严重的，处3万元以上10万元以下罚款。

业主大会、业主委员会存在前款行为的，由住宅物业所在地的区房屋管理部门或者街道办事处、乡镇人民政府按照《物业管理条例》第十九条的规定进行处理。

《深圳经济特区物业管理条例》（2019 年修订）

第十一条第二款第一项 物业管理区域物业的以下部分属于业主共有：

（一）建筑物的基础、承重结构、外墙、屋顶等基本结构部分，通道、楼梯、大堂等公共通行部分，消防、公共照明等附属设施设备，避难层、架空层、设备层或者设备间等。

2. 违章搭建相关规定

《土地管理法》（2019 年修正）

第八十三条 依照本法规定，责令限期拆除在非法占用的土地上新建的建筑物和其他设施的，建设单位或者个人必须立即停止施工，自行拆除；对继续施工的，作出处罚决定的机关有权制止。建设单位或者个人对责令限期拆除的行政处罚决定不服的，可以在接到责令限期拆除决定之日起十五日内，向人民法院起诉；期满不起诉又不自行拆除的，由作出处罚决定的机关依法申请人民法院强制执行，费用由违法者承担。

《城乡规划法》（2019 年修正）

第六十六条 建设单位或者个人有下列行为之一的，由所在地城市、县人民政府城乡规划主管部门责令限期拆除，可以并处临时建设工程造价一倍以下的罚款：

（一）未经批准进行临时建设的；

（二）未按照批准内容进行临时建设的；

（三）临时建筑物、构筑物超过批准期限不拆除的。

六、实务要点及典型案例

1. 物业服务企业擅自对外出租架空层并收取租金构成侵权

【典型案例】架空层是建筑物整体结构的一部分，是该建筑物的附属设施，应由建筑物全体区分所有权人共同享有。开发商不是建筑物架空层的所有权人，其擅自改变架空层的使用功能，封闭部分架空层用于商业出租，损害了全体业主的合法权益。物业服务企业接受开发商的委托对外出租架空层并收取租金，对于该侵权行为给全体业主造成的经济损失亦有过错，开发商及物业服务企业应向全体业主承担停止侵害、恢复原状、赔偿损失等民事责任。[①]

【典型案例】建筑物区分所有权，作为一项重要的不动产权利，是一个综合型、复合型的权利，由对专有部分的专有所有权、对共用部分的共有所有权及区分所有权人对建筑物及居住于建筑物上的人的行为的管理权所构成。建筑物楼顶空间及其架空层的所有权属于全体业主专有权之外的共有权，即归全体区分所有权人共有，房地产开发公司无权处置，只有全体区分所有权人才有权决定楼顶空间及其架空层的使用。[②]

2. 物业服务企业应将架空层及其出租收益返还给全体业主

【典型案例】根据一审法院查明的事实可以认定，2013 年 5 月 1 日，重庆晋愉物业服务有限公司（以下简称晋愉物业公司）作为出租方与案外人签订了《房屋租赁协议》，约定案外人租用其位于晋愉·天意小区车库入口（右侧）的五个柱距门面房（主结构柱距），租赁期限 10 年。上诉人晋愉物业公司占用晋愉·天意小区车库入口（右侧）架空层改变其使用功能并进行经营性活动的行为，损害了晋愉·天意小区业主利益，上诉人晋愉物业公司应当将本案所涉的架空层返还给全体业主。上诉人晋愉物业公司上诉称改造架空层修建的钢混结构建筑系重庆峰信房地产开发有限公司构建，晋愉物业公司无义务负责腾空交付的理由不能成立，法院不予采信。关于租金收益的问题，上诉人晋愉物业公司作为出租方应当持有是否取得收益以及收益具体金额的相应证据，因上诉人晋愉物业公司未举示相应证据，应承担举证不能的不利法律后果，一审法院根据晋愉物业公司与案外人签订的《房屋租赁协议》确认案涉架空层收益为 136 800 元并无不当，上述收益应当属于晋愉·天意小区全体业主，上诉人晋愉物业公司应将上述收

---

① 参见广东省深圳市福田区南天一花园业主委员会诉深圳市城市建设开发（集团）公司、深圳市城建监理有限公司、深圳市城建物业管理有限公司房屋侵权责任纠纷案，最高人民法院（2013）民提字第 94 号。

② 参见曾某某等 15 人与东兴房地产开发有限公司、东淮房地产开发有限公司财产损害纠纷案，福建省泉州市中级人民法院（2006）泉民终字第 342 号，载《人民法院案例选》2006 年第 3 辑（总第 57 辑）。

益返还晋愉·天意小区全体业主。[①]

3. 物业服务企业应对出租避难层导致租赁合同无法履行承担责任

【典型案例】 对本案事实，法院认定如下……2018 年 9 月 28 日，原告（登记经营者李某某，实际经营者吕某某）与金陵美术学院签订（乙方）《房屋租赁合同解除协议书》，因原告提供房屋为大厦避难层，不符合消防法规，无法继续向乙方提供使用……法院认为，出租人应当按照约定将租赁物交付承租人，并在租赁期间保持租赁物符合约定用途。本案中，原告承租涉案房屋用途为办公、教育等，但因为消防问题，原告不能正常经营、使用涉案房屋，致合同解除，被告应当退还原告租房押金 25 000 元、租金 150 000 元。关于维修工程费用 78 500 元，因双方没有异议，且不违反法律规定，法院予以确认。关于原告向金陵美术学院赔偿的装修损失和经营损失 600 000 元的诉讼请求，原告提供了部分证据，考虑被告认可 420 000 元，故法院酌定被告赔偿 420 000 元。被告关于其是经全体业主委托出租涉案房屋、应由全体业主承担相关责任的辩称意见，法院认为，原告、被告签订的《房屋租赁合同》载明被告为出租方，且被告与业主另行签订有协议书，根据合同相对性，原告向被告主张权利并无不当，被告的上述辩称意见法院不予采纳……[②]

4. 物业服务企业须对擅自在架空层加装充电设备相关事故承担责任

【典型案例】 被告杭州卓盛物业管理有限公司（以下简称卓盛物业）作为为案涉小区提供物业服务的公司，未经业主同意擅自将原本规划用途为娱乐活动场所的 15 幢架空层加装电动车充电设备，用于电动车停放、充电，因电动车充电故障导致火灾事故发生，给二原告的房屋造成损失。二人以上分别实施侵权行为造成同一损害，难以确定责任大小的，平均承担赔偿责任，

---

① 参见重庆晋愉物业服务有限公司与重庆峰信房地产开发有限公司所有权确认纠纷二审民事判决书，重庆市第五中级人民法院（2019）渝 05 民终 2804 号。

② 参见南京怡居物业管理有限公司房屋租赁合同纠纷一审民事判决书，江苏省南京市秦淮区人民法院（2018）苏 0104 民初 6650 号。

法院确定被告卓盛物业对二原告的损失承担50%的赔偿责任。①

5. 物业服务企业经业委会同意，可将设备层出租以补偿物业费不足

【典型案例】法院认为，原告、被告签订的房屋租赁合同系当事人真实意思表示，内容不违反法律、行政法规的强制性规定，应属合法有效，双方应当依约定各自履行义务。虽海特花园11、12、13号楼第二届业主委员会任期届满后未再成立。但根据业主通过的《业委会到期后业主事务管理》，物业服务合同到期后，北京首欣物业管理有限责任公司（以下简称首欣物业）将继续按原物业合同为业主服务。物业服务合同亦约定了首欣公司可以对海特花园11、13号楼地下室一层出租以补偿物业费不足。首欣公司目前作为海特花园11、13号楼的物业服务公司有权对11栋、13栋地下设备层出租。当事人对租赁期限没有约定或者约定不明确，依照原《合同法》第61条的规定仍不能确定的，视为不定期租赁。当事人可以随时解除合同，但出租人解除合同应当在合理期限之前通知承租人。房屋租赁合同约定双方的租赁期限直至首欣公司与海特花园业委会终止合作为止，并未明确约定租期终止期限，双方形成了不定期租赁关系。首欣公司亦以拒收2016年度租金的方式表明不再出租给北京金牌管家劳务服务有限公司（以下简称金牌管家公司）。房屋租赁合同约定，“涉案房屋用途为仓储，乙方保证不得存放危险物品，地下室不得住人”。金牌管家公司未按照合同约定履行义务，并继续将地下室出租给个人居住，擅自改变租赁用途，属违约行为。相关管理部门已明确要求立即停止租用人居住该地下室，多次责令清空地下室居住人员，金牌管家公司实际承租使用11栋、13栋地下设备层，对相关部门的多次检查应当明知，而金牌管家公司仍将11栋、13栋地下设备层用于出租他人居住使用，故法院对首欣公司要求解除其与金牌管家公司的房屋租赁合同的诉讼请求予以支持。金牌管家公司应将11栋、13栋地下设备层腾空并返还首欣公司。②

---

① 参见平某某、庞某某等与杭州卓盛物业管理有限公司财产损害赔偿纠纷一审民事判决书，浙江省杭州市拱墅区人民法院（2020）浙0105民初548号。

② 参见北京首欣物业管理有限责任公司与北京金牌管家劳务服务有限公司租赁合同纠纷一审民事判决书，北京市石景山区人民法院（2017）京0107民初2316号。

6. 若架空层未计入公摊面积，则其所有权应归开发商所有

【典型案例】本案争议的主要焦点是，海南海裕房地产投资开发有限公司（以下简称海裕公司）将B幢一层架空层部分改建为物业管理员工宿舍的行为是否侵犯了曾某的权利。首先，曾某对该架空层是否享有业主共有权。根据双方签订的《商品房买卖合同》，双方明确约定该架空层属于海裕公司所有，且在海口市房产管理局房产测绘所作出的《海口市房屋建筑面积测绘报告》的《公用建筑面积分层汇总表》已载明B幢一层架空层全部面积即838.32平方米不属于分摊部分。因此，该架空层所有权应属于海裕公司，而非属于业主共有。其次，海裕公司在行使所有权的时候，是否侵犯了曾某的权利。根据民法方面的规定，所有权是指所有权主体在法律规定的范围内自由支配其享有所有权的标的物并排除他人干涉的权利。从所有权定义的表述可以看出，所有权主体对其享有所有权的标的物具有全面的支配权，这种全面的支配权包括占有、使用、收益、处分以及排除他人的干涉。因此，海裕公司对其所有物架空层内部进行改建的行为，系海裕公司正当行使其所有权的行为，并未侵犯曾某的权利。至于海裕公司对架空层的改建行为是否违法，该员工宿舍是否属于违章建筑，应由有关行政部门进行认定及处理，不属于法院的受案范围。①

万象凯旋湾小区《临时管理规约》第5条约定，第4栋架空层系建设单位投资建设，根据“谁投资，谁受益”的原则，该架空层属于开发商所有，并不属于该小区共有区域。②

7. 相关行政处罚案例见表31－1

表31－1　相关行政处罚案例

行政相对人名称	聊城得寿养老服务有限公司
行政处罚决定书文号	聊城管行处字〔2021〕第9号

① 参见曾某与海南海裕房地产投资开发有限公司业主共有权纠纷二审民事判决书，海南省海口市中级人民法院（2011）海中法民一终字第856号。

② 参见尹某某、长沙人健愿京物业管理有限公司物业服务合同纠纷二审民事判决书，湖南省长沙市中级人民法院（2019）湘01民终8932号。

续表

行政相对人名称	聊城得寿养老服务有限公司
违法行为类型	违反《城乡规划法》第40条规定
违法事实	经查实，2019年3月，聊城得寿养老服务有限公司在兴华路南、东昌府区110指挥中心东侧开工建设得寿综合服务楼项目，已取得建设工程规划许可证，但未按照规划许可内容进行建设。地上架空层改变为办公用房，违建面积831.62平方米……上述行为违反了《城乡规划法》第40条的规定，依据《城乡规划法》第64条，建议立案调查
处罚依据	《城乡规划法》第64条
处罚内容	处299 360.4元罚款；责令完善建设工程规划许可手续

第三十二章　代收公用事业费

一、概述

代收公用事业费用，是指供水供电等公用事业单位因无法直接供到业主或者终端用户，或无法做到“一户一表”，而通过物业服务企业向业主转供或委托物业服务企业向业主代收代缴公用事业费。实践中，目标公司通常会加价代收水电等公用事业费，并将加价收入作为营业外收入。因此，收并购中，通过核查目标企业在管项目是否存在违规加价代收水电费的情况，可以还原目标公司的真实合法收入，有助于识别目标公司的收入合规性，合理判断交易对价的基础。

核查目标公司加价代收公用事业费用，应注意以下事项：

1. 代收公用事业费用的原因

物业服务企业代收公用事业费的原因是部分物业管理区域采用“转供电、转供水”的方式进行供电、供水。“转供电、转供水”是指供水、供电公司不将水电直供到户，而是将水电供到物业服务企业管理的业主共有的总变压器及供水管线，并在总前段设置一个总表，再由物业服务企业管理的上述设备进行分户供水供电，物业服务企业为分户安装分表。供水、供电公司按照总表的计量数据（而非抄表到户/业主）向物业服务企业收取水费、电费，物业服务企业接受供水、供电公司的委托按照分表的计量数据负责向业主代收。由于供水、供电公司是无法抄表到户的，业主也无法直接向供水、供电公司缴费，只能由物业服务企业代为向业主收取。

以二次供水为例，由于高层住宅小区的建筑高度超过城市供水服务水压的标准（通常为七层以上），需要在传输管道中采用泵压等技术手段将水源输送至业主。二次供水的计量适用总分表制，以总表计量，供水企业据此向负责总表管控的物业服务企业收取水费，不单独与每户业主结算，物业服务企业分别向各使用户表业主收取水费。又如，在商办项目中，若电网企业产权线路不具备向用户提供电能的条件，可以由能够提供电能的其他主体将从供电企业购买的电能向用户进行转供，进而代为收取电费，物业服务企业是典型的转供电主体之一。

上述“总表和分表”的运作模式为物业服务企业代收以及加价代收水电费提供了客观条件和操作空间。

2. 公用事业费的种类

公用事业费主要是水费、电费。根据最终承担主体来分，公用事业费大致可以分为以下种类，但这些概念是相互交叉的，有的界限并不明晰：

（1）业主专有部分产生的水费、电费，即业主自身的水电费，由业主自行承担。

（2）物业服务企业自身办公场所的水费、电费，应由物业服务企业自行承担。但实践中，也存在物业服务企业将其分摊给业主的情况。

（3）水电公摊费，也称为“公共能源费”，主要是指物业管理区域内共用部位、共用设施设备运行所产生的水电费，如公共区域的公共照明、楼道照明、应急和疏散照明用电、电梯运行用电、二次供水设备用电、监控用电、绿化用水、保洁用水、消防设施运行所用水电、景观（人工喷泉、人工湖等）水电、水电线路损耗等。水电公摊费应由全体业主承担。

（4）水电损耗费，也称“线损”“管损”，主要是指水电在从总表到各业主分表之间的线路输送过程中产生的损耗。水电损耗费应由全体业主分摊。

（5）电梯运行费，指电梯运行产生的电费和维护检测费用，电梯运行费由电梯房业主分摊。

（6）二次供水费，主要是指二次供水设备运行产生的电费及清洁、维护、检测费用。二次供水涉及的电费应由业主分摊。

应提示的是，若电梯运行的维护检测费以及二次供水涉及的清洁、维护、检测费用等包含在物业费中，则物业服务企业不再向业主收取；若未包含在物业费中，则在相关业主交纳的公共维修资金中支出或者分摊。

3. 加价代收公用事业费的主要方式

实践中，水电公摊费、水电损耗费、未直供到户的业主自身的水电费等由物业服务企业代收，但加价方式比较复杂。比较典型的是在物业服务合同中约定以业主应付水电费单价的方式一并归入业主水电费中收取，该单价超过政府定价标准。有些物业服务企业以服务费、转供费、增容费等名目向业主或者商户收取费用。在笔者收并购实务中，大部分物业服务企业都存在加价代收水电费问题，在某些规模较大的商业项目中，目标公司向商户加价收取电费每年收入高达数百万元。

二、核查要点

1. 检索在管项目当地有关代收公用事业费的政策法规，是否规定损耗费用、是否有水费缴纳折扣、公摊水电费如何收取等。

2. 目标公司在管项目物业服务合同是否约定公共能耗、公区能源等计费方式；目标公司是否依法及时公示公区能耗计量方式、价格及分摊方式、分摊结果等。

3. 目标公司与公用事业单位签订的转供合同或代收代付合同，是否明确约定目标公司与实际用户、实际供应单位之间损耗分摊以及相关设施设备的维护义务。

4. 结合财务尽调，核查在管项目加价代收公用事业费的具体金额、收入占比等。

5. 目标公司是否与业主、业主委员会、承租户等存在与代收公用事业相关民事争议，是否存在因加价代收公用事业费而受到行政主管部门的行政处罚。

三、风险提示

1. 诉讼风险。一方面，从司法实践来看，若目标公司与相关公用事业单位成立转供关系，公用事业单位可通过诉讼途径向目标公司追缴水电费。另一方面，若目标公司确有加价行为而不能提供合理依据的，则业主或者最终用户可能起诉要求退费。

2. 行政处罚风险。若目标公司超越权限定价或违规加收其他费用的，物价行政主管部门可给予警告、责令返还违法收取的费用、并处罚款等行政处罚。

3. 信用风险。行业主管部门或者行业协会对情节严重构成价格违法行为的企业，纳入全国信用信息共享平台对外公布。

4. 经济风险。目标公司未与公用事业单位、水电最终用户实际使用方明确约定相关损耗分担、设备维修处理等，可能被迫承担维修义务，或长期背负差额和损耗甚至垫付费用而最终导致亏损。

四、处理建议及参考条款

1. 建议在计算交易对价的时候将加价代收公共事业费用的收入作为非经常性损益扣除处理。

2. 建议在交易协议“陈述与保证”条款中对加价代收公共事业费用的法律责任及相关费用的清退做出明确约定，例如：

> 基于本附件第1条所披露之目标公司及其在管项目情况，发生任何民事责任、行政责任，均由转让方据实承担或据实补偿至目标公司，包括但不限于：
>
> ……目标公司因加价转供水电燃气可能退还给业主或使用人的费用。

五、相关规定

《物业管理条例》（2018年修订）

第四十四条　物业管理区域内，供水、供电、供气、供热、通信、有线电视等单位应当向最终用户收取有关费用。

物业服务企业接受委托代收前款费用的，不得向业主收取手续费等额外费用。

《电力法》（2018 年修正）

第四十四条第一款 禁止任何单位和个人在电费中加收其他费用；但是，法律、行政法规另有规定的，按照规定执行。

第六十六条 违反本法第三十三条、第四十三条、第四十四条规定，未按照国家核准的电价和用电计量装置的记录向用户计收电费、超越权限制定电价或者在电费中加收其他费用的，由物价行政主管部门给予警告，责令返还违法收取的费用，可以并处违法收取费用五倍以下的罚款；情节严重的，对有关主管人员和直接责任人员给予行政处分。

国家发展和改革委员会《关于降低一般工商业电价有关事项的通知》（发改价格〔2018〕500 号）

全面清理规范电网企业在输配电价之外的收费项目。重点清理规范产业园区、商业综合体等经营者向转供电用户在国家规定销售电价之外收取的各类加价。产业园区经营的园区内电网，可自愿选择移交电网企业直接供电或改制为增量配电网。商业综合体等经营者应按国家规定销售电价向租户收取电费，相关共用设施用电及损耗通过租金、物业费、服务费等方式协商解决；或者按国家规定销售电价向电网企业缴纳电费，由所有用户按各分表电量公平分摊。

国家发展和改革委员会办公厅《关于清理规范电网和转供电环节收费有关事项的通知》（发改办价格〔2018〕787 号）

二、全面清理规范转供电环节不合理加价行为

转供电是指电网企业无法直接供电到终端用户，需由其他主体转供的行为。目前，一些地方的商业综合体、产业园区、物业、写字楼等转供电环节存在不合理加价现象，国家多次降低一般工商业电价的措施未能得到有效传递和落实，必须采取有力措施清理规范，确保降价成果真正惠及终端用户。

对于具备改造为一户一表条件的电力用户，电网企业要主动服务，尽快实现直接供电，并按照目录销售电价结算。不具备直接供电条件，继续实行转供电的，转供电主体要将今年以来的降价政策措施全部传导到终端用户。省级价格主管部门要会同电网企业采取有效措施，清理规范转供电环节加收的其他费用，纠正转供电主体的违规加价、不执行国家电价政策的行为。

国务院办公厅转发国家发展和改革委员会等部门《〈关于清理规范城镇供水供电供气供暖行业收费促进行业高质量发展意见〉的通知》（国办函〔2020〕129号）

二、清理取消不合理收费

……

（六）其他各类收费。……任何单位代收供水供电供气供暖费时，严禁向用户加收额外费用。建筑区划红线内供水供电供气供暖管网的建设安装、更新改造、维修维护等费用已由政府承担的，不得再向用户收取。

六、实务要点及典型案例

1. 物业服务企业对垫付电费承担举证责任

【典型案例】广州长建物业管理有限公司深圳分公司（以下简称长建深圳分公司）未能举证证明深圳市联盛进出口有限公司除使用其自行申报的临时用电外，还使用了长建深圳分公司垫付电费的用电。虽然长建深圳分公司代垫的寸金大厦电费中包含了公共电费部分，但由于2009年12月23日前电表未分立，且其提交的电费收据凭证也未区分业主用电和公共用电，无法证明大楼公共用电金额，依法应承担举证不利的后果。原判决对长建深圳分公司关于偿还电费的主张不予支持，并无不当。[①]

2. 物业服务合同可约定转供电损耗等费用由实际使用人承担

【典型案例】本案中，徐州金地商都集团有限公司（以下简称金地公司）和徐州市绿源菱镁科贸有限公司（以下简称绿源公司）之间存在物业服务合同关系，金地公司本身不具备电力生产和供应的主体资格，其供电模式是金地公司向供电企业申请一个用电户，然后由其集中管理业主的供电卡并根据业主交给的充值费充值后插入电表通电，应视为双方在物业服务合同中的特别约定。此外，绿源公司向金地公司缴纳费用，金地公司也向其出具发票。因此，绿源公司主张江苏省电力公司徐州供电公司与金地公司承担连带责任，

① 参见广州长建物业管理有限公司深圳分公司、深圳市联盛进出口有限公司不当得利纠纷再审审查与审判监督民事裁定书，最高人民法院（2018）最高法民申1379号。

共同返还多收的电费，缺乏事实依据。

关于绿源公司主张多缴纳电费1174.96元是否成立，关键在于电费单价是否合理。绿源公司认为应按照江苏省电力公司公布的同期销售价格缴纳电费；而金地公司系将损耗计入绿源公司等业主使用的总电量，致使绿源公司支付的电费单价超过江苏省电力公司的同期销售价格。对此法院认为，根据物业服务合同的约定，共用变电、线路属于公共部分，而公共部分应属绿源公司等业主共同使用、收益。金地公司代收代付电费属于物业服务的内容，电表总表与分表计量数会因变压器损耗、线路和电表损耗等原因产生数量上的差异，该差异应由具体使用人负担，故金地公司向徐州供电公司交纳电费后再向绿源公司等业主收取其实际交纳的电费单价会高于江苏省电力公司的同期销售价格。因此，绿源公司的该主张不能成立，法院不予支持。

关于绿源公司主张金地公司的行为构成非法经营罪，其可以向有关单位反映，不属于本案审理范围。①

【典型案例】法院认为，关于电费，系争房屋系商业规划用途，合同约定相应的电费按照商业使用标准收取，现上海上坤物业管理有限公司（以下简称上坤物业公司）辩称因转供电产生的电量损耗及公用设备设施的用电亦由业主分担，故上坤物业公司收取的电费标准高于向电力公司缴纳的电费标准尚属合理，且叶某自入住起双方即按现有标准缴纳电费，双方以实际履行的方式对相关标准达成一致，在未有证据证明上坤物业公司自身承担电费加上向终端用户收取的电费，超过了向电网企业缴纳的电费的情况下，叶某要求变更电费标准并由上坤物业公司补偿供电，依据不足，法院亦不予支持。②

3. 法院可参照地方发改委关于转供电的规定进行判决

【典型案例】法院认为，根据湘发改电〔2018〕11号通知的精神，参照湘发改价调规〔2021〕693号文件的规定，安装非分时计量电表的终端用

---

① 参见徐州市绿源菱镁科贸有限公司与徐州金地商都集团有限公司、江苏省电力公司徐州供电公司物业服务合同纠纷再审复查与审判监督民事裁定书，江苏省高级人民法院（2015）苏审二民申字第02041号。

② 参见叶某与上海上坤物业管理有限公司物业服务合同纠纷二审民事判决书，上海市第二中级人民法院（2020）沪02民终9134号。

户，购电价格 = 转供电主体向电网企业交纳的月度总电费 ÷ 总购电量的计算方法，与转供电损耗承担方式的转变、最高限价标准均能保持一致，较为合理。根据该计价标准，湖南丰彩好润佳商贸有限公司在 2017 年 10 月至 2020 年 12 月共计多交电费 654 697.89 元，湖南亚华物业管理有限公司应当予以退还。①

4. **物业服务企业可以根据约定收取电费相关的服务费**

【典型案例】法院认为，重庆典雅房地产开发集团物业管理有限公司（以下简称典雅物业公司）作为为巴南区豪婷食品店（以下简称豪婷食品店）等终端用户提供转供电服务的主体，客观上承担着总表与分表之间的电力损耗、设施设备损耗及折旧等费用，典雅物业公司与终端客户协商收取服务费具有合法性和合理性，亦符合法律规定。典雅物业公司向豪婷食品店收取每度电 0.326 8 元服务费，是依据双方《转供电合同》约定收取的，该合同对用电缴费单价、服务费单价及缴费方式等内容均进行了明确约定，未违反国家对于电费管理相关政策的禁止性规定。豪婷食品店虽提出未签订《转供电合同》，但其并未举示相反的证据予以反驳，且豪婷食品店自 2018 年 10 月开始一直按照《转供电合同》约定的电费及服务费标准实际履行，豪婷食品店自实际履行《转供电合同》的约定起在 1 年时间内未行使撤销权，根据原《合同法》第 37 条的规定，典雅物业公司与豪婷食品店之间的《转供电合同》依法成立并有效。②

5. **业主须对物业服务企业多收电费承担举证责任**

【典型案例】法院认为，结合当事人的诉辩理由及查明的事实，关于上诉人湘潭市岳塘区米萝咖啡建鑫店（以下简称米萝咖啡）主张被上诉人建鑫物业服务（湖南）有限公司（以下简称建鑫公司）多收取了电费 144 572.7 元是否成立。上诉人米萝咖啡以 2017 年 3 月和 4 月向湘潭供电分公司缴付的电

---

① 参见湖南丰彩好润佳商贸有限公司、湖南亚华物业管理有限公司物业服务合同纠纷二审民事判决书，湖南省长沙市中级人民法院（2021）湘 01 民终 11637 号。

② 参见巴南区豪婷食品店与重庆典雅房地产开发集团物业管理有限公司物业服务合同纠纷申诉、申请再审民事裁定书，重庆市高级人民法院（2020）渝民申 3258 号。

价0.862元/度为基础，另加损耗6%来计算2011年至2016年8月应向被上诉人建鑫公司缴付的电费，与客观事实不符。其一，电价是波动的，不是固定的；其二，合同约定的8%的损耗，上诉人未能证实该约定违反了法律的规定；其三，上诉人提交的湖南省电网销售电价表不具有针对性，不能证明建鑫公司向湘潭供电公司缴付的电价。故上诉人主张被上诉人多收取了电费144 572.7元，因缺乏证据不能成立，法院不予支持。[①]

6. 物业服务企业应履行其向业主所做出免费代缴水电费承诺

【典型案例】法院认为，《［云锦·金瓯广场］前期物业管理服务合同》第25条约定："其他乙方（金时代物业）向业主和物业使用人提供的服务项目和收费标准约定如下：1. 免费服务系列：代收、代缴水电气费，代订、代送各种报纸杂志……"因此，攀枝花市金时代物业管理有限公司（以下简称金时代物业）应当承担无偿为业主提供代收代缴水电气费的服务义务，且金时代物业仅是代收代缴，并非供应水电气的主体，其以业主未及时交纳物业管理费为由拒绝业主缴纳水电气费的要求不符合合同约定，属违约行为。……停水停电势必影响家庭正常生活，这是不争的常识，本案中，徐某某、田某某举证住宿费发票证明停水停电造成的实际损失，金时代物业对住宿费发票持异议，但未举证证明其异议成立，故法院对住宿费发票予以采信，一审法院判决金时代物业赔偿徐某某、田某某损失1000元正确。[②]

7. 二次供水的物业服务企业即使未与供水公司签订书面合同，亦可通过实际行为构成转供用水关系

【典型案例】总表制二次供水小区最终的水费负担主体是业主。由于表具产权的界分，以及物业服务企业的身份属性，供水企业有权向受其委托控制、管理总表的物业服务企业收取水费。供水企业与物业服务企业之间形成的是委托收取水费的代理关系，故物业服务企业只得按供水企业定价向业主

---

① 参见湘潭市岳塘区米萝咖啡建鑫店、建鑫物业服务（湖南）有限公司不当得利纠纷二审民事判决书，湖南省湘潭市中级人民法院（2018）湘03民终366号。

② 参见攀枝花市金时代物业管理有限公司与徐某某、田某某物业服务合同纠纷二审民事判决书，四川省攀枝花市中级人民法院（2016）川04民终618号。

收取水费，不得加收服务费等，但可根据合同约定，向供水企业收取一定的服务费。①

8. **二次供水住宅小区巨额水损应由供水合同主体承担**

【典型案例】 城市二次供水管理是当前国内许多大中城市供水管理中的一大难题，普遍存在产权不清、收费混乱、管理不善、水质污染等问题。开发商在完成中高层或高层住宅小区的建设时与自来水公司签订二次供水合同，约定开发商按总表计量向自来水公司缴纳水费，小区房屋交付业主后，水费则由物业公司代收代缴。随着国务院《物业管理条例》等法律法规的出台，城市中高层或高层住宅“总表制”供水问题日益显现，特别是当二次供水管线及相关设施、设备出现跑水、漏水时，不仅面临巨额水费如何承担问题，更牵涉二次供水管线及相关设施、设备的维修、养护及改造等深层次问题。处理此类水费纠纷应以供水合同为基础，开发商未变更供水合同主体的，仍应承担缴纳水费责任；自来水公司与物业公司、开发商三方签订趸售协议的，应视为已变更了供水合同主体。②

七、行政处罚相关要点及典型案例

1. **物业服务企业不得擅自向用户收取增容费用**

被处罚人：北京搜厚物业管理有限公司三里屯分公司

京朝市监处罚〔2022〕1638 号　北京市朝阳区市场监督管理局

处罚事由：当事人在电力公司同期平均电价的基础上向所有终端用户加价收取电费，同时，电力公司免费为电力用户增容，当事人却以电力改造服务费的名义向终端用户收取增容费用。

处罚结果：责令当事人返还违法收取的费用人民币 14 389 490. 40 元，并决定对当事人作出行政处罚如下：警告；罚款 21 584 235. 6 元。

---

① 参见杭州绿洲物业有限公司、杭州市水务控股集团有限公司供用水合同纠纷二审民事判决书，浙江省杭州市中级人民法院（2018）浙 01 民终 9736 号，载《人民司法·案例》2019 年第 11 期。

② 参见江苏省南京市自来水总公司诉鸿意地产发展有限公司供水合同纠纷案，江苏省南京市中级人民法院（2011）宁商终字第 437 号，载《人民司法·案例》2012 年第 10 期。

2. 物业服务企业不可私自加收转供电中发生的损耗

被处罚人：开平市珠影物业管理有限公司

开市监处字 20200604 号　开平市市场监督管理局

处罚事由：当事人给喜美乐酒楼转供电价格高于上述政府定价，其目的是弥补中央空调和公共照明等用电损耗，但该用电损耗分摊并未在《开平市水口珠影广场商铺租赁合同》中予以明确。2017 年 10 月至 2019 年 7 月案发，当事人向喜美乐酒楼加价收取电费，共计多收电费 117 824. 8 元。

处罚结果：罚款 60 000. 00 元。

3. 物业服务企业不得高于政府定价收取电费

被处罚人：上海锐翔上房物业管理有限公司杭州分公司

杭拱市监大罚处字〔2020〕27 号　杭州市拱墅区市场监督管理局

处罚事由：当事人高于政府定价收取电费，致使终端用户没有享受到电价改革带来的政策红利，构成不执行政府定价的行为。鉴于当事人承租户较少，又在案发后退还全部多收款，消除影响，依据《行政处罚法》（2017 年修正）第 27 条第 1 款第 1 项的规定，可以酌情考虑从轻处罚。

处罚结果：罚款 146 200 元。

八、物业服务企业上市案例文书部分示例

西藏新城悦物业服务股份有限公司创业板首次公开发行股票申请文件反馈意见

> 22. 根据招股说明书披露，报告期各期，公司预付款项余额分别为 611. 50 万元、1017. 39 万元和 1164. 66 万元，占各期末总资产的比例分别为 2. 25%、2. 76% 和 1. 98%，主要为预付的水电费和公司财务软件升级产生预付采购款。
>
> 请在招股说明书中补充披露公司报告期内水电费及物资采购的款项支付结算政策，与同类企业进行比较并分析说明差异情况及原因。

第三十三章　专项维修资金

一、概述

专项维修资金是指住宅物业的相关业主按照国家有关规定交纳的专项用于物业共用部位、共用设施设备保修期满后的维修和更新、改造的资金。专项维修资金的目的就是延长房屋的使用寿命，保证住宅小区设施设备的正常使用，发挥住宅“医保金”和“养老金”的重要作用。收并购中，核查专项维修资金情况，一方面，有助于收购方判断在管项目专项维修资金的交存与使用是否影响目标公司提供物业服务；另一方面，还有助于收购方判断收购目标公司后是否可以启动使用维修资金程序，以维系在管项目运营的品质、稳定性、持续性。

核查目标公司在管项目专项维修资金情况，须注意以下事项：

1. 专项维修资金的立法沿革

1998 年 7 月 3 日国务院发布《关于进一步深化城镇住房制度改革加快住房建设的通知》（国发〔1998〕23 号），首次提出“加强住房售后的维修管理，建立住房共用部位、设备和小区公共设施专项维修资金，并健全业主对专项维修资金管理和使用的监督制度”。1998 年 11 月 9 日原建设部、财政部印发的《住宅共用部位共用设施设备维修基金管理办法》（建住房〔1998〕213 号）规定，凡商品住房和公有住房出售后都应当建立住宅共用部位、共用设施设备维修基金。该办法被 2008 年 2 月 1 日起施行的《住宅专项维修资金管理办法》（建设部、财政部令第 165 号）废止，维修基金也更名为“维修资金”。《物业管理条例》、原《物权法》、《民法典》等均使用专项维修资金的表述。

2. 专项维修资金的权属

专项维修资金属于业主所有，其来源因房屋性质不同而有所不同。商品房的专项维修资金由购房者和建设单位按当地住宅建筑安装工程每平方米造价百分比或者每平方米固定金额交存。售后公房的专项维修资金则由业主和售房单位按规定比例交存。电梯房屋专项维修资金的金额要比无电梯房屋高（包括地下建筑物及不共用公共电梯的房屋），有些地方政策在电梯房屋专项维修资金中再单列电梯专项维修资金。若业主分户账面住宅专项维修资金余额不足首期交存额30%的，业主应当及时续交。实践中，建设单位可以代收代交购房者交纳的维修资金，但由此也可能导致专项维修资金被开发商挪用。

3. 专项维修资金的管理

专项维修资金的管理主要分为代管和自管两种方式，在业主大会成立前，通常由政府房地产管理部门设立的专项维修资金管理机构通过设立专项维修资金银行账户进行代管。业主大会成立后，专项维修资金管理机构通知专户管理银行将该物业管理区域内业主交存的住宅专项维修资金账面余额划转至业主大会开立的住宅专项维修资金账户，并将有关账目等移交业主委员会进行自管。

4. 专项维修资金的使用

（1）在新建物业保修期满但业主大会尚未成立之时，维修资金是可以使用的。但各地做法不一，通常有两种做法。其一，物业服务企业提出使用专项维修资金建议或方案，经涉及维修范围内专有部分占建筑物总面积2/3以上的业主且占总人数2/3以上的业主讨论通过。物业服务企业等组织实施后，向房地产主管部门申请列支。房地产主管部门向专户管理银行发出划转通知，专户管理银行将资金划转至维修单位（包括能提供该服务的物业服务企业）。其二，有的地方实操中，凡是业主大会未成立的，维修资金一律暂停使用。这实际上已侵犯了业主享有的使用维修资金的权利。实践中，“征得人数和面积双2/3以上相关业主同意”规则，往往使屋面渗漏、路面坍塌、排水管爆裂、供水设施损坏这些维修事项延迟，从而影响小区业主生活，或出现意想不到的危险情形，也使业主对物业服务企业的服务质疑。

（2）在业主大会成立后，批准方案、列支、支付则由业主大会依法决定，无须经过房地产主管部门的审核。专项维修资金的使用因是否涉及危及房屋安全等紧急情形可分为正常情况下的使用和紧急情况下的使用，后者无须业主或者业主大会讨论通过专项维修资金使用方案。应指出的是，共有部分的维修等并不必然需要使用维修资金，例如，建设单位须承担保修期内的维修、更新、改造责任；又如，供水、供电、供气、供热、通信、有线电视等单位应当承担物业管理区域内相关管线和设施设备的维修、养护责任；再如，第三方造成共有部分损坏的须承担修复、赔偿等民事侵权责任；等等。

5. 核查专项维修资金的难度

随着商品房住宅小区房龄逐步增长，共用部位、共用设施设备自然老化、自然损坏的程度日益加重，维修资金的使用已较集中。若目标公司不能启动使用专项维修资金程序，则可能导致在管项目品质下降，并可能导致目标公司承担因维修问题导致的安全保障责任。专项维修资金具有涉及面广、时间跨度长、牵涉主体多、核查难度高等特点。同时，由于相关规定的原则性以及个别地方对于交纳专项维修资金的政策执行不严格，目标公司往往因各种原因存在长期垫付专项维修资金的情况；或者某些目标公司为承接项目而承诺补足专项维修资金不足部分；更有甚者，某项目建设单位代收专项维修资金后未交存专户而挪作其他用途，导致作为其关联公司的目标公司无法使用且不敢披露专项维修资金交存情况；等等。

二、核查要点

1. 检索、咨询在管项目当地关于专项维修资金的政策法规以及具体操作流程等，特别注意核查当地专项维修资金管理机构是否定期通过报刊、政府网站、App 等，公布物业管理项目上一年度专项维修资金的筹集和使用情况。

2. 核查在管项目物业服务合同约定的服务范围、服务费用以及专项维修资金的管理与使用等，重点核查目标公司承担的共有部分的维修、养护的义务范围及费用条款。

3. 结合财务尽调，核查专项维修资金交存、续交与使用情况，如专项维修资金的储存余额、是否需要续交；在管项目专项维修资金的使用台账以及代管机构或者业主大会的审核审批文件等。

4. 结合目标公司利用公共区域经营情况，核查目标公司是否依法或者依据物业服务合同约定将业主应得的公区经营性收益列入专项维修资金。

5. 核查目标公司或者建设单位是否存在违规侵占、挪用专项维修资金等情况，以及是否因此受到行政处罚或者刑事处罚等。

三、风险提示

1. 行政处罚风险。若目标公司挪用专项维修资金的，县级以上地方人民政府房地产行政主管部门可追回挪用的专项维修资金，给予警告，没收违法所得，可以并处挪用数额 2 倍以下的罚款。

2. 刑事法律风险。司法实践中，物业服务企业工作人员利用职务便利挪用或者侵占资金，或者利用工作便利骗取专项维修资金的，还可能被追究刑事责任。若目标公司员工存在上述违法犯罪行为，既反映目标公司的管理缺陷，也可能导致目标公司在管项目丢盘。

3. 经营管理风险。若目标公司存在难以申请使用专项维修资金、实际上垫资维修、在获取项目时承诺补足专项维修资金的不足、在管项目未交存未交足专项维修资金等情况，则目标公司可能会出现因专项维修资金问题导致在管项目亏损、整体服务质量不高等经营管理问题。

四、处理建议及参考条款

1. 在交易协议中就专项维修资金相关资料移交做出约定，参考条款节选如下。

> 转让方在工商行政主管部门核准本次股权转让的工商变更登记之日起 5 日内将【　】项目的下列资料原件移交给受让方：
>
> 保洁、保安、保绿、维修等物业服务台账及档案。

2. 在交易协议中就转让方与受让方涉及专项维修资金责任划分作出明确约定，参考条款节选如下。

> 审计基准日前，目标公司设施设备已存在的问题，质保期内的优先由建设单位承担质保责任；质保期以外且符合专项维修资金启用条件的优先启用维修资金，转让方负责协调。除已列入附件【　】的属于目标公司应自行承担的情形外（属于审计基准日前应当由目标公司进行处理或承担费用的设施设备维修情形）应由转让方负责处理，所需的费用由转让方承担并补偿至目标公司。审计基准日后，设施设备新出现问题的，由目标公司自行负责。
>
> 目标公司及项目管理权移交完成后，设施设备新出现问题的，由目标公司自行负责。管理权移交完成前设施设备已存在的问题，质保期内的优先由建设单位承担质保责任，质保期以外且符合专项维修资金启用条件的优先启用维修资金，转让方负责协调解决。如管理权移交完成前已存在的问题，在管理权移交完成后2个月内发生包括但不限于责任事故，法院判决或行政主管部门要求目标公司承担责任的，由转让方据实补偿目标公司。如果是在管理权移交完成2个月后发生的包括但不限于责任事故，转让方不向目标公司承担补偿责任。

3. 在交易协议中特别约定对赌期内在管项目维保责任及费用承担，参考条款节选如下。

> 转让方承诺，目标公司现有项目电梯、消防等配套设施设备符合法律法规规定的基础使用之要求，并确保在业绩承诺期内仍符合前述约定。受让方有权组织对目标公司在管项目设施设备进行监督检查，如经临检发现目标公司在管项目设施设备不符合前述要求的，受让方有权提出整改建议，直至符合前述要求，所产生的费用由目标公司自行承担（如按约定或法律规定应当由业主委员会或建设单位或专项维修资金承担的，转让方负责协调该等主体承担相应费用）。

五、相关规定

《物业管理条例》（2018 年修订）

第五十三条　住宅物业、住宅小区内的非住宅物业或者与单幢住宅楼结构相连的非住宅物业的业主，应当按照国家有关规定交纳专项维修资金。

专项维修资金属于业主所有，专项用于物业保修期满后物业共用部位、共用设施设备的维修和更新、改造，不得挪作他用。

专项维修资金收取、使用、管理的办法由国务院建设行政主管部门会同国务院财政部门制定。

第五十四条　利用物业共用部位、共用设施设备进行经营的，应当在征得相关业主、业主大会、物业服务企业的同意后，按照规定办理有关手续。业主所得收益应当主要用于补充专项维修资金，也可以按照业主大会的决定使用。

第六十条　违反本条例的规定，挪用专项维修资金的，由县级以上地方人民政府房地产行政主管部门追回挪用的专项维修资金，给予警告，没收违法所得，可以并处挪用数额 2 倍以下的罚款；构成犯罪的，依法追究直接负责的主管人员和其他直接责任人员的刑事责任。

《住宅专项维修资金管理办法》（建设部、财政部令第 165 号）

第二十二条　住宅专项维修资金划转业主大会管理前，需要使用住宅专项维修资金的，按照以下程序办理：

（一）物业服务企业根据维修和更新、改造项目提出使用建议；没有物业服务企业的，由相关业主提出使用建议；

（二）住宅专项维修资金列支范围内专有部分占建筑物总面积三分之二以上的业主且占总人数三分之二以上的业主讨论通过使用建议；

（三）物业服务企业或者相关业主组织实施使用方案；

（四）物业服务企业或者相关业主持有关材料，向所在地直辖市、市、县人民政府建设（房地产）主管部门申请列支；其中，动用公有住房住宅专项维修资金的，向负责管理公有住房住宅专项维修资金的部门申请列支；

（五）直辖市、市、县人民政府建设（房地产）主管部门或者负责管理公有住房住宅专项维修资金的部门审核同意后，向专户管理银行发出划转住宅专项维修资金的通知；

（六）专户管理银行将所需住宅专项维修资金划转至维修单位。

第二十三条　住宅专项维修资金划转业主大会管理后，需要使用住宅专项维修资金的，按照以下程序办理：

（一）物业服务企业提出使用方案，使用方案应当包括拟维修和更新、改造的项目、费用预算、列支范围、发生危及房屋安全等紧急情况以及其他需临时使用住宅专项维修资金的情况的处置办法等；

（二）业主大会依法通过使用方案；

（三）物业服务企业组织实施使用方案；

（四）物业服务企业持有关材料向业主委员会提出列支住宅专项维修资金；其中，动用公有住房住宅专项维修资金的，向负责管理公有住房住宅专项维修资金的部门申请列支；

（五）业主委员会依据使用方案审核同意，并报直辖市、市、县人民政府建设（房地产）主管部门备案；动用公有住房住宅专项维修资金的，经负责管理公有住房住宅专项维修资金的部门审核同意；直辖市、市、县人民政府建设（房地产）主管部门或者负责管理公有住房住宅专项维修资金的部门发现不符合有关法律、法规、规章和使用方案的，应当责令改正；

（六）业主委员会、负责管理公有住房住宅专项维修资金的部门向专户管理银行发出划转住宅专项维修资金的通知；

（七）专户管理银行将所需住宅专项维修资金划转至维修单位。

第二十四条第一款　发生危及房屋安全等紧急情况，需要立即对住宅共用部位、共用设施设备进行维修和更新、改造的，按照以下规定列支住宅专项维修资金：

（一）住宅专项维修资金划转业主大会管理前，按照本办法第二十二条第四项、第五项、第六项的规定办理；

（二）住宅专项维修资金划转业主大会管理后，按照本办法第二十三条第四项、第五项、第六项和第七项的规定办理。

住房和城乡建设部等部门《关于加强和改进住宅物业管理工作的通知》（建房规〔2020〕10号）

五、规范维修资金使用和管理

（十六）提高维修资金使用效率。优化维修资金使用流程，简化申请材料，缩短审核时限。建立紧急维修事项清单，符合清单内容的，业主委员会可直接申请使用维修资金，尚未产生业主委员会的，由街道组织代为维修，并从维修资金中列支相关费用。因供水、排水、消防、电梯等紧急事项使用维修资金的，维修工程竣工后，应当公开维修资金使用数额。探索维修资金购买电梯安全责任保险。

（十七）健全维修资金管理制度。提高维修资金管理机构专业化、规范化管理水平。采用公开招标方式，综合存款利率、资产规模和服务效能等因素，择优确定专户管理银行，控制专户管理银行数量。探索委托专业机构运营维修资金，提高资金收益水平，并将收益分配给业主。加快维修资金管理信息系统建设，方便业主实时查询。每年披露资金管理和使用情况，接受社会监督。加强维修资金监管，严肃查处侵占挪用资金等违法违规行为。

（十八）加大维修资金归集力度。推动新建商品房在办理网签备案时，由建设单位代为足额缴纳维修资金。加大对建设单位、物业服务企业代收维修资金的清缴力度。业主共有部分经营收益应当主要用于补充维修资金。逐步实行商品房与已售公房维修资金并轨管理。

北京市住房和城乡建设委员会《关于禁止房地产开发企业违规收取契税和住宅专项维修资金有关问题的通知》（京建发〔2021〕96号）

一、在新建商品房交易过程中，应由购房人缴纳的契税和住宅专项维修资金，购房人应自行缴纳，房地产开发企业不得代收、代缴。

二、房地产开发企业不得将代收购房人应缴契税或住宅专项维修资金，作为商品房销售和交付的前置条件。

三、购房人缴纳契税或住宅专项维修资金，确需要代办的，可委托开发企业或第三方办理，但相应款项不得转入开发企业或其它第三方账户。

……

五、各区住房城乡建设主管部门应及时排查辖内已代收契税和住宅专项维修资金项目，已具备缴纳条件的，责令开发企业立即向有关部门缴纳；暂不具备缴纳条件的，应退回购房人或转存入属地政府指定的代收资金监管账户，待具备缴纳条件后及时通知购房人办理缴纳手续。

六、实务要点及典型案例

1. 业主大会向业主催讨专项维修资金不适用诉讼时效

【典型案例】专项维修资金是专门用于物业共用部位、共用设施设备保修期满后的维修和更新、改造的资金，属于全体业主共有。交纳专项维修资金是业主为维护建筑物的长期安全使用而应承担的一项法定义务。业主拒绝交纳专项维修资金，并以诉讼时效提出抗辩的，人民法院不予支持。①

2. 业主委员会有权要求开发商返还业主向其缴纳的维修资金

【典型案例】法院认为，按照《上海市商品住宅维修基金管理办法》的规定，在2001年8月1日后出售的新建外销商品住房的维修基金筹集，按照内销商品房的相关规定执行。本案中，东亚物业管理（中国）有限公司（以下简称东亚物业公司）和上海东衍物业管理有限公司（以下简称东衍物业公司）办理房屋交接手续的时间大多在2001年8月1日之后，业主在购房时，按照法律规定以及商品房预售合同的交易习惯，有理由相信收取维修基金的主体为开发商。

此外，根据上海四方盛发房地产开发有限公司（以下简称四方盛发公司）在原审中的自述，在四方新城小区商品房出售过程中，四方盛发公司曾委托东亚物业公司、东衍物业公司办理出售房屋的交接手续。业主在与东亚物业公司、东衍物业公司办理房屋交接手续、交纳维修基金时，有理由相信其所交纳的维修基金，是上述两家物业公司代理四方盛发公司收取的。四方盛发公司作为委托人仍应向业主承担返还责任。如四方盛发公司认为东亚物业公司、东衍物业公司没有按照委托关系的约定将业主交纳的维修基金转交

① 参见上海市虹口区久乐大厦小区业主大会诉上海环亚实业总公司业主共有权纠纷案，上海市第二中级人民法院（2011）沪二中民二（民）终字第1908号，最高人民法院发布第14批指导性案例之案例65号。

给四方盛发公司，其可依委托关系向上述两家物业公司主张权利。故法院对四方盛发公司的该节上诉意见不予采纳。[①]

3. 共用设施设备保修期满后的维修改造等须通过专项维修资金解决

【典型案例】法院认为……对于原告要求被告支付弱电系统、消防系统、电梯设施维修费用的诉讼请求……根据谁主张谁举证的原则，原告应举证证明上述设施设备已经损坏，且设施设备损坏系因被告不履行或者不完全履行管理职责引起的。从被告进入该小区进行管理，后移交、撤离至今，前后已有近7年时间，上述设施设备运行过程中本身会出现自然老化及损坏的情况，且均已超过质保期，如果需要维修、更新、改造，必须动用小区维修基金解决，不属被告应提供的物业服务范围，鉴于原、被告双方就上述设施设备的日常养护管理的物业资料尚未进行移交，在相关资料未移交前，根据原告现有证据，法院无法确定被告上海浦华物业管理有限公司在服务期间是否存在违约行为、违约行为与损害后果之间是否存在因果关系以及因果关系大小，故法院对原告该项诉请不予支持，原告可待相关资料移交后并根据具体情况再行主张。[②]

4. 业主不得以应属专项维修资金相关事项为由而拒交物业费

【典型案例】法院经审查认为，根据王某某的再审申请事由，本案争议的焦点问题是王某某能否以案涉房屋外墙渗水、外墙砖脱落为由不予交纳物业费。……本案中王某某所述外墙局部渗水、外墙砖脱落、屋面漏水属于公共部位的户外墙面渗水所致，相关维修事宜涉及公共部位维修，需要使用住宅专项维修资金。……适用住宅专项维修资金涉及一定的程序并确需业主大会通过方案方能实施，物业服务企业仅负责提出使用方案、组织实施使用方案。王某某所述外墙局部渗水、外墙砖脱落、屋面漏水应予修缮需要使用住

---

① 参见上海四方盛发房地产开发有限公司与上海市静安区四方新城业主委员会所有权纠纷二审民事判决书，上海市第二中级人民法院（2015）沪二中民二（民）终字第2679号，载《上海审判实践》2017年第2辑。

② 参见上海市浦东新区大华锦绣华城18街区业主委员会与上海浦华物业管理有限公司物业服务合同纠纷一审民事判决书，上海市浦东新区人民法院（2014）浦民一（民）初字第1732号。

宅专项维修资金而不应从物业服务企业收取的物业服务费中支取，原判决认定外墙渗水系建筑物的质量问题引起，对外墙的维修不是物业服务提供者武汉惠之美物业服务有限公司应履行的义务并无不当，王某某不能以案涉房屋外墙渗水、外墙砖脱落为由不予交纳物业费。[①]

5. 业主不具有单独提起涉及专项维修资金相关行政诉讼的主体资格

【典型案例】 本案大修资金的使用系经北晨丽景业委会签章同意的，应对该小区内的全体业主具有约束力。原《物权法》第 78 条第 2 款规定，业主大会或业主委员会的决定侵害业主合法权益的，受侵害的业主可以请求人民法院予以撤销。原告作为小区业主，若对北晨丽景业委会的该决定不服，可以依照前述途径行使权利。此外，凡涉及全体业主公共利益的事项，业主委员会亦有权作为原告提起诉讼，但应先召开业主（代表）大会，由大会以多数表决的方式对诉讼与否作出决定。《业主大会和业主委员会指导规则》第 21 条第 3 款第 1 项规定，经专有部分占建筑物总面积 20% 以上且占总人数 20% 以上业主提议的，业主委员会应当及时组织召开业主大会临时会议。本案可由业主提议召开业主大会临时会议，北晨丽景业委会视会议结果决定是否作为原告提起诉讼，诉讼风险由全体业主共同承担。因此，北碚区人民法院以郑某某作为北晨丽景小区业主，不具备单独提起本案行政诉讼的主体资格为由驳回其起诉。[②]

6. 业委会有权要求物业服务企业返还公共维修基金的档案资料

【典型案例】 业委会在维护全体业主的利益时，可以代表全体业主管理和接收公共维修基金的档案资料，且由于公共维修基金的档案资料所有权属于全体业主，而业委会收回这些档案资料是维护业主的权利，也是全体业主行使权利的表现。另外，在物业管理服务合同终止时，将这些档案资料移交

① 参见王某某、武汉惠之美物业服务有限公司物业服务合同纠纷再审审查与审判监督民事裁定书，湖北省高级人民法院（2020）鄂民申 3945 号。

② 参见郑某某诉重庆市北碚区房屋管理局行政审批案——重庆市高级人民法院 2016 年发布行政诉讼十大案例之案例十。

给业委会代管，也有利于在聘请新物业管理公司时将这些资料移交给新物业管理公司代管。因此，业委会应有诉讼主体资格。[①]

7. 物业服务企业员工利用工作便利骗取专项维修资金，构成诈骗罪

【典型案例】本案所涉维修基金系依法实行专户存储、专款专用的资金，属业主共有，并决定使用。费、张二人作为物业公司员工，基于物业服务合同提供物业服务，按照合同约定代管业主维修资金的账务，而非代管维修基金、亦非维修基金账户的实际控制人、资金使用的决定人。两人无经手、管理维修基金的职务便利，仅有对维修资金账务代管的工作便利。费、张利用该工作便利，通过虚开发票、伪造维修任务单等方式，虚构维修工程、虚增维修费用，使业主大会陷于需要支付资金的错误认识，签章审核后拨付资金，非法占有涉案的维修资金，其行为符合诈骗罪的构成要件。[②]

8. 建设单位挪用专项维修资金，被处以罚款。

【典型案例】临汾市绿岛房地产开发有限公司：

经查，你单位挪用亚太世纪花园小区的住宅专项维修资金 284.87 万元，我局责令你单位立即改正，追回挪用的专项维修资金 284.87 万元；拟决定对你单位罚款 28.49 万元……

临汾市房地产管理局

2019 年 7 月 8 日[③]

9. 建设单位员工利用职务便利侵占专项维修资金，构成职务侵占罪

【典型案例】经审理查明，2017 年 6 月 1 日，被告人黄某某与某某公司签订《劳动合同》，应聘到该公司工作，担任市场调查员兼售后客服外勤员。2017 年 8 月至 2020 年 2 月，被告人黄某某在该公司下属的某某华府项目中，

---

① 参见厦门市怡和大厦业主委员会诉厦门海谊楼宇经营管理有限公司物业服务合同案。

② 参见费某某等诈骗罪二审案件二审刑事裁定书，上海市第一中级人民法院（2019）沪 01 刑终 460 号。

③ 参见临建告字〔2019〕190008 号行政处罚告知书。

代业主向住建部门指定的维修资金归集专户交存物业维修资金。由于住建部门指定的维修资金归集专户只能由个人银行账户交存，故每次交存维修基金时先由该公司将资金转入黄某某开设在兴业银行的个人账户，再由黄某某到银行进行交存。黄某某利用职务便利，在个人账户收到该公司的维修基金后，不按时交存，并且私刻公章伪造《湛江市住宅专项维修资金分户交存凭证》瞒骗公司、业主和住建部门，占有该公司财产 5 470 661.2 元。

……法院认为，被告人黄某某作为某某公司员工，利用职务上的便利，将自己经手和管理的公司维修基金 5 470 661.2 元非法占为己有，数额巨大，其行为已构成职务侵占罪，应予依法惩处。公诉机关的指控成立。[①]

① 参见黄某某职务侵占罪一案刑事一审判决书，广东省湛江经济技术开发区人民法院（2020）粤 0891 刑初 191 号。

第三十四章　物业管理用房

一、概述

物业管理用房是建设单位根据规划相关要求建设的，物业服务企业进行办公、工作人员值班以及存放工具材料的用房，由物业服务企业负责维修、养护。在笔者的并购实操中，目标公司往往存在改变物业管理用房位置、将物业管理用房擅自出租并将租金收归其所有、将其作为关联企业的注册地址等情况。因此，核查物业管理用房，有助于判断建设单位或者业主是否依法提供物业管理用房、目标公司是否合规使用物业管理用房、在管项目收入真实性和合法性等事项，更有助于综合判断目标公司的整体经营管理是否规范。

核查目标公司的物业管理用房，应注意以下事项：

1. 物业管理用房权属

物业管理用房属于全体业主所有，任何单位和个人不得将其分割、转让、抵押，未经业主大会同意，不得擅自变更用途。物业管理用房经营所得收益主要用于补充专项维修资金，也可按照业主大会的决定使用。物业服务企业在退出物业管理区域后，应与业主委员会或新物业服务企业对物业管理用房进行交接验收。

2. 物业管理用房配置要求

从配置要求和面积看，不同地方政策略有不同，通常规定按规划出售部分总建筑面积一定比例确定物业管理用房面积，并规定最低不得少于多少面积、不得设置在地下等。设计单位在规划设计图纸上会标注物业管理用房的具体位置并在经济指标中注明建筑面积。

3. 物业管理用房功能

从功能上看，物业管理用房包括物业管理办公用房、公共活动用房和物业管理商业用房。物业管理办公用房主要用于物业服务企业的日常办公、客户服务、秩序维护、安全监控、存放工具材料等。公共活动用房主要用于业主委员会议事、会议讨论、档案管理等。物业管理商业用房主要用于有偿服务、多种经营等。物业管理用房不包括物业设备设施用房或设备间。

二、核查要点

1. 检索在管项目当地关于物业管理用房的政策法规等。

2. 建设单位是否按规定配置并移交物业管理用房、业主与建设单位是否因物业管理用房发生争议及处理情况。

3. 目标公司对外签订的物业管理用房经营合同是否获得业主大会同意、是否超过目标公司受聘期限、目标公司是否因整改等而提前解约可能承担的违约责任等。

4. 结合财务尽调，核查目标公司已分配、可分配的物业用房经营收入及收入占比，目标公司是否将物业用房经营收入用于专项维修等业主共同利益事项。

5. 结合诉讼纠纷，核查业主与目标公司等是否因物业管理用房发生争议及处理情况、目标公司是否因违规使用或者出租物业管理用房受到行政处罚等。

三、风险提示

1. 诉讼风险。一是业主委员会要求返还收益的诉讼风险。根据司法实践，若目标公司未经业主大会同意，且无法证明其将物业管理用房相关收益用于物业共用部位、共用设施设备的维修、养护的，业主委员会可起诉要求返还收益。二是若目标公司未经业主大会或业主委员会同意而出租物业管理用房，目标公司因整改导致物业管理用房租赁合同提前终止的，则承租方可能要求目标公司承担赔偿责任。

2. 行政处罚风险。《物业管理条例》第62条规定，未经业主大会同意，物业服务企业擅自改变物业管理用房用途的，由县级以上地方人民政府房地产行政主管部门责令限期改正，给予警告，并处1万元以上10万元以下的罚款等。

四、处理建议及参考条款

1. 建议在交易协议“陈述与保证”条款中约定目标公司擅自出租物业管理用房的责任，参考条款节选如下。

> 转让方特别陈述与保证：基于转让方所披露之目标公司及其在管项目情况，发生任何民事责任、行政责任，均由转让方据实承担或据实补偿至目标公司，包括但不限于：
>
> 目标公司因股权交割日前以物业管理用房对外租赁获取的租赁收益被业主、业主大会或者业主委员会要求退还的费用。

2. 建议在交易协议中的“目标公司交接”方面约定物业管理用房的交接要求，参考条款节选如下。

> 物业管理用房，转让方与受让方协商同意按下列第【　】种方式交接：
>
> （1）现状交接。
>
> （2）转让方解除物业管理用房的租赁关系。目标公司因解除租赁关系而产生的违约、赔偿等责任由转让方承担。

3. 若目标公司存在擅自出租物业管理用房的情况，但可以整改的，则建议在交易协议中约定转让方和目标公司应在一定期限内获得业主大会或者业主委员会的书面同意文件。

4. 结合财务尽调数据，建议收购方在计算交易对价时扣除目标公司擅自出租物业管理用房所得收入。

五、相关规定

《物业管理条例》（2018年修订）

第三十七条　物业管理用房的所有权依法属于业主。未经业主大会同意，物业服务企业不得改变物业管理用房的用途。

第三十八条　物业服务合同终止时，物业服务企业应当将物业管理用房和本条例第二十九条第一款规定的资料交还给业主委员会。

物业服务合同终止时，业主大会选聘了新的物业服务企业的，物业服务企业之间应当做好交接工作。

第六十二条　违反本条例的规定，未经业主大会同意，物业服务企业擅自改变物业管理用房的用途的，由县级以上地方人民政府房地产行政主管部门责令限期改正，给予警告，并处1万元以上10万元以下的罚款；有收益的，所得收益用于物业管理区域内物业共用部位、共用设施设备的维修、养护，剩余部分按照业主大会的决定使用。

上海市人民政府批转市房地资源局《关于实施〈上海市住宅物业管理规定〉若干意见的通知》（沪府发〔2004〕38号）

五、物业管理用房的配置

建设单位应当按照下列标准配置物业管理用房：

（一）物业管理企业用房，不低于物业管理区域房屋总建筑面积的0.2%；物业管理区域房屋建筑总面积不足5万平方米的，不低于建筑面积100平方米。

（二）业主委员会用房，不低于建筑面积30平方米。

配置的物业管理用房应当为地面以上的独用成套房屋，并具备水、电等基本使用功能。

分期开发建设的物业管理区域，建设单位可在先期开发的区域内配置物业管理用房，或者以先期开发区域的建筑面积为基数，按本条第一款、第二款规定配置临时物业管理用房。建设单位提供临时物业管理用房的，应当根据《规定》第十九条的规定办理相关手续。

上海市房屋土地资源管理局《关于明确不同时期物业管理用房面积的复函》（沪房地资物〔2005〕190号）

2003年9月1日以后竣工的物业管理区域，其物业管理用房的配置按《关于实施〈上海市住宅物业管理规定〉的若干意见》（沪府发〔2004〕38号）的规定执行。1997年7月1日至2003年8月31日竣工的居住物业管理区域，其物业管理用房应按照规划中配置的标准提供；规划中未配置的，按照物业管理区域实际使用状况予以提供。

天津市人民政府办公厅《关于转发市国土房管局拟定的〈天津市物业管理用房管理办法〉的通知》（津政办发〔2014〕104号）

第九条　房地产行政主管部门应当对物业管理用房独立测量、计算面积，其面积不计入分摊的共用建筑面积，并在《房产测绘成果报告书》中标注“物业管理用房”字样。

第十条　开发建设单位到房地产行政主管部门办理前期物业管理备案时，应当提供经规划行政主管部门批准并标注物业管理用房具体位置和建筑面积的修建性详细规划或者总平面图。

第十一条　房地产行政主管部门核发的商品房销售许可证不得包括经过规划确定、前期物业管理备案的物业管理用房。

第十二条第一款　开发建设单位在申请办理房屋所有权初始登记时，应当对物业管理用房一并申请登记。房屋权属登记机关应当在房屋权属登记簿上予以记载并同时打印登记簿，开发建设单位在取得物业管理用房登记簿后应当及时移交给物业服务企业。

《杭州市物业维修基金和物业管理用房管理办法》（2012年修改）

第二十三条　建设单位应当将物业管理用房（包括物业管理办公用房、公共活动用房和物业管理商业用房）纳入建设配套项目计划，与建设项目同步设计、同步施工。

第二十七条　因分期开发等原因，不能足额提供当期物业管理商业用房的，建设单位应向物业管理单位支付同类地段、同等面积的商业用房的市场租金作为经济补偿，并在后期开发中及时补足物业管理商业用房。

经济补偿收入视作物业管理商业用房的经营收益，专项用于物业共用部位、共用设施设备的维修和养护，不得挪作他用。

第三十条　业主委员会成立之前，前期物业管理单位出租物业管理商业用房时，其与承租方签订的租赁合同约定的租赁期限最长不得超过业主委员会成立后3个月。

业主委员会成立之后，物业管理单位出租物业管理商业用房的，租赁合同应当经业主委员会同意。物业管理单位与承租方签订的租赁合同中，约定的租赁期限最长不得超过物业管理服务合同中约定的物业管理单位受聘期限。

物业管理商业用房的使用必须符合消防、环保、卫生等方面的要求。

第三十一条　物业管理商业用房的经营性收入归全体业主所有，由物业管理单位在银行建立专户储存，专项用于物业共用部位、共用设施设备的维修和养护，不得挪作他用。

第三十二条　物业管理单位应每半年在物业管理区域内公布物业管理商业用房出租和经营收益等情况，接受业主的监督。

第三十三条　物业管理服务合同终止时，物业管理单位应及时将物业管理办公用房（含公共活动用房）和物业管理商业用房移交给业主委员会。

第三十七条　物业管理单位违反本办法规定，不公布物业维修基金和物业管理商业用房的相关情况的，由市物业管理行政主管部门责令其限期公布。逾期仍不公布的，可处以500元以上2000元以下的罚款。

《西安市物业管理条例》（2021年修正）

第五十六条第一、二款　新建物业应当在物业管理区域内配置物业管理用房。物业管理用房应当与新建物业同步设计、同步施工、同步交付，其面积、位置应当符合《建设工程规划许可证》及《居住区公建配套设施建设合同》要求，并在建设工程规划设计方案中载明。建设单位应当按照下列规定配置物业管理用房：

（一）物业建筑面积三十万平方米以下的，按物业建筑面积的千分之三提供，但最低不得少于一百平方米；

（二）物业建筑面积超过三十万平方米的，除按照三十万平方米的千分之三提供外，超过部分按千分之一的标准提供；

（三）物业管理用房应当按照办公用房标准设计，具备水、电等基本使用功能，且位于地面以上的建筑面积不低于物业管理用房建筑面积的百分之五十。

业主委员会的办公用房从物业管理用房中调剂，建筑面积不少于三十平方米。前期物业服务企业应当在首届业主委员会依法备案之日起十五日内，向业主委员会移交办公用房。

六、实务要点及典型案例

1. 物业管理用房调整或重新配置，应当由业主共同决定

【典型案例】本案诉争房产属性应当确认为物业管理用房。虽然徐州市规划局曾于2001年11月7日核准将原规划的物业管理用房大部分变更为营业房，并将7#楼西侧相同面积车库变更为物业管理用房，并予以核发建设工程许可证。但这种变更应当征得西苑艺君花园全体业主的同意，徐州市规划局未经业主同意即准予变更，实属滥用职权。因该变更规划行为被徐州市人民政府撤销，故应当恢复原状。①

2. 若建设单位不能交付物业服务用房，可判令承担相应折价款损失

【典型案例】因上海浦东新翔房地产开发有限公司至今仍未履行交付符合规定的物业管理用房的义务，在不能履行交付义务的情况下，原审法院判决按评估报告确定的系争物业管理用房价值时点所对应的评估价判决上海市浦东新区房地产（集团）有限公司（以下简称浦房集团）承担相应折价款损失亦无不妥。本案系开发商未提供符合规定的物业管理用房所引发的建筑物区分所有权纠纷，属不动产物权纠纷，不适用诉讼时效的相关规定，故浦房集团关于上海市浦东新区汇豪天下业主委员会的诉讼请求已经超过诉讼时效的理由不能成立。②

3. 建设单位不得擅自改变物业服务用房的规划位置

【典型案例】本案中，江苏东恒国际集团有限公司（以下简称东恒公司）虽持有建设工程规划许可证，但该建设工程规划许可证附图上记载涉案物业管理用房的位置为海月花园小区1幢201室、202室，小区配电房位置为海月花园小区1幢1楼，且涉案工程竣工验收图记载的物业管理用房和小区配

---

① 参见徐州西苑艺君花园（一期）业主委员会诉徐州中川房地产开发有限公司物业管理用房所有权确认纠纷案，江苏省徐州市泉山区人民法院（2012）泉民初字第1486号，载《最高人民法院公报》2014年第6期（总第212期）。

② 参见上海市浦东新区房地产（集团）有限公司、上海市浦东新区汇豪天下业主委员会建筑物区分所有权纠纷再审审查与审判监督民事裁定书，最高人民法院（2019）最高法民申3878号。

电房的位置与涉案建设工程规划许可证附图上记载的位置相同。东恒公司擅自将海月花园1幢1楼部分房屋（原设计为小区配电房）调整为物业管理用房与其之前取得的建设工程规划许可证附图不一致，且其自认将物业管理用房调整为海月花园小区1幢1楼部分房屋未向南京市规划局申请变更并办理变更手续。南京市住建委仅凭上诉人东恒公司提交的调整物业管理用房位置的说明材料，未审查东恒公司改变建设工程规划许可证记载的房屋用途的情况下即颁发001491号《商品房销售许可证》，未尽到审慎的审查义务，导致东恒公司将物业管理用房销售给案外人吴某，侵犯全体业主的合法权益。鉴于001491号《商品房销售许可证》已失效，原审法院判决确认南京市住建委颁发001491号《商品房销售许可证》违法并无不当。[①]

4. 物业管理用房的收益归全体业主所有，其支出应依程序进行

【典型案例】关于盐城绿都物业服务有限公司（以下简称绿都公司）应否向滨海县中央花园小区业主委员会（以下简称中央花园业委会）返还案涉房屋租金收益的问题。经查，绿都公司在为中央花园小区提供前期物业服务期间，将案涉物业管理用房出租给案外人，获取租金收益448 000元。中央花园业委会认为该部分租金收益应归全体业主所有，遂提起本案诉讼；绿都公司认为，该款项已实际用于小区公共设施设备维护，且绿都公司对案涉房屋付出管理成本，故不应返还。对此，法院认为，案涉房屋租金收益系中央花园小区全体业主共有的物业管理用房之经营收益，中央花园小区全体业主作为房屋共有人对案涉房屋享有法定收益权，故案涉房屋租金收益在没有特别约定的情况下应属中央花园小区全体业主所有。绿都公司虽称款项已用于小区公共设备设施的维护，但绿都公司亦陈述尚未收取全部应收物业费，故本案中，绿都公司所提交的证据并不足以证明案涉房屋租金已经实际用于贴补物业费总收入不足以负担中央花园小区物业管理维护费用的部分，再者，绿都公司如确需以案涉房屋租金贴补物业服务费，其依法应当经过中央花园小区业主表决通过，但绿都公司对此未能举证证明，故绿都公司、滨海滨湖房地产有限公司（以下简称滨湖公司）、陈某某提出案涉房屋租金已经用于

---

① 参见江苏东恒国际集团有限公司、南京市海月花园小区业主委员会与南京市住房保障和房产局再审行政裁定书，江苏省高级人民法院（2016）苏行申811号。

小区公共设施维护不应返还的上诉理由不能成立。关于绿都公司、滨湖公司、陈某某提出绿都公司经营管理案涉房屋发生的成本应当扣减的上诉理由。法院认为，绿都公司改变案涉房屋用途用于经营，并未依法经过中央花园小区全体业主表决通过，且绿都公司在本案中亦未能举证证明其实际支出了管理维护成本，因此，绿都公司、滨湖公司、陈某某提出的该上诉理亦不能成立。[①]

5. 物业服务企业擅自出租物业管理用房须承担对承租人造成的损失

（一）关于案涉租赁合同效力的问题

本案中，从被告万泰房地产盐城有限公司与相关业主签订的商品房买卖合同以及与盐城万泰物业管理有限公司（以下简称盐城万泰物业公司）签订的前期物业服务合同约定的相关内容来看，关于会所中1A、1B地块路口大堂二层，属于开发企业所有的房屋，1A、1B地块路口大堂一层属于物业用房，而物业用房未经业主大会同意，不能改变其用途，故盐城万泰物业公司仅根据前期物业服务合同，无权对物业用房1A、1B地块路口大堂一层房屋出租给原告经营。据此，法院确认被告盐城万泰物业公司与原告盐城康力达健身有限公司签订的租赁合同中1A、1B地块路口大堂一层租赁部分无效。

（二）关于合同不能履行及责任如何认定的问题

……从本案查明的事实来看，盐城万泰时代城小区部分业主因为对被告盐城万泰物业公司的擅自出租行为不满，与被告盐城万泰物业公司和原告发生纠纷，经公安机关调解，被告盐城万泰物业公司承诺业主维持现状，并表示不再向原告出租，上述行为直接导致原告的前期营销和装饰装修工作停工，是本案合同不能履行的主要原因。被告盐城万泰物业公司对于本案合同部分无效具有过错，应赔偿原告因此所受到的损失。

（三）关于原告主张的各项损失如何认定的问题

……合同解除后，根据合同履行情况和合同性质，被告盐城万泰物业公

① 参见盐城绿都物业服务有限公司、滨海滨湖房地产有限公司等物业服务合同纠纷二审民事判决书，江苏省盐城市中级人民法院（2021）苏09民终7207号。

司应当向原告返还收取的租金、履约保证金、装修保证金以及承包费，并赔偿原告的经济损失。[①]

6. 行政处罚案例见表 34－1

表 34－1 行政处罚案例

序号	公司名称	处罚决定书	处罚事由	处罚机关	处罚结果
1	上海茂欣物业管理有限公司	普 2208700011 号	物业服务企业擅自改变物业管理用房的用途	上海市浦东新区城市管理行政执法局	警告、罚款 20 000 元
2	湖南新城新世界物业服务有限公司	长综住建罚决字〔2021〕第 36 号	未经业主大会同意改变物管用房的用途	长沙市住房和城乡建设局	罚款 40 000 元
3	四川兴顺物业管理有限公司龙岩分公司	—	未经业主大会同意出租物管用房	龙岩市城市管理局铁山执法大队	罚款 60 000 元
4	北京市澳瑞物业管理有限责任公司	京建法罚（朝房）字〔2020〕第 600087 号	未经业主大会同意擅自改变物业管理用房的用途	北京市朝阳区房屋管理局	罚款 100 000 元

七、物业服务企业上市案例文书部分示例

广东碧桂园物业服务股份有限公司首次公开发行股票申请文件反馈意见

4.……请补充披露使用物业管理用房的法律性质，发行人是否存在使用物业管理用房的现实或法律障碍以及该等情况对公司经营的影响。

① 参见盐城康力达健身有限公司与盐城万泰物业管理有限公司、万泰房地产盐城有限公司租赁合同纠纷一审民事判决书，江苏省盐城市亭湖区人民法院（2020）苏 0902 民初 1051 号。

第三十五章　物业服务外包

一、概述

物业服务外包，是指物业服务企业将物业管理区域内的部分专项服务事项委托给专业性服务组织或者第三方，或者物业服务企业将其应当提供的全部物业服务转委托给第三方，或者将全部物业服务支解后分别转委托给第三方等。收并购中，目标公司以专项服务外包、全部转包方式获取项目等，是目标公司较易引发重大法律风险的事项。因此，核查目标公司物业服务外包，有助于识别目标公司的经营能力、经营成本、经营合规等。

核查目标公司外包，须注意以下事项：

1. 物业服务外包分类

物业服务外包分为合法的专项外包和非法的全部外包。具体如下：

（1）专项外包。专项外包又称专项服务外包或者专项委托，是指物业服务企业将物业管理区域内的部分专项服务事项委托给专业性服务组织或者第三方，物业服务企业应当就该部分专项服务事项向业主负责的一种物业服务管理模式。专项外包是一种合法的外包形式。

现阶段物业服务企业专项外包主要有卫生保洁、绿化养护、秩序维护、电梯维保、消防设施设备维保、防盗门禁（对讲）系统维保、“除四害”服务、化粪系统清理等专项服务工作。物业服务企业采取专项服务外包主要是基于资质、专业技术、成本等考量，如规模较小的物业服务企业难以取得电梯、消防维保等资质。但是，外包单位又可能出现质量难以保证、服务时间滞后、协调管理难等问题。因此，实践中，近年来，头部物业服务企业纷纷成立或收购电梯维保、清洁服务、绿化服务、机电管理等专业服务机构。这些专业服务机构既承包自己公司的专项服务外包业务，避免利润外溢和流失；又在资质许可的情况下，参与专业市场竞争，外拓专业服务业务，为企业获得更多利润。实操中，少量的专项服务外包公司在提供专项服务过程中发现物业服务的巨大市场，又开始收购物业服务企业，从专项服务拓展至全面物业服务。

（2）全部外包。全部外包又称转包，是指物业服务企业将其应当提供的全部物业服务转委托给第三方，或者将全部物业服务支解后分别转委托给第三方。全部外包是非法的。

物业服务企业不得将物业服务全部外包，包括不得将其应当提供的全部物业服务转委托给第三方，或者将全部物业服务支解后分别转委托给第三方，即“不得全部转委托、不得支解后分别转委托”，其中“不得支解后分别转委托”是《民法典》较《物业管理条例》新增的规定。这类似于建设工程合同中禁止承包方转包给第三方从中牟取非法利益原则，法律规定承包人不得将其承包的全部建设工程转包给第三方，或者将其承包的全部建设工程支解以后以分包的名义分别转包给第三方。通过转包而非法盈利的合同，在司法实践中通常被认定为无效合同。但实际提供服务的物业服务企业仍然可要求业主支付物业费。因此，全部外包或转包是一种违反法律规定的外包形式。

2. 物业服务外包表现形式

（1）专项服务外包中，管理规范的目标公司一般通过内部招投标程序选聘外包企业，但也有直接外包给目标公司股东或者实际控制人开设的公司。对于特殊项目，如无电梯的别墅小区，有些目标公司会违规自行管理消防设施等。

（2）在笔者收并购的实操中，目标公司的在管项目清单中不乏目标公司承包其他物业服务企业全部转包的项目，或者目标公司将其项目全部转包给其他公司的情形。

（3）实践中，笔者还注意到，商办、公建物业服务项目中，业主方往往明确禁止业务分包、转包，还可能要求物业服务企业不得采取劳务分包、劳务派遣等方式派出在管项目服务人员。

3. 转包与挂靠的比较

转包与挂靠有一定的相似性，但从项目取得的角度比较，转包与挂靠有明显不同。转包是转包人获取项目后全部委托给第三方提供服务，转包人是物业服务合同的签订方；而挂靠是挂靠方借用被挂靠方的名义而自行取得项目，被挂靠方是物业服务合同的签订方。

二、核查要点

1. 专项外包

（1）通过访谈及资料核查，了解目标公司是自行提供专项服务，还是将专项服务外包。

（2）核查物业服务合同关于专项服务外包的约定以及目标公司相关责任，重点注意核查商办类项目、公建类项目的物业服务合同约定的服务范围是否包括专项服务，是否允许目标公司进行专项服务外包、是否由业主方自行委托专项服务外包以及目标公司对此是否有管理协调义务等。

（3）核查专项外包服务合同内容，如外包单位资质、服务人员资质、服务范围、服务标准、合同期限、合同金额及支付等。资质可以结合本书物业服务相关资质章节内容进行核查。

（4）核查目标公司是否存在应当将专项服务外包而未外包、表面外包实际未外包等情形。

（5）结合关联交易核查，核查目标公司与外包单位是否为关联关系，是否存在利益输送。

2. 转包

（1）核查目标公司是否将包括专项服务在内的全部物业服务转委托给第三方或者支解后分别转委托给第三方，以及收取的相关转包收益。

（2）结合对在管项目物业服务合同主体核查，核查目标公司是否存在从转包方获得在管项目，或者目标公司将自己的项目转包给第三方。

3. 结合财务尽调情况，核查以上专项外包、转包等所涉及支付结算等事项。

三、风险提示

1. 违约风险。若专项服务企业未能完成专项物业服务工作，目标公司应当按物业服务合同约定对业主承担相应的违约责任。

2. 合同无效风险。若目标公司以转包方式获取或者转出项目，该转包合同可被认定为无效合同。

3. 行政处罚风险。若目标公司应将专项服务外包给具有相关资质的单位而未外包，或者外包给无资质或者资质过期的单位，行政机关可对目标公司处以警告、罚款、停业整顿、停止违法行为、没收违法所得等行政处罚。

4. 刑事处罚风险。若目标公司应将专项服务外包给具有相关资质的单位而未外包，或者外包给无资质或者资质过期的单位，情节严重的，可能涉嫌构成非法经营罪、重大责任事故罪或者其他犯罪。

5. 丢盘风险。若目标公司对在管项目专项外包、非法转包存在上述问题，则可能导致丢盘等风险。

四、处理建议及参考条款

建议在交易文件的“陈述与保证”条款中约定专项外包、全部外包相关责任，参考条款节选如下。

转让方就本次交易作出如下保证与承诺：

1. 股权交割日前，转让方及目标公司维持公司正常经营现状，并确保维持目标公司的正常经营……目标公司已签署的专项外包合同，如存在重大瑕疵（如电梯维保、消防维保单位不具有相关许可和资质等），并因此造成目标公司实际损失的，由转让方补偿目标公司。

2. 除本协议中已向受让方进行书面披露并取得受让方书面明确豁免责任承担的事宜外，因股权交割日前原因导致目标公司应承担的民事赔偿、行政责任（含虽然发生在股权交割日后但系因股权交割日前原因产生的民事赔偿、行政责任）、费用补缴、处理纠纷产生的所有责任及费用由转让方承担，目标公司因该等事项实际承担的各项费用、支出均由转让方据实补偿目标公司。包括但不限于……

3. 转让方特别陈述与保证：基于本协议第【 】条所披露之目标公司及其在管项目情况，发生任何民事责任、行政责任，均由转让方据实承担或据实补偿至目标公司，包括但不限于：

3.1 目标公司因实质转包项目以及借用他人名义管理项目可能导致的民事或行政责任及相关费用承担；

3.2 目标公司因电梯、消防等重大设施设备维修维护问题，导致目标公司需承担的责任或致目标公司损失。

五、相关规定

《民法典》

第九百四十一条 物业服务人将物业服务区域内的部分专项服务事项委托给专业性服务组织或者其他第三人的，应当就该部分专项服务事项向业主负责。

物业服务人不得将其应当提供的全部物业服务转委托给第三人，或者将全部物业服务支解后分别转委托给第三人。

《物业管理条例》（2018年修订）

第三十九条 物业服务企业可以将物业管理区域内的专项服务业务委托给专业性服务企业，但不得将该区域内的全部物业管理一并委托给他人。

第五十九条 违反本条例的规定，物业服务企业将一个物业管理区域内的全部物业管理一并委托给他人的，由县级以上地方人民政府房地产行政主管部门责令限期改正，处委托合同价款30%以上50%以下的罚款。委托所得收益，用于物业管理区域内物业共用部位、共用设施设备的维修、养护，剩余部分按照业主大会的决定使用；给业主造成损失的，依法承担赔偿责任。

最高人民法院《关于审理物业服务纠纷案件具体应用法律若干问题的解释》（法释〔2009〕8号）

（备注：最高人民法院《关于审理物业服务纠纷案件适用法律若干问题

的解释》（2020年修正）删除了该条规定）

第二条　符合下列情形之一，业主委员会或者业主请求确认合同或者合同相关条款无效的，人民法院应予支持：

（一）物业服务企业将物业服务区域内的全部物业服务业务一并委托他人而签订的委托合同；

……

前款所称物业服务合同包括前期物业服务合同。

六、实务要点及典型案例

1. 专项服务外包合同约定不明的，可以根据合同条款或交易习惯确定

【典型案例】法院再审审查听证时，长春市常吉物流有限公司（以下简称常吉物流）自认自2016年9月14日至2019年3月29日，双方已结算8次。据此，在2017年、2018年订立的合同中已明确约定运输车规格为箱体6立方米。2016年合同虽未约定运输车规格，但常吉物流自认双方已结算多次，常吉物流均未就结算数额提出异议，故应当视为双方对此无异议。在双方订立的合同中，均明确约定常吉物流负责运输至垃圾中转站，虽未明确约定垃圾中转站的地点，但双方在合同中未对长春万科物业服务有限公司（以下简称万科物业）就垃圾运输出物业管理区外的后续义务作出任何限定，且双方多次结算时均无异议。根据合同的性质、目的和交易习惯亦无法推定万科物业对垃圾中转站的范围应负相应义务。故常吉物流关于垃圾中转站的主张缺乏事实依据。因此，对常吉物流的各项申请再审事由，法院均不予支持。①

2. 专项服务外包公司提供服务视为物业服务企业完成专项服务

【典型案例】法院认为……成都高投世纪物业服务有限公司（以下简称高投物业公司）与专业公司签订一系列专项服务外包合同，虽专项服务系案外公司进行，但其受高投物业公司的委托开展工作，其服务工作的完成应当

① 参见长春市常吉物流有限公司、长春万科物业服务有限公司等服务合同纠纷民事申请再审审查民事裁定书，吉林省高级人民法院（2021）吉民申2831号。

视为高投物业公司专项物业管理服务工作的完成。因此，不能据此认为系专项服务公司提供了物业管理服务。①

3. 物业服务企业与专项服务外包公司的员工不成立劳务派遣关系

【典型案例】法院经审查认为，上海高力国际物业服务有限公司苏州工业园区分公司（以下简称上海高力苏州分公司）是时尚舞台的物业服务单位，其提供的证据证明其将时尚舞台的保安服务均已外包给上海众安保安服务有限公司（以下简称众安公司），保安服务合同约定众安公司向时尚舞台派驻的保安人员数量确定为上限 42 人，下限不得低于 35 人；月度总保安服务费金额上限为 151 200 元。张某某一审中称其受聘于上海高力苏州分公司，但不能提供劳动合同，其称当时到时尚舞台做保安是陈某某负责招聘的。二审中，二审法院对陈某某进行了调查，陈某某称其当时是众安公司驻时尚舞台的保安主管，张某某受聘于众安公司。从现有证据来看，张某某的劳务费用虽由上海昂旭人力资源有限公司支付，但其受聘于众安公司，众安公司承包了时尚舞台的保安服务工作，故张某某系为众安公司工作，并非派遣到上海高力苏州分公司的劳务人员，故其向上海高力苏州分公司主张加班费没有法律依据。②

4. 物业服务企业将全部物业服务事项委托给第三方管理为无效合同

【典型案例】法院认为……本案中，双方 2018 年 2 月 7 日签订的《物业服务管理协议》约定将涉案小区内的全部物业服务事项均委托给无资质的上诉人管理，被上诉人对涉案小区已经不进行任何实质、有效的管理，只是将获取物业管理项目作为其赚取分包利润的工具，明显违反了上述规定，同时上述规定亦与《民法典》第 941 条规定的立法精神相契合，故双方签订的《物业服务管理协议》应为无效合同。另外，上诉人与被上诉人的违法行为，

---

① 参见成都新欣神风电子科技有限公司、成都高投世纪物业服务有限公司物业服务合同纠纷二审民事判决书，四川省成都市中级人民法院（2019）川 01 民终 17123 号。

② 参见张某某与上海高力国际物业服务有限公司苏州工业园区分公司追索劳动报酬纠纷再审复查与审判监督民事裁定书，江苏省高级人民法院（2016）苏民申 3222 号。

导致涉案小区物业管理严重混乱，并多次被淮安市淮阴区住房和城乡建设局批评整改仍未到位，严重影响了涉案小区居民的生活质量，同时严重影响了淮安市的市容市貌，助长了物业管理乱象，在法律上应明确禁止，相应法律后果应由双方当事人自行承担。[①]

5. 业主委员会可依法解除其与转承包人形成的物业服务合同关系

【典型案例】一审法院认定事实：……2006 年 5 月 4 日，广西河池市中天置业有限责任公司为其开发的河池市翡翠城市花园小区（以下简称翡翠小区），与广西银湾物业管理有限公司（以下简称银湾公司）签订《前期物业服务合同》，约定由银湾公司负责翡翠小区的前期物业管理服务事宜。合同签订后，银湾公司接管翡翠小区的物业管理。至 2013 年，银湾公司又与河池市银斯物业管理有限公司（以下简称银斯公司）签订《翡翠城市花园物业服务项目托管协议》，约定将翡翠小区的物业项目转交由银斯公司管理。

2013 年 11 月，银湾公司退出翡翠小区，银斯公司正式进驻并接管。2014 年 5 月 1 日，银斯公司与河池市斯创达置业发展有限责任公司（以下简称斯创达公司）签订委托协议书，约定即日起翡翠小区的物业项目由斯创达公司经营管理，银斯公司退出该小区。斯创达公司进驻小区后，在小区以张贴公告等方式进行公示。斯创达公司对该小区物业服务的收费标准公示为：物业费每平方米 0.5 元，公共电费每户每月 4.8 元，公共水费每户每月 1.8 元，代收垃圾处理费每户每月 7.5 元，公共维修费每户每年每平方米 0.8 元……

2020 年 1 月 13 日，河池市金城江区翡翠城市花园业主委员会（以下简称翡翠业委会）向斯创达公司送达《关于责令河池市斯创达置业发展有限公司限期撤离的通知》……

法院认为，关于涉案物业服务合同关系是否应当终止的问题。因为翡翠小区的多数业主已不同意斯创达公司继续为其提供物业管理服务，遂由翡翠业委会于 2020 年 1 月 13 日向斯创达公司发出《关于责令河池市斯创达置业发展有限公司限期撤离的通知》，并于 2020 年 3 月 15 日开始对翡翠小区部分

① 参见岳某某、袁某某与淮安市嘉和物业管理有限公司委托合同纠纷二审民事判决书，江苏省淮安市中级人民法院（2021）苏 08 民终 878 号。

业主收取物业费，自3月16日开始聘请保安及保洁人员对翡翠小区进行物业管理服务。根据上述事实，一审判决认为斯创达公司已不具备继续在翡翠小区内从事物业服务管理工作的客观条件，遂支持翡翠业委会的诉讼请求，判决终止斯创达公司与翡翠小区的业主所形成的物业服务合同关系，该认定及判决理据充分，法院予以确认和维持。①

6. 物业服务企业对专项服务企业的侵权行为不承担连带责任的要件

【典型案例】上海松茂物业管理有限公司（以下简称松茂公司）及上海豪都国际花园小区业主委员会（以下简称豪都业委会）是否应承担连带赔偿责任。雇员在从事雇佣活动中因安全生产事故遭受人身损害，发包人、分包人知道或者应当知道接受发包或者分包业务的雇主没有相应资质或者安全生产条件的，应当与雇主承担连带赔偿责任。本案中，上海帅旗建筑防水工程有限公司（以下简称帅旗公司）不具备从事建筑防水工程或外墙高空作业的相关资质，然松茂公司提供的资质证书复印件上，盖有帅旗公司的公章，帅旗公司否认提交过资质证书，但对该份证书的来源无法做出合理解释，亦不申请公章真实性鉴定，故推定该份资质证书复印件确为帅旗公司向豪都业委会或松茂公司提供。豪都业委会和松茂公司作为本案所涉工程的发包人和承办人，在帅旗公司已提供资质证书的情况下，结合帅旗公司营业执照上载明的经营范围，有理由相信帅旗公司有从事外墙防水作业的资质。因其对于帅旗公司没有相应资质或者安全生产条件的事实并不明知，故不应与雇主承担连带赔偿责任。②

7. 物业服务企业对专项服务外包公司的侵权行为承担补充责任的要件

【典型案例】裁判意见：本案中，虽然襄阳同盟物业服务有限公司（以

---

① 参见河池市斯创达置业发展有限责任公司、河池市金城江区翡翠城市花园业主委员会物业服务合同纠纷二审民事判决书，广西壮族自治区河池市中级人民法院（2020）桂12民终2098号。

② 参见侯某某与汪某某、上海松茂物业管理有限公司机动车交通事故责任纠纷二审民事判决书，上海市第二中级人民法院（2012）沪二中民一（民）终字第2590号。

下简称物业公司）与湖北凯蒂园林景观工程有限公司（以下简称园林公司）签订的《绿化养护承包合同》约定：因园林公司工作失误造成的一切损失由其自行承担，但该《绿化养护承包合同》系物业公司与园林公司之间的合同，仅能约束物业公司与园林公司，物业公司不能以该《绿化养护承包合同》抗辩其作为小区的实际管理人应承担的责任。

绿化作业系由园林公司进行，物业公司行为与园林公司的侵权行为虽然不存在共同故意或者共同过失，但物业公司行为违反了自身的安全保障义务，对园林公司的侵权行为未尽监督、指导、检查的职责，未及时发现并制止园林公司违规作业，间接导致了损害后果的发生，物业公司应承担补充责任。

一审法院酌定由园林公司承担60%的赔偿责任，物业公司承担10%的赔偿责任，胡某某自行承担30%的责任，具有事实和法律依据，亦符合原《侵权责任法》第37条的立法旨意。二审判决认定事实清楚，但适用法律错误，实体处理不当，省法院再审依据原《侵权责任法》第37条“宾馆、商场、银行、车站、娱乐场所等公共场所的管理人或者群众性活动的组织者，未尽到安全保障义务，造成他人损害的，应当承担侵权责任。因第三人的行为造成他人损害的，由第三人承担侵权责任；管理人或者组织者未尽到安全保障义务的，承担相应的补充责任”的规定，依法改判。①

七、物业服务企业上市案例文书部分示例

1. 广东碧桂园物业服务股份有限公司首次公开发行股票申请文件反馈意见

> 二、信息披露问题
>
> 7. 根据招股说明书披露，公司采购分为物料采购和服务外包。
>
> 请保荐机构、发行人律师说明并披露：（1）报告期发行人主要服务外包企业的名称、外包服务内容、数量及金额；说明该等企业与公司、实

① 参见胡某某、湖北凯蒂园林景观工程有限公司生命权、健康权、身体权纠纷再审审查与审判监督民事裁定书，湖北省高级人民法院（2020）鄂民申1833号。

际控制人、董监高及其他关联方之间是否存在关联关系。(2) 披露各年度服务外包总额及占成本的比例，分析服务外包交易定价的合理性，说明有无利益输送。

2. 西藏新城悦物业服务股份有限公司创业板首次公开发行股票申请文件反馈意见

7. 报告期内，发行人对前五大供应商的采购占公司采购总额的比例分别为38.11%、42.71%、50.49%；发行人采购主要为物业管理保安外包、项目保洁、绿化养护等物业管理相关服务的外包服务采购。

请发行人披露：……

(3) 发行人采购外包服务的具体内容、人数、金额及占比；对比同行业上市公司采购外包服务价格情况，论证发行人委托加工的价格依据及公允性；该采购外包服务在发行人主要营业业务中的比重情况，是否涉及发行人核心业务；采购外包服务的具体原因；发行人对外包提供方是否已制定有效的质量控制制度或措施；该采购外包服务情况对发行人业务、资产的独立性和完整性是否构成实质性不利影响。

请保荐机构、发行人律师核查上述问题并发表明确意见。

3. 浙江开元物业管理股份有限公司创业板首次公开发行股票申请文件反馈意见

11. 关于发行人的供应商。……公司将保洁、秩序维护、绿化等基础业务进行外包。发行人前五大供应商中存在较多同行业公司。请发行人：……(2) 比照前述要求说明发行人与主要外包供应商的交易情况及外包供应商的基本情况，发行人向外包供应商采购占外包供应商收入的比例。结合发行人供应商业务与发行人类似、发行人对外分包的业务模式、发行人主要合同盈利水平的差异等，说明发行人向相关客户收款情况以及

> 向相应供应商付款情况，发行人的收入金额是否与发行人在合同中所承担的义务相匹配，是否存在发行人通过第三方向供应商付款、为发行人承担成本费用的情形；（3）发行人的对外分包是否符合《物业管理条例》等法律法规的规定。请保荐机构、发行人律师核查上述问题、说明核查过程并发表明确意见。

4. 上海上房物业服务股份有限公司首次公开发行股票申请文件反馈意见

> 9. 请保荐机构及发行人律师核查发行人采购保洁服务、保安服务等是否需服务提供方取得相关资质，是否存在采购不具备资质的供应商服务的情况。
>
> 20. 发行人报告期内各期营业成本分别为49 658.04万元、60 916.78万元、68 096.84万元，约80%为人工成本；部分保洁、保安等采用外包方式。请发行人：（1）结合具体业务流程，补充说明成本核算流程，归集和分配方法及其合规性；（2）补充说明分别采用外包成本、自有成本提供服务的比例，是否主要依赖外包开展服务，是否符合行业惯例，外包业务相关经营风险是否充分披露……

第三十六章　物业服务项目承包

一、概述

物业服务项目承包，是指目标公司以承包方式获取物业服务项目，或者将获取的在管项目以承包方式发包给内部职工等经营的方式。物业服务项目承包经营合同在实务中十分常见，且形式多样。法律不禁止物业服务项目承包经营，但也未对其中所涉及的各种权利义务关系做出明确规定，故实践中围绕物业服务项目的合法性等问题产生了诸多争议。因此，收并购中，核查目标公司在管项目是否存在承包，有助于判断在管项目的合规性、持续稳定性。

核查目标公司在管项目承包经营事项，应注意以下事项：

1. 物业服务项目承包分类

物业服务项目承包主要分为两类，一是物业服务项目内部承包。其是指物业公司与其分支机构、职工之间基于实现在管项目的管理效率、节省成本等经济目的，而就项目经营管理、考核标准等所达成的双方权利义务的约定。在物业服务项目中，有的物业服务企业为了减少用工成本，提高员工工作积极性，采用了员工个人承包方式经营。有的人原来为公司员工，签订承包经营合同后，公司与员工又解除了劳动合同，该情形使得物业内部承包法律关系更为复杂。因此，本章主要分析物业服务项目内部承包。二是物业服务项目外部承包。例如，某目标公司与建设单位签订承包协议，约定提供前期物业服务，其实质是前期物业服务合同。又如，某目标公司与其他物业服务企业签订项目承包协议，其实质是项目全部转包。上述以承包名义管理物业服务项目，本书各章均已分析。

2. 物业服务内部承包经营的特点

实践中，物业项目内部承包具有以下三个特点：其一，就主体而言，内部承包中发包方与承包方存在一定意义上的隶属管理关系，发包方是物业服务企业，内部承包方是物业服务企业的分支机构或者建立劳动关系的员工。其二，从经营条件及风险来看，内部承包关系中，物业服务企业须给本单位承包的人员或者分支机构提供一定资金、设备、技术、人员等必要的物质条件，并由物业服务企业最终承担经营风险。其三，承包费分为固定金额式的承包费、比例式的承包费、保底金额加比例式的承包费，具体方式由双方协商确定。

3. 物业服务项目内部承包经营与挂靠、转包等区别

根据笔者在物业服务项目收并购的实操经验，物业服务项目内部承包与挂靠、转包在表面上具有相似性，但其主要区别如表 36 –1 所示。

表 36 –1　挂靠与转包的区别

序号	区别	内部承包	挂靠	转包
1	主体关系	发包人与承包人存在劳动关系或者隶属关系	挂靠人与被挂靠人相互独立	转包方与受托方相互独立
2	项目取得	发包人先取得在管项目，然后进行内部承包	挂靠人以被挂靠人的名义取得项目	转包方先取得项目，然后转包给受托方
3	管理及投入	协议约定发包人对在管项目服务质量等进行统一管理，在资金、技术、设备等方面给予全面支持	协议约定被挂靠人出借资质或者名义，通常收取挂靠费，无实质管理，挂靠人投入资金、技术、设备等，财务独立	转包人可能对项目有一定管理，受让方投入资金、技术、设备等，财务等均独立
4	风险分配	根据协议约定	协议约定被挂靠人不参与利润分配，不承担项目风险	承包人承担接受委托服务的项目风险

续表

序号	区别	内部承包	挂靠	转包
5	物业费权属	属于发包人，根据约定分配	挂靠人实际提供了物业服务，物业费属于挂靠人	属于转包方，转包方再根据协议约定向受托方支付
6	司法认定	合法	不合法	不合法

尽管有上述区别，但实践中不少挂靠、转包项目以内部承包协议或者承包协议的形式来约定，因此，应根据实质而非形式来分析判断其法律性质。

二、核查要点

1. 通过与目标公司高管访谈，核实在管项目承包情况及其承包原因，判断承包是否具有合理性。

2. 核查目标公司承包经营管理制度、在管项目承包经营的决策过程。

3. 核查目标公司与承包人的内部承包协议内容，重点辨别是否为挂靠或者转包。

4. 核查目标公司与承包人的关系，承包人是否是股东、高管或项目资源方，是否签订和履行劳动合同，是否存在隶属管理关系等，具体可以通过是否签订劳动合同、缴纳社会保险、工资单、人事档案管理等来判定。

5. 结合财务尽调，核查承包费收付情况及税务处理。

三、风险提示

1. 合同无效风险。若名为承包，实为全部转包、挂靠个人承包，则可能被认定为无效合同。

2. 法律争议风险。主要包括因承包人导致的目标公司与业主之间的争议，以及目标公司与承包人之间的争议。

3. 丢盘风险。若目标公司未能对承包人进行有效管理，则可能导致在管项目服务质量下降，最终可能丢盘。

四、处理建议及参考条款

1. 若内部承包存在法律风险，则建议在交易协议中要求交易对方及目标公司在一定期限内解除内部承包协议，并自行承担全部费用及责任。

2. 考虑到内部承包中在管项目的收益大部分归属于承包方，因此，建议在交易协议涉及业绩对赌的条款中，约定内部承包项目不计入业绩，参考条款节选如下。

> 为避免歧义，各方确认：目标公司非自营在管项目（挂靠、转包或支解转包、员工内部承包等）的营业收入、管理面积、利润以及挂靠转包收益等均不计入前述约定的业绩。

五、相关规定

《劳动合同法》（2012 年修正）

第九十四条　个人承包经营违反本法规定招用劳动者，给劳动者造成损害的，发包的组织与个人承包经营者承担连带赔偿责任。

六、实务要点及典型案例

1. 物业服务企业与第三方签订的名为内部承包实为转包协议无效

【典型案例】法院认为，本案的争议焦点为：杨某与西宁合联物业服务有限公司（以下简称合联公司）2021 年 2 月 27 日签订的《物业项目承包经营协议书》是否合法有效？根据《物业项目承包经营协议书》中“承包经营项目：西宁市城中区南川西路建筑面积 5.2 万平方米的所有物业管理事宜”“承包方式：所有物业管理收益均由乙方负责，独立核算，自收自支，自负盈亏”等约定可知，合联公司将其应当提供物业服务的区域内所有服务项目承包给杨某个人，该协议形式上为内部承包经营，其实质为物业服务转包合同。根据《民法典》第 941 条第 2 款的规定：“物业服务人不得将其应当提供的全部物业服务转委托给第三人，或者将全部物业服务支解后分别转委托给第三人”及《物业管理条例》第59条的规定：“违反本条例的规定，物业服务企业将一个物业管理区域内的全部物业管理一并委托给他人的，由县级以上地方人民政府房地产行政主管部门责令限期改正，处委托合同价款30%以上50%以下的罚款”，该《物业项目承包经营协议书》因违反上述法律、法规的禁止性规定，应确认无效。另外，合联公司将其物业服务项目全部转包给杨某后，其自身不实际履行提供物业管理服务职责仅收取每年150 000元的承包费用牟利，而承包人杨某系自然人不具有物业管理资质及提供物业管理服务的相应能力，导致广大业主实际享受的物业服务质量减损，损害了广大业主的合法利益，亦应确认为无效。合同无效应自始无效，故合联公司要求确认合同在2021年3月1日~5月22日有效，5月23日起终止的上诉请求不成立，应予驳回；一审法院确认该合同的合法性有误，二审法院予以纠正。①

2. 如何认定名为承包合同实为前期物业服务合同

【典型案例】法院经审查认为，被申请人与凌源市广益房地产开发有限公司签订的承包合同系双方真实意思表示，且合同内容不违反法律、行政法规的强制性规定，应为合法有效。②

【典型案例】一审法院认定事实：原告公司于2018年11月1日成立，并在凌源市行政审批局申办了营业执照。2018年12月17日，原告（乙方）与凌源市广益房地产开发有限公司（甲方）签订承包合同，主要内容为：经甲乙双方协商同意，甲方将凌源市祥和家园小区物业工作承包给乙方经营，本合同承包期为5年，自2019年1月1日起至2024年止，合同到期后乙方有权优先承包。本合同自2019年1月1日起生效。③

3. 物业服务企业要求内部承包方赔偿损失的要件

【典型案例】经审理查明：2013年10月15日，合肥市××医院与安徽

① 参见西宁合联物业服务有限公司、杨某确认合同效力纠纷二审民事判决书，青海省西宁市中级人民法院（2021）青01民终2352号。

② 参见王某某、凌源市祥和物业有限公司物业服务合同纠纷再审审查民事裁定书，辽宁省高级人民法院（2021）辽民申3983号。

③ 参见王某某、凌源市祥和物业有限公司物业服务合同纠纷二审民事判决书，辽宁省朝阳市中级人民法院（2020）辽13民终2120号。

上实物业服务有限公司（以下简称上实物业公司）签订《物业服务合同书》一份，上实物业公司为该院提供相关物业服务，包括保洁、安保、客服、医辅、机电；服务期限为2年……2年物业服务总计费人民币670万元整……

2013年10月9日，上实物业公司（甲方）、王某某（乙方）与肥西路遥物业管理有限公司（担保方）签订《项目经理目标管理协议书》一份，约定：乙方承包甲方所管理的××医院项目的物业服务；合同签订时，乙方一次性支付给甲方履约保证金人民币20万元整……承包方法采用由乙方包工包料的方式，……费用按季度结算，每季度费用款为人民币712 500元；本协议属于内部承包目标管理的方式，必须严格维护甲方企业声誉，如出现毁坏公司信誉的行为，如因乙方违规、违章操作导致公司声誉受到影响的，承担违约责任10万元……

2013年10月26日，××医院向上实物业公司致函，指明上实物业公司作为××医院新院物业管理中标单位，不能遵守招、投标文件，不能兑现投标承诺，存在严重履约缺陷……

2013年10月30日，××医院与上实物业公司签订协议书一份，约定：双方解除合同……

法院认为：王某某与上实物业公司签订的《项目经理目标管理协议书》及《关于××医院补充协议》系双方真实意思表示，且不违反法律、行政法规的强制性规定，合法有效，各方均应自觉遵守。……上实物业公司不能按照招投标文件的要求向××医院提供物业服务，最终导致双方合同的解除，其要求王某某支付公司信誉损失、预期利益损失、××医院扣罚的履约保证金，于法无据，法院不予支持。[①]

4. 物业服务企业应对承包人承包经营的法律后果承担责任

【典型案例】本案中，被告沈阳多维物业有限公司（以下简称多维物业公司）与案外人沈阳雅之骏物业管理有限公司（以下简称雅之骏公司）签订承包合同，将案涉小区的物业经营管理权发包给雅之骏公司，其性质属于企

① 参见王某某与安徽上实物业服务有限公司合同纠纷一审民事判决书，安徽省合肥市瑶海区人民法院（2014）瑶民二初字第00511号。

业内部经营方式的变更，不能据此改变被告多维物业公司作为该小区物业服务企业的主体身份。另外，在承包合同中，被告多维物业公司还明确授权雅之骏公司负责小区内机动车车位费的收费。因此，案外人雅之骏公司以多维物业公司的名义收取车位费的行为，属于执行被告多维物业公司工作任务的行为，其法律后果应由被告多维物业公司负担。雅之骏物业公司在收取车位费后，未能为包括原告在内的居民提供车位，故被告多维物业公司应将收取的车位费1200元返还给原告，并承担相应的资金占用期间的利息。①

5. 内部承包区别于转包合同的关键在于双方是否存在劳动合同关系

【典型案例】法院经审查认为，本案系再审审查案件，应当依据再审申请人的申请再审事由以及《民事诉讼法》第200条的规定进行审查。

内部承包区别于转包合同的关键在于，双方是否存在劳动合同关系。新疆维泰开发建设（集团）股份有限公司（以下简称维泰公司）将其承包的案涉工程以签订责任书的形式全部由罗某某施工，在维泰公司不能证明其与罗某某存在劳动合同关系的情况下，原判决将责任书认定为转包合同，并无不当。维泰公司关于责任书合法有效的再审申请事由不能成立，法院不予支持。②

6. 如何认定物业服务企业与内部承包人员是否存在劳动关系

【典型案例】被告于2016年4月23日到原告单位工作，并与原告签订劳动合同，原告亦为被告缴纳了社会保险费，故原告、被告之间的劳动关系成立。烟台利嘉置业有限公司（以下简称利嘉置业公司）虽于2016年8月1日将柏林春天小区的物业管理及原告公司的经营管理权承包给黄某，但该承包实为内部承包，不能以此否定原告、被告双方存在劳动关系的事实，故原告

① 参见沈阳多维物业有限公司、刘某某物业服务合同纠纷二审民事判决书，辽宁省沈阳市中级人民法院（2021）辽01民终18437号。

② 参见新疆维泰开发建设（集团）股份有限公司、罗某某建设工程施工合同纠纷再审审查与审判监督民事裁定书，最高人民法院（2021）最高法民申142号。

主张双方不存在劳动关系，缺乏事实依据，不予采信。①

法院认为……陈某某在与重庆市万州区博智物业管理有限公司（以下简称博智物业公司）解除劳动关系后，自愿与博智物业公司签订《承包经营协议》，博智物业公司按合同约定收取固定承包费后，剩余的收入均归陈某某所有，盈利或亏损的风险由陈某某自己承担，所以双方并没有经济上的从属性。陈某某的收费时间段虽受区政府相关文件规定的收费时间段限制，但陈某某在收费时间段内的上、下班时间由其自己控制，并不受博智物业公司的约束，所以双方也没有人格上的“从属性”。因博智物业公司与陈某某不存在劳动法上的隶属关系，应当认定双方不存在劳动关系。尽管《关于确立劳动关系有关事项的通知》第 2 条规定可以参照“工作证”“工作服”等外在凭证认定双方是否存在劳动关系，但该条款的适用应当以双方存在隶属关系为前提。一审法院在双方签订有《承包经营协议》的前提下，忽视双方不存在隶属关系这一本质特征，仅从“工作证”“工作服”等外在凭证认定双方存在劳动关系确有不当。②

七、内部承包协议实例

在笔者的并购实操中，目标公司提供的以下内部承包文本，可供尽调中核查参考使用。

1. 个人承包模式一

> 甲方：物业服务企业 乙方：承包人
>
> 承包模式：乙方业务上接受业主单位和甲方的指导、监督、检查、考核；管理上由乙方按照与业主单位签订的物业服务合同的约定和相关法律的规定，自主经营、自负盈亏、独立核算。

① 参见烟台钜深物业管理有限公司、刘某某劳动争议二审民事判决书，山东省烟台市中级人民法院（2019）鲁 06 民终 4481 号。

② 参见重庆市万州区博智物业管理有限公司与陈某某确认劳动关系纠纷二审民事判决书，重庆市第二中级人民法院（2020）渝 02 民终 1020 号。

2. 个人承包模式二

甲方：物业服务企业　乙方：承包人

1. 双方约定由乙方具体管理甲方所接管的整体物业管理服务业务，上述物业服务劳务人员的招聘、派遣、劳务纠纷（除薪酬、社保、工伤意外等产生的纠纷）和安全管理等由乙方负责。甲方负责物管方案、各岗位管理制度、员工操作守则及考核标准的制定、督导及各岗位人员考核；

2. 该项业务所对应的物业管理经营业绩归属于甲方，乙方不能就其和甲方所签合同中的物管项目在政府管理部门或社会公众机构进行报备；

3. 具体操作方式是：在甲方认为乙方工作符合既定规定要求后，由甲方将核定好的服务费支付给乙方。

第三十七章　物业服务项目挂靠

一、概述

物业服务项目挂靠包括正挂靠和反挂靠。收并购中，核查挂靠与反挂靠，有助于判断在管项目的数量及其真实性，对计算交易对价、防范交易法律风险等有重要影响。

核查物业服务项目挂靠，应注意以下问题：

1. 物业服务项目挂靠的分类

（1）正挂靠，即通常所说的“挂靠”，一般是指目标公司（被挂靠方）被第三方（挂靠方）挂靠，以目标公司的名义获取项目、签订物业服务合同，实际由挂靠方提供物业服务。业主向目标公司支付物业费，目标公司向业主开具发票，并在扣除税费及管理费（若有，或称挂靠费）后将款项支付给第三方。

（2）反挂靠，指目标公司（挂靠方）挂靠第三方，以第三方的名义获取项目、签订物业服务合同，实际由目标公司提供服务，其资金和发票流程与挂靠相反操作。

2. 物业服务项目挂靠的原因

实操中，物业服务行业中的挂靠与反挂靠比较常见，有其历史原因和现实需要。在物业服务企业资质取消前，许多小型物业服务企业往往会挂靠大公司获取项目，而大公司可因其挂靠项目增加其项目类型和管理面积，又可申请更高等级资质，最终导致物业服务企业资质管理制度失去了实际意义。物业服务企业资质取消后，挂靠并未从此消失，小型物业服务企业因品牌、实力等问题而挂靠有一定实力的、区域性的物业服务企业屡见不鲜，被挂靠企业因挂靠项目而在表面又扩大了实力。

3. 物业服务项目挂靠核查难点

在笔者的收并购实务中，除目标公司进行披露外，若挂靠方以目标公司在管项目物业服务中心或者物业管理处等，或者以子公司、分公司等名义经营的，则较难核查其真实性。在公建项目中，业主方通常在服务合同中约定禁止项目挂靠，否则有单方解约权。挂靠经营对于挂靠方和被挂靠方来说，都存在一定的法律风险。

二、核查要点

1. 通过公司访谈，管理人员对在管项目的熟悉程度，核查了解在管项目的挂靠及反挂靠情况。

2. 核查挂靠合同内容，如项目情况、挂靠费、人财物、违约责任等。

3. 核查公建、商办项目物业服务合同禁止挂靠及其法律责任等约定。

4. 结合财务尽调，核查挂靠费支付、发票开具、税务处理等情况。

5. 核查目标公司是否存在因挂靠、反挂靠等受到行政处罚等情况。

三、风险提示

1. 诉讼风险。无论目标公司是挂靠方还是被挂靠方，既可能因在管项目物业服务合同纠纷、劳动合同纠纷、雇佣纠纷、人身损害赔偿纠纷等导致诉讼风险，也可能因挂靠协议本身纠纷导致诉讼风险。

2. 税务及刑事风险。在挂靠经营的模式下，被挂靠方有一部分账务（收入和成本）并没有计入其自身整体核算，而是属于挂靠方，目标公司有可能存在“核算不清”的税务风险等。同时，由于挂靠和反挂靠的服务与开票在实质上并不一致，一方进行了实际经营活动，但让他人为自己代开增值税专用发票或者普通发票，则可能涉嫌虚开增值税专用发票或者虚开普通发票。

3. 管理风险。挂靠方的主要管理活动由其自主进行，被挂靠企业难以对其实施有效监管。虽然实践中，以分公司、子公司名义挂靠的，被挂靠企业通常会控制公章及相关证照；但若只是以挂靠协议约束的，则被挂靠企业在财务处理和人事调动上往往处于被动地位，难以实现对在管项目的控制。

4. 丢盘风险。对于反挂靠的项目来说，由于目标公司是借第三方名义获取项目，其存在未来项目被挂靠方收回的风险。在商办、公建项目中，若业主方知悉挂靠，则通常会依据物业服务合同等约定解除合同，导致目标公司在管项目丢盘。

四、处理建议及参考条款

1. 对于可转化的挂靠项目，收购方一般要求目标公司解除挂靠协议，由目标公司委派人员对相关项目实行直接管理等。对于可转化反挂靠项目，收购方一般要求目标公司争取与被挂靠方沟通，由目标公司直接签订物业服务合同。参考条款节选如下。

附录【　】《目标公司挂靠及反挂靠项目清单》（截至【　】年【　】月【　】日）

序号	项目名称	挂靠形式	处理方案
1	××天地	正挂靠	准备退管
2	××村民安置小区	正挂靠	收回并由目标公司自行管理
3	××机关事务管理局	正挂靠	无法收回。合同期内维持原状、甲方承诺确保由目标公司与挂靠方签署权责利清晰的协议
4	地铁1号线2期	反挂靠	目标公司实际在管，协议期内无法消除，未来争取自己中标，签署收入及利润能并表的协议

处理安排：转让方管理团队承诺于完成股权交割后【　】日内按处理方案完成。

2. 若交易涉及业绩承诺的，则建议注意约定挂靠项目不计入业绩，参考条款节选如下。

> 为避免歧义，各方确认：(1) 前述【2020】年度、【2021】年度均指会计年度。(2) 目标公司非自营在管项目（挂靠、转包或支解转包、员工内部承包以及转让方或转让方指定方自管等）的营业收入、管理面积、利润以及挂靠转包收益等均不计入前述约定的业绩。

五、相关规定

《民法典》

第一千二百一十一条　以挂靠形式从事道路运输经营活动的机动车，发生交通事故造成损害，属于该机动车一方责任的，由挂靠人和被挂靠人承担连带责任。

最高人民法院《关于审理建设工程施工合同纠纷案件适用法律问题的解释（一）》（法释〔2020〕25号）

第一条第一款第二项　建设工程施工合同具有下列情形之一的，应当依据民法典第一百五十三条第一款的规定，认定无效：

（二）没有资质的实际施工人借用有资质的建筑施工企业名义的；

最高人民法院《关于审理旅游纠纷案件适用法律若干问题的规定》[（2020修正）法释〔2020〕17号]（相关法理供参考，与挂靠相关）

第十四条　旅游经营者准许他人挂靠其名下从事旅游业务，造成旅游者人身损害、财产损失，旅游者依据民法典第一千一百六十八条的规定请求旅游经营者与挂靠人承担连带责任的，人民法院应予支持。

《物业管理条例》（2007年修订）

第三十二条　从事物业管理活动的企业应当具有独立的法人资格。

国家对从事物业管理活动的企业实行资质管理制度。具体办法由国务院建设行政主管部门制定。（备注：该款已失效）

国家税务总局纳税服务司《关于下发营改增热点问题答复口径和营改增培训参考材料的函》（税总纳便函〔2016〕71号）

第三部分　纳税义务人和扣缴义务人

（一）承包承租挂靠。从最开始的财税〔2011〕111号文到财税〔2013〕106号文再到现在的财税〔2016〕36号文，承包承租挂靠原则都延续了营业税条例细则的原则，这与增值税条例相比是有变化的。现在所说的承包承租挂靠行业，如果以发包人（出租人、被挂靠人）名义对外经营并由发包人承担相关法律责任，以发包人为纳税人；如果未同时满足上述两个条件，以承包人（承租人、挂靠人）为纳税人，发包人向承包人收取的管理费或挂靠费，属于同一纳税人的内部行为，不征增值税。

最高人民法院《关于适用〈中华人民共和国民事诉讼法〉的解释》（2022年修正）

第五十四条　以挂靠形式从事民事活动，当事人请求由挂靠人和被挂靠人依法承担民事责任的，该挂靠人和被挂靠人为共同诉讼人。

六、实务要点及典型案例

1. 物业服务企业资质取消前，借用资质的挂靠协议无效

【典型案例】案涉《物业管理合作协议书》《物业管理挂靠协议》因违反了《物业管理条例》第32条第2款的规定而无效，依照原《合同法》第58条的规定，因该合同取得的财产，应当予以返还；不能返还或者没有必要返还的，应当折价补偿。有过错的一方应当赔偿对方因此所受到的损失，双方都有过错的，应当各自承担相应的责任。因东莞市丽景商贸有限公司（以下简称丽景商贸公司）已借用东莞市丽景物业管理有限公司（以下简称丽景物业公司）的资质对丽景国际进行物业管理，考虑到丽景物业公司因此而产生的维持自身资质的费用、提供公共服务和维护公共设施的支出，以及丽景商贸公司因此而获得的物业管理费收益，原审判决参照合同约定的挂靠管理费而认定丽景商贸公司应支付的管理使用费于理有据，对于代开发票的税点费用的认定并无不当，法院对丽景商贸公司就此提出的上诉主张不

予采纳。①

2. 法院以合同相对性为由支持被挂靠人要求业主支付物业费的主张

【典型案例】 关于哈密市安舒物业管理有限责任公司（以下简称安舒物业）是否享有本案诉讼主体资格的问题。……本案中，安舒物业与伊电花苑业主委员会存在物业服务合同关系，该合同对双方当事人均具有约束力，安舒物业提供物业服务后，有权依据合同约定提起诉讼，故安舒物业享有本案诉讼主体资格。于某某认为本案实际是业主委员会进行管理，业主委员会与安舒物业公司之间是挂靠关系，应由实际管理人即业主委员会提起诉讼。对此，法院认为，根据合同相对性原则，安舒物业是合同相对方，享有合同权利并承担合同义务，业主委员会并非本案物业服务合同的当事人。依据最高人民法院《关于适用〈中华人民共和国民事诉讼法〉的解释》第54条的规定："以挂靠形式从事民事活动，当事人请求由挂靠人和被挂靠人依法承担民事责任的情况下，该挂靠人和被挂靠人为共同诉讼人。"该条法律规定只有在对外承担民事责任的情况下，挂靠人与被挂靠人作为共同诉讼当事人参加诉讼，而本案是安舒物业基于物业服务合同享有的债权权利，即使于某某认为业主委员会是挂靠人，安舒物业公司作为被挂靠人的合同权利也受法律保护，业主委员会与安舒物业公司之间的关系如何处理，本案不涉及。②

3. 挂靠单位实际提供物业服务的，可以主张物业费

【典型案例】 ……本案关键在于确定在上述期间是否由广州凯印房地产代理有限公司（以下简称凯印公司）为涉案小区提供物业服务。……凯印公司主张在2016年5月1日至2017年4月15日，以东湖凯柏轩物业服务中心名义实际向涉案凯柏轩小区提供物业管理服务的主体应为凯印公司，更为合理、可信，法院予以采纳。虽然凯印公司并非涉案凯柏轩小区的前期物业公

---

① 参见东莞市丽景商贸有限公司、东莞市丽景物业管理有限公司合同纠纷二审民事判决书，广东省东莞市中级人民法院（2015）东中法民二终字第687号。

② 参见于某某、哈密市安舒物业管理有限责任公司物业服务合同纠纷二审民事判决书，新疆维吾尔自治区哈密市中级人民法院（2022）新22民终175号。

司，亦未签订过物业服务合同，但凯印公司为涉案凯柏轩小区实际提供了物业服务，梁某某并无支付2016年5月1日至2017年4月15日的物业管理费，一审法院判令梁某某向凯印公司支付上述期间的物业管理费，符合公平、合理以及等价有偿的原则，法院予以认同。梁某某上诉认为凯印公司无权收取2016年5月1日至2017年4月15日的物业管理费，理据不足，法院不予支持。①

4. **业主委员会挂靠物业服务企业为其小区提供物业服务**

【典型案例】2017年9月，沈某与王某、管某等7人经定远县某小区业主大会选举，当选为该小区业主委员会成员，沈某任主任、王某任副主任。2017年10月，业主委员会向县里相关部门进行了备案。

2017年12月，沈某代表小区业主委员会向某物业服务公司法定代表人支付现金2万元，并口头约定了小区物业挂靠协议。但实际上，小区物业的经营活动却是在业主委员会违规控制之下，由业主委员会自主经营，经营过程中，沈某负责全面工作，王某管账，管某管钱，客服宋某、黎某开票收取小区业主物业费及地下车库租金等费用，并定期与王某核对账目，账款结清后，相关会计资料也交由王某保管。

2019年3月，小区业主委员会与上述物业服务公司终止了挂靠关系，物业公司不再参与该小区物业管理。随后，沈某从王某处拿走挂靠物业公司从事经营期间形成的收款收据、支出单据及记账本等会计资料并藏匿……

2021年10月，沈某到公安机关投案，并如实供述犯罪事实。

法院经审理后认为，被告人沈某隐匿依法应当保存的会计凭证、会计账簿，经行政机关及主管部门要求仍拒不交出，情节严重，其行为构成隐匿会计凭证、会计账簿罪。案发后，沈某主动投案，如实供述犯罪事实，系自首，依法可对其从轻处罚；自愿认罪认罚，依法可从宽处罚，遂综合被告人沈某犯罪的事实、性质、情节以及对社会的危害程度，依法判处有期徒刑1年，

① 参见梁某某、广州凯印房地产代理有限公司物业服务合同纠纷二审民事判决书，广东省广州市中级人民法院（2021）粤01民终21051号。

并处罚金人民币2万元。①

七、挂靠协议样本

在笔者的并购实操中，目标公司提供的以下挂靠协议，可供尽调中核查参考使用。

1. 个人挂靠（非员工）案例

江西某项目物业管理承包协议（目标公司为甲方）

承包期限：承包期限为2年。合同一年一签。根据乙方同业主方签订的合同时间为准。第一年服务时间自2017年8月1日至2018年7月31日。

承包模式：乙方业务上接受业主单位和甲方的指导、监督、检查、考核；管理上由乙方按照与业主单位签订的物业服务合同的约定和相关法律的规定，自主经营、自负盈亏、独立核算。

承包费用：

1. 乙方支付甲方承包年总费用为20 000.00元/年，税金按6.6%缴纳，承包费按年支付给甲方的指定账户。

2. 甲方协助乙方在一个月内成立【××项目】物业管理服务中心，所有财务管理、往来账目管理，由乙方自行管理，甲方可指导、监督乙方财务管理，如乙方在经营管理中发生任何财务方面的法律责任，由乙方自行承担，与甲方无关。

3. 在协议有效期内，乙方在经营管理过程中，所发生的一切费用（含工资福利、社会保险、医保工伤、用品用具等）由乙方承担。乙方的资产、收益、债权归乙方所有，债务、经济纠纷和法律责任均由乙方承担，与甲方无关。

---

① 《这个业主委员会主任因故意隐匿物业会计资料被判刑!》，载定远县人民法院官网，http://czdyfy.chinacourt.gov.cn/article/detail/2022/01/id/6477631.shtml。

珠海某项目合作经营协议书（目标公司为甲方）

二、经营方式

1. 前期资金和项目的运行所需的资金由乙方负责。

2. 乙方保证不得以甲方名义从事本合作经营项目以外的任何活动，否则甲方有权解除本协议，并追究乙方的违约责任，如给甲方造成损失的，乙方应予以承担。

3. 因乙方在合作经营本项目期间，引发第三方对甲方的权利主张，一切责任由乙方承担，如甲方承担责任后有权向乙方追偿。

4. 合作经营本项目期间，乙方承担本项目的员工工资、福利、奖金、社保、意外保险和其他费用等。

5. 合作经营本项目期间，本项目的劳务、劳动纠纷，一切责任由乙方承担，如甲方承担责任后有权向乙方追偿。

四、管理佣金及履约保证金

1. 按照合作项目物业合同金额的3%作为甲方的管理佣金。

2. 第三方公司挂靠及反挂靠案例

江西某项目物业管理合作协议（目标公司为甲方）

1. 甲方成立标的公司【××项目】物业服务中心，所有的管理工作由标的公司全权负责；全面做好小区的物业管理服务工作。

2. 【××项目】物业管理的股份分配为甲方占50%，乙方占50%。

3. 【××项目】物业服务实行“独立核算、自收自支、自负盈亏”的经营方式，盈利按甲、乙双方分红各50%，亏损均由甲、乙双方各承担50%。

4. 分公司经理前期蹲点指导工作费用由甲、乙双方共同承担30%的工资（每月3300元）。

5. 管理费用：

此项目不管盈亏都必须向标的公司交纳管理费用，乙方承担10 000

元/年，并在交付之日前一个月支付一年的管理费用；次年的管理费用提前一个月交清。

在协议期内，【××项目】全部的物业业态所收取的物业管理费和建筑体广告收入及其他物业管理收益均归双方收取并支配，装修押金一律由甲方单独保管。

6. 协议期限：本协议前期时间为两年，后期在【××项目】业主委员会成立后，如标的公司继续签订【××项目】物业服务合同本协议同样生效，无须再另行签订合作协议，【××项目】业主委员会成立后如标的公司未签订【××项目】物业服务合同的，此协议终止。

第三十八章　物业服务项目转让

一、概述

物业服务项目转让，是指物业服务企业将其已经签订物业服务合同的在管项目，以物业服务合同权利义务概括转让的方式，将项目管理权转让给其他物业服务企业。在笔者收并购的实操中，目标公司的在管项目中，不乏目标公司受让其他物业服务企业转让的项目；而退管项目中，目标公司也有将其在管项目转让给其他公司的情形。因此，核查目标公司是否合法受让、转让物业服务项目，有助于识别目标公司的项目取得方式、项目稳定性、是否存在潜在法律争议等。

因此，有必要核查其项目转让和受让情况。

核查物业服务项目转让，应注意物业服务项目转让以下主要特征：

1. 转让方在转让物业服务项目之前对在管项目享有物业管理服务权。实践中，转让方转让的项目类型主要是前期物业服务项目或者老旧小区的物业项目，因为前者未成立业主委员会，后者通常难以成立业主委员会。

2. 转让方与受让方签订以转让项目管理权为合同目的的协议，实践中常见的合同名称如“物业经营权转让合同”“物业管理权转让合同”等。协议主要条款包括物业的基本情况（如业主总户数、建筑面积、管理区域四至等）、转让对价、转让时间、债权债务处理（特别是到期应收物业费如何处理）、劳动用工处理、物业服务用房及档案交接，以及与之前物业服务合同的衔接等问题。

3. 物业服务项目转让的法律性质是物业服务合同权利义务的概括转移。转让方既向受让方转让了物业服务合同中为业主提供建筑物及附属设施的维修养护、环境卫生和相关秩序的管理维护等物业服务义务，也向受让方转让了向业主收取物业服务费用的权利。

4. 转让方概括转让物业服务合同权利义务应取得但通常未取得业主大会或者全体业主的同意，甚至未告知全体业主。但大部分业主事实上知悉并接受了受让方相关物业服务，而受让方以某某小区物业管理处等非正式名称继续提供物业服务并收取物业费。

5. 物业服务项目转让与全部转包有一定的相似性，但从获得项目的物业服务企业是否退出等角度比较，转让与转包有明显不同。转让后，原物业服务企业完成退出项目，不再是物业服务合同的一方主体；而转包后，转包方仍然掌控在管项目，是物业服务合同的一方主体。

二、核查要点

1. 通过访谈及资料核查，了解目标公司近 3 年转让项目或者受让项目等情况。

2. 核查物业项目转让合同的具体内容，重点核查是否名为转让实为全部转包等情形。

3. 核查物业项目转让是否通知物业服务合同相对方并获得其同意。

4. 对于目标公司受让的项目，重点核查业主对目标公司的满意度、是否存在续签或者签订新的物业服务合同的可能性。

5. 对于目标公司转出的项目，重点核查目标公司是否与受让方存在法律争议或者潜在法律风险，受让方是否以自己的名义已经或者可以签订新的物业服务合同。

6. 结合财务尽调，核查物业项目转让的相关费用是否结算完毕、是否存在相关争议等事项。

三、风险提示

1. 若目标公司受让物业服务项目，主要法律风险如下：

（1）物业项目转让合同纠纷。受让方依据物业项目转让协议向转让方支付相关费用后，若该协议被认定为无效或被撤销，受让方可能会出现相关款项无法追回或自担损失的风险。司法实践中，若转让项目被认定为转包的，则该协议将被认定为无效，目标公司将面临丢盘风险。

（2）物业服务合同纠纷。目标公司受让项目而未取得业主大会等同意，若与业主委员会或业主等发生物业服务纠纷，目标公司须举证双方是否存在事实物业服务合同法律关系、目标公司是否实际提供了物业服务，否则，作为受让方的目标公司的权利主张将有可能不被裁判支持。

2. 若目标公司转让物业服务项目，主要法律风险如下：

（1）若转让未经建设单位或业主委员会同意，则构成单方面终止物业服务合同，转让方须承担违约责任。若造成业主损失，业主有权请求转让方承担相应民事责任。

（2）若建设单位或业主委员会不同意该转让，并且不同意受让方提供物业服务的，则受让方可能以无法完成物业项目转让交割为由要求转让方承担相关违约责任。

3. 若名为转让实为全部转包的，转让方还可能面临行政机关责令整改并处罚款的法律风险。

四、处理建议及参考条款

1. 建议交易协议“陈述与保证”条款中约定物业服务项目转让相关责任，参考条款节选如下。

> 转让方特别陈述与保证：基于本附件所披露之目标公司及其在管项目情况，发生任何民事责任、行政责任，均由转让方据实承担或据实补偿至目标公司，包括但不限于：
>
> 目标公司因转让项目或者受让项目可能导致的民事或行政责任及相关费用承担。

2. 若目标公司受让项目，并且该项目列入交易范围的，则建议就该项目单独作价，并将转让方及目标公司在一定期限内与建设单位或者业主委员会依法重新签订物业服务合同作为支付该项目对价的条件。

五、相关规定

《民法典》

第五百四十五条　债权人可以将债权的全部或者部分转让给第三人，但是有下列情形之一的除外：

（一）根据债权性质不得转让；

（二）按照当事人约定不得转让；

（三）依照法律规定不得转让。

当事人约定非金钱债权不得转让的，不得对抗善意第三人。当事人约定金钱债权不得转让的，不得对抗第三人。

第五百四十六条　债权人转让债权，未通知债务人的，该转让对债务人不发生效力。

债权转让的通知不得撤销，但是经受让人同意的除外。

第五百四十七条　债权人转让债权的，受让人取得与债权有关的从权利，但是该从权利专属于债权人自身的除外。

受让人取得从权利不因该从权利未办理转移登记手续或者未转移占有而受到影响。

第五百四十八条　债务人接到债权转让通知后，债务人对让与人的抗辩，可以向受让人主张。

第五百四十九条　有下列情形之一的，债务人可以向受让人主张抵销：

（一）债务人接到债权转让通知时，债务人对让与人享有债权，且债务人的债权先于转让的债权到期或者同时到期；

（二）债务人的债权与转让的债权是基于同一合同产生。

第五百五十条　因债权转让增加的履行费用，由让与人负担。

第五百五十一条　债务人将债务的全部或者部分转移给第三人的，应当经债权人同意。

债务人或者第三人可以催告债权人在合理期限内予以同意，债权人未作表示的，视为不同意。

第五百五十二条　第三人与债务人约定加入债务并通知债权人，或者第三人向债权人表示愿意加入债务，债权人未在合理期限内明确拒绝的，债权人可以请求第三人在其愿意承担的债务范围内和债务人承担连带债务。

第五百五十三条　债务人转移债务的，新债务人可以主张原债务人对债权人的抗辩；原债务人对债权人享有债权的，新债务人不得向债权人主张抵销。

第五百五十四条　债务人转移债务的，新债务人应当承担与主债务有关的从债务，但是该从债务专属于原债务人自身的除外。

第五百五十五条　当事人一方经对方同意，可以将自己在合同中的权利和义务一并转让给第三人。

第五百五十六条　合同的权利和义务一并转让的，适用债权转让、债务转移的有关规定。

六、实务要点及典型案例

1. 物业服务合同权利义务概括转让应获得业主大会或全体业主同意

【典型案例】法院经审查认为，辽源市华盛物业服务有限责任公司（以下简称华盛物业公司）与检察新村小区业主委员会签订《检察新村小区物业服务合同书》，明确约定聘用期限从2013年11月1日起计算，华盛物业公司实际提供物业服务至2018年4月30日，原审判令宋某某支付2013年11月1日至2018年4月30日的物业费并无不当。华盛物业虽主张自2013年4月其从嘉隆物业公司接管了检察新村小区物业管理，2013年6月5日正式签订了物业委托协议，嘉隆物业公司将权利和义务一并转让给华盛物业公司的包括业主拖欠的物业费，但依据原《合同法》第88条“当事人一方经对方同意，可以将自己在合同中的权利和义务一并转让给第三人”、《物业管理条例》（2016年修订）第39条“物业服务企业可以将物业管理区域内的专项服务业务委托给专业性服务企业，但不得将该区域内的全部物业管理一并委托给他人”及最高人民法院《关于审理物业服务纠纷案件具体应用法律若干问题的解释》第2条“符合下列情形之一，业主委员会或者业主请求确认合同或者合同相关条款无效的，人民法院应予支持：（一）物业服务企业将物业服务区域内的全部物业服务业务一并委托他人而签订的委托合同……”的规定，权利义务概括转让须经合同相对方同意，华盛物业公司并未提交证据证明其与嘉隆物业公司权利义务转让行为取得检察新村小区业主大会、业委会或者全体业主的同意，故2013年11月1日前华盛物业公司与检察新村小区业主未成立合法有效的物业合同关系，所受让的债权对小区业主亦不发生过法律效力，其要求宋某某支付2013年11月1日前的物业费依据不足。①

2. 经业主委员会确认的物业服务合同权利义务概括转让协议有效

【典型案例】法院经审理确认以下事实：

1. 被告与珠海格力物业管理有限公司（以下简称格力物业公司）于2009年签订《顺德区前期物业服务合同》，被告将佛山市顺德区大良街道南江社区居委会广珠路南1号金海山语花园整体委托由格力物业公司进行物业管理服务，双方对物业管理权利义务作了详细约定。格力物业公司与原告于2014年12月1日签订《佛山市顺德区尚都豪庭、金海山语物业管理交接事项的协议书》，将其与被告签订的金海山语小区《顺德区前期物业服务合同》中的权利义务概括转让给原告，原告于2015年1月1日起进驻金海山语小区进行物业管理。2016年12月11日，金海山语第一届业主委员会与原告签订协议书两份，金海山语第一届业主委员会认可原告截至2016年12月11日实际上对金海山语小区进行物业管理服务，并于2016年12月11日退出该小区的管理。

2. 原告接管涉案小区前，格力物业公司曾与涉案小区内的其他业主签订《顺德区（前期）物业服务协议书》，合同约定物业管理费按物业的建筑面积1.6元/月×平方米计算，物业管理费在每月10日前交纳等。

……

法院认为，关于原告是否有诉讼主体资格问题。原告与格力物业公司签订协议后，实际入驻了金海山语小区进行物业管理服务，南江社区居民委员

---

① 参见辽源市华盛物业服务有限责任公司与宋某某物业服务合同纠纷再审审查民事裁定书，吉林省高级人民法院（2020）吉民申2437号。

会及金海山语小区第一届业主委员会亦对原告于2015年1月1日至2016年12月11日对金海山语小区提供物业服务的事实予以确认，故原告就其提供的物业服务享有向支付义务人主张服务报酬的权利，故原告有权提起本案诉讼。①

3. 物业服务合同权利义务的受让方可就其提供的物业服务收取物业费

【典型案例】关于争议焦点一，原告、被告是否已经建立物业服务合同关系的问题。本案中，被告所居住的时代商业小区的建设单位乐业县时兴房地产开发有限公司（以下简称时兴房地产公司）与乐业县大地物业服务有限公司（以下简称大地物业公司）签订了《前期物业管理服务合同》，将时代商业小区委托给大地物业公司进行物业管理。2017年7月9日，原告与大地物业公司签订了《物业管理权转让协议书》，约定大地物业公司将其与时代商业小区业主（或房屋租户）签订的《物业管理合同》中所约定的权利、义务一并转移给原告。根据原《合同法》第88条“当事人一方经对方同意，可以将自己在合同中的权利和义务一并转让给第三人”的规定，虽然原告未举证证实其与大地物业公司就合同权利义务转让一事经过业主同意，该《物业管理权转让协议书》对业主不产生法律效力，但原告从2017年6月30日开始实际对时代商业小区进行了物业管理，被告不交纳物业管理费有违公平原则。法院认为，原告从2017年6月30日至2020年8月31日在时代商业小区提供物业服务期间，被告未提出异议并到原告处交纳水电费，视为已同意由原告进行物业管理，原告与被告已经成立了事实上的物业服务合同关系，故被告应承担向原告交纳物业服务费的义务。②

4. 物业服务企业在权利义务转让中可一并转让应收物业费债权

【典型案例】2017年11月30日，利川市金诚物业管理有限公司（以下

① 参见广东明城物业管理有限公司顺德分公司与佛山市金海房地产开发有限公司物业服务合同纠纷一审民事判决书，广东省佛山市顺德区人民法院（2020）粤0606民初11567号。

② 参见广西乐业德高物业服务有限公司、田某某等物业服务合同纠纷一审民事判决书，广西壮族自治区乐业县人民法院（2021）桂1028民初1111号。

简称金诚公司）与原告签订《物业移交协议》，将被告所在小区业主所欠物业服务费的收取权利转让给原告利川市建新物业管理有限责任公司所有，并将该权利的转让等事宜向被告进行了告知，故《物业移交协议》中关于权利部分转让的约定对被告产生法律效力。《物业移交协议》中关于义务转移的约定未经被告同意，对被告不产生法律效力。因此原告享有向被告收取其尚欠金诚公司物业服务费的权利，故原告要求被告支付2016年1月1日至2017年11月30日所欠金诚公司的物业服务费的请求，法院予以支持。被告抗辩原告进驻案涉小区提供物业服务不合法，对其不予认可，被告作为小区业主，可通过召开业主大会等方式行使权利，重新选聘新的物业服务公司，其不影响原告对金诚公司权利的承接。①

5. **若物业服务企业转让项目构成全部转包的，则转让协议无效**

【典型案例】法院经审理认定事实如下：2009年9月20日，安徽江南文化园置业有限公司（以下简称江南文化园公司）与铜陵井湖物业管理有限责任公司（以下简称井湖公司）签订《前期物业服务协议》一份，约定将江南文化园公司承建的凤凰城小区前期物业服务全部交于井湖公司管理。2018年3月1日，井湖公司（甲方）与铜陵市江南苑物业管理有限公司（以下简称江南苑公司）（乙方）签订《铜陵凤凰城小区物业管理服务移交协议书》，协议约定：（1）甲方自2018年3月1日起将凤凰城小区物业管理服务事宜全部移交给乙方。乙方同意交接，并提供物业服务。（2）移交的范围包括甲方管理服务的凤凰城小区所有物业（含商业及住宅）、场地、广告牌、公共配套设施设备、物管用房等。（3）乙方接管凤凰城小区物业管理服务后，未经物业（物价）行政主管部门的批准同意之前，仍应按甲方原有的物业管理服务项目、服务及收费标准等进行管理与服务。（4）甲方向乙方提供该物业相关资料。（5）自移交之日起，甲方不再享有该物业管理服务的权利，也不承担其义务；该物业由乙方享有并承担全部的物业管理服务的权利与义务，并承担相应的法律责任。（6）移交前的债权债务由甲方享有与承担，乙方有义务

① 参见利川市建新物业管理有限责任公司与陈某某债权转让合同纠纷一审民事判决书，湖北省利川市人民法院（2020）鄂2802民初10号。

协助甲方清收移交前的服务费。协议签订后，井湖公司于2018年3月2日将凤凰城小区的物业相关资料交接与江南苑公司。江南苑公司根据该协议对凤凰城小区的物业服务进行了管理……

法院认为……原告井湖公司与被告江南苑公司在签订的《铜陵凤凰城小区物业管理服务移交协议书》中约定原告将凤凰城小区物业管理服务事宜全部移交给被告，并由被告提供物业服务的内容因违反了行政法规的禁止性规定，应属无效。同时案涉合同也违反了《民法典》第941条第2款“物业服务人不得将其应当提供的全部物业服务转委托给第三人，或者将全部物业服务支解后分别转委托给第三人”的规定，因此，原被告签订的《铜陵凤凰城小区物业管理服务移交协议书》应属无效合同，原告要求被告撤离凤凰城小区A区和B区，将凤凰城小区A区、B区物业管理资料移交给原告的诉请，法院依法予以支持。①

6. 主体变更的物业服务合同对物业使用人有约束力

【典型案例】法院认为，本案争议的焦点是：石家庄瑞儿水育休闲健身有限公司（以下简称瑞儿公司）应否向上海宝龙商业地产管理有限公司李沧分公司（以下简称上海宝龙李沧分公司）支付2020年1月至2021年3月欠交的物业服务费的问题。

本案中，青岛宝龙资产管理有限公司、青岛李沧宝龙商业物业管理有限公司（以下简称青岛李沧宝龙公司）与上海宝龙李沧分公司签署《主体变更协议》，约定自2020年5月起将涉案房屋的物业服务经营主体变更为上海宝龙李沧分公司合法有效；上海宝龙李沧分公司亦向包括瑞儿公司承租商铺在内的经营范围提供了物业服务，故其有权基于青岛李沧宝龙公司与瑞儿公司签署的《宝龙城市广场商铺物业服务合同》向瑞儿公司主张支付物业费。②

---

① 参见铜陵井湖物业管理有限责任公司、铜陵市江南苑物业管理有限公司确认合同无效纠纷一审民事判决书，安徽省铜陵市铜官区人民法院（2021）皖0705民初4220号。

② 参见上海宝龙商业地产管理有限公司李沧分公司、石家庄瑞儿水育休闲健身有限公司等物业服务合同纠纷二审民事判决书，山东省青岛市中级人民法院（2021）鲁02民终15381号。

第三十九章　物业服务相关保险

一、概述

物业服务相关保险是物业服务企业根据物业服务的风险源、发生可能性、发生影响力等因素，向保险公司投保一定险种并支付保险费，在保险事故发生后，由保险公司根据保险合同的约定承担相应的理赔责任。物业服务企业购买保险的主要目的是转移物业服务企业在物业服务过程中可能承担的经济赔偿责任。因此，收并购中，核查目标公司购买保险及理赔等情况，有助于收购方识别目标公司管理是否规范、是否存在较大风险敞口等。同时，结合目标公司与业主相关侵权纠纷情况，进而判断目标公司是否存在丢盘风险。

核查目标公司购买保险及理赔情况，应注意以下事项：

1. 物业服务企业购买保险的原因

物业服务企业工作琐碎，风险点多、责任较大，通过购买商业保险转移员工人身、企业经营风险，降低风险造成的企业经营问题。物业服务企业购买保险的主要原因是转移未履行安全保障等义务所带来的经济赔偿责任，物业服务企业安全保障义务主要包括以下三个方面的内容：一是设施设备的安全保障义务，对于物业管理区域的所有设施设备，物业服务企业都应充分设置、定期维护、保障安全运行。二是物业服务的安全保障义务，物业服务企业向业主提供物业服务，保障其人身安全。相关服务人员应具备相应的资质和培训要求，持证上岗。三是防范、制止侵权行为人实施侵权行为的安全保障义务，对于可能发生的侵权行为，如高空抛物等，需设置预防、有效的必要措施。

2. 物业服务企业购买保险的种类

实践中，物业服务企业购买的保险主要为两类，一是责任险，如针对外部人员的公众责任险、针对内部人员的雇主责任险。二是财产险，主要包括财产一切险、机器损坏险等险种。

（1）公众责任险是指在保险期内，对于被保险人物业服务企业在保险单载明的区域范围内因经营业务发生意外事故，造成第三者的人身伤亡或财产损失，依法应由被保险人承担的经济赔偿责任，保险人按照保险合同约定负责赔偿。公众责任险的出险概率较大，而损失也是大小不一，范围较广，理赔情况也相对较好，物业服务企业通常会对在管项目购买公众责任险。若物业服务企业提供停车场、电梯，经营游泳池的，则应在购买公众责任险时购买附加险，如停车场责任险、电梯责任险、游泳池责任险等。部分地区出台政策要求业主使用维修资金购买电梯安全责任保险。

（2）雇主责任险主要是作为员工社会保险的一种补充，对于不能纳入社保的某些基层员工以及劳务派遣公司派遣至在管项目的清洁、保安人员等，购买雇主责任险可以转移和分摊物业服务企业管理风险。

（3）财产一切险是赔偿因自然灾害、意外事故造成的财产损失。产权关系决定了相关方的财产一切险的投保义务。若物业服务企业、商管公司管理其自持物业（商办物业、购物中心等），则其应购买财产一切险、营业中断险；若产权属于第三方的物业，通常由业主方购买财产一切险，物业服务企业可以不考虑购买财产一切险。

（4）机器损坏险主要是针对由于人为操作失误或者故障损坏等造成保险标的直接物质损坏或灭失的保险。机器损坏险可以作为独立险种购买，不必作为“财产一切险”的附加险进行购买。物业服务企业对于重要设备、易发生故障设备、维修费用较大的设备，通常会根据是否在保修期内、项目业态（高层、别墅、普通住宅、商办等）等选择不同项目购买机器损坏险，如对高层建筑重点参保消防工程、给排水系统、智能化工程、空调系统、电梯工程等。

应指出的是，保险公司针对物业服务企业推出专门的物业管理责任保险。

物业管理责任保险与公众责任保险主要有以下两个不同：其一，保障范围的不同。物业管理责任保险针对的是物业服务企业因服务上的疏忽或过失而发生意外事故造成相关损失或费用。而公众责任保险针对的是物业服务过程中所发生的不可预料、无法控制的事件造成的损失或者费用。若因物业服务人员的“疏忽或过失”导致意外事故则不属于公众责任险的理赔范围。应注意的是，物业管理责任险中的责任免除条款，包含了很多物业服务过程中容易发生的风险，实际保险范围较小。其二，保险费计算方法不同。物业管理责任保险的年保险费 = 年物业服务费收入 × 物业管理责任保险费率；公众责任保险的年保险费 = 投保赔偿总限额 × 公众责任保险费率。实践中，物业管理责任保险不包括停车场责任险，游泳池责任险，电梯责任险，物业共用部位、共用设施设备责任险等险种，物业服务企业需要另行购买其附加险。

二、核查要点

1. 目标公司已购买保险主险、附加险及其有效期、保险范围、理赔条款、免责条款、保险批注（特别约定）等。

2. 保险合同约定的保险金额（最高赔偿额）、累计赔偿限额、每次事故赔偿限额（财产损失每次事故赔偿限额、人身伤害每次事故赔偿限额、每人每次事故人身伤害赔偿限额）、每次事故免赔额等。

3. 在管项目物业服务合同是否约定目标公司购买相关保险的义务，以及是否约定最低保额。

4. 核实近 3 年目标公司在服务过程中承担的重大赔偿案件或者高频赔偿事项，评估发生类似风险的情况下，目标公司目前购买的保险是否可以覆盖目标公司的赔偿责任。

三、风险提示

目标公司在服务过程中可能会涉及由其承担赔偿责任的人身损害或者财产损失，若目标公司未提前购买相应保险，则目标公司可能需要承担较高金额的赔偿责任。

四、处理建议及参考条款

1. 对于目标公司容易出现风险事故的事项，结合目标公司的服务历史情况，要求目标公司及时补充购买相关保险。

2. 若目标公司存在未购买相关保险的情形，则建议在交易协议的“陈述与保证”条款中予以明确约定，参考条款节选如下。

> 截至本协议签署日，本次收购目标公司在管项目特别披露事项：
>
> 目标公司部分项目存在未购买公众责任险及其他必要险种，存在保险未完全覆盖的情形。
>
> 转让方确认，本协议所述转让方、目标公司披露、陈述及确认事项，非由受让方书面豁免转让方责任外，转让方、目标公司向受让方披露该等情况并不代表受让方对转让方应承担责任的豁免。

3. 建议在交易协议中明确约定转让方对目标公司购买相关保险的法律责任，参考条款节选如下。

> 转让方、目标公司就本次交易作出如下保证与承诺：
>
> 转让方承诺，目标公司现有多业权项目至少应当购买物业责任险、火灾公共责任险、电梯责任险、停车场盗抢险等基本险种，并确保在业绩承诺期内仍符合前述约定。受让方有权组织对目标公司保险购买情况进行监督检查，如经临检发现目标公司的保险购买不符合前述要求的，转让方有权提出整改建议，直至符合前述要求，所产生的费用由目标公司自行承担。

4. 若交易涉及过渡期，则建议在交易文件中明确约定转让方在过渡期内涉及保险的义务，参考条款如下。

> 过渡期内，转让方承诺尽到善良管理人义务妥善经营。本协议签署后的过渡期内转让方保证不会对目标公司重大事项单方决策，如因转让方单

方决策导致目标公司资产或其他利益（包括预期可得利益）遭受损失的，由转让方据实补偿给目标公司。对于目标公司重要决策事项，应由转让方、受让方双方协商，不得进行可能损害转让方利益、目标公司利益的各项行为，包括但不限于：

在未征得受让方同意的情形下允许目标公司将其被指定为受益人或附加被保险人的任何保险单进行修改、撤销或终止。

五、相关规定

《民法典》

第一千一百九十八条 宾馆、商场、银行、车站、机场、体育场馆、娱乐场所等经营场所、公共场所的经营者、管理者或者群众性活动的组织者，未尽到安全保障义务，造成他人损害的，应当承担侵权责任。

因第三人的行为造成他人损害的，由第三人承担侵权责任；经营者、管理者或者组织者未尽到安全保障义务的，承担相应的补充责任。经营者、管理者或者组织者承担补充责任后，可以向第三人追偿。

第一千二百五十四条 禁止从建筑物中抛掷物品。从建筑物中抛掷物品或者从建筑物上坠落的物品造成他人损害的，由侵权人依法承担侵权责任；经调查难以确定具体侵权人的，除能够证明自己不是侵权人的外，由可能加害的建筑物使用人给予补偿。可能加害的建筑物使用人补偿后，有权向侵权人追偿。

物业服务企业等建筑物管理人应当采取必要的安全保障措施防止前款规定情形的发生；未采取必要的安全保障措施的，应当依法承担未履行安全保障义务的侵权责任。

发生本条第一款规定的情形的，公安等机关应当依法及时调查，查清责任人。

《物业管理条例》（2018 年修订）

第三十五条 物业服务企业应当按照物业服务合同的约定，提供相应的服务。

物业服务企业未能履行物业服务合同的约定，导致业主人身、财产安全受到损害的，应当依法承担相应的法律责任。

国家发展和改革委员会、原建设部《关于印发物业服务收费管理办法的通知》（发改价格〔2003〕1864号）

第十一条　实行物业服务费用包干制的，物业服务费用的构成包括物业服务成本、法定税费和物业管理企业的利润。

实行物业服务费用酬金制的，预收的物业服务资金包括物业服务支出和物业管理企业的酬金。

物业服务成本或者物业服务支出构成一般包括以下部分：

……

8. 物业共用部位、共用设施设备及公众责任保险费用；

……

六、实务要点及典型案例

1. 物业服务企业未尽到专业管理人的谨慎注意义务的，应在其能够预见和防范的范围内承担相应的补充责任

【典型案例】据此，物业服务企业依照上述法规规定和物业服务合同约定，在物业管理区域内负有做好相应的安全防范工作的义务，对可能危及业主、住店房客等相关特定或者不特定人员的人身、财产安全的事故或隐患应协助做好防范、制止或救助工作。本案中，沈阳中一万鑫物业管理有限公司（以下简称中一公司）（物业公司）未履行法定或约定的安全防范义务。第一，中一公司未尽到谨慎注意义务。在接受法院询问时，中一公司认可其作为万鑫大厦前期物业服务企业，沈阳皇朝万鑫酒店管理有限公司（以下简称万鑫公司）将万鑫大厦竣工验收手续移交至中一公司时开始履行物业服务职责，中一公司对万鑫大厦外墙保温建筑材料为可燃物、不具备防火性能的情况是明知的。中一公司明知万鑫大厦存在消防安全隐患，其在履行物业安全防范职责时应当更加细致、认真，但其在主观上未尽到专业管理人的谨慎注意义务。第二，中一公司对案外人燃放烟花的危险行为具有防控能力。李某

失火案刑事判决依据《火灾现场勘验笔录》记载内容认定，案外人燃放组合烟花的位置为万鑫大厦B座室外南侧停车场西南角处（与B座南墙距离10.8米，与西南墙角距离16米有一处烟花残骸，该处残骸东侧2.2米处还有另一处残骸）。可以认定，案涉烟花燃放处位于万鑫大厦南侧的停车场内，紧邻万鑫大厦南侧LED大屏幕及高层平台，上述燃放烟花及火灾地点属于中一公司监控或巡逻可视范围，但中一公司未采取适当措施发现火情、防范灾害。中一公司辩称，上述地点不属于物业管理范围，其提交的业主入住文件对物业管理范围约定不明，中一公司接受法院询问时认可案涉室外停车场中有部分区域由其管理。法院认为，在物业服务合同对物业服务区域约定不明、万鑫大厦未封闭使用的情形下，依照原《合同法》第61条、第62条的规定，物业服务区域范围以能够实现订立物业服务合同目的即以保障业主人身、财产安全的合理区域范围为准。据此，现有证据不能排除案涉烟花燃放地不属于中一公司物业管理范围。第三，中一公司怠于履行春节期间物业安保的特别注意职责。除夕夜燃放烟花爆竹是我国传统民俗，中一公司未提供证据证明其在此火灾高发时点采取了能够有效预防火灾发生、排除事故隐患的消防措施，如加强巡逻、适时监控、备足灭火器材等，对万鑫大厦住店客人在万鑫大厦周边近距离燃放烟花的情况未予发现。此外，依据现有证据不能认定案涉房屋内的喷淋系统在火灾发生时正常运行，万鑫公司与中一公司关于消防设施设备的管理与维护职责分工界限不明，亦应推定中一公司对消防设施维护负有管理职责。综上，考虑到中一公司火灾发生在万鑫大厦室外停车场、万鑫大厦周边属于开放式街区，物业自有区域与市政公共区域并未明显区分，且中一公司未能适当履行物业安全防范职责与火灾发生间存在关联关系。据此，中一公司应承担相应的侵权赔偿民事责任。中一公司辩称案外人燃放烟花的地点不属于中一公司物业管理范围，故不应承担责任的抗辩理由，不能成立。[①]

---

① 赵某某与沈阳皇朝万鑫酒店管理有限公司、沈阳中一万鑫物业管理有限公司财产损害赔偿纠纷案，最高人民法院（2018）最高法民再206号，载《最高人民法院公报》2019年第5期（总第271期）。

2. 保险公司向投保企业理赔后，有权向对造成保险事故承担责任的物业服务企业进行追偿。保险公司未采取合理的方式提示对方注意的免责条款，则物业服务企业不应受免赔额条款的约束

【典型案例】上海市高级人民法院经审理认为，本案系因中国人民财产保险股份有限公司天津经济技术开发区支公司代位求偿原属于施耐德电气（中国）投资有限公司（以下简称施耐德电气公司）的赔偿请求权引发的纠纷。……诉争仓库起火成灾系由多重因素叠加后所致。首先，起火系由施耐德电气公司自制灯具防改变照明电路、在灯具下方堆放易燃物以及上海吉汇电气设备工程公司电工违规关启电源总闸共同导致。虽然缺少其中任一行为，均不会导致起火，但当三行为共同存在并相互结合后，就成为此次起火充分且必要的条件。其次，起火后，如仓库内喷淋装置处于自动喷淋状态，小火即可能被及时扑灭。即使喷淋装置未设置为自动状态，上海未来岛企业管理有限公司（以下简称未来岛管理公司）在接到消防部门电话后能及时察看现场并人工操作消防喷淋设备灭火，亦可能避免小火扩大成灾。未来岛管理公司未将消防喷淋装置设置为自动状态、未及时报告消防部门火灾情况以及对人工操控消防喷淋设备的不作为，共同构成了此次火灾蔓延的充分且必要的条件。上述行为共同结合，最终导致此次火灾事故。施耐德电气公司依《物业管理服务合同》将诉争仓库的消防设施和配电设备委托未来岛管理公司进行养护、运行和管理，未来岛管理公司据此即负有依相关消防法规将消防喷淋设施设置为自动状态、派遣合格保安值守、防止火灾扩大蔓延和保护施耐德电气公司财产免受损害的注意义务。未来岛管理公司违反上述注意义务，竟未将消防喷淋设施设置为自动挡，派遣不具备消防资质的人员值班。上述行为不仅违反了其应尽的善良管理人之注意义务，也直接违反了相关消防法规，故应当认定其行为存在不法性且具有过错。按常理和一般知识经验，仓库是危险物、易燃物高度集中的场所，未来岛管理公司的上述行为虽不会单独导致火灾的发生，但有了上述行为通常足以导致起火并蔓延成灾，所以可以认定上述行为与此次火灾之间存在相当的因果关系。未来岛管理公司应对火灾所生损失承担侵权赔偿责任。

法院认为……关于火灾起因和责任认定问题。……原审法院根据消防部门对事故原因和责任认定，结合当事人过错程度，确定未来岛管理公司和施耐德电气公司之间责任比例为70%和30%，未来岛管理公司承担本案火灾损失292 400 182.75元（417 714 546.79元×70%）的赔偿责任，施耐德电气公司自行承担其余损失。该责任比例恰当，处理正确……[①]

3. 物业服务企业确已尽到一定的注意义务及采取了一定的防护措施的，有权向其投保的保险公司进行索赔

【典型案例】关于广州莱佛士物业服务有限公司（以下简称莱佛士公司）对于案涉保险事故过错责任的认定。本案系财产保险合同纠纷，莱佛士公司向安盛天平财产保险股份有限公司上海分公司（以下简称安盛财保上海分公司）投保了财产一切险。案涉保险事故系因台风所致，属于自然外力因素，应认定为保险责任范围。根据2018年8月4日公估报告的记载，"广州市气象局于6月8日16:01发布了暴雨红色预警，被保人于16:20分发现有雨水倒灌现象，16:30倒灌雨水就将负二层地下车库淹没。在这短短的10分钟内，面对如此巨量雨水的倒灌，被保人已经尽力避免损失的发生。但是如此巨大水量的倒灌，作为一家民营的物业服务公司没有能力克服，损失发生不可避免"。"根据以上收集到的信息可以初步断定为本次事故的原因为台风引发的特大暴雨倒灌入被保人运营的地下停车库，造成地下停车库负二层内第三者财物受到不同损失。……综合以上信息，认为本次事故满足不可抗力因素的不可预见的偶然性"。上述公估报告系由安盛财保上海分公司在保险事故发生后委托具有资质的保险公估公司德理诚保险公估有限公司作出的公估意见，具有较高的客观性及公正性，应予采信。根据本案查明的事实，莱佛士公司每月均对8个集水井16个排水泵进行维护保养，且在当天基本按照其防暴雨台风应急方案执行，即在案涉物业门口堆放防洪沙袋，应认定该司已

---

① 参见中国人民财产保险股份有限公司天津经济技术开发区支公司与上海未来岛投资置业有限公司、上海未来岛企业管理有限公司保险人代位求偿权纠纷二审民事判决书，最高人民法院（2012）民二终字第88号。

采取了一定的防御、减损措施，但由于天气恶劣、雨水倒灌迅猛，导致涉案物业在较短时间内被淹没。根据案涉保险条款第21条“被保险人应当遵守国家有关消防、安全、生产操作、营运保护等方面的规定，加强管理，采取合理的预防措施，尽力避免或减少事故的发生，维护保险标的的安全”，另外，该保险条款中亦对重大过失行为作出约定，即“指行为人不但没有遵守法律规范对其较高要求，甚至连人们都应当注意并能注意的一般标准也未达到的行为”，据此，一审判决认定莱佛士公司确已尽到一定的注意义务及采取了一定的防护措施，安盛财保上海分公司主张莱佛士公司对案涉保险事故未尽到防灾减灾的义务以及对保险事故发生存在重大过失，缺乏事实依据与合同依据，对该主张法院不予支持……

关于安盛财保上海分公司提出应减掉损失金额的5%的免赔额的问题。一审法院认为，免赔额应当属于与莱佛士公司有重大利害关系的格式条款。安盛财保上海分公司作为专业的保险公司及格式条款的提供方，理应就该条款采取合理的方式提示对方注意（如采用加粗、加黑、加下划线等方式），且按照莱佛士公司的要求，对该条款予以说明。现有证据无法证实安盛财保上海分公司已对该条款提示莱佛士公司注意且根据莱佛士公司的要求作出解释说明，因此一审法院对安盛财保上海分公司的主张不予采纳。莱佛士公司不应受免赔额条款的约束。①

4. 物业服务企业员工饮酒过量死亡不属于意外伤害

【典型案例】法院认为，根据原告、被告的诉、辩称意见，本案的争议焦点为：赵某喝酒死亡是否属于意外身故。原告赵某、朱某某对赵某生前喝酒的事实无异议，根据《南京市急救中心院前医疗急救病历》和《接处警工作登记表》记载，可以证实赵某系醉酒导致死亡，上述记载并未出现其他外在因素的介入。原告提供的死亡证明仅记载了死亡原因为“酒后意外死亡”，并未记载导致死亡的其他意外因素，故其认定的意外因素为“酒后”。至于

① 参见安盛天平财产保险股份有限公司上海分公司、广州莱佛士物业服务有限公司财产保险合同纠纷二审民事判决书，广东省广州市中级人民法院（2022）粤01民终7364号。

喝酒致死是否属于意外身故，则需根据案涉保险合同的约定加以认定。根据保险合同约定，意外伤害是指遭受外来的、突发的、非本意的、非疾病的使身体受到伤害的客观事件。喝酒过量有害身体健康属生活常识，赵某作为完全民事行为能力人，完全可以控制是否需要喝酒及喝酒量的多少，故喝酒行为本身不符合意外伤害定义的外来的、突发的和非本意的因素，不属于意外伤害。在赵某喝酒死亡过程中，并无证据表明存在外部因素的介入，故其喝酒导致死亡不属于意外身故，原告赵某、朱某某主张被告中美联泰保险大都会人寿保险有限公司承担意外身故保险金责任于法无据，法院不予支持。①

5. 物业服务企业员工在工作中发生意外事故，若物业服务企业为员工购买了团体意外伤害保险，则其继承人有权要求保险公司赔偿保险金

【典型案例】一审法院认定事实如下：2015 年 7 月 1 日，周某（2017 年 5 月 5 日死亡）与案外人沈阳义利物业管理有限公司（以下简称义利公司）签订了书面劳动合同，合同期限为 2015 年 7 月 1 日至 2017 年 6 月 30 日，从事办公室工作，工作地点为大厦收发室。后义利公司为周某在被告和谐健康保险股份有限公司辽宁分公司处投保和谐团体意外伤害保险，意外身故、伤残保险金额 10 万元，保险期间自 2016 年 5 月 14 日至 2017 年 5 月 13 日。2017 年 5 月 5 日 10 时许，案外人刘某在沈阳市北站地区送餐因停放电动车问题与金利大厦物业保安人员周某发生争吵并撕扯，在撕扯过程中刘某挥拳对周某头部进行击打，后周某倒地昏迷，经抢救无效于当日 11 时 58 分死亡。经鉴定，周某系因冠状动脉粥样硬化性心脏病导致急性心功能障碍死亡，死者生前与他人争吵、撕扯及头部遭受外力作用，致情绪激动等精神心理因素符合本例猝死的诱因。

……

---

① 参见原告赵某、朱某某与被告中美联泰大都会人寿保险有限公司人身保险合同纠纷一审民事判决书，江苏省南京市鼓楼区人民法院（2016）苏 0106 民初 7397 号，载《最高人民法院公报》2017 年第 9 期。

法院认为，综上，可以得出周某的死亡与外力具有因果关系，并非其自身原因导致的结论，符合意外身故的情形，属于保险理赔范围，故一审判决按照保险合同进行赔偿，并无不当。上诉人的上诉请求，缺乏事实及法律依据，法院不予支持。[①]

6. 物业服务企业签订保险合同时，应注意保险公司承担的理赔范围

【典型案例】法院认为，昆明润丰源物业管理有限公司（以下简称物管公司）对中国人民财产保险股份有限公司昆明市分公司（以下简称保险公司）提交的《物业管理责任保险条款》及相应的投保单无异议，该保险条款系双方当事人真实意思表示，内容不违反法律、行政法规的禁止性规定，合法有效，对双方均具有约束力。《保险法》第17条第2款规定："对保险合同中免除保险人责任的条款，保险人在订立合同时应当在投保单、保险单或者其他保险凭证上作出足以引起投保人注意的提示，并对该条款的内容以书面或者口头形式向投保人作出明确说明；未作提示或者明确说明的，该条款不产生效力。"本案中，保险公司提交的投保单上，物管公司在特别声明一栏加盖了印章，保险公司能够证实其就保险条款中的免责条款已向投保人尽到提示、明确说明义务。物管公司辩称保险公司只履行了提示义务，并没有履行说明义务，与本案查证事实不符，法院不予采信。根据《物业管理责任保险条款》第5条第2项的约定，被保险人或其代表及雇员的人身伤亡，以及上述人员所有的或虽非其所有但由其保管或控制的非物业的财产损失，保险人不负责赔偿。本案中，物管公司诉请的损失系其雇员在追捕犯罪嫌疑人时受伤所产生的医疗费用，该费用虽因物管公司为防止或减少业主损失而产生，但依约不属于保险公司承担赔偿责任的范围。对此双方已在《物业管理责任保险条款》的责任免除部分做了特别约定，保险公司也就该约定对物管公司尽到了提示、明确说明义务。因此，《物业管理责任保险条款》第5条第2项依法生效，对双方当事人具有法律约束力。物管公司要求保险公司赔

① 参见和谐健康保险股份有限公司辽宁分公司、周某某保险纠纷二审民事判决书，辽宁省沈阳市中级人民法院（2019）辽01民终16036号。

偿上述费用不符合合同约定，法院不予支持。保险公司关于其不承担保险赔偿责任的抗辩主张成立，法院予以支持。①

7. 物业服务企业投保须注意保险合同约定的生效条件

【典型案例】 经查，本案中投保单中的特别约定栏内“盗抢险保险责任自本保险机动车领取正式号牌，并在本公司办理批改之日起生效，至本保险合同所载保险期间的终止之日24时终止”的约定，系当事人约定的保险合同生效条件，该约定内容明确、具体，且不违反法律、行政法规的强制性规定，对双方当事人均具有约束力，合法有效。因此，该特别约定条款，不能因金科物业服务集团有限公司四川分公司（以下简称金科物业公司）交纳保费而改变，交纳保费不是合同约定的生效条件。本案中，金科物业公司领取了正式号牌，但未在信达财产保险股份有限公司四川分公司办理批改，故案涉盗抢险保险责任不符合合同约定的生效条件。②

8. 物业服务企业与保险公司的理赔纠纷不必在侵权赔偿纠纷中解决

【典型案例】 一、本次事故中，被告是否尽到了安全保障义务？是否需要对原告遭受的损害承担赔偿责任？责任如何？

法院认为，公共场所的管理人未尽到安全保障义务造成他人损害，应当承担侵权责任。被侵权人对损害的发生也有过错的，可以减轻侵权人的责任。本案中，根据原、被告提供的证据，被告作为长泰西郊小区的物业管理方，应对该小区车辆和人员的进出及道闸运行进行有序管理，杜绝安全隐患，确保安全进出。虽然被告设有比较完备的安全警示标语，实行日常安全教育，订立含有安全条款的合同，但被告在设施和人员管理上仍存在不足：包括对非机动车和行人混合道的道路设置、出入口的实时管理以及事发时保安操作的规范性等问题，对造成原告受伤存在一定过错，应对原告损失承担相应赔

---

① 参见中国人民财产保险股份有限公司昆明市分公司与昆明润丰源物业公司保险纠纷二审民事判决书，云南省昆明市中级人民法院（2014）昆民四终字第115号。

② 参见金科物业服务集团有限公司四川分公司、信达财产保险股份有限公司四川分公司财产保险合同纠纷再审民事判决书，四川省高级人民法院（2017）川民再590号。

偿责任。但原告作为一名身体健全的具有完全民事行为能力的成年人，对小区出入口的情况和一般通行规则应有所了解，但其并未选择走非机动车和行人混合道，而是自甘风险走机动车道，在行至出口附近区域时，其未仔细观察路况、周边环境和道闸情况，对竖起的道闸可能放下未能有所预判，未确保自身骑行安全，而是缺乏防备，紧跟前一辆电瓶车，因而在道闸已快速下降时，未能及时减速或刹车，进而导致事故发生。但被告主张的原告事发时车速超过 15 公里/小时，依据不足，法院不予采纳。综上，综合本案原告、被告的过错程度，法院认定对本次事故所造成原告的合理损失，被告承担 50% 的赔偿责任……

三、第三人是否需要在保险范围内承担赔偿责任?

本案处理的是原、被告之间的侵权赔偿责任，现原告对第三人也无诉讼请求，故被告与第三人之间的保险合同纠纷可另循途径解决。[①]

七、物业服务企业上市案例文书部分示例

1. 深圳证券交易所《关于上海益中亘泰（集团）股份有限公司首次公开发行股票并在创业板上市申请文件的第二轮审核问询函》（审核函〔2021〕010047 号）

> 6. 关于安全生产。审核问询回复显示，报告期各期发行人赔偿金主要由工作意外赔偿/补偿、自身意外赔偿/补偿构成。
>
> 请发行人补充披露：
>
> （1）报告期内员工工作意外、自身意外的具体情况，各项赔偿金的支付情况，是否存在纠纷或潜在纠纷；
>
> （2）发行人各项业务是否存在较大安全隐患，是否购买保险或采取其他安全措施。

① 参见李某某与上海长宜物业管理有限公司、第三人中国平安财产保险股份有限公司上海分公司违反安全保障义务责任纠纷一审民事判决书，上海市松江区人民法院（2019）沪 0117 民初 12803 号。

2. 重庆新大正物业集团股份有限公司首次公开发行股票申请文件反馈意见

> 29. 请发行人补充披露：(1) 发行人是否存在安全隐患或发生重大安全生产事故，是否会影响发行人的生产经营；(2) 发行人的安全生产制度是否完善，安全设施运行情况；(3) 请保荐机构、发行人律师结合发行人报告期内与营业外支出相关的安全赔偿事故，补充说明该等事故是否属于重大安全生产事故、是否受到处罚，公司的内控制度是否完善。

第四十章　物业服务保证金

一、概述

物业服务保证金是指物业服务企业根据相关规定或者物业服务合同的约定，缴纳一定保证金，作为其履行物业服务合同的一种担保。因此，收并购中，核查物业服务保证金，有助于收购方了解业主方对目标公司服务质量的评判，进而判断在管项目稳定性、持续性，并判断收购后目标公司因支付保证金所需的现金流安排。

实践中，物业服务保证金主要分为政府监管类保证金和民事合同类保证金。核查目标公司的物业服务保证金，应注意以下相关保证金的性质及分类等。

1. 政府监管类保证金是政府主管部门出台文件，要求物业服务企业按照一定标准向政府监管账户或者共管账户缴纳的保证金，由政府主管部门根据相关规定对保证金进行扣减或者用于规定的用途。因此，该类保证金具有监管性质。各地对于政府监管类保证金名称规定不一，主要为履约保证金、信用保证金、质量保证金等，其目的是重点监管前期物业服务合同的履行，缴纳主体为物业服务企业和前期物业阶段的建设单位。各地对保证金的缴纳金额要求不甚一致，有规定固定金额的，也有规定按每平方米缴纳并设定最高金额的。各地已经实施的保证金制度基本上规定了扣减和返还的条件，如物业服务达不到合同要求，按照规定扣减保证金；若物业服务企业提前退管或物业服务合同终止后物业服务企业拒绝撤离小区等，保证金则不予返还。

2. 民事合同类保证金是物业服务企业与业主（包括业主大会、业主委员会等）在物业服务合同中约定，物业服务企业支付一定保证金，以保证物业服务企业全面适当履行物业服务合同。民事合同类保证金的性质是履约保证金，其作用类似于违约金或定金，业主在物业服务企业履约完毕退还或者依据约定进行扣减。民事合同类保证金主要运用在公建类项目中。在笔者的收并购实操中，某目标公司以提供公建项目服务为准，其300个左右的在管项目履约保证金超过了5000万元。

3. 其他保证金。与物业服务企业缴纳的政府监管类保证金和民事合同类保证金不同，其他保证金是物业服务企业向业主方等收取的保证金。实践中，不少物业服务企业依据地方规定或管理规约，或者通过与装修业主或装饰装修企业签订装饰装修管理服务协议等，向业主等收取装修保证金，并因没收或者扣减装修保证金等引发众多纠纷。

二、核查要点

1. 检索在管项目所在地相关政策法规以及物业服务合同的约定，核查目标公司在管项目是否需要缴纳服务保证金，以及保证金返还、扣除、暂缓返还的要求或条件等。

2. 结合财务尽调，核查目标公司是否足额缴纳了保证金，是否存在需要补缴的情况。

3. 已经缴纳了保证金或后续需要缴纳保证金的，应注意核查保证金的缴纳对于目标公司现金流的影响。

4. 结合物业服务合同的约定以及现场走访项目的结果，核查目标公司在管项目被扣除保证金的可能性。

5. 核查目标公司收取其他保证金是否合规，是否存在退还保证金纠纷等。

三、风险提示

无论是政府监管类保证金还是民事合同类保证金，都是针对物业服务企业的服务质量设定的，若目标公司存在被扣减保证金情形，则目标公司可能存在违约风险，以及潜在的被提前解除合同的丢盘风险。

四、处理建议及参考条款

1. 建议在交易文件“陈述与保证”条款中约定保证金相关事项，参考条款如下。

> 截至本协议签署日，本次收购目标公司在管项目特别披露事项：
>
> 目标公司部分项目存在未足额支付履约保证金，可能导致目标公司被要求追加保证金或者终止服务合同之情形。
>
> 转让方特别陈述与保证：基于协议所披露之目标公司及其在管项目情况，发生任何民事责任、行政责任，均由转让方据实承担或据实补偿至目标公司，包括但不限于：
>
> 目标公司部分项目因未足额支付履约保证金，可能导致目标公司被要求追加保证金或者终止服务合同所造成的损失及费用承担。

2. 对于物业服务合同约定缴纳服务保证金而目标公司未足额缴纳的情况，收购方应要求目标公司在交易前完成补缴，或在交易金额中预留部分款项用于缴纳相关费用。

3. 根据尽调情况，若目标公司在管项目中可能存在被扣除履约保证金等情况，收购方应在计算交易对价时充分考虑或要求交易对方承担或有的赔偿风险。

4. 收购方应根据目标公司的服务保证金缴纳情况，考虑交易之后的目标公司资金安排，以及目标公司管理层对融资问题的决策权。

五、相关规定

《民法典》

第九百四十五条　业主装饰装修房屋的，应当事先告知物业服务人，遵守物业服务人提示的合理注意事项，并配合其进行必要的现场检查。

业主转让、出租物业专有部分、设立居住权或者依法改变共有部分用途的，应当及时将相关情况告知物业服务人。

成都市房产管理局《关于印发〈成都市物业服务履约保证金管理指导意见〉的通知》（成房发〔2009〕184号）

第三条　本指导意见所称物业服务履约保证金（以下简称保证金）是指开发建设单位、业主、业主大会与其依法选聘的物业服务企业或者其他管理人在前期物业服务合同、物业服务合同（以下统称物业服务合同）中约定，由物业服务企业或者其他管理人支付的、保证其履行合同义务的资金。

第五条　保证金一般可按物业服务费用或建筑物管理维护费用年度总额的10%至20%计算；具体数额可以与物业服务企业或者其他管理人的上年度信用记分、物业服务企业资质等级相对应，并按以下情形酌减：……

第六条　物业服务企业或者其他管理人一般应当在办理物业共有部分承接验收15日前，将保证金交存于物业服务合同约定的共管帐户。

第七条　保证金存储期限应当与物业服务合同履行期限一致。保证金以物业服务合同约定的建筑区划为单位立帐，专户存储，不得挪作他用。

第八条　物业服务合同可以约定将保证金委托第三方机构代管……

第九条　物业服务合同终止时，保证金按照以下规定退还物业服务企业或者其他管理人：

（一）物业服务合同履行期间，物业服务企业或者其他管理人无违约行为的，保证金的本息如数退还；

（二）物业服务企业或者其他管理人未按物业服务合同约定的服务事项和质量履行合同，但物业服务企业或者其他管理人已按双方约定或人民法院、仲裁委员会生效的法律文书履行全部给付义务的，保证金的本息如数退还；

（三）物业服务企业或者其他管理人未按物业服务合同约定的服务事项和质量履行合同，按双方约定或者人民法院、仲裁委员会生效的法律文书，保证金抵扣违约金后的余额退还物业服务企业或者其他管理人。

第十条　物业服务企业或者其他管理人有下列情形之一的，可暂不返还保证金：

（一）物业服务合同未终止；

（二）物业服务合同约定期内，未尽对物业共有部位及设施设备管养维修之责，导致其不能正常使用；

（三）未按规定移交物业服务用房；

（四）未按规定完全移交物业档案、物业服务档案等资料；

（五）物业服务人员未按规定撤出建筑区划；

（六）未按规定结算、清退预收、代收的有关费用；

（七）未按规定退出物业服务项目；

（八）法律、法规、政策规定及合同约定的不予返还保证金的其他情形。

《无锡市前期物业服务履约保证金暂行管理办法》（锡建物业〔2016〕7号）

第二条　本办法所称前期物业服务履约保证金（以下简称“履约保证金”）是指由物业服务企业和开发建设单位共同缴纳的，用以保证兑现双方按前期物业服务合同按期履约，依约退出物业服务项目并移交物业管理相关资料及设施设备的承诺保证金。

第五条　履约保证金管理实行集中管理、专款专用的原则。

市住房和城乡建设局负责全市履约保证金的建账、拨付、退还等监督管理工作，并对前期物业管理各方进行监督管理。

市物业管理中心受市住房和城乡建设局委托具体负责履约保证金的建账、拨付、退还日常工作和前期物业管理监督复查工作。

各区住房和城乡建设局负责监督物业服务企业、开发建设单位对物业项目前期物业管理履约行为的日常监督检查，并就履约保证金的使用、退还等提出具体意见。

第十二条　前期物业服务期间，物业服务企业擅自退出物业项目，开发建设单位不落实后继的前期物业管理企业的，街道（镇）可向区物业管理主管部门提请，可以使用履约保证金来支付物业管理区域的临时环境卫生、秩序管理及选聘物业服务企业所产生的费用。

第十四条　市物业管理中心以物业企业和开发建设单位为名，建立履约保证金管理档案，对涉及履约保证金缴存、拨付、退还等材料一并存档。

第十七条　法定代表人或者代办人可以持物业服务企业或开发建设单位出具的证明材料向市物业管理中心查询履约保证金具体缴存、拨付、使用情况。

第十九条　本办法自2016年10月1日起施行，江阴、宜兴市可参照执行。

牡丹江市人民政府办公室《关于印发〈牡丹江市前期物业服务履约保证金管理办法〉的通知》（牡政办规〔2018〕9号）

第二条　本办法所称前期物业服务履约保证金（以下简称履约保证金）是指开发建设单位通过招投标选聘物业服务企业时，由物业服务企业缴存，专项用于物业服务企业擅自退出物业管理区域和物业管理区域内发生影响居民正常生活的重大突发事件应急处置等情况产生的费用支出。

第五条　履约保证金是以物业项目为缴存单位，按照前期物业服务项目中标价格×物业项目建筑面积×12个月×10%的标准，一次性足额缴存。

徐州市人民政府办公室《关于印发〈徐州市物业服务质量保证金管理使用暂行办法〉的通知》（徐政办发〔2013〕224号）

第三条　本办法所称物业服务质量保证金（以下简称保证金）是指由物业服务企业缴纳的，以促使物业服务企业遵守法规政策、信守合同约定、维护业主合法权益的资金。

第五条　保证金采取阶梯式分段收取的方式。住宅地上总建筑面积10万平方米以内的部分，每平方米1元；10万—20万平方米的部分，每平方米0.5元；20万平方米以上的部分，每平方米0.2元。保证金按物业招标面积一次性收取。

六、实务要点及典型案例

1. 物业服务企业逾期支付履约保证金的，应当承担逾期支付利息

【典型案例】关于原告要求被告支付因迟延交付履约保证金的利息损失188.75元的诉讼请求：因2018年5月7日签订的《绿都·四季华庭小区物业服务合同》约定“乙方在合同签署日，需向甲方支付服务质量履约保证金壹拾伍万元”，而杭州金域物业服务有限公司城南分公司（以下简称金域城南分公司）于2019年12月24日才支付履约保证金，根据金域城南分公司于

2020 年 4 月 13 日的说明，履约保证金按年利率 2.1%计算利息，2018 年 5 月 7 日至 2019 年 12 月 24 日的利息为 5152 元，扣除原告自认已支付 5000 元，金域城南分公司尚应支付原告利息为 152 元。[①]

2. 物业服务企业未履行相关义务的，业主委员会有权扣减履约保证金

【典型案例】一审法院查明，2019 年 10 月 19 日，金迪城市花园小区第一届业主委员会（以下简称金迪业委会）（甲方）与上海永升物业管理有限公司（以下简称永升公司）（乙方）签订了《金迪城市花园物业管理服务合同》，约定：甲方选聘乙方为广州市白云区金迪城市花园提供物业管理和服务，物业管理服务期限自 2019 年 11 月 1 日至 2022 年 10 月 31 日。该合同第 31 条约定：（1）乙方应当在合同签订之日起 5 个工作日内向甲方交纳履约保证金 5 万元整……（5）乙方应每半年向甲方上报各项收费情况及其他公共收益情况，同时在小区公示（并必须在甲方指定的平台上向全体业主公开）。乙方必须严格按照国家相关规定和物业服务合同约定履行服务，服务半年度和一年度向业主公告一次财务收支情况，提交年度工作总结报告（并必须在甲方指定的平台上向全体业主公开）。超期不公开的，甲方有权扣除履约保证金 2 万元……

法院认为，上诉人金迪业委会虽上诉称应改判永升公司向其支付自 2021 年 1 月 1 日起至 2021 年 8 月 21 日止小区出入口无人员值守累计 296 次违约合并处罚的违约金 118 400 元及其他各项违约金，以及全额没收履约保证金 20 000 元，但法院审理期间，上诉人金迪业委会提交的证据无法证明双方已对车库出入口明确约定为“24 小时值班看守”，也无法证明本案永升公司其他违约行为造成金迪业委会实际的损失，故金迪业委会二审提交的证据不足以证明其主张，更无法推翻一审的认定，法院均不予采信。一审法院综合本案的情况，酌定永升公司向金迪业委会支付违约金 500 元及金迪业委会有权没收履约保证金 1000 元，并无不当。综上，法院认可一

① 参见萧山区绿都四季华庭业主委员会、杭州金域物业服务有限公司城南分公司等物业服务合同纠纷一审民事判决书，浙江省杭州市萧山区人民法院（2021）浙 0109 民初 12318 号。

审法院对事实的分析认定，即对上诉人金迪业委会的上诉请求，不予支持。一审法院根据双方当事人的诉辩、提交的证据对本案事实进行了认定，并在此基础上依法作出一审判决，合法合理，且理由阐述充分，法院予以确认。①

3. 业委会返还考核金主要考察物业服务企业提供的物业服务质量

【典型案例】一审法院认定事实：……浙江荣城物业管理有限公司嵊州分公司（以下简称荣城物业）与嵊州市翡翠东城业主委员会（以下简称翡翠东城业委会）签订《翡翠东城物业服务合同》一份，约定由荣城物业为嵊州翡翠东城小区提供物业服务，合同期限为3年……考核金10万元，每季度考核一次，根据乙方提供的考核评分标准由甲乙双方共同进行，每年度4次考核后依据考核综合分数按年度2万元标准基数进行考核……

……法院认为……（2）关于考核金的问题。从物业服务合同关于考核金的约定看，设立考核金的目的是通过定期考核评价来确保荣城物业提供合格的物业服务，故考核金的返还主要应考察荣城物业在服务期间提供的物业服务质量。在双方未明确考核评分标准的情况下，考虑到荣城物业实际提供的物业服务在公共设施维修养护、绿化、安保、保洁等方面存在不足以及荣城物业退出翡翠东城小区的时间等因素，一审法院酌定翡翠东城业委会返还荣城物业70 000元考核金并无不当，法院予以支持。荣城物业主张全额返还考核金与翡翠东城业委会主张无须返还考核金的上诉请求，法院均不予支持。②

4. 物业服务企业在业主构成根本违约的情形下有权没收服务保证金

【典型案例】关于没收服务保证金，被告拖欠费用构成违约，根据合同约定，原告有权解除合同并没收服务保证金。鉴于案涉纠纷发生在新冠肺炎

---

① 参见金迪城市花园小区第一届业主委员会、上海永升物业管理有限公司物业服务合同纠纷二审民事判决书，广东省广州市中级人民法院（2022）粤01民终6920号。

② 参见浙江荣城物业管理有限公司嵊州分公司、嵊州市翡翠东城业主委员会物业服务合同纠纷二审民事判决书，浙江省绍兴市中级人民法院（2021）浙06民终4364号。

疫情期间，不可避免对被告租赁案涉房产从事的经营活动造成影响，而被告在疫情发生之前未拖欠费用，根据公平原则和过错程度，法院酌情判令被告没收已收取的服务保证金的一半即14 391元。[①]

5. 物业服务企业收取的保证金可扣减抵充应收物业管理费等

【典型案例】法院认为，根据最高人民法院《关于适用〈中华人民共和国民事诉讼法〉的解释》第321条的规定，“第二审人民法院应当围绕当事人的上诉请求进行审理”，结合双方的诉辩意见，本案二审争议的焦点是广州越秀城建仲量联行物业服务有限公司（以下简称越秀公司）上诉请求金原财富投资管理有限公司（以下简称金原财富公司）支付涉案费用抵充顺序的主张能否得到支持。越秀公司上诉认为涉案电费（供电服务费）、物业管理费及违约金的抵充应按照违约金、电费（供电服务费）、物业管理费的顺序依次予以抵充，主要依据最高人民法院《关于适用〈中华人民共和国合同法〉若干问题的解释（二）》（已失效）第21条的规定：“债务人除主债务之外还应当支付利息和费用，当其给付不足以清偿全部债务时，并且当事人没有约定的，人民法院应当按照下列顺序抵充：（一）实现债权的有关费用；（二）利息；（三）主债务。”法院认为，根据越秀公司与金原财富公司签订的涉案《物业合同》约定：“本合同终止，若甲方（金原财富公司）仍有欠缴费用需向乙方（越秀公司）缴付，甲方同意自甲方所缴交的物业管理费保证金及水电周转金内扣减等额的欠缴费用并无需另行通知”“甲方逾期缴纳费用的，从逾期之日起，每日按应缴而未缴费用的万分之四交纳违约金”，可见双方在涉案《物业合同》中并未明确约定保证金及周转金优先用于抵充违约金，且对于涉案《物业合同》约定的违约金双方可能存在争议，亦属于可调整范畴。据此，一审法院在金原财富公司向越秀公司缴交的物业管理费保证金及水电周转金内，先扣减等额的欠缴电费（供电服务费）、物业管理费并无不当，法院予以确认。[②]

---

① 参见广州文成物业管理有限公司天河分公司、马可先生（中国）食品科技有限公司物业服务合同纠纷一审民事判决书，广东省广州市天河区人民法院（2021）粤0106民初8986号。

② 参见广州越秀城建仲量联行物业服务有限公司、金原财富投资管理有限公司等物业服务合同纠纷二审民事判决书，广东省广州市中级人民法院（2022）粤01民终11148号。

七、物业服务企业上市案例文书部分示例

西藏新城悦物业服务股份有限公司创业板首次公开发行股票申请文件反馈意见

23. 根据招股说明书披露，报告期各期末，公司其他应收款账面价值分别为5594.78万元、17 752.12万元和2640.03万元，占各期末总资产的比例分别为20.59%、48.12%和4.49%，主要为代收代付款、应收关联方款项、押金及保证金。报告期内，公司按组合计提坏账准备，其中，基于对客户财务状况及过往信用记录的分析，公司认为关联方往来款、押金及保证金的回收风险较低，故不予计提坏账准备。

请在招股说明书中补充披露其他应收款中代收代付款的具体构成。请保荐机构、会计师详细说明公司对关联方往来款、押金及保证金不计提坏账准备的合理性。

后 记

若言琴上有琴声

我没法像大多数作者那样将自己撰写的书籍献给自己所亲所爱的人，因为我的妻子和女儿最期待我写一本关于敦煌的小说，以岑参的“敦煌太守才且贤，郡中无事高枕眠”为角，以王昌龄的“青海长云暗雪山，孤城遥望玉门关”为景，李白的“由来征战地，不见有人还”为情，以莫高窟“北周第299窟窟顶南坡”，飞天抱弹七弦十三徽古琴为乐，既真实，又虚幻。我想，我欠敦煌一本书，而我自认为这本有其专业魅力的书籍是不能抵偿这笔文字债的。

那为什么要写这本书呢？应该感谢那个时间凝滞的季节，使我们有3个月的时间来整理总结约2000个物业服务项目收并购的心得体会，使任何冠冕堂皇的偷懒理由都站不住脚了。我喜欢在月桂树下码字、开会、聊天，在一树时浓时淡桂花香中捕捉文字、影像以及内心的声音。随手接几朵“暗淡轻黄体性柔”的簌簌落花，放入新泡的茶中，是如此“只香留”的相宜静好。写这本书足以充实这漫长的时期，这也是团队实践的复盘、反思和再学习的过程。而打磨《小物业，大并购》这本行业内首部收并购法律尽调实务指引书籍的目标，最终使我在写作的“文字狱”中得以逃生。初稿出炉已是“连雨不知春去，一晴方觉夏深”。感谢团队合伙人戴善音律师参与本书主题拟订、架构设计、案例收集等重要工作，感谢徐愔愔助理积极参与本书的辅助工作，希望徐愔愔、陈慧子的辛劳校对能使本书避免错别字之忧。

《琴史》曰："琴有四美，一曰良质，二曰善斫，三曰妙指，四曰正心。"

本书恐难得其全，但诚正的心志始末不渝。恳请读者批评雅正，本人无限感激！

贺国良

苏州河以南梧桐街区咖啡馆

二〇二二年十月，醉是桂花香